Jacinto de la Serna

Tratado de las idolatrías, supersticiones, hechicerías, y otras costumbres de las razas aborígenes de México

Barcelona 2024
Linkgua-ediciones.com

Créditos

Título original: Tratado de las idolatrías, supersticiones, hechicerías, y otras costumbres de las razas aborígenes de México.

© 2024, Red ediciones S.L.

e-mail: info@linkgua.com

Diseño de cubierta: Michel Mallard.

ISBN rústica ilustrada: 978-84-9816-351-3.
ISBN tapa dura: 978-84-1126-551-5.
ISBN ebook: 978-84-9816-956-0.

Sumario

Créditos   **4**

Brevísima presentación   **15**
La vida   15
Supersticiones y psicotrópicos   15

Carta del muy venerable padre Marcos de Yrala   **17**
Dedicatoria   22
Prólogo. A los muy venerables beneficiados y muy reverendos padres
ministros de doctrinas de indios   26
Prólogo del manual de ministros. Para conocer y extirpar las
idolatrías de los indios   32

Capítulo I. Del estado, que tenían las idolatrías antes de las
congregaciones de los indios ha poblado   **35**
1. Idolatrías y supersticiones de los indios   35
2. Invocación a gran número de dioses   37
3. Disimulación de ceremonias y ritos idolátricos   39
4. Los indios no olvidan sus idolatrías   43
5. Ceremonias idolátricas con los muertos y los santos   45

Capítulo II. De el estado, que tuvieron los indios en sus
idolatrías después de las congregaciones   **47**
1. Afecto y confianza en sus dioses   47
2. Calamidades y esclavitud después de gozar prosperidad y libertad   48
3. Se descubre una gran complicidad de idólatras   52
4. Ceremonias supersticiosas con el fuego   54
5. Conjuros contra nubes y tempestades   57
6. Médicos adivinos y pronósticos   61

Capítulo III. En que se prosigue la misma materia con sucesos de idolatrías en otras partes   67

1. Castigo de delincuentes indios   67

Fechas y datos biográficos importantes   67

2. Curaciones por medio de conjuros supersticiosos   69

3. Indio ciego curandero y embustero   74

4. Nahualles, Teyolocuanes y Tlachihuianes   75

5. Ofrendas de copal, velas, ramilletes, etc.   78

6. Tecomates e idolillos objeto de veneración   80

Capítulo IV. En que se prosigue la misma materia con sucesos y casos sucedidos al autor en que se verifica haber hoy idolatrías entre los indios   85

1. Hace milagros el hueso de un santo   85

2. Los instrumentos de sus curaciones   87

3. Prisiones de médicos y hechiceros   89

4. Persuasiones de los médicos a los enfermos para curarlos   92

5. Odios originados por los curanderos   95

6. Conjuros usados para sangrar y aplicar ventosas   98

7. Interpretaciones y forma de hacer los conjuros   100

Capítulo V. En que prosigue la misma materia del antecedente, con otros sucesos   105

1. Oposición de los indios a ser confirmados   105

2. Práctica supersticiosa de sepultar boca abajo a los muertos por mordedura de víbora   107

Capítulo VI. En que se ponen algunos principios generales para conocer las idolatrías de los indios   115

1. Correspondencia de idolatrías, supersticiones, etc., con los días, meses y años   115

2. El calendario nahuatl o azteca   117

3. Caracteres y nombres de los días   119

4. Representación de los signos e influencias que ejercían en la vida
de los indios 123

Capítulo VII. En que se prosigue la misma materia, y se pone el calendario de los meses 129

1. Nombre y significado de los meses y fiestas celebradas en ellos 129
2. Otro calendario que consignaba las festividades y ceremonias correspondientes a los meses 139

Capítulo VIII. De la demostración numérica de los siglos, y de los días de cada año, y de los nueve signos, que acompañaban a los días del año 153

1. La cuenta de los siglos, años, y días de los meses 153
2. Observaciones que los médicos y adivinos hacían para responder a las consultas que les hacían 154
3. Manejo de las tablas de los días 157
4. Signos de los acompañados, llamados también señores o dueños de la noche 159

Capítulo IX. De algunas observaciones, y signos pertenecientes a los días, y signos de todo el año 163

1. Predicciones a los que nacían bajo signos particulares de los días 163
2. Predicciones a los que nacían bajo signos particulares de los días (continúa) 165
3. Predicciones a los que nacían bajo signos particulares de los días (continúa) 168

Capítulo X. De las dieciséis fiestas movibles, que tenían los indios demás de las del calendario, fijas y de tabla 171

1. Ofrendas que hacían los indios y ceremonias con que celebraban las fiestas movibles 171
2. Ofrendas que hacían los indios y ceremonias con que celebraban las fiestas movibles (continúa) 175

3. Ofrendas que hacían los indios y ceremonias con que celebraban las
fiestas movibles (continúa)   180

**Capítulo XI. De algunas anotaciones pertenecientes a los
calendarios, para mejor, y más plena inteligencia de las
supersticiones**   **185**

1. Las aguas se compraban con sangre de niños   185
2. Sacrificio a Tezcatlipoca considerado como especial privilegio   187
3. Sacrificios humanos y fiestas celebradas a los dioses   189
4. Ofrendas de sangre y otras ceremonias   194
5. Con cantares de esperanza y bailes preparaban la simiente del año
venidero   198
6. Fiesta al dios del fuego y cómputo del año bisiesto   200

**Capítulo XII. En que se tratan algunas fábulas de los indios, en
que se fundan algunas supersticiones suyas**   **205**

1. Transmutaciones y adoración al Sol y a la Luna   205
2. Sacrificio de hombres y mujeres al Sol y la Luna   212
3. La fábula del Sol da origen a las idolatrías de los indios   213
4. Transformación de los nahuales en animales   216

**Capítulo XIII. En que se prosigue la materia del antecedente
con otras cosas, que pertenecen al mismo intento: y trátase
también de los agüeros de estos naturales**   **221**

1. Suceso que da origen a la adoración del fuego   221
2. Adivinaciones y agüeros por el canto y el vuelo de las aves   225
3. Los animales pronosticaban bienes o males   226
4. Abusiones y agüeros con las mujeres preñadas   230
5. Supersticiones en la crianza de los hijos   232
6. Otros muchos agüeros caseros   233
7. Prohibiciones a los hijos para evitarles daño   235
8. También las flores motivan supersticiones   237

Capítulo XIV. En que se prosigue la misma materia de agÜeros

en el canto de las aves, fantasmas nocturnas, animales
terrestres, y sabandijas   239
   1. Consultas a los adivinos para deshacer una superstición con otra   239
   2. Agüeros y supersticiones con los fantasmas   242
   3. Burlas de Tezcatlipoca   244
   4. Las sabandijas son llamadas dioses menores   246
   5. La fábula del alacrán   249
   6. Transmutación mitológica de Huilziton   253

Capítulo XV. En que se trata de algunas hierbas, a quienes los
indios deidad, y con que usan supersticiones   257
   1. Los indios atribuían alma racional a los árboles   257
   2. Culto idolátrico a las semillas   259
   3. Veneración al peyote y otras plantas y semillas   261
   4. Supersticiones y engaños con semillas y plantas   263
   5. Deificación del tabaco y otras plantas y hierbas   268

Capítulo XVI. Del conocimiento de los sacerdotes de los indios,
y de los actos penitenciales que les hacían hacer   271
   1. Por accidentes o defectos corporales adquieren los «espiritados» la
     gracia de curar   271
   2. Peregrinaciones, actos penitenciales y ofrendas   273
   3. Los penitentes del agua   277
   4. Invocaciones supersticiosas a los dioses   279

Capítulo XVII. En que comienza a tratar del ejercicio de todas
estas cosas para mayor conocimiento, y experiencia de las
idolatrías, de los médicos, de las parteras, y restitución del hado283
   1. Invocaciones y conjuros de las parteras antes del parto   283
   2. Conjuros y ceremonias después del alumbramiento   286
   3. Cura de las enfermedades de los recién nacidos   289
   4. Restitución del hado o fortuna a los niños   291

Capítulo XVIII. De los sortilegios de manos, y de otros modos,

que usan los indios supersticiosos   295
   1. Sortilegios para consultar las enfermedades   295
   2. Aplicación de la medida del palmo para diagnosticar las enfermedades296
   3. Las «suertes» de la medida del palmo sirven para encontrar las cosas
   perdidas o robadas   301
   4. Invocaciones al fuego y a las aguas   302
   5. En otros conjuros emplean el maíz   304

Capítulo XIX. De los conjuros, y supersticiones que usan los indios acerca de las acciones humanas   309
   1. Brebajes para querer o aborrecer   309
   2. Conjuro para atraer a las mujeres   312
   3. Cura de las enfermedades de amores ilícitos   313
   4. Contagio por simpatía o antipatía y compensaciones idolátricas   316
   5. Remedio para la enfermedad procedente de amores ilícitos   317
   6. Invocaciones para hacer dormir a las personas   321
   7. Conjuros con la cama y la almohada   323

Capítulo XX. En que se comienzan a poner particulares curas, de que usan los médicos, supersticiosos en las enfermedades naturales y conocidas de los indios   325
   1. Supersticiones que alivian el dolor de cabeza   325
   2. Con agua fría y hierbas curan las enfermedades de los ojos   327
   3. Para los dolores de oídos o de muelas hay también conjuros   330
   4. Invocaciones y remedios para las enfermedades del pecho   333

Capítulo XXI. En que se prosigue la materia de las curaciones supersticiosas de los indios   335
   1. Las borracheras dan fuerza y ánimo para el trabajo   335
   2. Eficacia atribuida a las palabras del conjuro en el alivio del cansancio337
   3. Remedio principal y modo de curar las calenturas   339
   4. Con sahumerios y punciones curan las tercianas   342

Capítulo XXII. En que prosiguen otras curas supersticiosas   345

1. Igual conjuro para erupciones, inflamaciones y picaduras de animales ponzoñosos   345
2. Conjuros muy generales para los salpullidos o enfermedades cutáneas 346
3. La picadura del alacrán y la fábula de Yappan   349
4. Una sola medicina cura todas las enfermedades   352

Capítulo XXIII. De otras enfermedades, y curas Supersticiosas, principalmente a los huesos   **355**
1. Es peor que la enfermedad la curación del «dolor de huesos»   355
2. Cura supersticiosa para las fracturas de huesos   355
3. Significado de las metáforas usadas en los conjuros de las fracturas de huesos   357

Capítulo XXIV. De las supersticiones, que tienen los indios en las cosas pertenecientes al sustento de su vida y principalmente en sus sementeras   **361**
1. Supersticiones en las cosas necesarias para el sustento   361
2. La mujer de ocho en hilera. Magueyes   363
3. El varón «siete culebras»   365
4. Calabazas. Sus pepitas y otras semillas   369
5. Para defender las semillas de los animales nocivos   371
6. Conjuro particular para las hormigas   373

Capítulo XXV. De las supersticiones, que tienen en la industria del cazar animales así en la tierra como en el aire   **375**
1. La más supersticiosa de las cazas es la del venado   375
2. Caza del venado, con flechas   384
3. Cacería del jabalí y otros animales   385
4. La caza de volátiles   386
5. Para sacar la miel de las colmenas hay que evitar el enojo de las abejas 387

Capítulo XXVI. De la industria supersticiosa, que tienen los indios en el modo de pescar   **391**
1. La pesca, como la cacería, tiene supersticiones y conjuros   391

2. La pesca con «calabazos floridos» o nasas   394

3. Pescadores de corrales y cercas   397

Capítulo XXVII. De las supersticiones, que los indios tienen en la industria de trajinar, cortar madera, y hacer cal   **401**

1. Supersticiones de los leñadores   401

2. Conjuros al hacer los hornos de cal   402

3. La arriería tiene también sus conjuros idolátricos   404

4. El pulque y los volantines y «temazcalli»   407

5. Cuidado y desvelo para aclarar y entender las supersticiones de los indios   409

Capítulo XXVIII. Del remedio breve, que todas estas materias piden; y lo mucho que le incumbe a nuestro rey, a sus virreyes y ministros el procurarlo   **411**

1. La bondad fingida es malicia   411

2. Las congregaciones no enmiendan las costumbres de los indios   414

3. Auxilios eficaces para destruir idolatrías y supersticiones   416

4. Precisa un alto grado de virtudes en favor, ayuda y enseñanza de los indios   418

Capítulo XXIX. Del cuidado grande, que estas materias deben dar a los ilustrísimos señores arzobispos, y obispos, y de cómo deben procurar el remedio   **425**

1. Fuerte arraigo de costumbres   425

2. Más que el duro castigo es necesaria la enseñanza para poner remedio al mal   425

Capítulo XXX. En que se trata ser el principal remedio, y más necesario la continua predicación de los párrocos contra estos delitos de supersticiones   **427**

1. Tan necesaria es la refutación de las idolatrías como necesario es su conocimiento para refutarlas   427

2. Predicación para enseñar a guardar y observar la verdad   430

3. La continua enseñanza destruye poco a poco las malas costumbres 432
4. Política necesaria de unidad para la conversión de los indios 432

Capítulo XXXI. De la necesidad que hay de inquirir generalmente estos delitos de idolatría, y de castigarlos, para que se enmienden, y acaben 435

1. Castigo a unos para escarmiento de otros 435
2. La consulta y el consejo deben preceder a la ejecución del castigo 436
3. Conminaciones generales para que haya enmienda 438

Capítulo XXXII. En que se trata de la conveniencia, grande, que parece que hay, en que estas penas se ejecuten por los mismos ministros, y párrocos de los indios 443

1. Equidad y justicia en la imposición de castigos 443
2. Las faltas deben ser probadas y no juzgadas por presunción 444
3. Primero que castigar es conocer el delito 445
4. Penas y sacrificios para encontrar al delincuente 446
5. Represión con rigor y amor 447

Capítulo XXXIII. De lo que han de hacer los ministros en el examen de estos delitos, y cuenta que de todo han de dar a los prelados 451

1. Para las conversiones es necesaria la prudencia 451
2. Demostración de curiosidad e interés para conocer los instrumentos de curación 452
3. Los consejos deben darse cuando se piden y las respuestas deben estar ajustadas a las preguntas 455

Libros a la carta 461

Brevísima presentación

La vida

El doctor Jacinto de la Serna fue un misionero español que viajó a Nueva España tras la conquista y llegó a ser visitador general del arzobispado de México. Tuvo numerosas intervenciones en la vida cultural de la entonces colonia. Las crónicas cuentan que en una visita pastoral a una parroquia, ordenó que no se registrasen más apellidos náhuatl, mazahua u otomí, y que éstos fuesen en castellano.

Supersticiones y psicotrópicos

Jacinto de la Serna describe, entre otras, las costumbres de las indígenas aztecas durante el embarazo. Según comenta, no debían mirar los eclipses del Sol y la Luna, pues la criatura podría tener labios leporinos. Tampoco podían contemplar ejecuciones, pues los niños nacerían con una horrible soga de carne anudada a la garganta.

Este tratado además ha sido extensamente citado por los expertos en sustancias psicotrópicas. Serna se ocupa de las diferentes sustancias que ingieren los indígenas en sus rituales y su texto se convirtió en una referencia en los estudios sobre el tema.

Atrapados entre la abominación y la antropología cultural, por momentos poseídos por una curiosidad insaciable, Serna y Hernando Ruiz de Alarcón (también publicado por Linkgua) constituyen los autores de referencia en la tratadística del siglo XVI dedicada a los rituales de los habitantes originarios de México.

Carta del muy venerable padre Marcos de Yrala

Escrita al autor deste manual
Alentándole a que lo saque a luz y ponga en manos y protección del ilustrísimo señor arzobispo desta santa Iglesia

Señor doctor don Jacinto de la Serna:
A verdad, y llaneza, con que V. M. (fiado en nuestro amor, y amistad, que desde nuestras tiernas infancias viene corriendo, y con los crecimientos de la edad ha ido también, creciendo) me pidió pasase los ojos por este escrito, y le dijese llana, y sinceramente lo que sentía, me obligaron a leerle una, y segunda vez con despierta atención, y más que ordinaria advertencia. Y después de su repetida lectura, confieso a V. M. ingenuamente, que no puedo dejar de alabar, y engrandecer tres aciertos que en él fui luego reconociendo.

El primero. Que tomase la pluma, y este trabajo quien tenía como V. M. las largas noticias, y experiencias noticiosas de ministro antiguo de tres doctrinas, o beneficios de los indios naturales destas provincias del Arzobispado por espacio de catorce años, y de veintidós a esta parte en el curato desta santa Iglesia;[1] de visitador general del mismo Arzobispado en los gobiernos de los dos señores arzobispos mexicanos, el señor don Francisco Manso y Zúñiga el uno y el otro el señor don Juan de Mañozca. Pues como dice nuestro adagio español: «Quien las sabe, las tañe», y aún mejor el poeta. Navita de ventis, de tauris narrat Arator, & «No hay mejor cirujano, que el bien acuchillado». Dice otro proverbio, ordinario.

---

1   Como la carta se escribió en 1656, aparece, según esto que el doctor Serna era Cura del Sagrario Metropolitano desde 1634 y había comenzado a servir como beneficiado en 1620 (N. del E.-Edic. 1892.)

Y si este nombre médico se deriva de un vocablo griego, que quiere decir experiencia, como lo notó la gloria de Milán sobre el salmo 37, quien tantas tiene de las dolencias espirituales destos miserables indios bien podrá haciendo oficio de médico espiritual de sus almas, recetar los remedios tan cristianos, prudentes, y ajustados, que en el discurso desta obra se proponen.

El segundo acierto es, dirigir V. M. este libro a los padres beneficiados, y ministros de doctrinas de indios, que son los que inmediatamente han de poner por obra lo que en este volumen en orden a la práctica se contiene, si quieren cumplir a satisfacción con las almas, que Dios Nuestro Señor, por medio, de los prelados de su Iglesia, que son los mayorales de los rebaños de ellas, les tienen encomendadas. *Pasce oves meas.*

El tercer acierto, que sobresale más, es el haber de salir a luz aquesta obra debajo de la dedicación, y amparo de un prelado de la única metropolitana Iglesia deste nuevo dilatado mundo de la Nueva España, e Imperio mexicano, que acaba de llegar de nuevo a él, que le servirá de un cierto, fiel, y puntual informe de un verdadero Norte, y guía, para el acertado régimen de las almas, que son tan de su cargo, y de los remedios, de que necesitan para sus medras en la fe, que de nuevo han abrazado. Que a tener Josué, ya que no noticias prácticas (por ser recién llegado a la tierra de promisión), por lo menos un verdadero informe de los Gabaonitas, hubiera, ¿quién lo duda? estado más prevenido, y atento a sus engaños.

Todos estos tres aciertos, juzgo señor que se hallan en el primero; mayor, y principal cuidado, que más debe pulsar, y solicitar los ánimos de los pastores, curas, párrocos, y ministros de almas recién convertidas a nuestra santa fe, para que no se vuelvan a enredar con sus antiguas fábulas, ritos, ceremonias, y supersticiones de su gentilidad, con que el Demonio antes tan ciegos los tenía. Cuidado es este, que por latirle el corazón frecuentemente al apóstol de las gentes san Pablo, le hacía el santo manifiesto muchas veces a las almas, que había convertido de los hebreos, corintios, y otras naciones.

En la que escribió a los hebreos les dice: *Doctrinis varijs, et peregrinis nolite abduci.* Tened cuenta (pueblos recién convertidos a la fe de Cristo Señor Nuestro) no admitáis ajenas enseñanzas, y doctrinas, cuales son (como en este libro tantas veces, y nunca superfluamente se repiten) las que entre estos pobres indios procuran de ordinario sembrar unos maestros de Satanás, y un cierto género de médicos, y hechiceros, cuya falsedad estraga las buenas costumbres, turba la pureza de la doctrina del Cielo, llena el entendimiento de mil quimeras, le saca de saca de sus quicios, no dejando hacer a la palabra del Cielo el fruto, que tanto desean los ministros, y predicadores evangélicos de ella.

Y escribiendo a los de Corinto la segunda carta contraponiendo en el capítulo segundo el apóstol su predicación, y doctrina a la de algunos predicadores perniciosos dogmatistas, y engañosos maestros de doctrinas falsas, como también los hay entre estos indios (que tan gravemente en este papel se pondera) haciéndose de ellos maestros, y doctores de los otros, y persuadiéndoles, que pueden retener, y conservar la verdadera fe, que han recibido, con la creencia, y culto de sus antiguos falsos dioses, del Sol, Luna, Fuego, Agua, animales, piedras, y árboles, dice san Pablo unas palabras contra aquellos falsos predicadores de los Corintios, que ajustamente pueden también decir nuestros predicadores evangélicos, ministros destas indignas naciones contra los perversos indios, dogmatistas diabólicos, que de ordinario se hallan entre ellos: *Non enim sumus, sicut plurimi, adulterantes verbum Deo sed ex sinceritate, sed sicut ex Deo, coram Deo in Cristo loquimur.*

No somos malos ministros (como lo son los indios hechiceros con sus embustes, y palabras equívocas, y fingidas, que el Demonio su maestro les ensaña a hablar, con que adulteran la palabra de Dios). Cauponantes verbum Dei, dice otra letra, que mixturan con el vino de la palabra divina las aguas cenagosas de falsas doctrinas: sed ex sinceritate. No como plateros codiciosos, se bajan el punto de los metales, haciendo liga con otros más humildes y comunes, sino sinceramente conservando la perfección de sus *quilates; sicut ex Deo.*

No como catedráticos hinchados, y presumiendo de sus imaginaciones, hacen cabeza de escuelas con nuevas enseñanzas, y doctrinas, sino como palabras de Dios, aprendidas en su escuela, dictadas de su espíritu, concebidas en su pecho, y predicadas por su boca. Coram Deo. No como embajadores alevosos, que dan recaudos falsos en ausencia de sus príncipes, sino que delante de Dios predicamos su doctrina, y Evangelio, y eso en Cristo; con el espíritu de Cristo; con el fin de Cristo; en Cristo predicamos, por Cristo predicamos, y lo que predicamos es al mismo Cristo.

Y pretender lo contrario a esto los indios dogmatistas mentirosos es ser contrario a Job, donde a muy buena ocasión les pregunta: *Numquid Deus indiget vestro mendacio?* No tiene necesidad Dios de mentiras de indios embusteros para conseguir el fin de su pretensa.

Este era el cuidado de san Pablo, y lo debe ser de todos los que tienen a su cargo almas recién convertidas. Todo lo que de aquí sale es un abuso nocivo a las mismas almas, peligroso a las consciencias, pernicioso a las naciones de los recién convertidos. Como tal lo llora el mismo san Pablo escribiendo a su discípulo Timoteo: *Erit enim tempus cum sanam doctrinam non sustinebunt et ad fabulas autem convertentur.*

A Timoteo (discípulo mío) tiempo vendrá, cuando no guste el mundo de la pureza del Evangelio, sino de verla afeitada con fábulas falsas, como lo suelen hacer algunos destos indios con las fábulas del Sol, Luna, y otros, que en el discurso deste escrito, no solo provechosa, sino eruditamente se refieren.

Y aún antes, que san Pablo había llorado lo mismo en los falsos profetas, y doctores de la Ley antigua el profeta Isaías luego al principio de sus revelaciones, según exposición de san Ambrosio: *Vinum tuum mixtum est aqua*, y los setenta: *Caupones tui miscent vinum aqua*. Digámoslo a nuestro intento.

Tus indios dogmatistas son como taberneros engañosos, que mezclan con la pureza del vino de mi ley, y verdades, las aguas de sus mentiras, y fábulas de sus idolatrías, y supersticiones.

De todo lo dicho hasta aquí colijo claramente, que esta obra será muy bien recibida, no solo de los inmediatos ministros, curas, y beneficiados de los indios destos reinos, sino que también con agrado, y estimación del trabajo, que en disponerla a V. M. le habrá costado; la admitirá debajo de su protección, y amparo el reverendísimo e ilustrísimo señor metropolitano arzobispo de México, a quien se consagra; pues como tan docto, erudito, y versado en la lección de los doctores, y autores del todas letras, y facultades, no se le habrán escondido, o pasado por alto aquellas graves palabras de aquel gran senador de los Consejos supremos, de Indias, y de Castilla, donde hablando de los prelados destas Indias occidentales dice: *Illud ultimum Indiarum Episcopos moneo, quod sane primum esse debuisset, ut summopere de commissis sibi ovibus curent, praecipue de Indis, qui magis, quam alij in spiritualibus, et temporalibus, tantis praeceptoribus, et protectoribus egent.*

Y añade luego Solórzano. Porque en aquestas personas (habla de los indios) y provincias (habla de las indianas) más que en otras es necesario observar aquel grave consejo, o precepto de san Crisóstomo, que dice: *Episcopum necesse est in singulos propemodum dies sementem facere, ut ipsa saltem assuetudine doctrinae sermonem Auditorum animi retinere possint. Nam et oppulentia ingens, et potentiae amplitudo, et languor a delicijs exoriens itemque et multa his addita, semina semel jacta suffocant: nonnumquam autem et spinarum densitas ne ad terrae quidem superficiem sementem ipsam decidere patitur.*

México. Desta casa de probación de santa Ana de la Compañía de Jesús. 22 de agosto de 1656.

Religioso de la Compañía de Jesús, lector muy antiguo de prima de teología, regente y prefecto de los estudios del Colegio de san Pedro y san Pablo desta ciudad de México, rector, prefecto y regente en el Colegio de san Ildefonso de la ciudad de Puebla de los Ángeles, confesor del ilustrísimo señor don Juan de Mañozca, arzobispo que fue desta santa Iglesia y Dios tiene en su reino; y calificador actual del santo oficio de la Inquisición desta Nueva España.

Dedicatoria[2]

Ilustrísimo señor:

El gran arzobispo de Milán san Ambrosio sobre el Salmo 18 dice unas palabras, que ni pueden excusarse los fieles de la Iglesia mexicana metrópoli de este reino, de entenderlas por sí, ni dejar de aplicarlas a la venida de V. S. I: *homines, siquem nobilem, siquem fortem, siquem sapientem, audiunt*

---

2   Fue cura del Sagrario Metropolitano de México por tres ocasiones de junio de 1635 a diciembre de 1645; de junio de 1648 a febrero de 1651, y de septiembre del mismo año hasta su muerte, que fue el 17 de abril de 1681. (Epigrafía mexicana por el Caballero Jesús Galindo y Villa. México, 1892. P. 318). Nota de los EE. (Dr. León).

tanquam supra hominen arbitrantes concupis, cum videre. La noticia de un hombre noble, de un hombre de valor, de un hombre sabio, obra tales efectos en los que la oyen, que haciendo de él un concepto de Deidad desean con ansias del corazón, y afectos del alma ver este hombre noble, valeroso y sabio.

Todo esto les ha sucedido a los fieles de este arzobispado, que estando curando las lágrimas tan justas con la mudanza de prelados tan insignes, gloria de las Españas; y la muerte de otros cuyas cenizas descansan en esta santa Iglesia, y las almas en eterna bienaventuranza, la nueva de la venida de V. S. I. a este Arzobispado cabeza de este Nuevo Mundo, los consoló y alentó de manera que todos juntos, y cada uno de por sí deseaban ya ver su prelado noble para su amparo, valeroso para su defensa, y docto para su enseñanza.

Mas como, las preciosas margaritas se compran a precio de todo el caudal del que las busca (aunque sea muy rico y poderoso) para que la llegada de V. S. I. a su Iglesia fuese más estimada quiso el tiempo que se costease a precio de grandes deseos, y de mayores ansias de verte; pues cuando las esperanzas estaban comprometidas para su cumplimiento en la venida de esta flota que se aguardaba el año pasado, se dilató para que las esperanzas dilatadas atormentasen más a los que esperaban: spes qua difertur affigit animam, dijo el Espíritu santo.

Y si tiene dificultad, y es oneroso, tratando con hombres capaces como los españoles que están bien fundados en la fe, y es fácil el instruirlos en buenas costumbres; qué carga y peso será el haber de tratar con los neófitos indios naturales de este reino, que cada uno en particular necesita de un ministro que lo enseñe, siendo tantos, y habiéndose de tener cuidado de tantas cosas como han menester de sus pueblos, de sus casas; es menester que el que trata con ellos sea médi-

co que los encamine, y enseñe la salud corporal como filósofo al conocimiento natural; sea como ético que le enseñe el
conocimiento moral; es menester enseñarle la paz doméstica
como el económico, y como el político el modo de vivir en la
paz pública, y régimen de la república: que de toda esta enseñanza necesitan estos miserables indios, y en todo esto se
ocupan los ministros de doctrina que los tienen a su cargo...

Sola la majestad de nuestro católico rey es su verdadero
padre, que cuida tanto de ellos como si no tuviera otros vasallos; porque todo es encargarlos a sus virreyes, para que;
como verdaderos padres los amparen: a los prelados eclesiásticos, y a sus coadjutores, y ministros de doctrina, que
como padres los traten, y como maestros los enseñen, y los
prohíjen en el Evangelio. Y por todo esto me atrevo a suplicar
a V. S.ª ilustrísima en el obrar muestre más ser arzobispo, y
pastor de indios, que de españoles: poniendo todo cuidado,
y arrimando el hombro en ayudar a sus ministros para su
enseñanza: porque si de unos, y de otros es pastor, y unos,
y otros son del rebaño de la jurisdicción de V. S.ª ilustrísima
y están sujetos a su cayado pastoral; y unos y otros son ovejas, que con el cuidado, y vigilancia de su oficio han de ser
defendidas de los lobos, que las pretenden despedazar. Hoy
por nuestros pecados están muy sangrientos y encarnizados
contra estos pobres y miserables indios pequeñuelos en la fe;
que si a todos pretende el enemigo común del género humano
destruir: circuit quaerens quem devoret, 1. D. Petri. 5, como
dice el apóstol san Pedro, el remedio es resistir fuertemente
con la fe, que es el escudo y reparo de sus tiros, y saetas: cui
resistite fortes in FIDE.

Esta es la que estos lobos pretenden destruir con sus engaños, son un cierto género de médicos, que ellos tienen entre
sí, que los turban de manera, que no los dejan desarraigarse
de sus supersticiones, y reliquias de su idolatría; y esto tan

generalmente, que en todas partes los hay, no solo en este arzobispado, sino en todos los obispados y en todo el reino. Motivo ha sido este para cansara V. S.ª ilustrísima con este manual, que le ofrezco, llevado solo del celo de Dios Nuestro Señor, y de quietar mi conciencia; pues gravemente la encargara, sino hubiera hecho esta obra y relación para ofrecerla a V. S.ª ilustrísima, corto servicio para su grandeza; pero muy bien trabajada, sacada de papeles, y escritos de varones ilustres, y santos, y experimentados ministros de indios; y experimentada por mí así en el tiempo, que fui ministro como en las visitas generales, que hice sirviendo a los ilustrísimos señores arzobispos antecesores de V. S.ª ilustrísima juzgo, que es muy necesaria para el gobierno espiritual, y régimen de estos pequeñuelos tan necesitados de que les curen las morderuras de tan rabiosos lobos (que quiera Dios Nuestro Señor, que como estos animales se crían en sierras incultas, y llenas de espinas, estos maestros de Satanás no se críen por falta de doctrina en algunas partes).

Finalmente con el celo de V. S.ª ilustrísima y con su industria morirán a sus manos, y con esta breve relación se informará del estado, que este pedazo de rebaño de indios tiene, que no hay cosa más esencial para los príncipes, y prelados, que tener noticia y experiencia de la gente, con quien han de comunicar, y a quien han de gobernar...

Dichosos los ministros, de cuya administración, y trabajos hace experiencia el prelado, no remitiendo a las relaciones de otros, ni al oído, sino a la vista para premiarlos, y para que cuando la malicia, envidia, y mala intención de otros (que hay mucho de esto en los beneficios) quisiere desdorar, o calumniar la administración, y honra de personas de tanta importancia, no dé el prelado crédito más que a sí, y a los que hubiere experimentado. V. S.ª ilustrísima reciba mis buenos deseos en esta obra, que van vestidos de buena intención: y

perdóneme el haberme dilatado, que la gravedad, e importancia de la materia a pedido esta dilación. Guarde Dios la
persona de V. S.ª ilustrísima muchos y felices años, para el
amparo de su Iglesia, y consuelo de sus ovejas.

Humilde criado, y capellán de V. S.ª ilustrísima q. s. m. b.

Prólogo. A los muy venerables beneficiados y muy
reverendos padres ministros de doctrinas de indios
Muy venerables señores, y muy reverendos padres:

A conversión de las gentes, la destrucción de la idolatría, la
ampliación de nuestra santa fe, el conocimiento del verdadero Dios por todas las partes del mundo, por donde da vuelta
el Sol, ha sido una de las mayores victorias, y de las mayores
obras, e insignes empresas que podemos señalar al inmenso
poder de Cristo Señor Nuestro; y el adelantar esta empresa
ampliar la fe, y aumentar el conocimiento del verdadero Dios
por medio de los ministros evangélicos, y párrocos de los
indios naturales deste reino es el más excelente oficio, y más
alto ministerio, en que los sacerdotes nos podemos ocupar, y
en que más cuidado debemos tener.

Mirad como obráis, porque no hacéis oficios de hombres,
sino de Dios, y lo bien, o mal que obráredes, os ha de salir a
la cara. Obrad con temor de Dios, y todo lo que se obrase sea
con diligencia, porque obráis en persona de un Dios, que es
santo, y no hace acepción de personas, ni es codicioso; parece que cuando el rey Josafat dijo estas palabras a los jueces
de sus pueblos, miró en espíritu todo esto ejecutado en los
ministros de los indios naturales deste reino: pues en el modo
de obrar obran como ministros de Cristo Señor Nuestro.

Administrando los santos sacramentos, y enseñando su celestial doctrina a esta miserable, y pobre gente, pequeñuelos,

y pusilánimes en su naturaleza, y por esto muy expuestos a los engaños del Demonio...

Para ningún fin es más apropósito esta parábola, que para los indios, porque no hay más que decir para conocer el estado, en que están hoy en sus idolatrías, y supersticiones, para que los ministros los conozcan; mi más vivo, que proponer, para que los medicinen, y curen de tan grave enfermedad espiritual, y remedien tan grave daño...

También es consuelo para los ministros de estos tiempos el seguir los ejemplares, que nos dejaron los primitivos ministros apostólicos de esta Monarquía indiana: El padre Juan Días clérigo presbítero, que vino con Fernando Cortez, y fue el primero que dijo la primera misa cuando se ganó esta tierra: el padre fray Bartolomé de Olmedo de la Orden de Nuestra Señora de la Merced, y Jerónimo de Aguilar, clérigo de Evangelio, que estaba cautivo; de gran virtud y castidad, que fue el Evangelista desta Nueva España, que como interprete de la lengua la predicaría, y enseñaría; y los varones santos, y escogidos, que después vinieron de la seráfica religión del seráfico padre san Francisco;[3] que todos tanto trabajaron en la enseñanza, y catequismo de estos indios, que por mucho, que ahora trabajen los ministros, no tienen comparación: más hoy con la experiencia, que se tiene, es muy necesario procurar adelantar alguna cosa a lo que obraron; más no apartándose de su santa doctrina, que enseñaron...

En la cura deste mal, que hoy padecen los indios en sus idolatrías, han de procurar los ministros destos tiempos hacer ventaja o los antiguos padres no en enseñarles otra cosa de lo que les enseñaron: sino en procurar declararles, su santa doctrina, muy en particular al mal, que se reconoce en ellos, pretendiendo crezca la inteligencia de las verdades, que les enseñaron; y que los preceptos, y ceremonias de su

3   Y los doce de la famª del Gran Padre San Agustín, que después vinieron.

celestial doctrina, se limen, y se ajusten al tiempo presente; pero no que se muden, cercenen, ni corten: sino que conservándolos en su verdad, y entereza, se procure darles más luz y evidencia: pues hoy tienen más capacidad, que cuando los catequizaron, y obran hoy con más malicia, pues pretenden mezclar sus supersticiones con los preceptos eclesiásticos, y ceremonias de la Iglesia, que les enseñaron...

Con grandes ansias se pretenden estos oficios de curas de indios como dignidades en la Iglesia de Dios de tanta honra, y como coadjutores inmediatos a los señores obispos, y prelados de la Iglesia; y porque los que estudian no tienen otra cosa, a qué aspirar: confieso, que son oficios, y puestos honrosos, más también, son onerosos, y no equivale la honra al peso de la carga, y a la obligación de la administración; parece en los principios fácil administrar indios, y en llegando a tocarlo con la mano, y experimentarlo, se reconoce la dificultad, y se experimentan millares de millares de inconvenientes...

Muy apropósito es el oficio de cura de indios, y debe ser muy estimado, y respetado, y suele ser de muchas conveniencias temporales: pero muchas espinas tiene en lo espiritual, que punzan lo interior del alma, y cierto que los que pretenden estos beneficios cuando los pretenden no reparan en los inconvenientes, y espinas, que tienen; y quizás Dios Nuestro Señor les sierra los ojos, para que haya quien haga este oficio, y se ocupe en este ministerio. No solo tienen estas espinas en lo temporal, y corporal con malos temples, saledades, incomodidades en las viviendas, falta de salud, y de médicos, y medicinas para curarse; y a veces la falta de los médicos espirituales, que es uno de los mayores desconsuelos, que se pueden experimentar; salir de día, y de noche a las visitas, y administraciones por tan malos caminos, abrasando el Sol de día, y rasgándose los cielos con aguas de noche, con conocido riesgo de la vida: sino que en lo espiritual nunca faltan espinas, y escrúpulos, que atormentan el alma; pues se ha de dar cuenta de tantas almas, que cada una de ellas requiere, un ministro. Meta la mano en su pecho cada cual de los ministros actuales, y verá las inquietudes, que estas materias le causan de día, y de noche (y a los que han sido ministros) cuando se reconocen estos inconvenientes, y como temerosos de Dios, y celosos de su honra recelan, que alguna omisión suya, o falta de predicación sea causa de algunos daños, y más en materias de sus idolatrías, y supersticiones, y más cuando se reconoce que algunos trabajos que estos indios padecen, con hambres, pestilencias, y mortandades, que Dios Nuestro Señor les envía; es en castigo de su pecado, y de la honra, que defraudan a su divina majestad, y se la dan a sus criaturas. Que espina tan aguda es esta, que punza el alma de su ministro con la consideración, y recelo, no sea algo desto por culpa suya, y falta de enseñanza; con que cuidado estará de la cuenta, que ha de dar a Dios destas ovejas desta calidad.

Bien recompensada queda la hora de ser cura de indios, con la carga, que tiene de dar cuenta a Dios Nuestro Señor de ellos; y bien cargada dignidad es: más hombres la han de tener, y ejercitar, o por mejor decir ángeles, que así llama san Juan en su Apocalipsis a los prelados de las iglesias; y por participación les viene muy bien este nombre a los ministros, que predican, y enseñan el santo Evangelio a los indios.

Donde la Vulgata dice non sum Medicus, en su lugar dice el Caldeo Non sum Chirurgus, no soy cirujano, aquí se descubre un tesoro muy rico para acabar de pintar un consumado ministro de indios, y la práctica de obrar de manos, como los cirujanos, que curan llagas viejas, y cortan miembros podridos. Hipocritas in oficio chirurgi dice, que una de las partes necesarias, y que más aprovechan a las heridas, y llagas, es la ligadura: Partim ipsa deligatio sanat, partim curatibus inseruit, maximaque deligationis vis est. Es muy necesario saber atar la llaga, o herida para curarla; que ni esté muy apretada, ni muy floja la ligadura: eso ha de tener el ministro, en particular de los indios para curarles estas heridas tan penetrantes, y estas llagas tan viejas de sus supersticiones, e idolatrías, en el modo de obrar, corregir, y enseñar, ni ha de apretar el ministro tan recio, que encone la llaga, ni tampoco ha de ser tan remiso, que por falta de ligadura se empeore, y acancere, ha de poner la diligencia necesaria en la cura de esta enfermedad, para que se remedie; ha de tener un celo tan discreto, que ni se desesperen los enfermos para no apetecer la salud de su alma por la crueldad del médico, y cirujano espiritual, y a veces de miedo no manifiesten la verdad de lo que padecen, y de lo que en esta materia obran de sus embustes y ceremonias de sus idolatrías, ni tampoco ha de ser tan negligentes, y dejados en indagar este mal, para curarlo, y por su culpa, ni se sepa, ni se cure; aquí ha de entrar el arbitrio de doctos, y prudentes ministros.

Ni los grandes gobernadores, ni los insignes médicos, y elocuentes oradores pueden hacer cosa digna de aplauso, y alabanza, si, les falta el ejercicio, y uso de la obra, que hacen, y la ciencia, que tienen no la acompañan con la experiencia; y esta es la causa, y motivo (muy venerables señores, y muy reverendos padres) que me a movido a proponer con este trabajo el estado, que hoy tienen estos miserables indios en sus supersticiones; y bien sabe Dios Nuestro Señor, que a muchos tiempos, que tengo estos deseos; más siempre me he hallado muy indigno de ponerlos en ejecución, aguardando a qué varones ilustres, y santos ministros de este Arzobispado, y de otras Diócesis escribiesen materia tan importante, y del servicio de Dios; y viendo, que ninguno las a escrito, y si las ha escrito, no las ha sacado a luz para que sean útiles, y talentos bien logrados, y granjeados, y no talento enterrado sin lograrse, mi aprovechar: y que muchos ministros de este Arzobispado experimentados, e inteligentes en estas materias se han muerto; se me a hecho cargo de consciencia no sacar a luz lo que deprendí de varones ilustres, y santos ministros, y lo que y visto de papeles de otros, y noticias, que y tenido asimismo santos, doctos, y celosos de la honra de Dios, que en el discurso de la obra los nombraré con lo que desta materia, fuere de cada uno, y le tocare, que terna por sí mucha más autoridad, y crédito por las personas, que lo que yo he experimentado, visto, y oído en el tiempo, que fui ministro de indios, y visité tantas veces este Arzobispado, sirviendo a los señores arzobispos, y por mí solo con mandato de sus ilustrísimas.

Bien sé, que muchas de las cosas, que escribiré las tenían sabidas, y bien registradas tan celosos, y cuidadosos ministros como hay; más bien es tener noticia de algunas cosas, que pasan en diferentes partes, para que con lo que cada uno tuviere sabido, y lo que de nuevo leyere, se haga muy capaz de todo, y si no sirviere para los ministros presentes, porque todo, o lo más importante lo tendrán sabido, entendido, y experimentado; servirá para los venideros, y para los que comenzaren, que nunca la historia de los sucesos, y cosas memorables dañó en las repúblicas; antes aprovechó mucho, como dijo Tulio maestro de la elocuencia: Est enim historia testis temporum., lux sreritatis, vita memoriae, Magistra vitae, Nuntia vetustatis.

Las historias, y sucesos, que se escriben, sirven de testigos de los tiempos, luz de la verdad, vida de la memoria; maestra de la vida y de acordar, y traer a los tiempos, en que se leen, las antigüedades, que pasaron. Y como podremos recelar, que el Demonio enemigo del género humano, y que tanto siente, que esta nación sirva a Dios: siempre ha de procurar en todos tiempos herirlos de muerte: es bien, que haya prevención, para semejantes daños.

Todo lo pongo debajo de la buena intención, y afecto de tan piadosos, celosos, y santos ministros; suplicándoles perdonen mis faltas, y estimen mis deseos, y corrijan en el ejercicio desta materia lo que conviniere moderar, quitar, y añadir: pues siendo mi intención el servicio de Dios Nuestro Señor, bien de estas almas, obrando lo que más conviniere como lo pidiere el tiempo, y la ocasión, y sus circunstancias; yo habré logrado mis deseos, y Nuestro Señor será muy servido, y glorificado de sus fieles, y de sus ministros evangélicos, a quienes dé Dios fuerzas, y larga vida hasta el cielo, y ver a su divina majestad, que es el solo premio, que pueden tener como lo espero y deseo.

Jacinto de la Serna

Prólogo del manual de ministros. Para conocer y
extirpar las idolatrías de los indios

El abad Clarevalense santísimo y melifluo Bernardo en la epistola ad fratres hace tres divisiones, y distinciones de gentes: unas, que nacen, y no las busca Dios por sus justos juicios, ni tampoco ellas buscan a Dios, porque no le conocen; otras, que las buscó Dios, y saben con su conocimiento buscarle; y otras, que aunque Dios misericordiosamente las buscó, y las admitió en su iglesia, mediante el santo bautismo; no solo no buscan a Dios Nuestro Señor; más apostatan de su divina ley. *Mendacium usque hodie quaeritas, & diligens vanitatem, nec servans fidem Dej, cui desposata est.*

Estos son los que habiéndolos buscado Dios, lo dejan por buscar mentiras, y vanidades, negando la fe, que te tenían prometida; estos tales son estos miserables indios idólatras, que son de tan gran ignorancia, y simplicidad, y tan fáciles a persuadirse en sus engaños, que les parece, que se puede conservar la ley de Dios, y los Misterios de nuestra santa fe con el conocimiento de sus antiguos, y falsos dioses: el Sol, la Luna, el fuego, las aguas, los animales terrestres, y volátiles, las piedras y los árboles, dándoles crédito, y teniéndolos en su corazón y haciendo memoria de ellos en sus trabajos, y necesidades, y menesteres de la vida humana, porque como los misterios, que se les enseñan y predican, no los ven, ni tocan con las manos, porque han de obrar en esto, mediante la dirección de la fe infusa, que recibieron en el santo bautismo: y por otra parte ven estos viles, y materiales ídolos suyos, fácilmente se convierten a llamarlos, e invocarlos, pareciéndoles, que tienen más seguro el favor con el falso Dios, que ven, y tocan con las manos, que con el Dios verdadero, que adoran con la fe.

Esto mismo hacen estos miserables con sus ídolos, usando con ellos de sus supersticiones, e invocaciones (que todo esto es la mala semilla de su gentilidad) pareciéndoles que ternan más seguro el favor, que piden al Sol, a la Luna, al fuego, a las aguas, a las piedras, en quienes reconocen deidad; y se la niegan al verdadero Dios, a quien deben servir, y adorar, como dijo san Pablo: *Servierunt creaturae potius quam Creatori.*

Y como todo esto lo hacen a veces porque los llama su mala inclinación, y la tradición, que observan de sus antepasados; a veces por lo que les enseñan sus médicos falsos, y embusteros, a quien dan tanto crédito, los cuales les enseñan cosas tan varias, y tantas, que a penas tienen acciones, que no se las enlacen con sus mentiras, y procuren mezclarlas con las verdades de nuestra santa fe, y como tuvieron tanta multiplicidad de dioses, tantos ritos, y ceremonias, no es posible en este breve manual tratar de raíz de sus idolatrías, porque ni es necesario, y de ellas trata muy a lo largo el venerable padre fray Juan de Torquemada en su Monarquía indiana, y otros.

Porné algunos fundamentos, y raíces, en que se pueden fundar. o deducir los engaños, que observan, y casos particulares sucedidos, para que con lo uno, y con lo otro, y con lo que en cada lugar ternan observado los sabios, y avisados ministros, fácilmente vendrán en conocimiento de todo, y porque son tan varias las lenguas así de este Arzobispado, como las de los demás Obispados; los conjuros, que ellos usan no los porné en lengua mexicana, porque no podrá servir a todos, porné el romance deducido en la lengua mexicana, para que cada ministro en su territorio entienda la sustancia, y modo, conque ellos conjuran, y hacen sus encantos, y embustes; y a cada uno le será muy fácil el traducirlo en la lengua corriente, y propia de su doctrina, y entenderlos allos, cuando hablen en esta materia, o usaren de sus supersticiones.

Irá pues esta obra dividida en sus capítulos, y los capítulos en sus parágrafos. Quiera Dios Nuestro Señor, que sea para bien de estas almas, y que su divina majestad sea muy servido, y para mayor gloria, y honra suya, y de su madre santísima concebida sin pecado original.

Jacinto de la Serna

Capítulo I. Del estado, que tenían las idolatrías antes de las congregaciones de los indios ha poblado

1. Idolatrías y supersticiones de los indios

Para mejor asentar el estado, que hoy en día tienen las idolatrías y supersticiones de los indios, me pareció tratar del estado, que tuvieron, antes que se hiciesen las congregaciones, que tanto costó a Nuestro catoliquísimo rey Filipo II, de felice recordación, que fue el año de 1595, solo a fin de la mejor doctrina, y enseñanza, de esta miserable gente, y es muy de notar, que en aquel tiempo, habiendo tantos años, que con la venida de los españoles, que fue el año de 1521, aportó a esta Nueva España la luz del Evangelio, se pudiera con razón pensar, que así como las tinieblas de la noche se destierran con la venida del Sol a nuestro hemisferio, así las tinieblas oscuras de la infidelidad e idolatría, se habían totalmente desterrado con la luz, y conocimiento del verdadero Sol de justicia Cristo Señor Nuestro...

Pues después de tanta luz, de tanta predicación, y trabajos, habiendo de estar llenos de luz, están metidos en tan oscuras tinieblas, y habiendo de resplandecer con obras de verdaderos cristianos, se descubren en ellos obras de verdaderos idólatras, y fingiendo exteriormente cristiandad, y pieles de ovejas, siendo en lo interior, lobos robadores de la honra debida a Dios, atribuyéndola a las criaturas, y en ellas al Demonio, como sus antepasados lo solían hacer, y habiéndose de esperar de ellos, que eran ya hijos de la luz, se ve por experiencia que lo son de tinieblas; pues brotan en ellos las tinieblas de la idolatría, que tienen y han tenido encubierta, que esta nunca la han dejado, sino que desde, que a los principios se les predicó la fe, la tienen, y obran con tanta astucia, que aunque idolatren delante de los españoles y aun en presencia de sus mismos ministros, no se les conoce la idolatría, y proceden en esto con tal seguridad, que aunque en su presencia digan las palabras, que ellos usan en los sacrificios, que hacen al fuego, o en otra alguna parte, no se las entienden, porque son a las veces equívocas, y si no lo son dicen las con seguridad, y satisfechos, de que no se las entienden:

Pues cuando alguna mujer está de parto, que la esfuerzan, y animan le dicen: Nochpotzin, ahmo ximotequipacho, xitnochicahua ca nican mehuiltitica in nantli in tatli. No te aflijas, hija mía, esfuérzate, que aquí está presente el padre y la madre. Llaman al fuego padre y madre; y que confíe en él, que como tal la esforzará, y acudirá en su trabajo; y así viven tan al seguro en sus tinieblas, como si vivieran, en luz, como lo dice de ellos Job. *Sic in tenebris mbulant quasi in luce.*

Y pasan más adelante, que tienen sus tinieblas por luz; pues tienen por tan necesarias sus supersticiones, e idolatrías, que sin ellas no les sucederá ninguna cosa bien; y la razón, que desto dan es *Caiuh otechilhuitiaque in huehuetque, totahuan, tocolhuan.* Porque no los dejaron dicho así los viejos antiguos padres, y abuelos nuestros, y hacen tanta fuerza en esta tradición, que viene de padres a hijos, que muestran gran sentimiento, cuando ven, que se va olvidando, y dicen: *Anh quen? cuix ilcahuiz, cuix polihuiz in otechmachtitiaque huehuetque?* Pues ¿cómo hase de olvidar, y perder lo que nos dejaron enseñado los viejos antiguos? pareciéndoles, que es esta bastante razón, y convencidos de ella aprenden las ceremonias, y supersticiones, que son tantas, que no hay cosa, oficio, o granjería, para la cual no haya que aprender; ya para pedir favor, y socorro a sus dioses, ya para darles gracias por algún beneficio, que les parece haber recibido de su mano.

2. Invocación a gran número de dioses

Tienen con esto tanta multiplicidad de dioses, que es de ver como para unas cosas invocan unos, y para otras invocan otros, y el que para un negocio, o ocupación es mayor, para otro es menor Dios, y la causa de haber tenido esta gente indiana tanta multiplicidad de dioses es por la multiplicidad de naciones, que hay en ella, porque tenían por costumbre (como lo fue de otras muchas naciones, y a los romanos no les cupo la menor parte de este error) que cuando venía alguna nación a poblar de nuevo entre la que ya estaba poblada; los unos recibían por Dios al que traían los que venían de nuevo, y estos en recompensa veneraban por su Dios al que tenían los ya poblados, y así es tradición, que los mexicanos, que vinieron a poblar a esta tierra después de los Tlalmanalcas recibieron por Dios a Tezcatlipucca, Dios de los de Tlalmanalco; y estos tuvieron por Dios a *Huitzilopochtli*. Dios de los mexicanos: y así se fueron multiplicando los dioses según la multiplicidad de las naciones, que estaban, e iban viniendo de nuevo, recibiendo los unos los dioses de los otros, y al contrario; y por esta razón se inclinaron tan fácilmente estos indios a recibir por Dios a Cristo Señor Nuestro por medio de los españoles, que vinieron a poblar a esta tierra entre los que ya tenían a quienes han tenido siempre más veneración como más conocidos, y como obras de sus manos, y que los veían con los ojos corporales, conmutando y trocando con ellos la verdad por la mentira, y error, adorando a las criaturas, y olvidándose del Criador.

Es verdad, que trabajaron loablemente aquellos primitivos padres celosos de enseñar a estos pobres, por desengañarlos del error, y engaño, en que vivían: no por eso dejaron ellos sus engaños, y ceguedad, principalmente los que estaban muy distantes de las cabeceras, donde asistían los ministros, y derramados por otras partes no les alcanzó, ni alcanzaba tanta doctrina, y enseñanza como habían menester, teniendo ocasión de estar en sus tinieblas y errores los que tenían sus poblaciones en tierras montuosas, y fragosas, entre riscos, y quebradas, cinco en un lugar, cuatro en otro, y menos en otro (como hoy en día están en la sierra alta, y baja, y Huasteca) estando la mayor parte del año, y casi todo derramados y de por sí con achaque de sus sementeras; y en estos hacía el Demonio más a su seguro el golpe, porque no había quien le resistiese, e hiciese guerra (y lo habrá el día de hoy, donde estuvieren las poblaciones desta calidad) en estos lugares tan distantes tienen sus manidas y habitaciones los principales maestros, y celadores de la idolatría, y de aquí se reparten, y se entran en los pueblos, donde hay doctrina, y enseñanza (como hoy en día, lo hacen, y se experimenta en algunas partes) entrándose blandamente, y con recato, no mostrando luego su ponzoña hasta que se aseguran de las personas, circunstancias, y lugares, para no ser conocidos, y descubiertos; y poco a poco van derramando su veneno, y persuadiendo, que no se olviden de lo que sus antepasados hacían contentanse al principio, con que se hagan las cosas de sus idolatrías materialmente, y ellos son primeros ejecutores de ellas, y poco a poco van enseñando a otros, para que en aquellos lugares sean sus sustitutos, y maestros, y les enseñan las formales palabras de sus invocaciones, y los ritos, y ceremonias de sus sacrificios, y en esto ponen tanto recato, y cautela, que no se fían de quien quiera; y cuando han de ejecutar sus idolatrías es a hurtadillas, y a escondidas por no ser descubiertos; verificándose en ellos, lo que dijo Cristo Señor Nuestro por san Juan, capítulo 3. *Omnis, qui male agit, odit lucem, et non venit ad lucem vt non arguantur opera eius.*

Pues no solamente huyen de la luz, y claridad de la verdad; pues huyen de la doctrina de los sermones, y enseñanza de los ministros que los pueden enseñar, y reprender: pero también huyen de la luz material del Sol, haciendo sus juntas, y conciliábulos: de noche, y a medianoche, recatándose de sus propios hijos, y deudos, que les parece, que no vienen, ni consentirán aquella maldad, y si acaso se descubren a algunos, porque tienen satisfacción, que pueden; con grande instancia les ponen por delante, que si los descubren, o rebelan aquellas cosas, incurrirán no menos, que en pena de muerte causada por sus dioses.

Y si acaso los ven algunos, que ellos no quisieran, los amenazan con pena de muerte, si los descubren, y les persuaden a que aquello, que hacen, y enseñan es bueno, porque así lo habían hecho sus Progenitores, y lo habían dejado encomendado, para que fuese de boca en boca derivándose, y no se olvidase, sino que con perpetua tradición se fuese conservando lo que antiguamente se hacía; y es consistente verdad experimentada, que los daños, que hoy tienen, los usan de la misma manera con este recato, y con esta maña diabólica, y endemoniada doctrina.

3. Disimulación de ceremonias y ritos idolátricos

Para mejor disimular su engaño, y ponzoña, la doran, mezclando sus ritos, y ceremonias idolátricas con cosas buenas, y santas, juntando la luz con las tinieblas a Cristo con belial, reverenciado a Cristo Señor Nuestro, y a su santísima madre, y a los santos (a quienes algunos tienen por dioses) venerando juntamente a sus ídolos.

Y pasa tan a delante su paliación, y disimulación, que hacen a los santos sacrificios, y con lo mismo sacrifican al fuego, sacrificando gallinas, y animales, derramando pulque en su presencia, ofreciéndoles comida, y bebida, y atribuyéndoles cualquiera enfermedad, que les viene, y pidiéndoles su favor, y ayuda, para que no les vengan, y dándoles gracias, si consiguen lo que les piden, y pareciendo, que esto hacen con los santos, a quien tienen delante; pasa la intención al fuego, a quien ofrecen aquellos sacrificios, y cuando quieren hacer sacrificios, y ofrendas a cada uno de aquellos santos en particular, comienzan por el fuego, a quien por más disimulación le tienen puestos varios nombres en la lengua mexicana: Xiuteuctli, quiere decir Señor de los años, y, del tiempo; Ixcoçauhqui, el del rostro amarillo; Chiucnauhyo teuctli, nueve veces señor; Nauhyoteuctli, cuatro veces señor.

Llámanlo Dios Tetatzin, que quiere decir Dios padre, conservando en este nombre el antiguo, conque le llamaban padre, y madre, y en cuyas manos nacimos, y como han oído predicar que el Espíritu santo vino en lenguas de fuego sobre los apóstoles, atribuyen el nombre de Dios Espíritu santo al fuego, entendiendo por él a su Dios, que es el fuego. Llámanle otros san Simeón, y otros san Joseph, porque ordinariamente los pintan viejos; y con estos nombres disimulan, y conservan el antiguo nombre, conque llaman al fuego Huchuentzin, que quiere decir viejo; y finalmente otros le llaman: inteiacancatzin in totecuyo, el precursor del señor, porque para todas las cosas de sus sacrificios ha de ir por delante el fuego.

Desta manera palian, y encubren su veneno; ut non arguantur opera eorum, para no ser conocidos; y no se contentaban entonces con mezclar, y confundir las cosas dichas, sino que pasaban más adelante a mezclar algunas de los sacramentos de la santa madre Iglesia con sus ritos, y supersticiones, como el bautismo, en el cual así como en la iglesia católica, se usa de agua, y candela encendida; así estos idólatras usan de las mismas cosas entre los otros requisitos para su bautismo, en el cual ponen nombre a las criaturas al tiempo, que las bañan (como veremos después) o bautizan conforme a su rito antiguo, y conforme a su calendario, los cuales sirven de sobrenombres a los nombres de los santos, que después les ponen en el bautismo de la Iglesia, como llamarse Juan Quetzalcoatl, que es nombre de uno de sus dioses llamado así; y Juana Cozqui, nombre de una diosa llamada así también.

Tienen su modo de confirmación, que en cierto tiempo después del bautismo dicho agujeraban las orejas a las criaturas, y hacían otras ceremonias, dándoles sus padrinos, y madrinas, como se dan en el sacramento de la confirmación. Y no menos tienen mezclas de supersticiones antiguas en el sacramento del matrimonio; que cuando traen las donas a la desposada, las ofrecen primero al fuego, y cuando se han ya casado, de la comida dan las suegras cuatro bocados, la una a la nuera, y la otra al yerno, y tomando los cantos de las vestiduras de los desposados las atan, y dan un nudo, conforme a su rito antiguo, y al cuarto día del desposorio sacuden los petates, donde han dormido los recién casados, y con unas calabazuelas, o otra cosa semejante echan ciertas suertes, para ver por ellas, cual de los desposados ha de salir de la casa de sus padres, e ir a la casa de los padres del otro desposado.

Y aunque en el santo sacramento de la Eucaristía no hagan alguna superstición, el Demonio hace lance en ellos, en poner en algunos duda en la asistencia de Cristo Señor Nuestro en este sacramento (y en estos tiempos de ahora no han faltado algunos de sus malignos ministros, que hayan querido imitar este divino sacramento con los hongos del monte, como diré en el discurso de este manual).

Y en cuanto al santo sacramento de la confesión, y extrema unción, ya que no mezclen estos sacramentos con sus ceremonias idolátricas; hacían entonces otra maldad, e iniquidad de marca mayor: pues habiendo el enfermo cumplido con su obligación de recibir estos santos sacramentos, como es uso, y costumbre de la Iglesia, en saliendo el ministro sacerdote de la casa del enfermo, entraba el ministro del Demonio, uno de sus médicos, o viejos, y ponía en ejecución su idolatría tan sutilmente, y con tanto engaño, que le hacía entender al enfermo, que es tan necesario hacerle algún sacrificio al fuego, que sino lo nace, no le costara menos, que la vida, como si después de hecho, no fuese lo más ordinario el morirse; y esto es lo más ordinario.

Sucedióle a una pobre india buena cristiana, que en saliendo el sacerdote de confesarla, y olearla, entró un indio de los suyos, que son los maestros, y celadores de la idolatría, y persuadióla, o forzóla a que hiciese algún sacrificio al fuego, pidiéndole salud, como en efecto lo hizo, ofreciéndole comida, bebida, y candela encendida (a el modo, que ellos usan, y se dirá más abajo) al fin la pobre, y miserable india lo hizo así persuadida, a que, si no lo hacía, se moriría, y no cobraría salud; y al fin se murió en esta acción, dejando poca satisfacción de su salvación, la que antes había dado muestras de verdadera cristiana. Desta manera hace el Demonio su lance por medio de estos ministros suyos, como lo verán los que lo quisieren experimentar, e inquirir para remediarlo.

Y aunque estos ministros de Satanás proceden con algún recato con los que ven, que son temerosos de Dios, y temen, o que los rebelarán, y acusarán, o que no querrán obedecerlos; pero en las curas ordinarias, que son con los de su bando, y profesión, proceden con más libertad, y sin recato alguno. Y entre ellos hay quien consulta a sus ídolos sobre las enfermedades echando suertes para ver si morirán sus enfermos de aquella enfermedad, o no: y procurando en una jícara de agua ver, y adivinar estos, y de qué procede la enfermedad. Y lo mismo suelen hacer los mismos enfermos, y por el mismo caso quiere Nuestro Señor castigarlos con la muerte, como se experimentaba, que después de echadas las suertes, y muy seguros ellos de no morir, se morían...

4. Los indios no olvidan sus idolatrías

Bien se echa de ver por todo esto, como en aquel tiempo no estaban olvidados los indios de sus idolatrías, y de sus ídolos, como se pensaba; pues ellos tenían tanta confianza, que aunque creen, que hay Dios; pero también tienen por cierto, que les vienen las cosas temporales por mano de sus ídolos; y así se las piden como si estuviesen en su mano, y por eso les hacen reverencia, y los temen más que al verdadero Dios, que les han predicado, y aún los veneran más; pues acuden a pedirles socorro, y ayuda en sus necesidades, en sus mieses, en sus cosechas, y granjerías, poniendo en medio del maíz, y de sus mercaderías algún ídolo, o cosa, que lo equivaliese, o representase, confiando, que el es, el que ha de aumentar, y conservar aquellas cosas, en que se ponen; y para que esto fuese adelante, y no se olvidasen, había entre ellos mismos de sus maestros, y dogmatistas, quien vendía estos ídolos, y si acaso había alguno, que no hiciese caso de ellos, estos mismos, o otros como ellos los reñían, y persuadían, a que estos ídolos eran los que daban las riquezas, y prosperidades, y cosas temporales; y de esta manera dan crédito a estas cosas los que usan de ellos, que por mucho trabajo, que les cuesten sus granjerías y sementeras, siempre piensan, que vienen de mano de sus ídolos, o por medio de sus supersticiones, y lo mismo sucede de las adversidades, que en estas materias les vienen, o trabajos en otras, y por eso procuran con mucho cuidado aplacarlos, sacrificando en su presencia animales, comida, y bebida, y dánles gracias por los bienes, que les parece haber recibido, y en estos sacrificios a más no poder (por no derramar sangre humana) ofrecen sangre de gallinas, y animales; y hay algunos, que adelantan tanto esto, que derraman su propia sangre, como antiguamente se solía hacer, picándose las orejas, y otras partes, porque no se eche de ver.

Tampoco estaban olvidados de sus dioses antiguos, entre los cuales veneraban la sierra nevada, que es junto al volcán: por decir allí estaban y tenían su habitación sus dioses Chicomecoatl, la diosa de los panes; y así llamaban a la Sierra Tonacatepetl, que quiere decir monte de las mieses, o mantenimientos.

También veneraban la Sierra nevada, o Volcán de Toluca, donde iban muy de ordinario a sacrificar, y a los demás montes altos, donde tenían sus Cues antiguos, sanos y bien tratados: también hacían sacrificios en los principales manantiales de aguas, ríos, y lagunas, porque también veneraban al agua, y la invocan, cuando hacen sus sementeras, o las cogen: cuando hacen el copal, o la cal, o otra cosa, pidiendo allí a sus dioses socorro, y ayuda, y para todas estas cosas les ayudaba mucho el haber puesto muchos de estos ídolos por cimientos, y basas de los pilares de la Iglesia catedral, y en otras casas para adornarlas, y lo que se hizo casualmente así por fortaleza de los edificios, y casas, y por ornato de las calles, que también los había en ellas: tomó de hay el Demonio motivo para mayor engaño de ellos, y para que dijesen, que sus dioses eran tan fuertes, que los ponían por cimientos, y basas del templo; y los que están en los remates de las casas, y por las calles, es para que todo lo conserven: donde idolatraban, y les decían sus invocaciones, como se supo de algunos indios, que fue Dios servido, se convirtiesen, y manifestasen esta idolatría, que hacían en estos ídolos.

Por todo lo cual pareció por entonces total remedio el de las juntas, y congregaciones de los pueblos, como se hizo, de que resultaron tan conocidos inconvenientes, ruina y acabamiento de esta miserable nación, que era menester una muy larga historia para referir lo todo, y no hace al caso de lo que se pretende remediar en este manual y solo sirve de agravar más la malicia del tiempo presente; pues ni aquella diligencia tan santamente intentada, ni el picar los ídolos de las basas del templo, ni de las calles, y casas a bastado, para que lo que hoy se experimenta, y conoce de semejantes, se evitase, como se verá en el capítulo siguiente.

5. Ceremonias idolátricas con los muertos y los santos

Las parteras en aquel tiempo tenían en los partos muchas supersticiones; invocando al fuego, para que ayude a nacer las criaturas. Los médicos, y médicas son los más perjudiciales, y principales celadores de estas idolatrías; con los difuntos usaban muchas supersticiones y ceremonias idolátricas, ofreciéndole comida, y bebida al difunto, y poniéndole matalotaje para la jornada de la otra vida, y esto suelen hacerlo dentro de la mortaja; y también le ponen ropa limpia, y nueva, y a las criaturas, que mueren, les ponían las madres un canutillo lleno de leche en sus pechos, para que no les faltase sustento.

También adulteraban la loable costumbre de la Iglesia en la conmemoración de los fieles difuntos: suelen ellos primero en sus casas hacer la ofrenda, y encender candelas; y esto hacen de noche, y también en las iglesias de las visitas, y barrios, donde no asisten los ministros, y al amanecer las van a poner después de muy bien comidos, y bebidos (porque aunque su rito de ellos es ofrecer la comida, y bebida a los difuntos, para que la vengan a comer, ellos son los que se la comen) y acontece, que cuando se dice la misa de los difuntos, aquel día no hay candelas, porque ya se han gastado por la mañana.

En las fiestas titulares de sus santos e iglesias acostumbran la noche antes, que ofrecen primero al fuego lo que se ha de comer el día siguiente, y algunos acostumbran en la Iglesia ofrecer al santo, cuya fiesta celebran al modo, que ofrecer, y celebran al fuego, ofreciéndole comida, y bebida, haciéndole la salva al santo a su modo idolátrico, derramando delante del fuego o de la imagen del santo un poco del pulque, o del vino; y lo mismo hacen en sus casas delante de la Imagen del santo, cuya fiesta celebran.

También cuando se juntan los mercaderes cereros, copaleros, y los que acarrean madera del monte, o piedras de las canteras, los labradores, y caminantes mezclaban en las cosas de su ocupación ceremonias de su idolatría. Tenían personas dedicadas, entre los ancianos unos viejos, para conjurar los aguaceros, granizos, y tempestades, y para que hagan este oficio, los reservaban de tributos, y otros servicios personales, para que fuesen exorcistas de todas estas cosas.

También había entre estos los que decían la buenaventura, llamábanlos en singular Tetonaltiani, el que tiene por oficio decir la buena dicha, y darla a las criaturas con una superstición: con ponerles una masa de cierta hierba desde la punta de la nariz hasta los cabellos, que caen sobre la frente: y las enfermedades, que padecen las criaturas, las atribuían a haber perdido la buena ventura, que con aquella medicina le restituyen para sanarlas.

Capítulo II. De el estado, que tuvieron los indios en sus idolatrías después de las congregaciones

1. Afecto y confianza en sus dioses

Piadosa, y calificada acción fue la que tuvo la hermosa Raquel cuando dejó la casa de su padre Laban, para irse a la casa de Jacob su marido, de llevarle a su padre los ídolos, que tenía, por quitarle la ocasión de idolatrar en ellos, como se cuenta en el Génesis, y san Basilio en el principio del Libro de los proverbios lo dice: Praeclara fuit astutia Rochelis Patrem desecidiendo, ab idolatria illum liberantis. Insigne y discreta acción la de Raquel de llevarse los ídolos de su padre, y burlarlo en esto, para con veras librarlo de la idolatría.

Raquel, dice la glosa interlineal, que quiere decir Ecclesia: que piadosa, y que santamente cautelosa procuró esta Iglesia de los indios, y congregación de católicos esconder, y ocultar los ídolos de los indios con el medio, que se escogió de las congregaciones de los pueblos, para que viviendo a los ojos de los ministros, y con la continuación de la doctrina, y predicación se olvidasen de ellos, y de usar las supersticiones, que hasta allí habían usado.

Mas como el daño está en el corazón, como Laban se fue en busca de los ídolos, que le habían hurtado; ellos dejaron los montes, los Cues, y los lugares, que tenían deputados para sus idolatrías, y congregados se trajeron consigo a sus casas, y a sus pueblos, y a las mismas iglesias sus ídolos, y supersticiones, pues aunque vieron tantas diligencias, y que a sus dioses, en que tenían tanta confianza, se los quebraron, picaron, y quitaron con ignominia de los lugares donde se habían puesto (o fuese casualmente, o malicia de los mismos indios, que fabricaron los templos, y casas, y los pusieron

allí de industria para honrarlos) al fin los quitaron: y con
ser, que vieron este, no por eso dejaron de buscarlos como
han podido, ni desechar de su corazón dioses que se dejaron pisar, y quebrar, como ponderó san Crisóstomo sobre
el lugar del Génesis: Furatus es Deos meos; O excellentem
insipientiam! tales sunt Dij tuj ut quis eos furari queat.

Necedad de marca mayor es llamar dioses propios, y tenerlos por tales, habiéndose dejado hurtar. Gran ignorancia
la de esta desventurada gente no perder el afecto, y la confianza de dioses de piedra, que se dejaron quebrar, y picar en
las iglesias, en las casas, y en las calles desta ciudad.

2. Calamidades y esclavitud después de gozar prosperidad y libertad

Se reconoce bien como este daño de idolatría se ha continua-
do después de las congregaciones por estos tiempos atrás, y
que dura hasta ahora, y cuando no se hubiera experimentado con tantos casos sucedidos, y lo que hoy está pasando, y
sucediendo, bien se pudiera rastrear por los grandes trabajos, y calamidades que esta nación a padecido, y padece, y
aún todo el reino (que si bien los españoles padecerán por
pecados propios) más también entrarán todos a la parte de
los castigos, por estar Dios Nuestro Señor muy ofendido con
la idolatría de estos naturales, como se colige de los trabajos
generales, que se han padecido, y padecen.

Una y otra pregunta y una y otra respuesta se verifican
en estos miserables indios: pues como consta de las historias
antiguas, y refiere el reverendo padre fray Juan de Torquemada en su Monarquía indiana: en su gentilidad fue una
nación muy próspera de bienes, y tan aumentada, que había
millares de millares de indios, que tenían todo lo necesario para la vida humana, y gozaban de toda prosperidad, y

libertad; no embargante, que eran idólatras, y que sacrificaban tanta muchedumbre de sangre humana a sus dioses (que estos sacrificios de hombres justificaron la guerra que los españoles les hicieron). Con todo Dios los aguardaba, y prosperaba, y prosperó, y aguardó a que, recibiesen la luz del Evangelio, y agua del santo bautismo.

Y después acá hemos oído decir a nuestros antepasados las grandes calamidades, y trabajos, que padecieron de hambres, pestilencias, mortandades, y duras servidumbres, y esclavitudes a los españoles y esto antes de las congregaciones, y después de ellas, y en nuestros tiempos, que hemos experimentado algunas destas calamidades; y trabajos de manera, que quien leyere atentamente la oración de Jeremías en el capítulo 5.° a ojos cerrados la aplicará a lo que han padecido, y padecen estos indios: Haereditas nostra versa est ad alienos: domus nostrae ad extraneos. Pupilli facti sumus absque Patre: Matres nostrae qua si viduae.

Nuestra tierra pasó a los alienígenas, y extranjeros; nuestras casas a los extraños; estamos como pupilos sin padre, y como hijos de viudas. *Aquam nostram pecunia bibimus: ligna nostra pretio comparavimus. Cervicibus nostris minabamur, lassis non dabatur requies.* Siendo todo nuestro, compramos el agua que bebemos, y la leña, que gastamos; sufrimos en nuestros cuellos cargas intolerables, sin que se dé alivio a los rendidos de trabajar; comemos por mano ajena. *Serui dominati sunt nostri: nont fuit, qui redimeret de. manu eorum.* Hasta los viles esclavos se enseñorearon de nuestras acciones, sin haber quien volviese por nosotros. *In animabus nostris afferebamus panen nobis.* Rendíamos la vida por comer. *Pellis nostra, quassi clibanus, exusta est a facie tempestatum famis.* Las pieles se nos han abrasado y quemado, y tostado, como estuviéramos en un horno de fuego con las inclemencias del Cielo, que padecemos por redimir la vejación del hambre.

Todas estas calamidades, y trabajos han padecido, y padecen estos miserables indios con la sujeción, y servidumbre, que tienen a los españoles como lo han experimentado, y experimentan cada día los ministros de doctrina: pues las hambres, y calamidades que han padecido, y padecen muchos años ha, y muchos continuados unos tras otros, que les obliga a salir de sus casas, y tierras a otras muy distantes a buscar, que comer, y muchos, principalmente mujeres, y niños se suelen sustentar con raíces de hierbas, de que se les siguen luego grandes pestilencias, y mortandades, que se han asolado pueblos enteros, y si bien en años atrás a habido muchas destas calamidades, y las hubo el año de 1630 y 31 que fue el siguiente a la inundación general desta ciudad; después el año de 32 y 33 fue de manera lo que apretó este trabajo, que fue necesario, que para que escapasen, y se librasen los pocos indios, que quedaron, aquel vigilantísimo pastor desta santa Iglesia el ilustrísimo señor don Francisco Manso y Zúñiga, que entonces era su arzobispo: pusiese hospitales, y casas deputadas, donde con el cuidado de los sacerdotes, y curas de las parroquias, teniéndole de que se medicinasen, curasen, y comiesen, se libraron muchos de la muerte.

Y a imitación de este santo pastor todos los ministros de doctrinas foráneos así seculares como regulares cuidaron de los enfermos de sus doctrinas; y muchos a sonido de campana repartían a mediodía comida para los enfermos, y lo mismo a las oraciones para la cena: y sucedió en muchos pueblos, que ni aun los niños que solían venir por comida para sus padres enfermos, quedaron libres de enfermedad, y contagio, y era necesario, que los ministros con sus sirvientes, la llevasen.

Todos estos trabajos han padecido, y padecen siempre estos indios indistintamente ya en una provincia, ya en otra, y no tiene que ver, ni tiene comparación lo razonado por la lástima, y sentimiento, que todo esto causaba, y causa la vista de ojos, y experiencia ni la relación por mucho, que se pondere.

Y todo viene de sus idolatrías, y porque usan de sus supersticiones, porque aunque antes eran idólatras, idolatraban en tierras profanas, y ahora las usan en tierra santa, y que ya está dedicada a Dios, y consagrada con el culto divino, y predicación del santo Evangelio; y así les envía Dios Nuestro Señor como a los babilonios, que idolatraban en las tierras santas de Samaria, los leones fieros de las hambres, y pestilencias, que los consuman, y acaben, y como a los hijos de Israel (que idolatraron también la dura servidumbre de los babilonios) les envía Dios los trabajos que padecen con la servidumbre, que tienen, que no hay duda, sino que son justos juicios de Dios Nuestro Señor, porque qué otra cosa puede ser, sino el no darse de veras a Dios, y dejar sus supersticiones?; pues fuera de lo que padecen así en hambres, pestilencias, mortandades, y servidumbres, hay una circunstancia, que dificulta el remedio de esto, y es que siendo así, que es una nación tan útil a la vida política desta monarquía de España, y que de ella depende su conservación, porque todos viven eslabonados con el trabajo destos indios, y todos los han menester, porque en el corriente del tiempo presente, no hay cosa, que se pueda obrar sin ellos, ni las minas, ni las mieses, ni las fábricas, de los edificios, porque son la sangre del cuerpo místico de la Monarquía: pensando todos cómo se remediarán sus trabajos, sus enfermedades, y servidumbres, no se intenta cosa de remedio, que no les sea nociva.

Profecía del santo, y venerable padre fray Domingo de Betanzos del orden de santo Domingo, que dijo, que todo cuanto se intentase en su favor, había de ser en contra, y la experiencia nos lo enseña, y a cada paso, se verá, que muchas cosas, que se ejecutan, que parece, que son en su favor, si les aprovecha en lo temporal, les son nocivas en lo espiritual, y al libre ejercicio de la doctrina.

Y a esto se llega la poca fe, que ellos tienen con nuestras medicinas y no querer usar de ellas por usar las de sus inicuos, y sacrílegos médicos, que no solo no los pueden curar en el cuerpo; más de hecho los matan, y el alma, que es lo más, y de más importancia, y por eso los castiga Dios Nuestro Señor, con que se conoce, que no cesando con trabajos, que ellos padecen, sino que se van continuando, es por continuar en sus supersticiones idolátricas. Como lo manifiestan los casos sucedidos en diferentes tiempos hasta el presente.

3. Se descubre una gran complicidad de idólatras
Después de las congregaciones, que duraron casi hasta el año de 1603, por el año de 1604 (o) 605, como esta mala hierba de la idolatría estaba tan asemillada en los corazones de los indios, comenzó otra vez a brotar, o, por mejor decir, a conocerse por todo el marquesado, y donde se procuró comenzar a arrancarla, y apartarla como mala semilla, o cizaña, para que no sofocara el trigo de muchos indios, e indias devotas (que había muchos, y muchas), fue en el pueblo de Çumpahuacan deste Arzobispado, donde actualmente era beneficiado de los más antiguos de aquel tiempo el licenciado don Pedro Ponce de León, hombre docto en santa teología, y noble de los conocidos deste reino: y lo que más es, que era hombre de conocida virtud, gran lengua mexicana, y gran predicador en ella, que así por su predicación como por la enseñanza, que hacía a aquellos indios (que aunque tan retirados, eran de los meros mexicanos, y de los principales

indios de esta ciudad, cabeza de su Imperio) no fue posible el disimularse entre ellos los maestros, que había de las ceremonias idolátricas; médicos, que curaban, y maestros que enseñaban a idolatrar, y muchos, que se apestaban con el contagio del marquesado por su cercanía.

Allí pues le costó a este santo ministro mucho trabajo, y predicación el enseñarlos, y obligarlos a dejar sus errores, condenando en particular por malo lo que cada uno entendía, que era bueno, o porque así lo había heredado en tradición de sus antepasados, o se lo habían enseñado los dogmatistas, idólatras, que se habían levantado de nuevo.

Y según el mismo licenciado don Pedro Ponce de León me comunicó a boca con ocasión de trajineros habían salido de algunos pueblos del marquesado estos maestros por toda esta tierra, y por el Valle de Toluca, a infestarla, y a refrescar la memoria de todos para que ni se olvidasen de sus dioses, ni de las ceremonias conque los habían de honrar, y consultar en sus trabajos, y necesidades: y como tan celoso ministro de la honra de Dios, y que reconoció lo que importaba atajar allí el cáncer, no se fió de sí mismo, ni le pareció, que su trabajo solo era bastante, y llevó a Çumpahuacan al padre Juan de Tobar, y Antonio del Rincón de la Compañía de Jesús, que eran unos Pablos en predicar, y enseñar las gentes destas Indias; y habiendo castigado a muchos, y enseñado a otros, el Demonio le movió por medio de los mismos indios capítulos, y persecuciones, que no solo, por la misericordia de Dios, no le desdoraron; pero acrisolaron más su virtud, y ejercitaron su paciencia, porque la tenía mucha, acompañada de mucha mansedumbre: y todo esto lo experimenté yo, porque fui vecino, de su beneficio en el primero que tuve, de Tenantzingo, y lo demás, de lo que había obrado en estas materias, se lo oí a boca; y por eso me atrevo a escribirlo, y porque en ello se funda, lo que después sucedió: que como sus indios estaban tan bien doctrinados, y enseñados, y tan advertidos en estas materias así por lo que allí se había castigado, como por lo que allí se había predicado, y la comunicación destos indios en el Valle de Toluca, y sus contornos era grande, y muy continua.

Un indio de Çumpahuacan descubrió el año de 1610, una gran complicidad de idólatras en el pueblo de Teutenango del Valle, san Mateo Texcaliacac, Xalatlaco, y Calimaya, y habiéndose dado cuenta al ilustrísimo señor don fray García Guerra, arzobispo de este Arzobispado de gloriosa memoria: envió comisión al dicho licenciado don Pedro Ponce de León para las averiguaciones de los culpados, y para castigarlos, y para inquirir, y descubrir semejantes delitos, y porque allí corre la lengua otomi, y Mataltzinga: fue nombrado en su compañía por juez el licenciado Diego Gutiérrez de Bocinegra beneficiado de Xalatlaco, y de los más antiguos de aquel tiempo, no menos eminente predicador en lengua, y gran ministro de la lengua Mataltzinca, hombre docto en teología, y de lo más calificado deste reino: y sobre todo hombre de conocida virtud, y santa vida, y muy continuo en predicar, y enseñar a sus feligreses: y comenzando a desenvolver fardo de tan mala ropa, y que era tan de contrabando de la ley evangélica, y tan perniciosa que iba apestando toda aquella comarca, y vecindad, hallaron no todo lo que había de daño; sino algunas cosas, que bastaron para conocerlo, y procurar remediarlo con el castigo ejemplar de algunos delincuentes.

4. Ceremonias supersticiosas con el fuego

Encontróse por confesiones de algunos delincuentes, que había en algunos pueblos del Valle algunos viejos, que tenían por oficio el sacar el fuego nuevo, que era según estoy informado, que este tal ministro del Demonio, o sacaba el fuego con unos palillos, o lo traían de la vecindad con los poquietes y allí le ofrecían unos tamalillos de Zoales, que es una semilla de Bledos, los cuales ofrecían al fuego, echándolos por las cuatro partes de la casa, y por declaración de un indio de Çumpahuacan (de donde se tuvo noticia, y originó esta complicidad) se supo, como el año de 1609, por el mes de octubre un indio del pueblo de Çumpahuacan había ido a cuidar y coger las milpas del pueblo de san Mateo Texcaliacac y posando en casa de un mulato, que vivía en el dicho pueblo, viudo, que lo vinieron a llamar dos veces de una casa con gran instancia, y al fin por las importunaciones, que le hicieron, fue; y que fueron juntos a una casa de un indio, que vivía allí, y luego que llegaron, enviaron con gran cuidado, y muchos mensajeros a buscar un indio viejo, el cual vino, y lo recibieron los caseros con mucha reverencia y cortesías, diciéndole, que temían no le hubiesen enfadado, o cansado, y que lo hicieron sentar, y en el fogón de la casa estaba ya el fuego muy bien encendido, y le trajeron un tecomate lleno de pulque, y habiéndolo tenido muy gran rato delante del fuego con unas hojas de maíz lo iba echando, dentro del fuego, y al rededor del fogón, y luego tomó del pulque, y lo derramó delante del fuego diciendo ciertas palabras, que rezaba, que era esta la salva, que le hacían, y echando la bendición al tecomate de pulque se lo bebió; y luego dio prisa a que trajesen la comida, y bebida, y luego trajeron cosa de seis o siete cantaros de pulque, y tamales en sus cestos, y el viejo puso estos cantaros en ringlera delante del fuego con los cestos de tamales y luego hizo traer unas cadenas de rosas, y, de trébol, y las puso a los cuellos de los cantaros, y otras cadenas pequeñitas sobre las bocas de los cantaros, que servían de coronas, y habiendo estado allí un gran rato, lo quitaron todo, y lo repartieron, para que todos comiesen, y bebiesen.

Otros añaden a esta ceremonia el poner los atabales, o teponaztli en el suelo delante del fuego como sus instrumentos músicos, y luego le cantan unas palabras mexicanas, que quieren decir: «Rosa resplandeciente, y que da luz, regocíjese, y alégrese mi corazón delante de Dios». Sin declarar, qué Dios; pero bien se deja entender, que será el fuego, pues hablan de él.

Lo mismo hacen con el pulque, nuevo, que sacan del maguey nuevo, dándole la jícara, o vaso lleno de pulque al viejo maestro de ceremonia idolátrica, y se la ofrecen al fuego, y con unas hojas de mazorca de maíz echan unas gotas del pulque, y en las cuatro partes del fuego, y luego lo que queda se lo bebe, y pide la ofrenda, que son unos cantaros de pulque, tamales, y gallinas guisadas, y les pone a los cantaros las rosas, o cadenas de trébol, y sus cadenitas, que sirven de coronas; y algunos poquietes entre los cantaros: y estando allí la ofrenda un gran rato, luego la quitan, y se reparte, para que se la coman, y se la beban, y cuando el viejo o ministro desta idolatría se bebe el pulque, primero se ofrece, y dice ciertas palabras entre dientes, que no se entienden, que puede ser, que sean las que cantan todos al son de los atabales, y teponaztli, arriba referidas.

La misma ceremonia hacen para estrenar la casa nueva; pues sacan fuego nuevo, y ofrecen pulque al fuego, y los cantaros con rosas; y demás añaden, que las gallinas, que han de comer las desuellan, y echan de la sangre en el fuego, y con ella untan las piedras de las cuatro partes de la casa. Los dueños de la casa echan una gallina al fuego, o más, y todo para emborracharse, y añadir pecados a pecados.

Las parteras tienen también sus ceremonias con el fuego: pues antes que nazca la criatura, hacen junto al fuego una cama de pajas, y sobre ellas pare la preñada, y no la mudan de allí hasta el cuarto día, que vuelve la partera y pasa la criatura por el fuego, que es ceremonia de Tlecuixtliliztli, que quiere decir, que la pasan por el fuego, que es el bautismo, y luego le lavan la cabeza, y esto cuatro veces, y mientras esto se hace, se muda de allí la parida, y sacan los petates, y pajas, sobre que parió, y se muda a otra parte; y en aquel lugar se pone la comida, y bebida, y de ella le da al fuego de comer, y beber, echándole de la comida, y rociándole con el pulque, y si la criatura es hija, le trae los malacates, e instrumentos de tejer, para que salga gran hilandera, o tejedora, y otras cosas que diré después.

5. Conjuros contra nubes y tempestades

Averiguáronse todas estas cosas, de muchos indios de aquellos pueblos de san Mateo, Xalatlaco, Tenango, y sus sujetos; y más se averiguó: las supersticiones, y hechicerías, que tenían en ahuyentar los nublados, de quienes temían daño de granizo a las mieses; y en estos pueblos había hasta número de diez de estos conjuradores, a quienes pagaban los indios medios reales, o reales, pulque, o otras cosas, para que con sus conjuros estorbasen los daños de los temporales, y tempestades, y había indios deputados, para que recogiesen las derramas para estos tales conjuradores: y sucedió, como se averiguó por declaración de un indio, que llegó otro (destos, que recogían estas pagas) y le dijo, que pues tenía sementeras diese a real para siete indios, que eran eminentes conjuradores, que no tenían iguales, y le contó, que en una ocasión se habían juntado estos siete a echar un granizo, que estaba en el pueblo de san Mateo de parte del oriente hacia la Iglesia, y que uno de ellos se quiso adelantar a los otros para conjurarlo, y se dio tan mala maña, que lo echó de esotra parte de la Iglesia hacia el ponente, y que había hecho mucho daño, y que los demás se volvieron contra él, como contra un mal ministro, y lo prendieron por tal, y porque no había sabido, siendo tan presumido, su oficio.

Y aunque a este tal indio le contaron este suceso, el que recogía la paga de los tales conjuradores dijo, no le había dado cosa alguna, y de un español mayordomo de una de aquellas haciendas, que están por allí del conde de Santiago, declaró, que también le habían pedido paga para estos, y para otros de este oficio, y que les había respondido, que, si otro español, que también era mayordomo la diese, el la daría, y que aquel día que el habían pedido la paga, había caído un granizo tan grande, que le había echado a perder toda su sementera, y el tal español con el sentimiento de lo sucedido en su sementera, le dijo malas palabras, y riñó con un indio, de quien tenía noticia, y sospecha era deste oficio, porque se había descuidado tanto en ahuyentar el granizo; a que le respondió, que ni él, ni otros deste oficio se atrevían a usarlo, porque el señor arzobispo, que entonces lo era el ilustrísimo señor don fray García Guerra de gloriosa memoria, había castigado a los tales conjuradores en Tenango; y que por esta causa, y el miedo que tenían todos, no se atrevían a hacer los conjuros, que acostumbraban.

De que se puede sacar cuan provechoso sería perseguir los que tales, o semejantes casos, y delitos cometen; y como el miedo del castigo les dispondría la enmienda. Y aunque había muchos de este oficio no todos tenían un mismo modo de conjurar, sino muy distintos: si bien el pacto con el Demonio, en cuya virtud esto se hacía, y hace el día de hoy, es igual en todos: porque unos conjuraban con las mismas palabras del Manual romano, que tiene para estos efectos, y concluían su conjuro con soplos a unas, y otras partes, y movimientos de cabeza, que parecían locos con toda fuerza, y violencia, para que con aquellas acciones se apartasen los nublados, y tempestades a unas, y otras partes.

Otro conjuraba con una culebra viva revuelta en un palo, y esgrimía con ella hacia la parte de los nublados, y tempestades con soplos, y acciones de cabeza, y palabras, que nunca se podían entender, ni se pudo averiguar más de que lo veían en lo exterior de las acciones. Otro conjuraba los nublados, y tempestades con las mismas acciones, y soplos a unas partes, y a otras, y lo que decía eran estas palabras: «A vosotros los señores Ahuaque, y Tlaloque», que quiere decir: «Truenos y Relámpagos: ya comienzo a desterraros, para que os apartéis unos a una parte, y otros a otra».

Y esto decía santiguándose, y soplándolos con la boca, y haciendo vueltas con la cabeza de Norte a Sur, para que con la violencia del soplo, que daba, se esparciesen. Otro espantaba, y ahuyentaba las nubes, y tempestades diciendo las palabras, que siguen: «Señor, y Dios mío, ayudadme, porque con prisa, y apresuradamente viene el agua, y las nubes, con lo cual se dañarán las mieses, que son criadas por nuestra ordenación. Amada madre mía, reina y madre de Dios, santa María ayúdame, sed mi intercesora, porque hay muchas cosas, que son hechuras vuestras, que se pierden,» y luego decía: «Santiago el mozo, ayudadme, varón fuerte, vencedor, y hombre valeroso, valedme, y ayudadme, que se perderán las obras, y hechuras de Dios todopoderoso».

Y santiguándose decía: «En el nombre del Padre, y del Hijo, y del Espíritu santo. Amen» y soplando a un cabo, y a otro se iban las nubes, y daba a Dios gracias de haberlas ahuyentado. Desta manera usaban, y usan hoy, si hay algunos deste oficio, estos conjuros, mezclando las cosas divinas, y ceremonias de la Iglesia con sus supersticiones. Y esto se verifica con una pintura de un Ídolo, que se halló en el oratorio de uno destos conjuradores, cuya pintura original pondré luego, y en relación es como aquí referiré.

Es un ídolo formado de la mitad de un águila, y la mitad de un tigre: la figura del águila a la mano derecha, y la del tigre a la izquierda, en medio del pecho de ambos la figura del santísimo sacramento, encima una cruz con su banderilla al modo de la de san Juan Bautista, en la parte inferior en medio de las piernas del águila, y del tigre un carnero pendiente al modo, que se pinta un tuson, la pierna, y pie del águila estribaba sobre unas piedras, y la del tigre sobre un libro, que por la interpretación de la invocación, son las horas de Nuestra Señora. La mano del tigre tenía un hacha, y unos como cordeles en ella.

Era hecha esta figura el año de 1587, con una invocación al pie en lengua mexicana, que traducida con autoridad de los jueces destas causas los licenciados don Pedro Ponce de León, y Diego Gutiérrez de Bocanegra, por el licenciado Gaspar de Prabes gran lengua mexicana, y ministro antiguo, y que fue beneficiado del partido de san Mateo Texcaliacac; es como se sigue:

Aquí se contiene y refiere lo que debe hacer, y creer el verdadero cristiano, para que obedezca, y entienda las palabras de Jesu Cristo, y la intercesión de la Virgen su bendita madre; que son los que llaman tigres, y águilas plebeyos, y la gente inferior, y común, y los debilitados pobres tullidos, y los que se ocupan en el campo, y en los montes; para que merezcamos interceda por nosotros la bienaventurada Virgen, y madre de Dios, que está en los cielos a su bendito hijo Jesu Cristo, para que nos admita a su santa gloria, los que siempre nos acordamos de las horas de Nuestra señora, que son las oraciones, salmos, y antífonas, y todo lo que se contiene en las horas.

Esta es la pintura del ídolo, que prometí poner; y las palabras mexicanas, que al pie del se hallaron escritas, son las que inmediatamente se siguen: Nican motenchuan inelli Xpino iquipovazinquicaquiz itox yni tlazonatzin in santa María ynitlatlauhtulloca yeihuanti in motenehuan inquuhtli ynocellotl ymacehualti ima tlapal incuitlapilli, inhuallatzitzin ymotollinia ymacehualti intracatlanemi huelquinopilhuizque intechtzinco inlomahuiz tlazonantzin ylnihuicac to huey toticuiyo cihuapilli, y santa María totepatlatocatzin, y nieto pampa quimotlatlalla uh tilliz ynitlacoconezin in Jus Xpo. ynectech monaquilliz ynitlatoca cpatzinco ynto yn dios ynaque ymohcipa quilnamiticmi ini horas yntonatzin ynin tlatlautiloca y nilnamicoca ynitenc huloca oioyoa? Psalmos atia ynizquitlamantli y cuilliuhtoc.

Esta figura de atrás en cuanto al hecha y cordel corresponde a la Fiesta de los casados, como veremos en el capítulo 10, p. 3.

Estas invocaciones, y la figura de este ídolo tiene mucho fundamento sobre la fábula del Sol, que después referiré, y desta manera mezclan las cosas divinas, y de nuestra sagrada religión con los abusos, y torpezas de sus idolatrías, teniendo por cierto, que uno y otro se puede usar, y uno, y otro es necesario.

6. Médicos adivinos y pronósticos

Demás de todas estas supersticiones, y embustes se hallaron muchos médicos embusteros que adivinaban las enfermedades de los dolientes, y hoy en día se usa esto tanto, que es lo principal de su daño, y lo más principal, que pide remedio, como después diré con toda latitud, para el conocimiento deste género de gente. De uno solo en particular se halló en esta ocasión, que no solo era curandero; más se convertía en perro: porque estando un indio enfermo, su mujer, que le asistía, vio, que entraba un perro blanco, que desconoció, porque no era de los que tenía en su casa, y le dio con un palo, y lo echó del aposento, y saliendo encontró con un indio médico que le dijo: que porque lo maltrataba, si venía a curar a su marido, la cual le respondió, que venía en figura de perro a matárselo, y no a curarlo, y el le dijo: se le debía de haber antojado, que había visto perro, y entró, y lo curó, y sanó del mal, que tenía, el enfermo.

En todo tienen estos miserables mil tropezaderos, así con los vivos, como con los muertos, y con estos son muy graves, porque tienen muchas supersticiones, y en esta complicidad, se averiguó, haber amortajado a algunos con ropas nuevas, y ponerles entre la mortaja, y debajo de los brazos comida de tortillas, y jarros con agua, y los instrumentos de trabajar; a las mujeres los de tejer, y a los hombres hachas, coas, o, otras cosas, conforme al ejercicio, que tuvieron, y desto hay el día de hoy mucho daño, como lo experimenté siendo beneficiado de Xalatlaco, y después acá muy poco tiempo a, acostumbran en muriendo el enfermo, o, enferma por mano de indios viejos (como se averiguó en esta complicidad) llevar el cuerpo junto al fogón, que de ordinario mueren ellos allí, y lo tienen mientras se dispone la comida, y bebida, que también la ponen allí, y ofrecen al fuego, y después quitan el difunto, y lo ponen, donde ha de estar para sacarlo a enterrar, y los cantores se comen la ofrenda, y se la beben, y dicen, que es como si el difunto la comiese, y la bebiese; y al octavo día ponen otra comida, y bebida en la parte, y lugar, donde estuvo el cuerpo, para sacarlo a enterrar, y se la comen y beben los cantores, y dicen asimismo, es como si el difunto la comiese, y bebiese, y destas supersticiones hay muchas en todas partes, y diferentes conforme a la costumbre de sus pueblos.

No faltó en esta complicidad la noticia, que se tuvo de las idolatrías, y sacrificios, y supersticiones, que todos los indios de toda aquella comarca, y Valle de Toluca hacían con la sierra nevada de Calimaya. Esta sierra es muy encumbrada, que de muchas leguas se divisa, y en su remate está una placa, donde está una laguna, donde los indios antiguamente idolatraban, y donde les quedó la memoria de sus idolatrías, y aunque el día de hoy hay algunas cruces; es la capa de Dios, para obrar en las demás cosas: hay en este llano, o placa algunos géneros de rosas, que hoy en día les sirven a los indios de aquella comarca de pronósticos de sus sementeras: pues en la falta destas rosas, o en la abundancia de ellas pronostican el año malo, o bueno, que tendrán, y aunque esto pudiera ser naturalmente: más, por la parte donde se hallan, y por la deidad, que siempre han dado a aquella laguna, se hacen sospechosos sus pronósticos.

Allí, dijo, y declaró uno de los reos desta complicidad, que había subido uno de aquellos años cercanos al de 610; que Domingo de Ramos de aquel año había subido a la sierra nevada de Calimaya, y que había visto mucha cantidad de indios de los de Toluca, y sus contornos, y otros de otros pueblos, y que estos todos con trompetas, y chirimías iban con muchos cantaros a traer agua de la laguna, y le dijeron, que era aquella agua para bendecirla, y darla a los enfermos, y que asimismo vido llevar tres redes de pescar, con que sacaban copale entrando en la laguna, y que el había llevado una andela, y con un poquiete, que llevó encendido, la encendió, y puso a una cruz de las que allí había, y según tengo noticia de personas que han subido a esta sierra, se hallan al rededor, y contorno de la laguna señales de candelas, braseros, y cantidad de copale, que ofrecen a la deidad, que piensan, tiene aquella laguna, según sus ritos, antiguos.

Y para que se vea, que no los tenían olvidados, sino muy en su corazón: cuando estaban haciendo estas diligencias, para castigar estos delitos, un indio maestro de estas idolatrías del pueblo de Teutenango en uno de aquellos años cercanos a estas averiguaciones, subió una Semana santa de aquel año a la sierra nevada, que sin duda debía de haber ido por el agua, que acostumbraban, o fue de intento a traer un idolillo de los de aquel puesto, para hacer la más insolente iniquidad, que jamás se ha visto, y habiéndolo mostrado Martes, y Miércoles santo, les dijo a muchos de los del pueblo, que el Jueves santo lo había de poner en el arca del santísimo sacramento, y que no lo adorasen, sino al ídolo; y habiendo tenido maña para entrarlo con unos rosarios, que suelen los indios dar al ministro, para que estén con el santísimo sacramento por su devoción: entró pues el ídolo.

Y así como el sacerdote cerró la puerta del arca, su divina majestad, que no sufrió la insolencia de los filisteos poniendo, el arca del testamento junto al ídolo Dagon; siendo solo figura de su santísima humanidad unida a su divinidad. No sufrió, que el demonio figurado en aquel ídolo estuviese en compañía de lo figurado en el arca, que es su santísima humanidad, y divinidad sacramentada como está en los cielos, y en la conmemoración de su sagrada muerte y pasión y sepultura: al mismo punto comenzó la Iglesia a estremecerse, y temblar tanto, que obligó a los que estaban dentro de la Iglesia, a que saliesen algunos fuera con el temor del temblor, porque no se cayese algún pedazo de la Iglesia, y viendo, que fuera, y en el cementerio no temblaba, volvieron a entrar, y se reconocía solo en la Iglesia era el temblor, y esto duró por espacio de muy gran parte de hora, y cayó una viga del techo, de manera que milagrosamente se detuvo, y suspendió para que no cayese a plomo (porque matara mucha gente) y solo lastimó una pierna a un indio; y viendo esto algunos de los que sabían, que habían entrado el ídolo en el arca del santísimo sacramento, se atemorizaron de manera, que algunos de los que lo sabían, lo rebelaron; y abriendo la urna hallaron el idolillo de piedra entre los rosarios, y con esto cesó el temblor de la Iglesia.

Y aunque yo había oído este caso y suceso a diferentes personas, me lo refirió el licenciado Fernando Ortiz de Valdivia, beneficiado, que actualmente era de aquel beneficio ministro antiguo, y que lo había sido de otros partidos, hombre muy venerable, y gran ministro, y de todo crédito, y satisfacción; y a quien los ministros mozos de aquel tiempo vecinos de su beneficio venerábamos con todo respeto. Estas cosas, y otras sucedieron en aquel tiempo por aquella comarca, que no las refiero porque esto basta para por ellas regular otros sucesos, y saber el estado, que tenían las idolatrías después de las congregaciones.

Capítulo III. En que se prosigue la misma materia con sucesos de idolatrías en otras partes

1. Castigo de delincuentes indios

Después que estos jueces arriba referidos con autoridad del ilustrísimo señor don fray García Guerra arzobispo de este Arzobispado el año de 1611, castigaron en el pueblo de san Mateo Texcaliacac sujeto de Xalatlaco los más principales de los delincuentes en los delitos arriba referidos. Es muy de notar con la desvergüenza, y malicia, conque estos usaban sus embustes, y supersticiones; pues sacando a uno el más culpado con su coroza, y como penitente, no solo no mostró estarlo; más con toda resolución, y descaramiento, viendo que algunos de los españoles circunvecinos, que habían acudido a ver esta justicia se reían del, por ser el más conocido: les dijo, que de que se reían: pues no era maravilla, que al la castigasen, siendo indio; pues también castigaban españoles por semejantes delitos. Conque se conoce el mucho daño, que había allí, pues los más ladinos de los indios, de quienes se podía esperar más firmeza en la fe, eran los peores, y los dogmatistas de estos engaños, como se experimentó en el marquesado, y en el beneficio de Atenango del Río, y sus contornos.

Fechas y datos biográficos importantes

Y como Dios Nuestro Señor, que por pecados cometidos, contra su divina majestad permite estas llagas de pecados en castigo de pecadores; también previene misericordiosamente medicinas para ellos: y así fue servido, que en los años de 613 en adelante, siendo ya arzobispo desta santa Iglesia el ilustrísimo señor don Juan de la Serna mi señor de gloriosa memoria, y a quien latrías previniendo la persona del licenciado don Fernando Ruiz de Dios tiene en su santo reino: proveyó remedio para toda aquella tierra con el santo celo, y cuidado de inquirir, y castigar estas idolatrías [...] Alarcón beneficiado de Atenango del río hombre noble, y docto, y gran predicador de la lengua mexicana, hombre muy penitente, y con mucha oración, y contemplación, el cual con comisión del dicho ilustrísimo señor don Juan de la Serna arzobispo deste Arzobispado, inquirió mucho destas materias, y castigó algunos delincuentes, y prosiguió en el gobierno del ilustrísimo señor don Francisco Manso mi señor en este santo ejercicio, y paternal, y pastoral ministerio hasta que Dios se lo llevó, y el año pasado de 1646 visitando aquella cordillera con comisión del ilustrísimo señor don Juan de Mañozça allí en Atenango del Río, y sus sujetos hallé la memoria, y buena fama de tan santo varón, y loables costumbres, y devociones, que a todos aquellos indios habían predicado, y enseñado, principalmente versos en la lengua mexicana a devoción de la Virgen santísima Nuestra Señora; que no pongo aquí algo de lo mucho que hallé de estas enseñanzas, porque no las procuré, por no haber tenido intención entonces de hacer este tratado; y me pesa, porque se imitasen, y celebrasen obras de tan excelente varón. Vinieron a mis manos algunos papeles sueltos de lo que observó en materia de las supersticiones, o idolatrías, así de las que castigó en su beneficio, como en aquella comarca, y ojala fueran muchos los escritos, que quedaran estos bien ricos, y fueran muy fructuosos.

2. Curaciones por medio de conjuros supersticiosos

Cuenta pues este dicho venerable varón, y ministro apostólico, que visitando el marquesado, cuya cabecera es la villa de Cuernavaca, halló muy extendida, y esforzada, y bien recibida la fama de un indio viejo venerable, que en toda aquella tierra era tenido por hombre maravilloso, y santo; y que tenía virtud divina del Cielo para curar enfermedades; y aunque le nombra por su nombre, yo lo paso en blanco: pues a nuestro intento no importa saber como se llamaba, sino saber lo que hacía. Había muchos años, que con sus ficciones, y embustes traía embabucada, y engañada toda la gente de aquella comarca al modo que Simón Mago engañaba todos los que le seguían llevados de su magia, y embustes: vivía este embustero en el pueblo de Tlaltitzappam, y así en este pueblo como en todos los que había entrado, y tenido comunicación, y aportado su fama, era tenido por milagroso, y casi divino, por haber contado de si un embuste, y enredo bien ordenado, y más bien logrado pues lo aprovechaba tan bien, que granjeaba aquella fama, en que, se conocerá la astucia de nuestro enemigo el Demonio: pues para hacer prevaricar almas, se vale de la invención de un indio bruto, para sacar el fruto que sacaba de toda aquella miserable gente.

Había muchos años, que este embustero había contado, y procurado esparcir por todas partes, que estando muy al cabo de una grave enfermedad, de que había llegado ya a lo último de la vida: se le aparecieron dos personas vestidas de túnicas blancas, las cuales lo llevaron muy lejos de aquel lugar, donde estaba un enfermo, y allí le echaron aire, y luego le llevaron a otro lugar, donde habiendo hallado otro enfermo, le tornaron a echar aire, y luego le dijeron: «volvamos a tu casa, que ya te lloraran, descansa ahora, que pasado mañana, volveremos por ti»; y que a este tiempo volviendo en sí, halló que los de su casa le lloraban ya por muerto, y que luego al tercero día volviendo por el los dos vestidos de blanco, le llevaron como la primera vez, y habiendo visto los dos enfermos, y habiéndole soplado como antes, le dijeron: «date prisa, si quieres ver a tus parientes, a tus padres, y abuelos; pero si te hablaren en ninguna manera les respondas, porque si les respondes, te quedarás con ellos, y no volverás más al mundo», y que luego vio dos caminos, el uno muy ancho, y que lo seguían muchos; y el otro muy angosto, y áspero, muy lleno de matas, juncos, y espinas, y que le dijeron, que aquel era el camino de nuestro redentor Jesu Cristo, y que vio, que iban muy pocas por el y con esto vio otra vez, que iban muchos por el camino ancho.

Luego los de las túnicas blancas le dijeron, que los siguiese, y siguiéndolos, llegaron a la casa de las maravillas, y habiendo llegádole dijeron: Xitlamahuizo, que quiere decir: «mira, y advierte lo que vieres, considera lo que pasa con los que se emborrachan, guarte no tornes a beber (y a este tono otras muchas cosas) porque los mismos tormentos has de pasar. Deja luego el pulque, y no lo bebas más, y de aquí a tres días has de volver acá; vamos ahora a tu casa, que ya te llorarán, no sea, que te abran la sepultura»; y que le dijeron:

«Tu eres pobre, y miserable, y curando tendrás en el mundo de comer, y beber», y entonces le enseñaron las palabras, con que había de curar (que se pondrán después), y que desde aquel día había comenzado a curar, y había curado siempre, y acertado las curas, por muy dificultosas, que fuesen; y con esto le volvieron los de las túnicas blancas a su casa, y habiendo vuelto en sí, halló, que lo lloraban todos los de ella teniéndole ya por muerto.

Luego contaba, que aquella misma noche le visitaron tres señoras vestidas admirablemente de blanco sin mezcla de otro color, ni guarnición en todo el vestido, y refirió algunas pláticas, que pasaron entre las tres señoras, que según su relación, eran la Virgen santísima Nuestra Señora, la Verónica, y otra que no conoció; y que decía Nuestra Señora, que Cristo Señor Nuestro había aprisionado aquel enfermo, y, que ella lo quería favorecer, para lo cual llamó a la Verónica, y le mandó, que le favoreciese, y obedeciendo su mandato le echó aire con un lienzo, y que con esto volvió en sí, y a la mañana se halló bueno; y que luego le trajeron un niño enfermo, en quien hizo la experiencia de las palabras que le habían enseñado, y sanó el niño, conque conoció la virtud de las palabras; y que después a sanado a cuantos a curado con ellas.

Y con estas mentiras tenía tan asentada su opinión, que en toda aquella comarca tenía este maldito viejo embustero opinión de santo, y que tenía virtud divina, y sobrenatural, y milagrosa para curar enfermedades, principalmente del vientre. Y habiéndolo hecho parecer judicialmente el dicho beneficiado, y preguntándole: ¿qué era aquel oficio, que usaba? ¿conque palabras? y ¿qué eran las medicinas, y simples que aplicaba? Respondió, que el oficio, que usaba, era de curandero, y que no lo había aprendido de gente deste mundo, sino de la otra vida, como siempre lo había dicho, y persuadido a toda aquella comarca: y que la medicina, que usaba, era punzar el vientre con una aguja con las palabras que le habían enseñado los dos de las vestiduras blancas, que son las que se siguen:

(1.º) Ea, pues, culebra blanca, culebra amarilla, advierte, que ya te demasías, y que dañas el cofre, o el cestoncillo (2.º) las cuerdas de carne (que son las tripas) pero ya va allá el águila blanca: (3.º) pero no es mi intención dañarte, ni destruirte, que solo pretendo impedir el daño, que haces, compeliéndote a que te arrincones en un rincón, y allí impidiendo tus poderosas manos, y pies. (4.°) Más en caso de rebeldía y que no me obedezcas, llamaré en mi ayuda (5.°) al espíritu conjurado Huactzin, y juntamente llamaré al negro chichimeco, que también tiene hambre, y sed, y arrastra sus tripas, que entre tras ti. (6.°) También llamaré a mi hermana la de la saya de piedras que desaliña piedras, y árboles, en cuya compañía irá el pardo conjurado (7.°) que irá haciendo ruido en el lugar de las piedras preciosas (8.°) y de las arcas: también le acompañará el verde, y pardo espiritado en el nombre del Padre, y del Hijo, y del Espíritu santo.

Todos estos conjuros son supersticiosos y unas metáforas diabólicas, así para disimular sus idolatrías, como para significar con ellas la calidad de las enfermedades. Explícanse aquí por sus números correspondientes a los conjuros.

Num.° 1.° Llama culebra al dolor de vientre, porque se asemeja allá en los retortijones, que parecen modo de caminar de culebra.

Num.° 2.° también la barriga tiene semejanza al cofre: y las tripas son cuerdas de carne.

Num.° 3.° A la aguja llama águila negra, o blanca, por el pico: que tal vez está negra, y tal vez está blanca: Luego parece que capta la benevolencia al dolor, atribuyéndole conocimiento, cosa muy ordinaria entre estos embusteros.

Num.° 4.° Luego entra por rigor amenazando con la venida del Huactzin, que es un género de aguililla, que despedaza y come las culebras, siguiendo la metáfora, con que dio principio al conjuro, dando nombre de culebra al dolor: puede ser, que también asimile la culebra por el pico fuerte, que tiene, el aguililla Huactzin, que también lo tiene.

Num.° 5.° Luego explica: llamaré al pardo, o, negro chichimeco (por quien entiende la aguja) que también tiene hambre, y sed, porque hiriendo saca sangre, como si se hubiese de sustentar de ella como el águila Huactzin, y los Chichimecos, que comen carne humana, y por el hilo, que lleva ensartado dice, que arrastra las tripas.

Num.° 6.° Luego dice: llamará al agua de la saya de piedras preciosas por la verdura, que de continuo acompaña las humedades; y para hacerla temer, dice: que desaliña las piedras, y árboles, por los ríos cuando van de avenida, que todo lo llevan tras sí.

Num.° 7.° Luego le acompaña el piciete, común superstición de los indios, y única esperanza de sus enfermedades; llámalo espiritado, porque le atribuye divinidad, y conjurado, porque le añade nueva fuerza con el conjuro: el hacer ruido en el lugar de las arcas, alude al suceso, cuando habiéndolo dado a beber el piciete, en agua al paciente con la fuerza de su calidad causa ruido; y como alboroto en el vientre.

Num.° 8.° Y porque juntamente suelen mezclar otras dos hierbas, que son: Atlinan, que es hierba del agua, y el iautli, que es el yerbaniz, dicen también, que ayudan el verde espiritado, y el pardo espiritado; y para concluir, y disimular su embelezo, y autorizarlo, concluyen: en el nombre del Padre, y del Hijo, y del Espíritu santo, mezclando, como arriba dije, las cosas divinas, y ceremonias de la Iglesia con sus idolatrías, y supersticiones.

Finalmente, habiendo este santo ministro preso a este embustero viejo, se alborotó todo aquel pueblo, y se juntaron muchos otros, y le llevaron un regalo, como lo acostumbran, tratando de defender a su viejo médico, y embustero, por ser su consuelo; porque como quien tenía gracia de Dios curaba de todas enfermedades, y sin el quedarían muy desconsolados. Al fin después de haber negado muchas veces el ser embustero, y curandero supersticioso; sino divino: con la doctrina, y enseñanza de tan gran ministro se convenció, y declaró, haberlo enseñado otro tal embustero como el.

3. Indio ciego curandero y embustero

También le sucedió al dicho ministro en aquel tiempo en el mismo pueblo de Tllatitzapan, haber encontrado con otro curandero indio ciego, y gran embustero, y de muy afectadas hipocresías: y dijo, que habiendo estado a la muerte; y quedádose como dormido, bajó al infierno, donde había visto muchos indios, y muchos géneros de gentes, y que allí en lo alto estaba la majestad de Dios padre (con mil desatinos de los que suelen decir en estas muertes, que tienen, o supersticiones) y que allí le dijeron se volviese al mundo, que aún no era llegada su hora; y que llevase consigo aquella medicina, y la bebiese, que con ella sanaría, y sanaría a otros; y que le dieron dos pelotas de hierbas medicinales, y le enseñaron como se habían de aplicar, y a unos decía, que acá había reconocido el efecto destas verbas; y a otros, que allá, donde lo habían llevado; también tenía persuadidos a todos los de aquella comarca, que tenía conocimiento divino, y virtud del Cielo para curar, y que así en ocasión, que un religioso de aquel convento había muerto, habiendo habido sospecha que era de hechizo, lo habían llamado, para que dijese, si había sido así.

Dícese, que era este tal ciego gran embustero, y ceremoniático, y que traía un rosario negro, y blanco de casi dos varas; en el remate del bordón traía pendiente una cruz, y pedía limosna, y a quien se la daba, le echaba su rosario al cuello, y hacía una oración deprecativa al santo devoto, de quien le daba la limosna. Era curandero de las almorranas con el Copalli, que les es el pelitre de las boticas: y aunque no contó de ningún conjuro, el juez le quitó curase por el en-

gaño, que tenía del modo, con que le habían dado la gracia
de curar, y ser todo supersticioso.

4. Nahualles, Teyolocuanes y Tlachihuianes

No dejó este celoso ministro de averiguar algo del fuego,
y aunque no hace mención, en los escritos, que yo vide del
fuego, nuevo, y de sus sacrificios, añade a lo arriba dicho,
y averiguado en el valle una circunstancia, digna de notar
en las paridas, y en los hijos recién nacidos: pues después
de haber puesto a parir la madre junto al fuego, y sobre
pajas, que arriba dije, y en cuatro días no mudar la parida,
ni al recién nacido, de aquel lugar, haciendo la ceremonia
del sacrificio al fuego por uno de los viejos sacerdotes allí
presente, y deputado a este fin: en los cuatro días no sacan
braza de fuego; sino que lo conservan, teniendo por cierto,
si la sacasen antes del cuarto día saldría el niño, o niña con
nubes, y cataratas en los ojos, o enferma de ellos; al cuarto
día, o usan el lauara, y pasarla por el fuego, como dije, y
ponerle el nombre del mes, según su calendario antiguo, que
ellos observaban en su gentilidad, de que trataré en el discurso de esta obra: o si no al cuarto día uno de los viejos, o
más si había, sacaban la criatura fuera del aposento, donde
había nacido, y asimismo al fuego sobre él.

Y pasándolo por el le daban cuatro vueltas dos de un lado,
y dos de otro, poniéndole el nombre, que había de tener, y,
de los meses de su calendario, y de los días, que tienen dedicados a diferentes animales como a los tigres, a las águilas,
a los caimanes, a las culebras; todo lo cual hacían, y hacen,
para imitación de nuestro bautismo, que aún en esto quiere
el Demonio dejarse servir, y adorar contra la honra de Dios
Nuestro Señor, y de sus santos sacramentos, y de este género
de bautismo suyo, y destos nombres puestos de diferentes

animales saca este ministro el origen de los Nahualiz, y brujos, y dice, que este vocablo mexicano Nahualli se forma, y tiene su significación del verbo Nahualtia, que es esconderse encubriéndose, o disfrazándose, o arrebozándose; y así Nahualli será aquel, que por la aplicación, que el padre le hizo recién nacido de dedicarlo a aquel animal, cuyo nombre le pusieron al cuarto día; se sujeta al tanto, que se encubre y disfraza debajo de su figura; y de esto tengo yo otra razón, que dar más abajo.

Digamos ahora para el conocimiento de estos casos, y para la prueba, de que ni antes de las congregaciones, ni después, ni ahora cesan las idolatrías, y supersticiones, como consta en particular de los que refiere el gran ministro, de quien vamos hablando. En uno de aquellos pueblos de aquella comarca saliendo un indio de su casa a todo correr, le oyeron dar grandes voces; hay que me matan, y corren los vaqueros de tal estancia, y cayó muerto, y averiguado con los vaqueros de aquella estancia, se halló, que habían corrido un zorro, o raposa y muertole en el ejido, y volviendo al pueblo hallaron el indio muerto con las mismas heridas, y golpes, que el zorro tenía.

Lo mismo sucedió con un indio, que comenzó a dar las mismas, voces, de que lo mataban, sin que hubiese persona delante, que lo pudiese hacer, y hallaron, que en el río había muerto un caimán, y que las heridas, y golpes, que tenía correspondían al indio muerto.

Unos religiosos muy graves de la orden de Nuestro padre santo Domingo, que el uno fue el padre maestro fray Andres Jiménez religioso de toda satisfacción en Letras y santidad, refirió que en uno de los conventos de santo Domingo, que están en el marquesado en una celda, donde estaban estos religiosos, entró de noche a deshora por la ventana (que como hace calor, suele estar siempre abierta) un murciélago mucho mayor que los ordinarios, y los religiosos con los sombreros anduvieron a las vueltas, tirándoselos al murciélago, a ver si lo podían matar: y al fin se les escapo, y el día siguiente vino a la portería una india vieja a dar muchas quejas, a uno de los religiosos, de que la habían querido matar la noche antes dos religiosos de aquel convento, y que ya que no la habían muerto, la habían maltratado mucho: pues la noche pasada habían maltratado mucho un murciélago que era ella; que se había entrado en una celda, y que por defenderse, había quedado muy cansada: y admirado el tal religioso la procuró detener con prometerle limosna, y que la iba a traer; para con esta ocasión llamar los demás religiosos, y averiguar el caso; y cuando volvió, no la halló, ni pudo ser habida, ni conocida.

Un hombre de la comarca de Acapulco llamado Simón Gomes, caminando con dos hijos suyos ya de edad, llegaron a uno de aquellos ríos cercanos a este puerto, y en él estaba un pedrisco en medio, que hacía como isleta, y el uno de sus hijos o bañándose, o nadando se subió en este pedrisco, o cerrillo de peña, y dio en rodearlo un caimán, dando tantas vueltas, que el mozo se atemorizó, que bien echaba de ver, el caimán lo quería matar, y dando voces a su padre, y pidiendo socorro, tiró con un arcabuz desde la orilla del río al caimán, y lo mató; y a este mismo tiempo en la casa del dicho Simón Gomes una india vieja, que en presencia de la mujer del susodicho, y de otros indios estaba tejiendo se cayó muerta diciendo: Simón Gomes me a muerto.

Divulgóse el caso, y los parientes de la dicha india muerta, dieron querella contra el susodicho, y fue preso; y averiguado como matando el caimán, había resultado la muerte también en la dicha india, que se había vuelto caimán con el pacto del Demonio, de que yo trataré después algunas conjeturas, como pueda ser esto: y de estos casos hay muchos fuera de los que refiere el susodicho ministro.

También refiere, haber hallado fuera de los Nahualles los Teyolocuanes, y los Tlachihuianes, que son los que obran con hechizos contra el corazón, y vida de los hombres; y refiere, haber sucedido en el pueblo de Couican provincia de Acapulco: haberse probado contra unos indios, que habían puesto unas cenizas un palmo debajo de tierra en una ermita, donde rezaban de ordinario los de aquel barrio, y que desto se les había seguido enfermedades tan agudas, y nocivas, que habían muerto muchos, y muy brevemente, y estas cenizas confesaron (ante la justicia real, que conoció desta causa) haberlas recibido de unos búhos, o cuclillos, que las habían traído en las uñas muchas leguas de allí envueltas en unos trapos; y que las habían recibido ellos estando en las mismas figuras, con que unos, y otros estaban de una misma calidad, y figura; y el alcalde mayor con parecer del doctor Juan Ciano catedrático de leyes desta Universidad, y después oidor de Guadalajara del Consejo de su majestad, y gloria, y honra de los nacidos en esta tierra: condenó a muerte a los más culpados.

5. Ofrendas de copal, velas, ramilletes, etc.

Y dije en el primero capítulo como tenían estos miserables indios particulares, y señalados, lugares de sus idolatrías, y a quienes daban, y atribuían deidad, como a los cerros, a los montes, a las aguas, y lagunas, como lo vimos en el segundo capítulo en el párrafo de la Sierra Nevada; y esto era conforme el orden de las fiestas de los dioses contenidos en su calendario, y como el autor de todas estas maldades es el demonio, y en todas partes es su fin condenar las almas destos pobres indios, así los maestros de estas ceremonias son todos unos, y lo que sucede en esta cordillera de una parte, sucede en las otras de otras partes más, o menos en unas, que en otras: y así el dicho beneficiado, de quien vamos tratando, experimentó fuera de lo dicho arriba, haber hallado en los montes, y cerros ofrendas de indios de Copal, que es el incienso desta tierra, madejas de hilo, y pañitos de algodón mal hilado, que llaman Piton; candelas, y ramilletes unos muy antiguos, y otros muy frescos: y el día de san Miguel del año de 26 halló en un cerro de los de su beneficio una ofrenda acabada de poner, y la huella fresca del que la puso, y aunque la siguieron, por la aspereza de la tierra, no le pudieron dar alcance.

La ofrenda estaba en un monte de piedras apartado del camino, y en él hecha una choza, en que la ofrenda estaba guarecida del Sol, y del agua, y estos tales montes de piedras, que los indios llaman Teolocholli, son muy sospechosos, porque de ellos testifica el susodicho beneficiado, haber sacado copal, velas, ramilletes, y otras cosas, que ofrecen.

Suelen haber en estos montes de piedra, y principalmente en los portillos, y encrucijadas de los caminos algunos ídolos, o piedras, que tienen semejanzas de rostros; y a estos encaminan sus ofrendas, y allí ponen su intención, porque piensan tiene Deidad, y reconociéndola le ofrendan, para que les sea favorable, y les ayude, y no les suceda mal en el viaje, que hacen, y para tener buena cosecha, o para otras cosas semejantes; y en especial los Enfermos, para alcanzar salud; por consejos de los medios sortilegios, van a los ríos, y ofrecen candelas, y las echan dentro, y copal: y cuando el enfermo no puede ir personalmente, el médico va por el al río, o a los montes con dichas ofrendas, como decíamos de la Sierra Nevada de Calimaya.

En la elección de gobernadores, o justicias de alcaldes cuando los electos son mozos, la primera vez, que son electos, para que reciban el mando, una madrugada los llevan al río los viejos, y ancianos del pueblo, y los principales del, y los bañan; y ofrecen al río, para que les sea favorable en adelante en la ejecución del oficio, que comienzan, y después hacen la boda, y las borracheras.

6. Tecomates e idolillos objeto de veneración

Para que veamos, como después de las congregaciones prosiguieron estas materias; y que no bastó sacarlos de los montes, sino que trayéndolos a poblados se trajeron consigo sus idolillos venerándolos allos, y a los instrumentos de sus idolatrías: referiré otros casos sucedidos con el dicho juez, y beneficiado, de quien vamos tratando, que da autoridad a todo lo arriba referido.

Tuvo noticia, que una india de Atenango Cabecera de su beneficio tenía unos tecomatillos herencia de sus antepasados, en quienes idolatraba, y los tenía con tanta veneración, que los guardaba en una petaquilla con su llave, y queriéndolos ocultar, fue necesaria mucha violencia, y maña deste ministro para sacárselos, y habiendo ido a su casa con autoridad de la justicia, y como juez eclesiástico: se desmayó, y perdió el color del rostro cuando abrió la petaquililla para entregarlos.

Y para que este caso tenga más sustancia de lo que parece es de ponderar, que la veneración, y respeto, que tienen a estos tecomates, y vasos, que tanto guardan, proviene de ser instrumentos para el uso de los sacrificios, que hacen al fuego, o en la estrena del fuego, o de la casa nueva, o del pulque, o de las paridas, o de todas aquellas supersticiones, en que beben, o se emborrachan, y guardan estos tecomatillos como cosas dedicadas al culto de sus idolatrías, y se heredan de padres a hijos, y a toda la generación; y de aquí les viene toda esta veneración. Y esto lo confirmo con lo que al mismo dicho beneficiado le sucedió con una india del pueblo de Cuetlaxochitlan; que habiéndosele averiguado, tenía uno de estos cestoncillos, donde guardaba otros tecomates (llamase el cestón en mexicano itlapial, que quiere decir cosa, que se debe guardar como herencia, y nosotros llamamos vinculada) y habiéndola en la Iglesia llamado, para que confesase su delito, y entregase el cestoncillo, donde estaban los tecomates, y habiendo negado, fue necesario llevarla a su casa, y entrar en el oratorio, donde se presumía estaba la petaquilla.

Como de hecho se halló; y había tratádola con tanto respeto, que ni aún al oratorio, se atrevían a llegar de respeto, porque estaba allí la petaquilla: y así estaba ya todo tal por el mucho tiempo, que las esteras, o petates estaban hechas tierra, y las imagines casi de todo punto perdidas las colores, porque no se atrevía nadie de la casa ni al oratorio ni a lo que allí estaba a tocar; y habiéndose hallado la petaquilla en un petate, o estera, que el altar del oratorio, tenía por Cielo, se halló en la petaquilla el Ololiuhqui, y uno de los tecomatillos referidos, y algunos lenzuelos, y era tanto el respeto, que la dicha india tenía, que a ninguna de aquellas cosas se atrevía a tocar la mano, principalmente al Ololiuhqui, y preguntada, ¿cómo tenía aquello allí? respondió, que no lo había heredado, sino halládoselo allí cuando entró a vivir en aquella casa, y preguntada ¿por qué lo había negado? respondió, que como no lo había heredado, sino halládoselo, en aquella, por esto no lo confesó luego.

Y cuando algún viejo, que es como Cabeza de linaje se ha dedicado a algún ídolo, o a alguna hierba, a quien atribuyen Deidad, como el Ololiuhqui, el Peyote, y otras, de que después y de tratar; hacen uno de estos cestoncillos lo más curioso, que se pueda, donde lo guardan, y allí van poniendo las ofrendas, que las hacen, como son Copalli, que es el incienso desta tierra, pañitos labrados, vestidos de niños, y otras cosas: y todo esto se tiene en tanta veneración, y custodia, que ninguno se atreve a llegar allo, ni a abrir la petaquilla, y de todas estas cosas con más respeto miran, y tratan las cosas pertenecientes al idolillo.

De este cestoncillo con todo lo que tiene dentro son herederos los hijos, y nietos, y descendientes, y acabándose la generación, lo dejan en guarda al más amigo, y este lo tiene con tanta veneración, que no se atreve a mudarlo de la parte, y lugar, donde los propios dueños lo dejaron, y de ordinario lo tienen en los cielos de los altares de sus oratorios, o en los altares, y a los oratorios llaman Santo calli. Y en cuanto a los idolillos, los suelen tener en sus trojes, o en las semillas, en que tienen sus granjerías, porque los veneran, para que les aumenten los maíces, o semillas, en que tienen sus tratos. Esto se prueba con lo sucedido en el pueblo de Quauchinatla en las Amilpas con un indio, que habiéndosele probado, que tenía unos idolillos, solo confesó tener uno; y haciéndose la diligencia en buscarlos en su casa, se hallaron cinco, y habiéndosele redargüido: ¿cómo había confesado solo uno, teniendo cinco? respondió, que solo el uno era suyo, y los demás tenía en guarda, creyendo, que el que era suyo le aumenta la hacienda, y sus cosechas.

Y en el pueblo de Xoxouhtla, que es en las Amilpas llamó el susodicho ministro, y juez a un indio principal del pueblo de Teocaltzinco allí congregado, el cual había sido fiscal, y con su industria de la plática, que tuvo con él, le hizo que le manifestase, tenía un ídolo en su casa, y teniendo su mujer noticia, de que se hacía diligencia con su marido, y porque le acusaba la consciencia escondió el ídolo, porque yendo el juez a su casa con sus ministros (a saber donde estaba el ídolo) en compañía del dicho indio para ver con qué veneración lo tenía, y dónde.

El dicho indio se fue derecho a su oratorio, y al cestoncillo, donde él lo tenía, y no se halló, respeto de que la mujer lo había escondido en un montón de calabazas, que allí tenía; y habiendo el indio díchole a su mujer, como había ya confesado el ídolo, que tenía, y que no había para que esconderlo, lo sacó de entre las calabazas en un plato de barniz negro, y con él otros dos ídolos muy bien aderezados con muchas aforcas, y juguetes, y dijes, que ponen a los niños, y a cada uno destos ídolos les atribuían particulares cosas de su casa, el aumento de la hacienda, de las semillas, y otras cosas. Casi el mismo caso sucedió en el pueblo de Tasmalacat, que habiendo a otro indio cantor de la Iglesia averiguádosele, que tenía en su casa un ídolo, habiéndolo el confesado, el dicho juez encerró este indio, porque no diese aviso a su casa, y lo escondiese mientras se hacía la diligencia, y habiendo ido a su casa a hacerla, enderezando los ministros al oratorio, donde estaba el ídolo (que era una piedra blanca) y habiéndole preguntado a la mujer del dicho cantor por tal ídolo, confesó luego donde estaba, y de la turbación de una vieja suegra del susodicho, se coligió, que había otros ídolos con la piedra blanca, los cuales había escondido la mujer del susodicho entre la faja, y solo había manifestado la piedra blanca, que era el ídolo de su marido, y los demás eran suyos, y de su madre, y antepasados.

Otros muchos casos sucedidos a este cuidadoso, y celoso ministro han venido a mí noticia; que no los pongo aquí por no alargarme más en este capítulo: y porque son de diferentes materias, que cuando las trate los traeré para con su autoridad apoyarlas, y verificarlas.

Capítulo IV. En que se prosigue la misma materia con sucesos y casos sucedidos al autor en que se verifica haber hoy idolatrías entre los indios

1. Hace milagros el hueso de un santo

Cuando las materias, y casos sucedidos en razón de las supersticiones, e idolatrías, que el día de hoy tienen los indios, no estuvieran tan bien verificadas, y autorizadas con los ministros tan santos, y de tanta autoridad como y referido en los dos capítulos antecedentes; por lo que a mí toca, no dudara de ninguna cosa, cuando por la experiencia y visto lo que a mí me a sucedido, conque ha sido mayor mi escrúpulo, para referirlo todo motivando a la piedad y celo de los prelados santos al remedio de todas supersticiones y sortilegios cuando el venerable licenciado don Fernando Ruiz de Alarcón el año de 26 estaba en sus pesquisas, y diligencias en el marquesado, aquel año, que era yo beneficiado de Tenantzinco por el mes de julio, día de santa Magdalena estando el ilustrísimo señor don Juan de la Serna en España, y gobernando el Arzobispado el señor doctor Pedro Garcés de Portillo, canónigo de esta santa Iglesia, y catedrático de prima de cánones, gloria, y honra desta tierra, desta Universidad, y desta Iglesia, que Dios tiene en su santo reino.

Me sucedió, que aquella tarde deste dicho día me llamaron a toda prisa para confesar una india, que me servía, llamada Augustina, que hoy es viva, y había poco que había salido de mi casa a lavar al río, porque se estaba muriendo de un flux de sangre que echaba por la boca, y cuando fui a toda diligencia, la traían ya sin habla, y como muerta; al fin de allí a buen rato volvió en sí con grandes agonías, y congojas, y pudo confesar, y olearse, porque en todo manifestaba estar ya de muerte, pasó aquella noche, y todo el día siguiente, y a las veinticuatro horas, que le había dado aquel accidente, volvió a las mismas agonías, y visajes como si tuviese ya las ansias de la muerte, y continuó la sangre; y viendo, que no había remedio que hacerle, ni había conocimiento del mal, para aplicarle alguno casero.

Yo tenía un pedazo de hueso del santo, y venerable Gregorio Lopez, que me había dado una persona de toda satisfacción, y que no había duda, de que fuese reliquia de tan santo Varón asombro de contemplativos: y con la mayor devoción, que pude, fiando poco de mi indignidad, y mucho de los méritos del santo, en una cucharada de agua le di a beber un pedacito del hueso, exhortándola, a que se encomendase a aquel santo, que la sanaría, y libraría de aquel mal, que padecía; y así como lo bebió sintió alivio en sus ansias, y bascas, porque estaba como si tuviese en el estómago algún gran veneno; pudo pasar la noche con alivio, y otro día como a las once del día le acometió aquel mal como la primera, y segunda vez; y dándole gana de trocar, persona de toda satisfacción, que cuidaba de ella le llegó un vaso, en que trocase, y en el vómito echó un pedazo de lana como atado, y de una parte estaba ensangrentado como si estuviera pegado a la carne, y dentro había carbón, cáscaras de huevos quemadas, y cabellos; y así como hizo este trueque, quedó la enferma aliviada de aquellas bascas, y agonías, y luego se le hizo en una corva de una pierna una postema, de que lastó muchos días, porque todo lo removido de aquel hechizo, o encanto ocurrió a aquella parte: con que conocidamente el santo Gregorio Lopez a mi entender, hizo dos milagros: el uno el dar salud a aquella enferma, como testifico, como testigo de vista, y que lo juro, haber sucedido así, y lo juraré siempre, que se ofrezca para gloria, y honra de Dios, y de este santo.

Y el otro milagro fue, que con ocasión de la enfermedad desta india tan repentina, e inopinada, y que terminó con echar aquella lana con lo que dentro tenía, se comenzó a rugir, que era hechizo, y que había reñido con una india de aquel pueblo, que tenía mala fama, y que había pocos días, que la había amenazado, sobre que hice muchas diligencias para descubrir la verdad.

2. Los instrumentos de sus curaciones

Como este suceso fue tan público, y que por las circunstancias se manifestaba, había sido hechizo, comencé a hacer las diligencias, que pude, y luego comenzaron a decir, que había sido efecto de la pesadumbre de aquella india de mala fama, con quien había reñido, la enferma, porque había opinión, que había pocos días, que una india, que vivía en el pueblo de Tenantzinco, donde esto sucedió, y había venido del pueblo de Çumpahuacan había muerto de una disentería, y que había sido hechizo, que esta tal india indiciada en esta mala opinión le había dado, y como estas cosas es muy cierto, que vemos los efectos de ellas, y muy dificultoso el averiguarlas por el sumo secreto, que estos tales hechiceros guardan en el obrar de sus malicias: veíame muy confuso como podría averiguarlo, díjome un indio ladino de la Iglesia, que llamase una india del pueblo, que se llamaba Francisca, que era muy gran médica, y que ella lo descubriría, llamela pues, y aunque tenía tan mal oficio, era de buen natural, y dócil, y comencé con toda suavidad a procurar sacarle el oficio, que tenía, diciéndole, que ya sabía, que tenía aquella gracia, y que me dijese si era verdad, que yo le prometía de no hacerle mal, que solo quería saber como la tenía, y como curaba.

Confesóme luego de plano todo lo que había en su pecho en cuanto a la gracia, que tenía de curar, y díjome, que aquel oficio lo había heredado de sus padres, porque eran curanderos, y que siendo niña se había muerto, y que había estado tres días difunta debajo del agua, que está junto a un sabino muy hermoso en un rincón del pueblo, y que allí había visto a todos sus Parientes, y que le habían dado la gracia para curar, y entregándole los instrumentos, con que había de hacer sus curas, que era una aguja para picar las partes, afectas de la enfermedad, y una jícara, que es un vaso de media calabaza, para que allí adivinase, y pronosticase las enfermedades de los dolientes, y el fin, que habían de tener; y luego había vuelto a esta vida, y que por eso curaba, y preguntándole, que qué se había hecho la jícara, y aguja, que le habían entregado, dijo, que la tenía en su casa, y que me la traería: y asimismo preguntada, como adivinaba las enfermedades; dijo, que cuando la llamaban ponía la jícara con agua a la cabecera del enfermo, o enferma, y que le echaba agua, y si esta se ponía amarilla, era enfermedad, que Dios le había dado a aquel paciente, y si se movía el agua circularmente tanto que se consumía, era señal, que se había de morir, y no tenía remedio; y si el agua se ponía de color de sangre, era señal de hechizo, y que le habían hecho mal, y enhechizado al enfermo.

Y preguntada, que ¿qué sentía del hechizo de la india Augustina, que había sucedido en mi casa?, dijo, que bien sabía, que aquella india, de quien se tenía sospecha, le había hecho mal por vengarse de ella de la pesadumbre, que había tenido, y cumplir las amenazas, que le había hecho, y que también era constante, que había esta misma hecho mal a doña Úrsula, que había muerto de la disentería; y replicándole más sobre este caso, ¿cómo podía ser hechizo de una misma persona, si la una había muerto de la disentería, y la otra echaba sangre por la boca?

A que respondió, que el hechizo de la una había asentádose en las espaldas, y por eso tenía su efecto por la parte inferior, y que el otro hechizo se había asentado en el pecho, y obraba por la boca, que sino lo hubiera echado también hubiera muerto; descubrióme unos veinte deste arte, que todos los más se habían muerto, y en la otra vida les habían dado la gracia de curar, y les habían dado, los instrumentos de sus curas: a unos las ventosas, a otros la lanceta, a otros las hierbas, y medicinas, que habían de aplicar el Peyote, el ololiuhqui, el Estaphiate, y otras hierbas; y uno de ellos en particular declaró, que la Virgen santísima de los Remedios personalmente le había mostrado las hierbas de sus curas, para que en ello tuviese sus granjerías, y se sustentase con la que los enfermos le pagasen; y estos tales se guardaron la cara de manera, que nunca pude descubrir los conjuros, que hacían, y palabras, que decían, ni las Parteras, que había entre estos muchas, que también se habían muerto, y entregádoles en la otra vida los instrumentos para partear, que era una criatura; nunca quisieron declarar las palabras, que decían: y es muy cierto todos estos tenían sus conjuros, que generalmente corren en todas partes.

Y la dicha Francisca, que rebeló todo esto nunca me trajo la jícara, ni la aguja, aunque le apreté mucho por ello; porque todo es ilusión del Demonio, pues con cualquiera aguja, y con cualquiera jícara. Haría sus embustes, y si tenía algo de esto sería lo que sirvió a sus antepasados, y la escondería de manera, que primero daría la vida, que entregarlo.

3. Prisiones de médicos y hechiceros

Examinados pues todos estos médicos, y parteras, la declaración de la médica Francisca, que de todas sus circunstancias me valí para sacarles a los demás el modo, con que habían recibido la gracia, que decían tener; así para curar, como para partear. De todo esto ni pude convencer a la que decían había hechizado a la enferma de mi casa (llamábase Leonor María) y a la otra india que había muerto de la disentería ni ella confesó tal delito; más averigüele, haberse hallado en una junta, y fiesta, que pocos días antes deste suceso había habido en una casa de las del pueblo: y el caso fue, que al había venido un indio natural del pueblo de Tenango gran maestro de supersticiones, y se llamaba Juan Chichiton, que quiere decir perrillo, el que había traído los hongos colorados, que se cogen en el monte, y con ellos había hecho una gran idolatría; y antes de decirla quiero explicar la calidad de los dichos hongos, que se llaman en la lengua mexicana Quautlan nanacatl.

Y habiendo consultado al licenciado don Pedro Ponce de León el gran ministro, y maestro de ministros, que dije en el capítulo II me dijo, que estos hongos eran pequeños, y colorados, y que para cogerlos iban al monte los sacerdotes, y viejos ministros diputados para estos embustes, y estaban casi toda la noche en oración, y deprecaciones supersticiosas, y al amanecer, cuando comenzaba cierto vientecillo, que ellos conocen, entonces los cogían atribuyéndoles Deidad, y teniendo el mismo efecto, que el Ololiuhqui, o el Peyote, porque comidos, o bebidos los embriaga, y priva de sentido, y les hace creer mil disparates.

Este pues Juan Chichiton habiendo cogido los hongos una noche, en la casa, donde se juntaron con ocasión de una fiesta de un santo: el santo estaba en el altar, y los hongos con el pulque, y con el fuego debajo del altar, anduvo toda la noche el Tepotastli y el canto, y habiendo pasado la mayor parte della el dicho Juan Chichiton, que era el sacerdote de aquella solemnidad, les dio a todos los circunstantes, que se habían juntado a la fiesta, a comer de los hongos como a

modo de comunión, y a beber del pulque, y rematar la fiesta
con abundante cantidad de pulque: que los hongos por su
parte, y el pulque por la suya los sacó de juicio, que fue lástima: el dicho Juan Chichiton se huyó luego, y nunca pude
tener noticia de otros para castigarlos, sino fue de la dicha
Leonor María, que teniéndola presa en mi casa por el indi-
cio del hechizo; y por el hecho de la asistencia de la idolatría,
que hicieron con los hongos, consulté al dicho licenciado
don Pedro Ponce de León el modo, que estos tienen de hacer
este daño de los hechizos: y me dijo, que en las pendencias,
que tenían, y amenazas, que se hacían, se daban un golpe a
modo de santos con las puntas de los dedos, y luego abrían
la mano como que echaban alguna cosa de ella hacia donde
está la persona, a quien amenazan, o quieren enhechizar,
diciéndole:

Vos me lo pagareis como lo veréis: más otras palabras,
o otras cosas, que por orden del Demonio hacen para estos embustes, jamás, o raras veces se pueden averiguar; más
bien se reconoce, que las habrá para el pacto con el Demonio, y el, que es el autor de todo, les sierra las bocas para que
no tengan remedio.

Hice mis prisiones de los hechiceros, y médicos sin se-
crestarles bienes, haciendo yo la costa de su sustento porque juzgué, que era conveniente, este modo, para que no
pensasen, y el Demonio les persuadiese, que no era fin el
que se llevaba, de remediar semejante daño, sino codicia de
quitarles algunas cosas; y ellos son todos tan miserables, que
siempre andan bien desdichados, como quienes sirven a tan
mal dueño.

Vine pues a esta ciudad así a dar cuenta al señor gobernador del Arzobispado, como a ver si podía descubrir a Juan
Chichiton, que decían, andaba en esta ciudad, y haciendo
diligencia, y encargándola a diferentes personas, me dijeron,

que junto a santa Inés entraba un indio curandero, que curaba una negra enferma, y teniendo noticia, que una mañana estaba curando su enferma, me arrojé a la casa, para ver si era el médico, que yo buscaba, y hallé, al tal curandero, que con la hierba que llaman Estaphiate la estaba curando las espaldas con harta indecencia: y hallé, que no era el que yo buscaba; sino otro tal de uno de los pueblos circunvecinos a esta ciudad con las mismas calidades, que los otros: diciendo haberse muerto, y visto a sus parientes en la otra vida, y que allá le habían dado la gracia de curar, y señalado aquella hierba, para que medicinase los enfermos; más no pude saber, que palabras decía, ni como curaba, y de que enfermedades.

Di cuenta al señor gobernador de mis presos, y tuve orden de amonestarlos en público en una misa en la Iglesia, y castigarlos muy misericordiosamente, como lo hice: Y es cosa lastimosa, cuan derramados están por toda la tierra estos géneros de gentes, y los daños, que hacen: pues apenas hay pueblo, ni comarca, en todo el reino, donde no los haya; y no solo son nocivos para sí por el engaño, en que viven, y cuan ciegos, y engañados los tiene el Demonio con la creencia de semejantes embustes; sino que pervierten a los demás fieles indios, y los hacen morir, o con rencores mortales contra sus próximos, y formales idolatrías.

4. Persuasiones de los médicos a los enfermos para curarlos

Este nombre Titzilt comúnmente se reputa, y corresponde a lo que en nuestro vulgar castellano se llama «médico»: y entre los indios tiene más significaciones; pues significa en la aceptación de ello «Adivino, sabio y Hechicero», y que tiene pacto con el Demonio; y en estando asentado entre ellos uno por Titzilt, basta esto para que lo tengan por médico de cualquiera enfermedad, y que puede dar remedio para curarla, y valerles en cualquiera trabajo, por grave que sea: porque si es falta de salud, le atribuyen el conocimiento de la enfermedad por grave, y oculta, y no conocida que sea, y que puede aplicar el remedio conveniente para curarla: si se trata de tener enojado a Nuestro Señor, o a la Virgen santísima o a otro cualquier santo, lo tienen por poderoso para desenojarlos, y aplacarlos y si les parece, que la enfermedad proviene de tener enojado a alguno de sus dioses, a quienes atribuyen Deidad, como son el Fuego, el Sol, el agua, el Ololiuhqui; o a sus dioses silvestres, a quienes llaman Hohuicanchaneque, entonces son los regalos al Titzilt, para que les descubra quien destos es el enojado, para que se busque el remedio.

Y si acaso se les a perdido alguna cosa, o la mujer, o la hacienda, o otra cualquiera cosa, que sea de cualquier manera les consultan para el remedio destas cosas, tomando el Peyote, el ololiuhqui, o el tabaco, los mismos médicos, o mandando los tomen otros para descubrir lo que se desea saber.

Que de todas estas cosas y de tratar después. Suélenlos consultar cuando están enfermos con ocasión, que antes haya precedido algún enojo con alguna persona, y aquí en estas ocasiones hay gravísimo daño, y muy peligroso, porque si acaso el enfermo, o preguntado de tal médico, o porque tiene concebido, que la enfermedad, que padece no es accidente de la naturaleza, a que todos estamos sujetos, sino hechizo del, con quien riñó.

Consultando pues el médico a la primera visita, a la segunda trae piedrecillas en la boca, o cabellos, o huesos, o otros instrumentos, que parezcan de hechizo, y le dice al enfermo: la verdad es, que estás hechizado, y que fulano con quien reñiste, te hizo mal; y le chupan el estómago, o pecho, y le refriegan piernas, o brazos, o cabeza, fingiendo, que sacan de aquellas partes las cosas, que traen escondidas, para asentar más bien su bellaquería, y confirmar el odio entre estos miserables, y más cuando la enfermedad, que Dios les envía, es mortal, que para disuadirlos de semejante aprehensión, no poco trabajan, y deben trabajar los ministros cuando llegan a saberlo para reducirlos a estado de amistad, y que no mueran en pecado.

Y otras veces no aguardan estos ministros de Satanás a que los llamen, sino que ellos mismos se entran en las casas de los enfermos, y les persuaden, a que ofrezcan sacrificios al fuego, o enciendan candelas al Ololiuhqui, y que sanarán, y otras veces se valen de la más perniciosa, y dañada persuasión, que pudo el Demonio inventar para la condenación de estos miserables: pues a sucedido, que estando ya un enfermo confesado, y comulgado, y oleado, llega el Titzilt, y le exhorta a palabras de consuelo, para mejor lograr su malicia, y le dice, que ya sabe como los predicadores le han dicho, que Dios, Nuestro Señor es servido que las almas, que salen desta vida, purguen sus pecados, saliendo en gracia en el Purgatorio con fuego temporal, y si en pecado mortal con fuego eterno, que se componga aquí antes de morir con el fuego, y le ofrezca sacrificio, para que donde quiera, que fuere después de muerto lo tenga propicio, para que no lo atormente tanto como lo atormentara, sino hubiera ofrescídole sacrificio.

Caso es este, que a sucedido muchas veces, y puede suceder muy a menudo; y que los ministros deben estar muy cuidadosos con su predicación muy continua a remediarlo; pues con semejante doctrina, se deshace y desvanece la enseñanza de los santos sacramentos, que no puede ser cosa más grave; pues ya que no los niegan, ni contradicen, con esta acción tan diabólica, y tan infernal doctrina destruyen los efectos de su gracia, y van estas almas condenadas.

5. Odios originados por los curanderos

En cuanto a los odios, que estos causan con sus adivinaciones, diciendo a los enfermos, fue los han enhechizado: me sucedió el año de 1646, entendiendo en la visita general por el ilustrísimo señor don Juan de Mañozca: un caso, que descubrí en las minas de Zacualpa de un indio médico, que castigué en el Real de Tetzicapan, de las mismas minas.

Estaba en el Real de Zacualpa, que llaman de Tlachipanpan, un indio llamado Juan de la Cruz, nacido en aquel Real en una hacienda dél; era de cuarenta años, y gran curandero; habiéndosele preguntado judicialmente como curaba, y que enfermedades?

Dijo, que debía de haber quince años, que sangraba como todos los demás españoles, y que el origen, y principio de saber sangrar, fue, que estando la madre deste dicho Juan de la Cruz muy al cabo de enfermedad, que Dios le había dado, el susodicho, también estaba de la misma manera, y que estando ya para morir, se le había aparecido el ángel san Gabriel, y el ángel san Miguel, y que los vio bajar del Cielo, y que de allá trajeron una lanceta, y se la entregaron, y le dijeron:

«Hijo mío, Juan de la Cruz, de parte de Dios Nuestro Señor te venimos a enseñar de la manera, que has de sangrar, para que sirvas a Dios, y te levantes y sangres a tu madre, y a todos y manda Dios, que de cada sangría de cada brazo te den 2 reales por tu trabajo», y que luego dentro de tres días, se levantó bueno, y comenzó a sangrar a todos los enfermos, y sangró a su madre, y con aquella sangría sanó, y que al cabo de cuatro, o cinco años estuvo muy malo, y que en el discurso de la enfermedad vido a la Virgen santísima al modo de una mujer peregrina vestida de verde, y colorado con el niño Jesús en los brazos desnudo, y que sobre sí traía un arco dorado, y que en el dicho arco venían pendientes las hierbas siguientes: Quancnepilli, Tlatlanquaio, Xoxotlatzin, Quapopoltzin.

Y que el susodicho tenía a su lado una india de una cara colorada y unos cabellos muy grandes, y un huipil azul, que era el tabardillo o enfermedad, y que no la había visto hasta que entró la Virgen santísima a visitarlo, y riñó a la enfermedad y le dijo, que lo dejase porque era bien, que el dicho Juan de la Cruz sanase, para que sirviese a su hijo; y que luego se salió, y al punto sanó, y que le dejó de las hierbas, que llevaba, y le mandó, que cuando alguno estuviese enfermo le curase con aquellas hierbas, y que al entrar en la casa, donde le llamasen para curar algún enfermo, se pusiese en la puerta, y llamase a Dios con las palabras siguientes:

Si es con orden de mi padre Dios, aquí traigo la medicina, para que sudes, y te purgues; y si es voluntad de mi Dios, te ayudará, porque no es posible, que yo sobrepuje la palabra de Dios, porque él ha de hacer lo que fuere su voluntad.

Y que entrando en la casa del enfermo le dijese a la enfermedad las palabras siguientes:

Ahora entra aquí junto a este enfermo, y tú la justicia de Dios (idest la enfermedad) te haz de ir, y haz de salir de aquí; y esto ha de ser por mandato, y orden de mi padre Dios, y sino es así, no podré yo vencerla.

Y habla con el enfermo, y le dice:

Y ahora te mando a ti el enfermo, que con orden, y mandato de mi padre Dios, que te haz de aliviar, ruégaselo mucho, y déjate en sus manos, porque él te ha de cuidar, mañana vendré a verte, que si está aplacado un poco (idest el mal) te hará merced Nuestro Señor Dios si lo has aplacado; y sino no podremos sobrepujarlo.

Y que con esto le daba a beber el Quanenepile, y si sudaba lo sangraba, y si no, no. Parece, que no tienen estas palabras malicia alguna, y están llenas de ponzoña; pues a mi parecer en todas ellas invoca al fuego; pues le llama, mi padre Dios, como llaman al fuego Totatzin nuestro padre, con que es muy cierto que es invocación a él, pues es el tropezadero el fuego destos miserables, y desventurados idólatras; y por lo sucedido después en la cura, que hizo de un enfermo compadre suyo llamado Joseph Velásquez del pueblo de Malinaltepec de aquella jurisdicción, el cual estando enfermo de una disentería, y con grandes congojas, en el corazón, de que se iba muriendo, teniendo sospecha, de que lo habían enhechizado, y aún la tenía de que había sido este Juan de la Cruz, el que le había hecho el daño, llamáronlo, y para haber de ir a la casa del enfermo, hizo junta de otros indios, que se hallaron presentes y habiendo otro curandero díjole al dicho Joseph Velásquez, que el mal, que tenía era furioso Tabardillo.

El dicho Juan de la Cruz le persuadió, a que bebiese el Ololiuhqui, él lo rehusó, porque le dijo, no le hacía provecho; y al fin el tal curandero Juan de la Cruz encendió velas en el oratorio, y persuadió a todos los habitantes en la casa, y allí congregados, tomasen el Ololiuhqui, para que le aprovechase al enfermo, y para fin de beberle, encendieron las velas, y también se le dio al enfermo, y todos, estuvieron privados del juicio, que es el efecto de esta bebida, y cuando volvieron en sí, y el enfermo comenzó luego, casi agonizando, enfureciéndose contra el dicho Juan de la Cruz, llamándolo traidor hechicero, que me haz muerto, y pasado una ingle con una flecha, que me salió por el celebro, y con esto se murió el dicho enfermo persuadido al hechizo, y después de haber bebido una bebida tan supersticiosa como la del Ololiuhqui, y con la ceremonia de las candelas con la capa, y disimulo de haber sido en el oratorio, y encendiéndoselas a algún santo, que no es poco desconsuelo para los ministros ver con la facilidad, que el Demonio se lleva a estos desventurados después de haber recibido, el agua del santo bautismo, y gozado de los demás sacramentos de la Iglesia...

6. Conjuros usados para sangrar y aplicar ventosas
Antes de pasar adelante con algunos sucesos, experimenté; que expresamente manifiestan, haber hoy idolatrías, me pareció, que después de haber tratado deste endemoniado Sangrador, poner aquí los conjuros, que usan, para echar ventosas, y sangrar por ser pertenecientes estos oficios al uso de la lanceta, y aunque deste tal embustero no pude sacar más de lo referido; de otros papeles, y noticias, que me han dado, sacaré aquí las palabras, que así en las ventosas como en las sangrías usan, y por ser estas cosas tan antiguas y que de ordinario suelen estar mal escritas, no se puede todo ajustar a las palabras, que usarían antiguamente, ni tampoco formalmente explicar la fuerza de las metáforas, de que usan, y darles en el todo la significación, que tuvieron antiguamente: más lo más esencial porné. Lo que baste para que los ministros entiendan la materia, y la reconozcan, así para predicarla, como para estorbar con eso, que no se use, y castigar a los que la usaren; y por ser más breve el conjuro de las ventosas, y su superstición, digo que es como se sigue.
Cuando han de echar las ventosas, conjuran primero los instrumentos, con que las echan que son el algodón, pues sirve de estopa; y el fuego, con que se enciende, y el Sajador, con que se obra, y es en esta forma:

(1.°) Ea ya, ven tú la blanca mujer, incorpórate aquí con mi padre las cuatro cañas, de donde salen lenguas y llamas.

(2.°) Ven acá mi padre las cuatro cañas, que echan llamas, cuyo cabello bermejea; amarillo espiritado, también tú te incorpora con la blanca mujer, para que así chupes, y atraigas al verde dolor, al amarillo dolor, al negra dolor.

Que todo esto se entiende por cualquiera género de enfermedad, y echadas las ventosas secas para después sajarlas, conjura el sajador desta manera:

(3.°) Ven acá conjurada punta semejante al ala de la Mariposa, que te y de enviar las siete cuevas, de donde hemos de sacar, y quitar el verde dolor, que ya quiere matar al hijo de los dioses.

Y dicho esto, obra de manos, abriendo con el sajador las espaldas, que por ser tan grandes las cisuras, las llama cuevas como se dice en el 3.° número, y al sajador llama ala de mariposa, o como su ala, por tener el filo un poco aovado como una ala; y también llaman a las espaldas, y a los ventrículos delanteros cuevas, por los vacíos, que piensan, hay entre pecho, y espaldas.

En el número 2.° llaman, e invocan al fuego con todos aquellos nombres, y en el 1.° llaman al algodón blanca mujer por metáfora de la blancura, que tiene el algodón, y suavidad en el tacto. Y esto de echar ventosas suele ser común a indios, e indias, que son médicos; más el haber de sangrar solo lo usan los Titzitles varones; y no solo usan conjuros en los instrumentos, más suelen poner, y señalar algunos caracteres en los brazos antes de hacer las sangrías; de que solo tengo noticia, más no los he visto; los conjuros sí, que son como se siguen.

7. Interpretaciones y forma de hacer los conjuros

(1.º) Yo el sacerdote y príncipe de encantos voy en seguimiento de las cuatro cabezas (habla a las venas).

(2.º) Ea nuestras hermanas, poned aldas en cinta, coged vuestras melenas, y vuestras lisas ramas; a vosotras hablo las que tenéis sayas como de color, y como culebras (habla a la lanceta).

(3.º) Y tú espiritado, que eres como un tigre, acude finalmente, beberán sin rienda hasta perderte;

(4.º) Pero mirad bien de donde podrá venir lo que todos buscan, que es el chile, y pepitas;

(5.º) Mirad la desdicha, que pasa este pobre; mirad su necesidad, y miseria.

(6.º) Vanas han salido nuestras diligencias, en vano os habéis afligido, buscando vuestros bienes, y vuestra hacienda.

(7.º) Por qué orden se podrá hallar, pues ya yo quiero buscaros vuestra hacienda, y vuestros bienes, que luego los podréis llevar.

(8.º) Esperad, que los he de buscar en todas partes de los huesos de piedras preciosas, donde está de asiento la mujer colorada.

(9.º) Madre mía la de la saya de piedras preciosas, ya es tiempo, que busques con cuidado lo que daña, y quiere destruir a este desdichado, que para eso te llevo conmigo.

(10.º) Ea ya, escondeos, dioses silvestres, ea escondeos verdes arañas, no sea que por yerro os destruya.

(11.º) Aparta tú también araña Xochua.

Todo este conjuro está lleno de grandes supersticiones, y en muchas partes ponen caracteres a cada invocación destas, señalándolos con las manos en los brazos, o pies, donde se hacen las sangrías; y para mayor declaración, e inteligencia se pone lo siguiente, así deducido de la lengua, como de algunas interpretaciones antiguas, y va correspondido todo a los números, que a cada conjuro corresponde.

Num. 1.º Entra el sangrador asentando su autoridad, para que no se dude del buen suceso de la obra, y no hay duda, que en estas palabras asienta el pacto con el Demonio.

Num. 2.º Habla con las venas, y cítalas, mediante la potestad, que significa, que la obedezcan; llámalas de cuatro cabezas, porque todas terminan en pies, y manos; y citadas, y prestas a la obediencia, les manda, que recojan sus melenas, que es como si les dijera, que la sangre desparramada se recoja toda a aquellas venas, que quiere sangrar, que son como las ramas de los árboles sin hoja: y el decirles, que tienen sayas de color y como culebras, es por la apariencia de la sangre, y por la diferencia en el color, que es semejante a la culebra.

Num. 3.º Habla luego con la lanceta y la conjura, llamándola espiritada tigre, atribuyéndole deidad por llamarla así, como si tuviera sentimiento; y llámala tigre por el herir y sacar sangre; y por la mucha, que estos se sacan cuando se sangran: Le dice que beba hasta perderse (metáfora, que usa, de la embriagues) porque saque tanta sangre, que bastará para perder el sentido, y tino como el borracho.

Num. 4.º y Num. 5.º Habla con la lanceta, y con las venas, obligándoles, a que hagan bien su oficio, y así les encarga, que miren bien lo que hacen, por lo que se hace, no es en perjuicio suyo, sino en utilidad del enfermo, porque si no sana, como ha de buscar su sustento, que es el chile, y lo demás, que se come, que lo deja de buscar por falta desta diligencia de sangría, que se pretende hacer.

Num. 6.º Vanas han salido vuestras diligencias, hablando como con las venas, que por más, que hagan, y rehúsen dar la sangre, no pueden conseguir, que el enfermo esté de provecho para buscar su sustento; pues sangrado ya, se conseguirá, consiguiendo salud.

Num. 7.º Habla luego con las venas, y las obliga a agradecimiento de la sangría haciéndolas dueños de la salud de aquel paciente, como haciendo del ladrón fiel, pues con aquel beneficio, que le pretende hacer de la sangría, quedará de manera, que pueda buscar hacienda.

Num. 8.º El decir, que estos bienes buscará dentro de los huesos de piedras preciosas, es que ha de sacar la sangre de todas las partes del cuerpo, donde está de asiento la mujer colorada, que es la sangre, que así la llaman estos mágicos.

Num. 9.º Habla luego con la lanceta, y la llama madre mía, la de la saya de piedras preciosas, por las guarniciones de colores, que suelen tener las Lancetas, o habla con el agua, que se llama propiamente la de la saya de piedras preciosas; y la invoca para que le ayude, porque de ordinario se suelen hacer estas sangrías con agua; y más si son de los tobillos.

Num. 10.º Habla después con los dioses silvestres, y de menor cuantía, y les dice ea ya apartaos, y arredraos dioses silvestres; donde de ordinario ponen un carácter, y por el entiende al Demonio, o al mismo Belcebú príncipe de los demonios, como superior a los demás demonios inferiores, a quienes llama dioses silvestres; y así los aparta, porque no dañen al enfermo, y los mientan debajo de la metáfora de la araña, y llámala verde por el daño, que hace, y el mal, que causa, significado en el color verde, y así las llama arañas verdes, y pone otro carácter, y les dice, que se aparten juntamente con la araña Xochua, porque no es su intento darles enojos.

Y así les capta la benevolencia, para que buenamente, y sin perjuicio suyo, y sin violencia se aparten. Hora sean estas metáforas significativas de los males, que padecen los dolientes, hora sean demonios, que es más verosímil por caracteres, que ponen, y usan en estas sangrías, que con esto da más fin a esta superstición, y a este capítulo.

Capítulo V. En que prosigue la misma materia del antecedente, con otros sucesos

1. Oposición de los indios a ser confirmados

Con justa razón el gran doctor de la Iglesia san Crisóstomo, homilia. 46. in Matheum, llama a los herejes no solo serpientes, sino víboras, cuya propiedad es romper las entrañas de la madre para nacer: Sic authores haeresijs rumpentes fidem Matris Ecclesiae processerunt ad principatis. Así estos miserables herejes idólatras no se contentan con destruir la verdad de los sacramentos de nuestra santa fe para hacerse famosos entre los indios: sino que hay algunos destos médicos, y adivinos supersticiosos, que todo lo corren, y van de una provincia en otra; y de una doctrina en otra, porque si allí no hubiere otros maestros como ellos, naturales de aquel pueblo, suplan ellos la falta de la enseñanza de su falsa doctrina. Sucedió en el año de 32, que yendo yo sirviendo de visitador general al ilustrísimo señor don Francisco Manso mi señor, llegó su ilustrísima entendiendo en su visita a la villa de Cuernavaca cabecera del Marquesado, y siendo así que toda aquella comarca, y en especial aquel pueblo, es de los más poblados, que hay hoy en todo el Arzobispado, al cabo de cinco días, que allí estaba su ilustrísima no hubo indio chico, ni grande, que tratase de confirmarse, ni confirmar sus hijos, que era cierto, que no lo dejaban de hacer por estar ya confirmados, porque había muchas criaturas, que no lo podían estar, materia fue esta, que dio mucho cuidado así a su ilustrísima como a los religiosos, y a mí, que iba a mi cuidado, fuera de la judicatura de la visita, el disponer los indios, para el santo sacramento de la confirmación, y que los ministros así seculares como regulares les hiciesen pláticas en la lengua corriente de aquella doctrina, en que se les diese a entender la sustancia, y esencia deste santo sacramento, sus efectos, y parentescos.

Y aunque el padre fray Gabriel de Heredia gran ministro, y predicador de mexicano (que Dios tiene en su santo reino) había hecho esta plática, no por eso se disponían a la confirmación, con que me obligó, a que se hiciesen muchas diligencias judiciales, y extrajudiciales con los principales del pueblo, y con otros indios, para inquirir, qué fuese la causa de semejante novedad de no confirmarse allí ningunos niños, y con las diligencias ya con amenazas de juez, va con halagos, y exhortaciones vine a descubrir, que la causa desto era una mala doctrina de un indio de Tepustlan de aquella comarca, que era de estos curanderos, que había pasado por allí (que por diligencias, que hice nunca lo pude haber a las manos) y les había dicho a los indios, no se confirmasen los grandes, que no estaban confirmados, ni consintiesen confirmar sus hijos, porque aquel señor y gran padre no traía buen aire, y que se habían de morir luego los que se confirmasen.

Este engaño, y falsa doctrina la verificó, con que los años atrás había confirmado allí el ilustrísimo señor don fray Luís de Cañizares obispo de Honduras, que con orden, que tuvo del ilustrísimo señor don Juan de la Serna, que estaba en España confirmó todo el Marquesado; y habiendo hecho su ilustrísima sus confirmaciones, naturalmente Dios fue servido, de enviar a aquellos pueblos, y al de Cuernavaca una enfermedad de viruelas, de que murieron muchos niños; y desta causa natural tomó fundamento para decir, que esto había sido causado de la confirmación, que habían recibido: todo a fin de destruir la fe, y quitarle la muralla de su fortaleza, que es este santo sacramento.

Y viendo su ilustrísima tan gran daño, y lo mucho, que convenía, que aquellos se desengañasen de semejante error,

y depusiesen el engaño de tan falsa, y perniciosa doctrina, y
más a ánimos tan débiles, y flacos como los de estos miserables; ordenó, que el día siguiente por la mañana les predicase
a la hora de misa mayor, como lo hizo, y fiado poco en mí,
y en el acierto de mi doctrina, a la tarde suplió mis faltas, y
autorizó materia de tanta importancia el padre fray Gabriel
de Heredia con la suya, que era muy buena por ser gran
predicador de mexicano, y fue Dios servido, que aprovechó
de manera, que otro día se confirmaron más de 700 muchachos, y muchas personas grandes.

Muchas cosas supersticiosas vi, y experimenté en los beneficios de Tenantzinco, y Xalatlaco, que no escrupulizaba
en ellas por inclinar mi dictamen más a causas naturales,
que no a maldad de los indios: muchas veces vi, que los difuntos tenían debajo de los brazos bultos, que significaban,
haber allí otra cosa sobrepuesta, y había tortillejas pequeñas, y siempre procuré reprender los parientes del difunto,
y mostrar mucho enojo, y amonestarlos, a que otra vez, que
fuesen los susodichos, o otros hallados en semejantes acciones, los había de castigar severamente.

2. Práctica supersticiosa de sepultar boca abajo a los muertos por mordedura de víbora

Me contó un hombre fidedigno el año pasado de 1647, pueblo de Huejutla en la Huasteca, doctrina de religiosos de san
Agustín; que en el dicho pueblo el martes, o Miércoles santo
de aquel año había muerto un indio de una mordedura de
un género de culebra, que llaman Mahuaquite porque tiene
a manera de cuatro narices la cara, tan ponzoñosa que no
hay remedio contra su ponzoña, sino es a toda prisa cortar
la parte, donde pica, que es remedio muy violento, así porque puede faltar el instrumento, para que sea con la bre-

vedad, que se requiere, como porque la misma mutilación del miembro, donde picare será mortal; en fin el tal indio picado deste ponzoñoso animal murió, y cuando le llevaron a enterrar los parientes al echarlo en la sepultura lo pusieron boca a bajo, y viéndolo un hombre, que estaba presente, se lo advirtió al ministro que lo enterraba, y pensando, que no había sido, sino muy acaso, preguntó a los parientes, y a los que le echaron en la sepultura; si había sido aquella acción de propósito de enterrarlo así, y respondieron, que aquello habían hecho, porque se había de hundir en agua aquel pueblo aquellos dos, o tres días siguientes; si no lo enterraban boca abajo.

Habiéndoles reñido el ministro, y disuadida de semejante superstición, el Demonio, que como no perdió la ciencia natural, aplicando activa passiuis, dispuso, con permisión de Dios Nuestro Señor, para castigar a estos pobres con más ceguera de su alma el pecado que cometen de idolatría, y no acabar de darse a Dios de veras fue de manera, que aquel Jueves, y Viernes santo llovió tanto, que no pudieron ir los vecinos de aquel pueblo a la Iglesia a celebrar, como tenían obligación, la memoria de la Pasión de Cristo Señor Nuestro, sino que faltaron muchos a esta obligación; y por lo menos no se celebraron aquellos dos días con la devoción, que se celebraran, sino hubiera habido tan recio temporal de aguas con que el Demonio hizo dos daños; estorbar el culto divino de aquellos días, para que no se hiciese como debía, y se consolasen los fieles de aquel pueblo; y juntamente dar cuerpo y autoridad a sus falsas doctrinas, para que estos miserables indios crean más sus supersticiones.

Y desto no hubiera yo hecho mucho caso, aunque me lo había dicho persona de satisfacción; sino lo hubiera yo experimentado personalmente; y fue el año de 1650, por el mes de marzo a 12 o 13 de aquel mes, que volviendo de visitar la Huasteca, aunque ya había visitado aquel pueblo de Huejutla, volví por allí y entrando en el pueblo, y habiendo oído doblar, y preguntando por quien; me dijeron era por un indio, que lo había mordido este género de serpiente llamada Mahuaquite: y luego se me ofreció el caso, que había pasado, y me habían contado, y hice mi juicio, si sería como lo que me habían dicho, para verificarlo en mi crédito, y dar fe al suceso, o al contrario, para desengañarme, y tenerlo todo por cuento, y que pasara por novela de pueblo corto; y cierto, que es verdad, que a mediodía dijo un niño de la casa, donde yo había ido a posar; que en la escuela se había dicho entre los muchachos, que aquellos dos, o tres días siguientes había de llover mucho, porque habían enterrado aquel día un indio de mordedura de Mahuaquite, y que no lo habían vuelto boca a bajo; sino enterrádolo como se acostumbra, y debe hacer: los tres días siguientes a este fue de manera lo que llovió, y el temporal, que hubo, que no pude salir de allí en aquellos cuatro días: conque no solo di crédito a lo que me habían contado, mas fui testigo de vista.

Diome mucho, que pensar semejante caso, y superstición, y di por asentado en mi parecer que esta superstición debe de estar correspondiente a los que mueren de mordedura desta culebra, y que a esos les deben de enterrar con la ceremonia de ponerlos boca abajo; porque si fuera general con todos los difuntos, cada día hubiera semejantes turbiones de agua, y es muy cierto, que en los pueblos distantes de las cabeceras, donde no asisten los ministros, y donde solos los cantores entierran, como no hay quien los vea, ni quien les vaya a la mano; que enterrarán los difuntos desta calidad, y mordidos desta venenosa serpiente (que hay muchos, a quienes pican, y mueren) no en la forma, y costumbre de la Iglesia, sino con esa ceremonia gentílica, y aunque es verdad, que tengo intento en esta obra de no usar de escritura, porque hay muchos, que dicen: no se ha de interrumpir el hilo de historiar con el concepto de la escritura; mas en este caso, donde no hallo como rastrear el suceso del, no puedo dejar de traer a consecuencia lo que le sucedió al rey Saúl en el libro 1.º de los reyes, capítulo 28. que viéndose muy apretado de los Filisteos, y que era forzosa la guerra, y no sabía el fin que había de tener en ella, y como en ella, y como se veía en desgracia de Dios, y aunque la consumara no le había de responder; como de hecho sucedió, que ni por los profetas, ni por los sacerdotes, ni en sueños tuvo alguna razón, ni respuesta de Dios, ni asomo del fin, que tendría, fuese, a consultar con la hechicera pitonisa una sola, que había quedado porque todos los demás adivinos, y que tenían pitones los había mandado matar, no celoso de la honra de Dios; sino porque no le pronosticaran su suceso.

A está le mandó que le resucitara, y trajera allí al profeta Samuel ya difunto. Suscita mihi quem dixero tibi. Samuele mihi suscita. Al punto le trajo allí a Samuel con su mortaja, como le habían enterrado, que eran las vestiduras sacerdotales, y dícele al rey, ¿qué es lo que me quieres? Quare inquietasti me, ut suscitarer? No pude menos, le responde el rey, me vea afligido de los filisteos, y no se el fin que terne; llamote para que me digas lo que tengo que hacer. Al fin Samuel lo desengañó, diciéndole como el día siguiente había de morir el y sus hijos, que era el fin, que habían de tener a manos de los filisteos.

Sobre este suceso de Samuel se mueve una muy dificultosa cuestión entre los doctores expositivos; ¿cómo sería esta resurrección, o aparición de Samuel?, ¿si fue verdadero Samuel, el que resucitó, o apareció; o si fue alguna fantasma o figura parecida al con arte o ilusión del Demonio? El gran padre y doctor de la Iglesia san Agustín en el libro 2.º de sus questiones, ad Simplicianum questione 3, que está en tomo cuarto, parece, que se inclina el santo doctor a decir, que no fue verdadero Samuel el que se apareció a Saúl, sino una fantasma imaginaria de Samuel, mas en el libro de cura pro mortujs agenda, capítulo 15, que está el mismo tomo, afirma expresamente, haber sido el verdadero Samuel el aparecido a Saúl; así lo afirman Hugon Eteriano Lib de animarum regressu ab inferis, tomo 9, de la Biblioteca de los padres Antiguos; y a Pedro Galatino de arcanis, cathonismi veri capítulo 8.° y Casilio de la religión de san Agustín libro 4.° axiomatum. disputat. 1. capítulo 3.

Y el padre Mendoza de la misma sagrada religión. q. 5. scholastica defiende, haber sido el mismo Samuel el aparecido a Saúl; y fúndalo en el capítulo 46 del Eclesiástico, donde hablando el Espíritu santo de Samuel dice: et post hoc dormivit, et notum fecit Regi, et ostendit illi finem vitae suae. Y como este lugar en lo literal no padece interpretación, así ni más ni menos la padece el texto del libro de los reyes de la aparición verdadera de Samuel a Saúl.

Y para mi intento una, y otra opinión me es a propósito, pues siguiendo a san Agustín, que no fue el verdadero Samuel, sino algún espíritu maligno el aparecido, que aunque se pudiera dudar haber dicho verdad, siendo el padre de las mentiras, sabe muy bien mezclarlas con las verdades; como notó Hugo Cardenal: non ad docendum, sino and dicipiendum; no para enseñar, sino para engañar; y así por lo que toca a esta parte desta opinión, digo, que Dios Nuestro Señor, permite que estos abusos, y estas supersticiones tengan efecto algunas veces para engañar más a estos desventurados en pena de su pecado, y que no acudan a Dios Nuestro Señor al remedio de sus males consultando sus médicos, y usando en sus curas, y en sus entierros de los abusos, que hemos visto, y de este caso deste difunto.

Y como notó el padre fray Nicolás Grande de la seráfica religión sobre el capítulo 1.º ad Romanos con sentencia de san Ambrosio, san Crisóstomo, san Jerónimo, y Teofilato a los gentiles rebeldes, y protervos (y lo mismo es de estos idólatras herejes) los trata, Dios, como los médicos a los enfermos incorregibles, de quienes no se espera mejoría, que los dejan, comer de todo; así Dios Nuestro Señor permite todas estas, ilusiones aparentes o verdaderas en pena de su pecado, como dice por Jeremías capítulo 51 Curauimus Babylonem, et non est curata; propterea derelinquamus eam Curamos a Babilonia, y no le aprovechó la cura, y así dejémosla, que se precipite, y coma de todo: mas para haber de hacer cargo desto a estos indios, hemos menester, que no nos haga Dios Nuestro Señor, cargo, que no curamos de esta enfermedad pestilente, y deste contagio tan grande. Entre ahora la otra parte de la opinión de haber sido el verdadero Samuel el aparecido a Saúl, para desengañarlo, como dijo el Espíritu santo, y que luego, se volvió a morir.

Todos estos efectos verdaderos de aguas, y temporales como en el caso referido, los permite Dios, y que los demonios lo hagan aplicando, activa pasiuis, como quienes tienen ciencia natural y que no la perdieron con la gracia; para que engañen más y más a estos miserables y, para qué a nosotros los ministros nos hablen verdades, y nos desengañen como Samuel a Saúl, y que por estos sucesos vistos con los ojos, y tocados con las manos, nos abran el entendimiento, para acabar de persuadirnos, a que es verdad, que hay idolatrías en todas partes, y que tienen estos indios muchas supersticiones, y abusos contrarios, a Nuestra santa fe, pues es muy cierto, que generalmente hablando, muchos ministros no lo quieren creer, y cuando se lo dicen, lo tienen a cosa de poco fundamento, y demasiada ignorancia de indios; siendo así, que son cosas gravísimas, y que de manera se demasían, que ya parece que se encaraman y suben hasta los cielos sus supersticiones, como lo dice el mismo Jeremías en el mismo capítulo citado, consecuentemente a las palabras dichas: Quoniam pervenit usque ad caelos indicium ejus, et elevatum est usque ad nubes.

Pues vemos que todo lo alteran con sus conjuros, y sus diabólicas invocaciones. Y si alguno de los ministros (que no habrá ninguno) hicieren duelo, de que les castiguen sus feligreses por semejantes delitos; es mejor, que sientan, que los cometan, que no que los castiguen, persuadiéndose a que son malos, y perversos, y que el mayor mal, que tienen es ser tan fingidos con sus propios párrocos, que su fin es engañarlos, y ganar crédito con ellos, para cometer en otra parte sus delitos. Y la causa, porque no averigüé el que y referido, siendo visitador general, la daré con entera satisfacción en otra parte, cuando trate del remedio destas idolatrías.

Capítulo VI. En que se ponen algunos principios generales para conocer las idolatrías de los indios

1. Correspondencia de idolatrías, supersticiones, etc., con los días, meses y años

Ya tengo dicho, como estos tales herejes idólatras, y supersticiosos curanderos, para disimularse y no ser conocidos, mezclan las cosas divinas, y ceremonias de la Iglesia con sus embustes, y errores, y con capa de Dios, y del culto divino hacen sus idolatrías; que por estos tales podemos muy bien entender las palabras del apóstol san Pablo en la primera carta a Timoteo, capítulo 4: *Spiritus manifeste dicit quia in nouissimis temporibus discedent quidam a fide, attendentes spiritibus erroris, et doctrinis demoniorum, in hypocrisi loquentium mendacium.*

Bien claro se ve en esta miserable gente los engaños, y falsas, doctrinas, con que el Demonio les hace creer sus supersticiones, sus conjuros, y con hipocresías, y a título de la religión cristiana, y les asienta sus mentiras, y las idolatrías de sus falsos, y fingidos dioses, en que se hizo adorar en su gentilidad, se las hace hoy observar de manera que pareciéndonos a nosotros, que celebran las fiestas de Cristo Señor Nuestro, de la Virgen santísima, y de sus santos instituidas por la Iglesia para el culto divino; hay es, donde ellos celebran las de sus dioses antiguos del fuego, del pulque nuevo, y otras ceremonias, de que usan, llenos todos en sus corazones de mil engaños, y dolos.

Dolus autem (dijo san Jerónimo) *occulta malitia est tu blandis sermonibus adornata.* Quien juzgará, que en tanta devoción como muestran en sus fiestas, hay envuelta tanta malicia. Y al fin, como dice san Agustín, todo es engaño, y todo es fingido, porque una cosa muestran en lo exterior de las palabras, y otra en lo interior del corazón: Fraus est, simulatio est, cuando aliquis aliquid in corde tegit, et aliud loquitur tanquam duplici corde sit.

Y por estas razones me parece muy conveniente comenzar lo prometido en este capítulo por el calendario, que estos indios tenían antiguamente para la celebración de sus dioses, para que en las fiestas, que ellos hacen a Cristo Señor Nuestro, a la Virgen santísima, y a los santos; conocer no envuelvan en ellas alguna memoria de sus antiguos dioses, que con muy gran fundamento se puede hoy recelar: pues vemos tantas señales de supersticiones, como hemos visto, y otras muchas, que de nuevo, y con nuevos modos reconocerán los ministros cada cual en su doctrina.

Pareciome muy necesario, poner ante todas cosas el calendario destos naturales, que tuvieron en su gentilidad; el cual se divide en calendario de años, de meses, y de días; y de cada uno es necesario hacer particular distinción, porque muchas de sus supersticiones, e invocaciones, conjuros, e idolatrías, unas correspondían a los años, otras a los meses, y otras a los días; porque el Demonio los tenía por tan suyos, que quería que todo el año, todos los meses y todos los días le estuviesen sirviendo: y porque en las fiestas ellos hacen a Nuestro Dios, y Señor, y a sus santos, no envuelvan las fiestas de los dioses, a quienes ellos sacrificaban; y también porque en los nacimientos de los niños no usen ponerles al cuarto día los nombres de sus meses, de los días, que corresponden a estos meses.

Como estos indios no tenían escritos, ni sabían el arte de leer, ni escribir, se pudo tener duda, como había memoria entre ellos de sus sucesos de más de mil años atrás, y ya que carecieron deste arte, el Demonio, que los gobernaba, o la naturaleza les alumbro, como maestra del hombre, el artificio de las pinturas en unas ruedas, o lienzos, que se pudiesen descoger, y recoger con facilidad, para poner en ellos todo lo sucedido con tal artificio, y concierto, que no solo servían para contar sus fiestas, y tiempos del año; mas también servían de libros, que en ellos pintaban cualquier cosa, que sucedía con día, mes y año, que después de muchos siglos se podía ver como si estuviese escrita, correspondiéndose los días a los meses, y los meses a los años, y los años a los siglos.

2. El calendario nahuatl o azteca

El año destos naturales, tenía 360 días nomás, porque tenía dieciocho meses, y cada mes tenía veinte días cabales, que hacen los 360 días, y cada año tenía su particular nombre, y cada mes, y cada día. No tenían año bisiesto, por cuya causa discordaron muchos de los autores, que trataron deste calendario en su principio de año, porque unos los pusieron por el mes de enero, otros por febrero, y otros por marzo. Enrico Martínez cosmógrafo del rey en su historia natural deste reino los procura conciliar, y dice que respecto de las seis horas, que el año tiene más en cada año de los 360 días, y los cinco intercalares (de que después diré) comenzaba su año casi un día antes, y esta es la causa de la diferencia, y el averiguar esto más es por la curiosidad, que no para la utilidad de lo que se pretende. Estos naturales no tenían más de cincuenta y dos años en cada siglo, y estos tan bien dispuestos, y con tanto concierto matemático, que, no podía faltar la cuenta; tenían cuatro figuras o caracteres para significar los años correspondientes a los cuatro elementos.

La una era una casa a modo de castillo, que se llamaba Calli, y correspondía a la Región terrestre. Tochctli era la segunda, que era un conejo, y correspondía a la Región aérea; la tercera era una caña de carrizo, que se llama Acalt y correspondía a la Región auquea; y la cuarta era un pedernal a modo de arpón, como lo usaban en las guerras, y correspondía a la Región ígnea.

Ningún año podía comenzar menos que por uno destos cuatro signos, y ninguno destos se podía contar por primero año, sino era pasado el siglo entero; cada signo destos había de entrar en la rueda trece veces; pero no con unos mismos números, que contando cuatro veces trece, son cincuenta y dos años, y no contaban más que hasta trece, y acabado el número de trece, en la figura, que se seguía, se comenzaba otra vez a contar desde uno hasta trece; hasta que diese las cuatro veces vuelta: con que venían a entrar estos signos trece veces con diferentes números, como después veremos en las figuras, que desto porné.

Al cabo destos cincuenta y dos años, tenían trece días intercalares, que ni pertenecían a ningún mes, ni a ningún año, ni tenía cada uno nombre propio, como los demás días; pasaban por ellos, como si no tuviera tales días, sin aplicarlos, ni a mes, ni a año alguno; teníanlos por desgraciados, desdichados, y aciagos, y que, los que en ellos nacían, no tenían hado, ni suerte.

En estos trece días, que eran una semana de ellos, se apagaba el fuego, a quien llamaban Xiuteuctli, que es Señor del año, y esto era en todas las tierras sujetas a la monarquía de los mexicanos, y todos estos días no se hacía cosa alguna, ni se comía cosa, que hubiese menester fuego, y eran días de ayuno; y tenían tradición, que en uno destos trece días se había de acabar el mundo, y así estaban en silencio, y velaban de noche, porque les parecía, que aquel día no había de amanecer, y esto era todos aquellos trece días, y al treceno día como estaban en vela todos, al salir el Sol el siguiente día, el sacerdote mayor del templo sacaba fuego nuevo con los palillos en la cumbre del cerro de Estapalapan, y de allí se partía para toda la tierra; y esto se hacía con gran alegría y algazara, y música de sus Teponastles con sus cajas de guerra, a tambores, y clarines, sonajas, y otros instrumentos, y esto era en toda la tierra, porque todos estaban en la misma ceremonia: y llamaban a estos días desgraciados, porque en ellos faltaba el fuego, y desde este día, que hacían esta ceremonia, comenzaba otro siglo con tal artificio, que pasados estos trece, días intercalares, que no tenían caracteres, ni se contaban por los de los días, ni pertenecían a algún Dios de los suyos.

Comenzaba el año, y el siglo aquel día siguiente, de manera que si el siglo antecedente había comenzado por ce calli, este siglo, que le seguía, comenzaba por ce Tochtli, y cuando se acababa este siglo, se hacía la misma intercalación de los trece días, y la misma ceremonia del fuego; y luego se pasaba al tercero signo de Acatl y así al de Tecpactl: y pasados cuatro siglos, que son 208 años, comenzaba por ce Calli, el otro siglo, y así ninguno destos signos se puede contar por este número de ce, que es uno de los siglos sino cada cuatro siglos, como lo significará la rueda, que adelante se pusiere.

3. Caracteres y nombres de los días
Los meses destos naturales eran dieciocho, y cada mes tenía veinte días significados en veinte caracteres, que aquí se ponen: y sus nombres, como aquí se siguen inmediatamente.

Estos veinte signos eran con tal artificio, que todos entraban al año dieciocho veces, pero no con unos mismos números, y tan matemáticamente, que no podía comenzar el año menos, que en uno de los cuatro signos, que están en medio, que son los de los años: y aquel año se nombraba conforme el signo caviar: como si era Calli, o Tochin, y con eso iban contando los meses, como se ve e irá viendo en las figuras puestas, y que poniendo iré.

Tenían cada año cinco días intercalares, que llamaban también Nenontemi, y eran también días aciagos, y desgraciados, y tenían por desdichados los que nacían en ellos; como los trece días intercalares de los años, y solo se diferenciaban, en que estos trece días se computaban los bisestiles que faltaron en el siglo, y no se numeraban, por algún carácter de los días; sino que pasaban así: y estos cinco días son los que faltan a cada año, porque no tienen más que 360, y estos los contaban desde el primer día, en que había comenzado el año, y los cuatro signos, que se le seguían inmediatamente, con que entraba, por principio de año, el otro signo, que se seguía, que es uno de los cuatro, con que comenzaban los años solo en ellos, como lo manifiestan los números, y casas, que hemos visto, y viendo iremos abajo.

El signo Cipactli, se figuraba con la figura de una serpiente pequeñita de navajas como arpones de flechas, de que estaba rodeada. Algunos dicen (véase lo que escribe Herodoto), haber estas serpientes en la mar: y que por el lomo tienen una hilera de arpones, y otra por el vientre con los dientes del peje espada.

Este nombre desta serpiente, no falta quien diga, que no es primitivo, sino derivativo de alguna composición, porque algunos viejos dicen, que así se llamaba el primer hombre, que crió Dios en el principio del mundo. Cipactli, que se deriva destos tres vocablos Cen, icpac, thatli, que quieren decir: «el padre superior a todos». Mas la razón, porque se sincopó para llamarse Cipactli, y figurarse en serpiente, no se alcanzó por los naturales antiguos.

A mí me parece, que el significarse este nombre Cipactli con la figura de la serpiente, es: como estos indios tuvieron por tradición, que fue su primer padre este, que se llamó así por sincopa de ce, icpan thatli, fue su primer inventor de sus signos, y de su idolatría, y se quiso figurar con la figura de serpiente, para imitar al Demonio, que fue la primera forma que tomó en el Paraíso, la de la serpiente, y de quien comenzó la idolatría; y así dijo san Ambrosio, de Paradiso, capítulo 13. que cuando la serpiente le dijo a nuestros primeros padres: Eritis sicut Dij, scientes bonum, et malum, que allí había comenzado la idolatría: Licet aduertere idolatriae auctorem esse serpertem eo quod plures Deos induxisse in hominum videatur errorem, y san Justino Mártir. Lib., contra gentes, dice, que con estas palabras de ser como dioses, echó el Demonio los fundamentos de la idolatría, y plantó la semilla, para que después fuese contaminando todo el género humano; y así el Demonio les dio a estos la figura de la serpiente, para que en ella figuraran su primer hombre, y en ella le dieran adoración a él en la primera transformación que tuvo, que fue la serpiente.

El segundo signo era Ehecatl, que significaba el aire; o el viento, este se figuraba con un aventador, con que se sopla el fuego, que se llamaba Mamaztli; pero no por eso se llama el signo así; porque no tomó el nombre del instrumento, sino del efecto que causa, que es soplar, o ventilar. Otros lo significaban, o figuraban con una cabeza soplando, como se pintan los vientos.

El tercero era Calli, y se figuraba con una casita de piedras con su puerta, según lo significa su nombre.

El cuarto es Cuetzpallin, que se figuraba por un Lagartija, o Lagartillo.

El quinto es Coatl, que se significaba por una culebra sencilla.

El sexto es Miquiztli, y se significaba, y figuraba por una calavera humana, que significaba la muerte.

El séptimo es Maçatl, y se figuraba con una cabeza de Ciervo, que eso quiere decir Maçatl.

El octavo era Tochin, significábase en una cabeza de conejo.

El nono es Atl, y se significaba con una poca de agua.

El décimo era Ytzcuintli, figurábase con una cabeza de perrillo.

El undécimo se significaba por la figura de un mono, y así se llamaba Oçomatli, que eso quiere decir.

El duodécimo, se llamaba Malinalli, y se significaba con una torcida de cordel, porque viene el nombre Malinalli de este verbo Malina, que significa torcer.

El décimo tercio se llama Acatl, y se significa con una caña de carrizo.

El décimo cuarto se llama Ocelotl, y se significa con una cabeza de tigre.

El décimo quinto es Quauhtli, que es el águila, y se significa con una cabeza suya.

El décimo sexto es el Temetlatl, que es el molino, en que se muele el maíz, que hasta hoy entre nosotros observa ese nombre.

El décimo séptimo se significa con un devanador, que eso quiere decir, porque ollin verbo significa mover: y significa el movimiento del Sol, como diré después.

El décimo octavo es Tecpatl, que es un pedernal labrado en arpón al modo, que ellos lo usaban en sus flechas.

El décimo nono es Quiahuitl, que quiere decir agua, que llueve; y así se significaba con un aguacero.

El vigésimo es Xochitl, que es una Rosa, y se significaba con la pintura de una rosa; como todos al margen se han mostrado.

4. Representación de los signos e influencias que ejercían en la vida de los indios

Todos estos signos destos días, o los más, eran señalados a particulares dioses, y tenían sus buenas, o malas fortunas, porque el Demonio, que en todo quiso le reconociesen, no dejó cosa, que no se aplicase, y como él era el maestro de sus curanderos, y de sus adivinos, también les enseñaba, la astrología destos signos, para que en las curas, en las restituciones, y reconciliaciones de hados invocasen los afortunados signos, y reprobasen los malos; dedicasen su ministerio, oficio, y ejercicio de su cura al Dios, a quien pertenecía el signo, que aquel día tenían: y aunque hoy no lo sepan los idólatras supersticiosos, que hay; e ignoren qué día sea, qué signo matemáticamente: bien entienden, verlo habido, y maliciosamente usan de aquella superstición, aunque no sepan, si es aquel día, o otro; pero úsanla porque saben, que, la hubo y que para su intento les puede aprovechar, y el Demonio se la acuerda; y tal vez en el pacto se la enseñara, y así me parece antes de llegar a los meses, no dejar cosa, que pertenezca a los días; que no sirviere todo para lo de adelante, cuando se digan en sus lugares los particulares conjuros, e invocaciones, que tienen, en que hacen memoria de tales signos, y tales dioses; servirá para la curiosidad.

Dicen, que los inventores de la astrología destos indios, de donde debieron de salir estos signos, fueron Cipactonal, y su mujer Oxomoco, que es como Adán, y Eva, de quienes descienden todos los hombres; y así estos fueron los primeros inventores, y se puede usar de la etimología de Cipactli, que se compone de ce icpac thatli, y de la misma manera ce icpac tonali, y decir Cipactonal. El superior al Sol, y demás a otros, este es el mismo que Cipactli.

Ollin es el signo, o carácter del Sol, y está como vimos, en forma de una aspa, por las cuatro puntas que hace, que significan cuatro movimientos.

Xochitl es signo de la diosa Xochiquetzal; Cemaçatl, en este día, decían, bajaban del Cielo las diosas llamadas Cihuateteo.

Ometochi es dedicado al Dios Ixquitecatl, Dios de las suertes, o de los sortílegos.

Ceacatl, dicen, ser signo de Quetzalcoatl. Deste Quetzalcoatl dice el padre Torquemada en la 1.ª parte de su historia libro 4, capítulo 14. que era un hombre, que antiguamente había habido en la tierra de Tula, que se llamaba Quetzalcoatl; gran nigromántico, y embustero, el cual por sus embeleços fue adorado por Dios, y tenido por rey de toda aquella provincia; a este venció otro hechicero, y nigromántico mayor que él, y más poderoso, y le quitó el reino, y lo hizo ir huyendo a la ciudad de Cholula; y allí lo siguió, sin dejarle parar; y al fin le hizo dejar el reino, con que se fue hacía la mar, fingiendo, que el Dios del Sol lo llamaba a la otra parte del mar hacia el Oriente; pero dejóles muchas profecías, y los amenazó, que había de volver a vengar sus injurias con gran pujanza, de gente, y castigar los agravios, y tiranías, que se hacían con sus vasallos, porque, decían, era muy benigno, y misericordioso.

Esta mentira se fue conservando de manera entre estos mexicanos, y fue tan creída su vuelta a reinar, que cada siglo lo aguardaban, y los que entraban en el reino eran como interinos mientras venía su señor Quetzalcoatl, que era el propietario, porque en viniendo, sabían, que habían de dejar el reino, y entregárselo; y dábanle por signo la caña, porque se había desaparecido en las aguas, como signo del agua, y para ellos era el ceacatl de grande infortunio, porque decían, se había de acabar su monarquía en el siglo, que comenzase ceacatl.

Y destas mentiras sacó Dios las veras de la venida del Evangelio a estas partes; pues cuando vinieron los españoles, como vinieron por el mar, por donde se había ido su señor Quetzalcoatl: pensaron, que era él, el que venía a cumplir lo prometido; y aquel siglo era, en el cual ellos tenían el de ceacatl, principios de aquel siglo, que correspondió al año de 1519, y comenzó el año de ellos a 10 de marzo, que fue el día, que llegó el excelentísimo capitán Cortez a la Veracruz. Otra tradición hay, de quien sea Quetzalcoatl, que por no parecerme tan autentica la fábula, como lo es la referida, la dejo.

Cemiquiztli, es signo de Tezcatlepoca, y lo pintan con la Calavera, que se significa en ella.

Maquili izcuintli, es signo de Mictlanteuctli, Dios del Infierno.

Cequiahuitl, dicen, que pertenecía a las diosas, que llaman Cihuateteo, porque, decían, bajaban entonces del Cielo.

Demás destos signos particulares generalmente todos los números cuatro de cualesquiera signos, decían, ser dichosos, y pertenecer a cuatro dioses: el primero llamado Tlahuizcalpa Teuhctli, el Dios de la mañana, o del alba. El segundo se llamaba Citlalicue, que es el señor de la vía Láctea, o del zodiaco. El tercero era Tonatiuh, que era el Sol. El cuarto era Tonacateuctli, que es el Dios del calor.

Omeacatl, se atribuye a Tezcatlepoca su gran Dios ídolo de los mexicanos.

Chicome tecpatl, y todos los números séptimos de todos los signos se los atribuían a la diosa Chicomecoatl, y los tenían por dichosos y bien afortunados.

Chicnahui acatl pertenecía a la diosa Tlaçolteotl que era la de los amores, y tenían este signo con este número por infeliz.

Matlactli oçelotl con todas las décimas casas, o números, decían ser bien afortunados porque pertenecían a Tezcatlepoca.

Cetecpatl pertenecía por signo a *Huitzilopochtli*, y camaxtli, y era próspero.

Ceoçomatli, decían, que bajaban las diosas Cihuateteo a hacer mal a los niños.

Ceitzcuintli reinaba en él el Dios del fuego Xiuhteuctli, y por otro nombre Tlaxicteutica, que quiere decir, cuyo vientre está lleno de tierra.

Cecalli era mal afortunado, porque bajaban en él las diosas Cihuateteo, y siempre bajaban a hacer daño.

Cecoscaquauhtli, o Temetlatl era signo favorable para los viejos.

Ceatl, reinaba en él la diosa Chalchihuitlicue, que a cada paso la invocan la de la saya de piedras: y este signo era indiferente.

Ceehecatl, pertenecía al Dios Quetzalcoatl, y es mal signo. Fuera de todo esto tenían otros nueve signos, que entraban por sus días, como se dirá más abajo, y más en particular las supersticiones, que a cada día del mes aplicaban.

Todas estas quimeras les tenía enseñadas el Demonio, para tenerlos por muy suyos; y ya que el día de hoy no observen estas materias generalmente, porque hay muchos indios buenos; pero porque hay muchos malos, y a estos tales les enseña el Demonio todas estas cosas, para que engañen a otros, y ellos sean como los malos judíos; que no son cristianos, porque son apostatas de nuestra santa fe; ni buenos judíos, porque son adúlteros de la misma ley, que guardan; y así son los indios en sus supersticiones, que usan las que

bastan para engañarse ellos, y no creer los misterios de nuestra santa fe, como deben; y para engañar a otros: y porque
unos usaran uno, y otros otro de lo aquí explicado, es bien
haberlo puesto todo, porque todo lo han menester saber los
ministros, para saberlo corregir, y castigar todo; y no solo
para el fuero exterior, sino para el interior de la confesión;
cuando encuentran con alguna materia de estas saberles
bien preguntar.

Capítulo VII. En que se prosigue la misma materia, y se pone el calendario de los meses

1. Nombre y significado de los meses y fiestas celebradas en ellos

Ya tengo dicho del calendario de los años, de que se componía un siglo de cincuenta y dos años; y de los días, que hacían un mes de veinte días cada uno; que eran cada año dieciocho meses, que hacían 360: y los cinco días intercalares, que añadían al año, antes de comenzar el siguiente; y aunque no tuvieron noticia del año bisestil, el día, que va a decir en cada siglo de cincuenta y dos años; en los trece días intercalares lo llevaban, conque vienen a tener igualdad de años, y días con los años de la Iglesia; pero no de los meses, que son dieciocho cada año.

El padre fray Martín de León de la religión del gran padre santo Domingo en el libro que compuso en mexicano del camino del Cielo (libro, que por su utilidad, y enseñanza para los indios, y por su autor, que fue eminente predicador de lengua mexicana, y gran ministro, ninguno había de haber, que no lo tuviese, para aprovechar a estos pobres indios, que tanta necesidad tienen de continuos socorros de enseñanza):

Allí pues pone el calendario de los meses, que porné a la letra, porque sea de más autoridad; y por poner otro calendario de un autor incógnito, para que se reconozca lo que cada cual puso, que todo es para mayor conocimiento destas materias: y aunque los meses tienen solos veinte días, que hacen los 360, dice, que contará un mes de veinte, y otro de veintiuno, para consumir los cinco intercalares, que estos indios tenían, y llamaban Nenontemi como tengo dicho; y aunque esto pudiera ser de inconveniente para la matemática, no viene a serlo para lo ceremonial, que estos meses tienen, que es lo que se pretende saber para estorbar, que estos indios no lo imiten, y conocerlos cuando lo obraren.

Y es de advertir, que los meses tenían sus nombres, o por las acciones, que en ellos se obraban, o, por los efectos del tiempo, en que caían, o en el Otoño, o en el Verano, o en el Estío, o en el Invierno. Y esto supuesto, dice el padre fray Martín de León, y da por asentado, que el mes y el año de los mexicanos comenzaba a 2 de febrero (y aunque esto puede padecer su replica, con la adición de los cinco días intercalares de cada año, y otros puntos astronómicos, que ni yo los y de averiguar, ni tampoco es ese mi intento, ni contradecir a tan gran ministro, así dándolo por asentado, y dejando su derecho a salvo a algún gran matemático, y gran lengua mexicana, y noticioso de los años, y días de los mexicanos, que junto uno con otro, juzgué no comenzar el año por febrero con punto fijo, ni por los principios de marzo; sino con variación, unas veces en un mes, y otras en otro.

1.º ATLACAHUALO

El primer mes pues, y el primer día de su año dice ser a 2 de febrero, llamado Atlcahualo, que es detención de las aguas; celebran la fiesta de los dioses de la pluvia con grandes sacrificios, y muertes de Niños comprados para este sacrificio; y duraba esta matanza tres meses poco a poco hasta que cargaban las aguas.

2.º TLACAXITEPEHUALIZTLI

El segundo mes empieza a 22 de febrero, que llamaban Tlacaxitepehualiztli, que es desollamiento de gentes, y se hacía la fiesta del Dios Totec uel oxipe Dios de los plateros; desollaban en honra de este ídolo muchos esclavos vivos para amedrentar el pueblo todo, porque era la pena que tenían los que hurtaban cosas de oro, o plata levándolos arrastrando por los cabellos.

3.º TOTZOSTONTLI. AYUNO

El tercero mes comienza a 14 de marzo; llámanle Totzostontli y en él hacen fiesta a Tlaloc Dios de las aguas, que dicen habita en el Paraíso terrenal, que llaman Tlalocan, ofrecen en estos días las primicias de las flores, y rosas de aquel mes, y año en un alto collado Iupico pirámide angosta, y ninguno podía oler flor antes, que se ofreciesen las primicias, y los que tenían de oficio hacer los Xuchiles entre año, que llamaban Xochimanque hacen una gran fiesta a una diosa llamada Cihualticue Naguas de mujer; y por otro nombre Coatlantona diosa de los mellizos, con muchas supersticiones, y embustes.

4.º HUEITOTZOTZONTLI. AYUNO GRANDE

El cuarto mes llamado Hueitotzotzontli; empieza a 4 de abril; en este día hacían una fiesta al Dios de los maíces llamado Çinteotl; en esta fiesta enramaban las casas, y puertas, y los templos con tule, y ensangrentaban los que ponían a las puertas con sangre propia, que se sacaban de las orejas, y espinillas, y lo interior de la casa con unos ramos, que llamaban Acxoyatl Palmillas del agua; y enramaban sus dioses, y los coronaban de flores, e iban a los maizales y traían algunas cañas de maíz, que estaba aún chico, y con él los enramaban, y ante una diosa como Ceres hacían sus sacrificios, y sus bailes.

5.º TOCHCATL, QUE DICE ESFUERZO

El quinto mes se llamaba Tochcatl, hacían en él gran fiesta a su Dios Tezcatlipoca, que era como Júpiter entre los romanos llamado por otro nombre Tiytlahuan, somos sus esclavos; el primero día deste mes era a 24 de abril, esta era fiesta principal, y como Pascua de la Resurrección de Cristo Señor Nuestro, poco antes, o después; en esta fiesta se aventajaban en crueldades, y sacrificios horrendos de mucha gente, y otras mil supersticiones: en particular la muerte, y sacrificio de un mancebo: y este había de ser cautivo de cuenta, y le ponían las vestiduras del ídolo: muy gentilhombre, y criado un año entero en sumo regalo para este efecto, y al fin paraba en sacarle el corazón vivo, y ofrecerlo, habiéndose festejado con seis mozas las más hermosas del pueblo, y otras mil porquerías, que están en sus historias.

6.º ETZALCUALITZTLI. COMIDA DE TEJOCOTES

El sexto mes llamado Etzalcualiztli, empieza a 15 de mayo, hacen en estos días gran fiesta a los dioses de las pluvias llamados Tlaloques, para la cual fiesta iban todos los sátrapas a Citlaltepec por juncia en una pila que llamaban Amilco, y traíanla a México para adornar los Cues; y cuando venían por el camino no parecía ánima viviente, porque, a todos los que encontraban los robaban, y los aporreaban, y ninguno se les defendía por ser ministros del Demonio: a estos sufrían con paciencia; hacen en estos días mil géneros de sacrificios horrendos, que no quiero expresar, aunque sea en romance, el que quisiere véalos en sus historias, donde están sus calendarios.

7.º TECUILHUITONTLI. FIESTA DEL SEÑOR PEQUEÑO

El séptimo mes llamado Tecuilhuitontli, empieza, a 4 de junio: hacían en este día una gran fiesta a la diosa de la sal llamada Huitztotzihuatl mujer veladora, en cuya vigilia tañían y cantaban, y danzaban las mujeres todas, viejas, y mozas, y muchas asidas con unas cuerdas, que llevaban en las manos, y llaman Xochimecatl; e iban todas con guirnaldas de estafiate, y en medio de ellas iba una moza, que significaba la diosa aderezada con ricos atavíos, y esta con otros muchos morían sacrificados en esta fiesta, velando todos la noche antes hasta que morían, y otras muchas ceremonias, que se hacían en esta fiesta.

8.º HUETEUCJILHUITL. FIESTA DEL GRAN SEÑOR

El octavo mes llamado Hueiteucjilhuitl, empieza a 25 de junio: hacen en él fiesta a una diosa llamada Xilome diosa de los Xilotes: en esta daban de comer a hombres, y mujeres, chicos, y grandes: ocho días antes de la fiesta y sacrificios, dábanles a beber Chiapinoli cuanto querían, y a mediodía sentábanlos en ringlera, y dábanles tamales, y tortillas, y esto hacían los señores por consolar a los pobres, porque en este tiempo faltaba ya el maíz; todos estos días danzaban las mujeres sueltos los cabellos, empezaban el baile a puestas del Sol, y acábabase a la hora de las nueve, hombres y mujeres echados los brazos al cuello del otro, que era el baile del Cuecuechitli la bulliciosa deshonestamente tan abominable, lleno de deshonestidades, y sombras de idolatrías (y es muy acertado quitarles este baile) después se hacían les sacrificios matando la mujer, que hacía y significaba esta diosa y otros muchos cautivos.

9.º TLAXOCHIMANCO. ESTERA DE FLORES

El nono mes llamado Tlaxochimanco, empezaba a 15 de julio: en él hacían fiesta al Dios de la guerra llamado Hutizilopochtli, el que dejó su calavera, y hablaba el Demonio por ella ut infra, el que los capitaneó y sacó de Chicomoxtoc hermano de Huitzilihuitl y, Mexitzin y tenchcatzin fundadores de México: la noche antes de la fiesta se ocupaban en matar gallinas, y perros para sacrificar, y comer; y en hacer tamales, y cosas corrientes a la comida, y los sátrapas de los ídolos se ocupaban en adornar de flores el ídolo *Huitzilopochtli*, y de los demás, y todos hacían lo propio a los ídolos, que tenían en sus casas, adornándolos con flores, ocupábanse en comer, y danzar, y no sacrificaban.

10. XOCOTLHUETZI. MADUREZ DE LA FRUTA

El décimo mes llamaban Xocotlhuetzi; empezaba a 4 de agosto, y en él hacían una gran fiesta al Dios del fuego Xiuhteuhctli vel Ixcocauhqui huehueteotl, que es el mismo fuego; en este día hacían muchos sacrificios, y echaban hombres vivos en el fuego, y a medio chamuscar antes que muriesen los sacaban con unos garabatos, y les sacaban los corazones delante de la imagen deste Dios, traían un gran árbol de veinticinco varas, y poníanlo en esto en el patio del Cu, o templo del ídolo, y alrededor del hacían muchas ceremonias, que no digo, con otros mil desatinos, que el Demonio les hacía hacer, quizás, porque sabía, había de ser el ídolo, que más había de durar entre estos, que hasta hoy duran muchas supersticiones del fuego, y ya las dejo puestas atrás; y plegue a Dios Nuestro Señor nos dé gracia a los ministros, para acabar de desterrar el culto del fuego, y sus embeleços enseñados por el mismo Demonio.

11. OCHPANIZTLI. TIEMPO DE BARRER

El undécimo mes, que llamaban Ochpaniztli, que empieza a 24 de agosto día de san Bartolomé, hacían fiesta a la madre de los dioses, llamada Toci, que quiere decir nuestra abuela Teteoinan madre de los dioses, cinco días antes que comenzase esta fiesta cesaban todos los regocijos, y fiestas del mes pasado, y en entrando este mes bailaban ocho días sin canto, ni son de teponaztli, los cuales pasados salía la mujer que representaba la diosa, y compuesta con los ornamentos, que la pintaban, y sacaban gran número de mujeres con ella, en particular las médicas, y parteras, y partíanse en dos bandos, y peleaban apedreándose con pelotas de paxtli, y tule, y con nopales de tunas, o con Cempoal Xuchiles, y este regocijo duraba cuatro días, y después iban haciendo sus sacrificios a enormes matando mucha gente, y la que significaba la diosa; y otras muchas supersticiones que no pongo.

12. TEOTLECO. LLEGADA DE LOS DIOSES

El duodécimo mes llamado Teotleco, llegada de los dioses, empezaba a 13 de septiembre, en el cual hasta los 15 del dicho mes hacían fiesta grande por la llegada de los Dioses, y salían los muchachos a enramar todos los altares, y oratorios de los dioses, así los que estaban dentro de las casas como los que estaban por los caminos, y encrucijadas, y por esta diligencia, que hacían, dábales maíz, y algunas cosas de comer, y a los dieciocho días que es a 30 del dicho mes de septiembre llega el Dios, o su figura en un mancebo robusto, y decían, que por lo que era llegaba antes, que los otros; en este mes se hacían muchas maldades, y sacrificios, y el mozo era el primero que sacrificaban.

13. TEPEILHUITL. FIESTA DE LOS MONTES, O CERROS

El décimo tercio, que llamaban Tepeilhuitl, empezaba a 3 de octubre, y luego a cuatro hacían una fiesta a los más altos y eminentes montes, hacían en estas fiestas unas culebras de palo, y, de raíces, y labrábanlas con sus cabezas, y pintábanlas; hacían también unos trozos de madera tan gruesos como la muñeca largos, que llamaban Ecatotontin airecillos, a estos palos, y a estas culebras vestían, o cubrían de masa de Tzoali y vestíanlos a manera de montes, y poníanles sus cabezas de la misma masa como rostros de persona en memoria de aquellos que se habían ahogado, o habían muerto, sin poderlos quemar. Estas imágenes colocaban en altares, y otras muchas ceremonias, que no digo, porque no es mi intento más, que descubrir el día, y el Dios, que se adoraba, y la fiesta, que se hacía, para que por ello vean los ministros, si en alguna parte ha quedado rastro destas idolatrías.

14. QUECHULLI. EL PAVÓN

El decimocuarto mes llamaban Quechulli, que empezaba a 23 de octubre, y en él hacían fiesta al Dios llamado Mixcoatl culebra, que tiene cabeza de gato: En este mes hacían flechas y dardos para la guerra, a honra deste ídolo mataban muchos esclavos, y por cinco días, que duraba el hacer flechas, y dardos se sangraban de las orejas, y con la sangre se untaban las sienes, y decían, que hacían penitencia, y a los que no se sangraban, cuando iban a cazar venados, les tomaban las mantas en pena, y en estos días todos los casados apartaban cama, y ningunos por viejos que fuesen podían beber vino por penitencia.

15. PANQUETZALIZTLI. BANDERILLA DE... O, O PLUMERÍA

El décimo quinto mes se llamaba Panquetzaliztli. Empezaba a 12 de noviembre, hacían otra fiesta al Dios de la guerra *Huitzilopochtli* tan solemne como la pasada. El segundo día deste mes, que es a trece, comenzaban los bailes, y sacrificios, y en ellos cantaban las grandezas en guerra de este su Dios, y duraban veinte días, que era todo el mes, bailando hombres, y mujeres, y cantando empezaban al caer del Sol como a las cuatro, y acababan como a la hora de las diez; a los 9 deste mes aparejaban con grandes ceremonias a los que habían de sacrificar, pintándolos de colores, y con muchos papeles, y bailaban guiando un hombre, y una mujer el canto en el patio del templo, y con estas, y otras ceremonias muchas hacían sus sacrificios muy despacio, y con muerte de mucha gente.

16. ATEMUXTLI. FIESTA DE LOS DIOSES

El mes décimo sexto llamaban Atemuxtli, que empezaba a 2 de diciembre. En este mes hacían fiesta a los Tlaloques dioses de las lluvias, entonces empezaba a tronar, y a hacer demostración de agua, y los sátrapas comenzaban a hacer penitencias, y sacrificios, porque viniese el agua, ofreciendo muchos perfumes, y sahumerios a su usanza a sus dioses, y a todas sus estatuas, y la gente popular hacía votos de rehacerles las estatuas, e ídolos de los montes, porque decían, que entonces venían los dioses a dar agua a la tierra, y a los 16 deste mes toda la gente plebeya aparejaba ofrendas para ofrecer a Tlaloc y estos cuatro días, que restaban del mes, no bebían vino, ni llegaban a sus mujeres, y el último día deste mes cortaban unas varas largas, y con muchas tiras de papel las iban rodeando, e hincábanlas en los patios de sus casas, y hacían unos rodillos de Tzoali, los dientes de pepitas de calabaza, y los ojos de unos frijoles, que llaman Aeiotli, frijoles grandes; y luego venía a parar la negra fiesta en lo que las demás de muchos sacrificios de personas, sacándoles los corazones, y ofreciéndolos a sus ídolos, y dioses, como siempre.

17. TITITL. VIENTRE. LA SEÑORA VIEJA. LA DE LA GARGANTILLA DE MIAHUATL. NUESTRA MADRE; QUE TODOS ESTOS NOMBRES TENÍA

El décimo séptimo mes llamaban Tititl, empezaba a 22 de diciembre, hacían una gran fiesta a una diosa llamada Ilamateuhctli, y por otro nombre Cuzcamiauh, y por otro

Tonan. En este mes a honra desta diosa mataban a una mujer, que andaba con sus insignias, y adorno, y después de haberle sacado el corazón viva, cortábanle la cabeza y bailaban con ella, y el que guiaba la danza iba con la cabeza, asida de los cabellos bailando, y todos los demás detrás del, y hacían otros mil sacrificios, y supersticiones, que es de ver cuán ciegos los tenía el Demonio, y las muchas mercedes, que Dios les hizo de librarlos de tan grave yugo, como ser sacrificados.

18. ITZCALLI. CUANDO RETOÑESE. SON LOS TZOALES

El décimo octavo mes de los mexicanos se llamaba Itzcali, que empezaba a 12 de enero, en este mes hacían otra fiesta al fuego Xiuhteuctli, o, Ixcocauhqui a los diez días deste mes sacaban fuego nuevo a la medianoche delante del ídolo Xiuhteuctli, que estaba muy galanamente aderezado; y encendido el fuego nuevo, hacían una grande hoguera, y cuanto habían cazado en aquellos diez días. así por tierra, como en el agua, traíanlo a ofrecer al fuego, y sus ministros lo iban echando en la hoguera, y ofrecía todo el pueblo unos tamalillos hechos de bledos, que ellos llaman hauhquiltamali, y destos vuelven a dar a cada uno hombres, y mujeres, chicos y grandes, y todos comen dellos por honra de la fiesta, y estos comíanlos muy calientes: en los tres años sencillos no mataban a nadie en esta fiesta; por el año del bisiesto, que era de cuatro a cuatro años, lo pagaban por junto, y después de hecho un cruelísimo espectáculo de sacrificios, y muchos montones de hombres muertos salía el propio rey con todos los señores, y bailaban, y, el rey empezaba el canto con mucha solemnidad, y respondían los demás, al cual canto llamaban Neteuhc cuicaliztli. Canto de señores.

Todo esto y puesto a la letra, para que se reconozca la autoridad, que todo esto tiene de tan gran autor, y los márgenes son de algunos vocablos, que por sabidos en aquel tiempo, no los puso en romance, y hoy no daña saber su significación, para mejor inteligencia de la materia; y dice, haber puesto calendario de meses en lengua castellana, porque solo sirva para instrucción de los ministros, opinión y dictamen muy justo, y que me conformo con él como de tan gran ministro, que receló la malicia de algunos indios muy resabidos no les dañase a querer usar del, y les llamase la sangre, como a los judíos cuando leen lo ceremonial de la divina Escritura, que a muchos los a hecho judaizar.

2. Otro calendario que consignaba las festividades y ceremonias correspondientes a los meses

En este párrafo entra el derecho reservado al autor incógnito de otro calendario de los indios, que y de poner aquí, no porque contradiga al que está puesto del padre fray Martín de León, porque antes es para mayor inteligencia de la materia, solo en cuanto a dar por punto fijo, y asentado, comenzar el año de los mexicanos a 2 de febrero día de la purificación de Nuestra Señora, no pasa por ello en cuanto a ser ese día siempre el principio del año; pero no en cuanto a verlo sido aquel año, que dio su libro a la imprenta, que fue el año de 1611.

Dice pues este autor, que no lo cito sino es solo, porque no ha querido, y quisiera en este escrito no echar a perder su doctrina; así en lo matemático, como en la inteligencia de las materias destos indios mexicanos, porque cualquiera punto suyo es de estima, y para mí lo ha sido de mucha ver sus escritos, porque entre los indios ha quedado muy poca memoria de lo curioso entre los buenos, y principales; y solo ha quedado entre estos médicos, y sátrapas lo dañoso, y lo que es menester entender para corregir.

Dice pues, que estos naturales mexicanos tenían dos géneros de cómputos en sus años: el primero era natural de un verano a otro verano, o por mejor decir de una primavera a otra, según la annua revolución del Sol, y este observaban todas estas naciones bárbaras, nobles, y plebeyos, rústicos, y sabios; en cuanto a la agricultura, y el verano nuestro natural comienza por el mes de febrero, porque en este tiempo comienzan a correr vientos del Sur, y se empieza a calentar la tierra, y a florecer los árboles en esta Nueva España, como vemos por experiencia.

Los meses se contaban como los Hebreos de una Neomenia a otra, esto es, de una aparición de la Luna a otra, como consta de los mismos nombres del año; pues en mexicano se llama Xihuitl, que es de la hierba: y así el año entero se contaba desde que comenzaban a retoñecer árboles, y plantas, y asimismo el nombre del mes se derivaba del de la Luna, que se llama Meztli, así Cemeztli se llama un mes y por esta cuenta contaban las mujeres los meses de su preñado. Y yo y visto, que en otras provincias de otros Obispados como el de Oaxaca: sus idolatrías las tienen y cuentan por trece meses con trece dioses para cada mes el suyo.

Otro calendario era como el Eclesiástico de sus festividades, y este era dictado por el demonio con dieciocho meses, y cada mes de veinte días, como hemos visto en lo antecedente con los signos de los años, y de los días de los meses, cada siglo de cincuenta y dos años. La intercalación de los cinco días de sobra en el año, que se llamaban Nenontemi, y los trece días embolísmales, o intercalares de cada fin de siglo con más los cinco de aquel año, que todo esto es fundamento para que el año de los mexicanos no pudiese comenzar siempre a 2 de febrero corresponsivamente a nuestro cómputo; y así dice no ser posible asignar por punto fijo ese principio de año que asigna el padre fray Martín de León, y otros grandes fundamentos, que más sirven a la curiosidad, que a la utilidad, de lo que se pretende.

Mas dice, que aquel año, que el dicho padre escribió el libro del Camino del Cielo, donde está el calendario, comenzaría por 2 de febrero; mas no para que fuese punto fijo para lo de adelante. Conformome con esto; pues no es creíble, que tan gran ministro dejase de consultar a los inteligentes en esta materia; y sería aquel año así y lo puso por ejemplar práctico, para darse mejor a entender; y lo mismo en la adición de un día en un mes alternativamente, porque ni entonces, ni menos hoy hay indios, que sepan estas cuentas, y puso aquellos principios de meses, y días no por perpetuos correspondientes a nuestro cómputo: sino para darse a entender pues es muy cierto, como en el gobierno de nuestro rezo, y ceremonias de la Iglesia las Pascuas movibles, y demás fiestas, Cuaresmas, y temporas no siempre caen en un mismo día, sino unas veces bajas, y otras altas, así el Demonio, que era el maestro destos calendarios, quería, que se remedase el orden de la Iglesia en alabar a Dios Nuestro Señor, con el orden, que el daba para su culto, y veneración.

El calendario, que este autor trae, es correspondiente al año de 1519, que fue en el que vino el gran capitán excelentísimo, e invicto don Fernando Cortez, y fue su principio en lo ceremonial destos indios a 10 de marzo, en el cual día se comenzó el siglo, y principio del año, habiéndose intercalado los trece días embolísmales y fue el último año, que levantó cabeza este Dragón desta sinagoga de idolatrías, y crueldades humanas, o inhumanas; porque al siguiente se le cortó la cabeza con la espada del santo Evangelio, para que pudiese más parecer en público. Comenzó pues el siglo, y el año, y el mes a 9 de marzo, y fue el primer mes:

1.º TLACAXIPEHUALIZTLI

(Desde 10 de marzo hasta 29 del mismo mes, o ATLCO-HUADO.)

Tlacaxipehualiztli, se llamaban el primer mes, o ATLCO-HUADO, que quiere decir compra de las aguas, y no ATLCO-HUADO, que quiere decir cesación de agua. Compraban se pues estas aguas a los dioses de las aguas con sacrificios de niños, llamábanse estos dioses en singular Tlaloq; y Tlaloc; el primer día deste mes se desollaba un hombre vivo, que se sacrificaba a los ídolos, y el sacerdote se vestía aquella piel y por eso llamaban a este mes Tlacaxipehualiztli, que quiere decir desollamiento de gente; y este nombre Tlaloc es síncopa de Tlaloque, como si dijéramos Dios de la tierra, porque a sus dioses llamaban Tlocque nahuaque, que quiere decir dioses familiares a nosotros como dioses penates de Tetloc Tenahuac, que es dioses nobiscum, et apud nos.

2.º TOCOZTONTLI

(Desde 30 de marzo hasta 19 de abril.)

El segundo mes se llamaba Teçoztontli o Totzoztontli, que quiere, decir sangría, o puntura, o picadura, porque en este día se sangraban de los muslos, o de las espinillas; o de las orejas, o brazos punzándose y ayunaban, que de aquí, quieren decir, que tomaba denominación del mes, y que en Tocoztli Toçahualo mudaba la a en o, y que era síncopa de Toçahualiztli, otros llamaban a este mes Tlacaxipheualiztli, porque volvían a desollar un sacrificado, y se volvían a hacer sacrificios por las aguas al Dios que llamaban Toteuc Nuestro Señor: vel Oxipe, que es lo mismo, que nuestro desollamiento síncopa de Toxipeuhca.

3.º HUEITOCOZTLI

(Desde 19 de abril hasta 8 de mayo.)

El tercero mes llamado Hueitozoztli, que quiere decir punzura grande, porque en deteniéndose las aguas, que no comenzaban hasta este tiempo, que era por abril; hacían mayores penitencias con sangrarse, y hacían mayores ayunos y sacrificios: hacíase fiesta al Dios de los panes Cinteotl, Dios de las mazorcas enramaban las casas con unos ramos, que eran de los pimpollos más tiernos de los árboles, y más viciosos, que se llamaban Acxoiatl, como quieren decir, que se coronaba el agua Acoxochioti inatl.

4.º TOCHCATL

(Desde 8 de mayo, hasta 28 del mismo.)

El cuarto mes se llamaba Tochcatl, o Toxcatl, que se deriva deste verbo antiguo Ochtilia, que significa esforzarse, como síncopa, de Toochtiliz. En este mes se hacían sacrificios al Dios Tezcatlipoco, que era como el Dios Júpiter de los romanos, por cuya cuenta corre el vivificar, y así este nombre es sin duda Teizcalipouca, porque por otro nombre se llamaba Ti itacahuan, que es lo mismo, que nuestro, dueño, o cuyos criados somos; también se llamaba este mes Tepopock huiliztli, que quiere decir Sahumerio, o incensación, porque en este mes se incensaban, y sahumaban sus ídolos.

5.º ETZALLI

(Desde 29 de mayo hasta 17 de junio.)

El quinto mes se llamaba Etzalli o Etzalqualiztli; hacíase fiesta a los dioses de las aguas; este nombre Eazalli es un género de guisado de frijoles, que llaman exotl, que se comía este mes en honra de los dioses, porque coincide con fines de junio, y principios de julio.

6.º TEUC ILHUITZINTLI

(Desde 18 de junio hasta 7 de julio.)

El sexto mes se llamaba Teuc ilhuitzintli, que quiere decir fiesta pequeña del señor: en este mes se hacía fiesta a la diosa de la sal, Huiztocihualt, que quiere decir mujer veladora, sincopa de Huelixtoçoa in cihualt, porque toda la fiesta era en la vigilia, en que velaban las mujeres con una que representaba a la diosa.

7.º HUEI TEUC IL HUITL

(Desde 8 de julio hasta 27 del mismo.)

El séptimo mes se llamaba Huei teuc il huitl, que quiere decir fiesta del gran señor; hacíase fiesta a la diosa Xilone, que quiere decir dueño de los Xilotes, que son las mazorcas tiernas del maíz no bien granadas.

8.º MICAILHUITZINTLI

(Desde 28 de julio hasta 16 de agosto.)

El octavo mes se llamaba Micail huitzintli, que quiere decir fiesta pequeña de los muertos, porque se hacía fiesta al Dios de la guerra, como sufragio de los que habían muerto en las batallas, y llamábanle también Tlaxochimanco, que quiere decir tiempo, en que se hacen ramilletes, y guirnaldas porque en este mes se coronaban de flores los dioses, y se sembraban en sus casas, y templos.

9.º HUEI MICAILHUITL

(Desde 17 de agosto hasta 5 de septiembre.)

El nono mes se llamaba Huei micailhuitl, fiesta grande de los difuntos, porque en él se acababa la fiesta de los muertos; y llamaban también a este mes Xocotlhuetzi, por ser en el Otoño, cuando se cae de madura la fruta de los árboles, hacían fiesta al Dios del fuego Xiuteuctli, que quiere decir señor del año, o Ixcocauhqui, que quiere decir del rostro amarillo, o pálido, o Huehueteotl, que es el Dios viejo, o antiguo, que por eso llamaban al fuego Huehuentzin.

10. OCHPANIZTLI

(Desde 6 de septiembre hasta 25 del mismo.)

El décimo mes se llamaba Ochpaniztli, que quiere decir aderezo o barrido de las calles, y vías públicas, como se acostumbraba en Roma en los lustros, y llamábanle también Tenahuatilli, que quiere decir ley, o mandato, porque se debía de hacer, por mandato de los superiores.

11. PACHTLI

(Desde 26 de septiembre hasta 15 de octubre.)

El undécimo mes se llamaba Pachtli eçoztli; Pachtli es el heno, que depende de los árboles, Eçoztli es lo mismo, que sarta de frijoles, y decíase Teotleco llegada de los dioses, y se enramaban los oratorios de Pachtli, hierbas, flores y frijoles ensartados.

12. HUEIPCHTLI

(Desde 16 de octubre hasta 4 de noviembre.)

El duodécimo se llamaba Hueipachtli, heno grande, porque en este tiempo está ya el heno grande y depende de los árboles, y acababa la fiesta de la llegada de sus dioses en figura de un mancebo de gallarda disposición, que moría sacrificado.

13. QUEQHOLLI

(Desde 5 de noviembre hasta 24 del mismo.)

El décimo tercio mes se llamaba Quecholli, que quiere decir Pavón, ave que tiene gallarda pluma: también se llamaba Tepeilhuitl fiesta de los Cerros, donde ponían unos idolillos que llamaban Ecatotontin, que quiere decir vientrecillos.

14. PANQUETZALIZTLI

(Desde 25 de noviembre hasta 14 de diciembre.)

El décimo cuarto mes se llamaba Panquetzalixtli que quiere decir cosa, que se sobrepone. Hacíase fiesta al Dios de la Guerra llamado Huitzilopichtli; era grande esta festividad, y se le ofrecían dardos, y flechas.

15. ATEMOZTLI

(Desde 15 de diciembre de 1519 años hasta 3 de enero de 1520.)

El décimo quinto mes se llamaba Atemoztli, que quiere decir, ara de los dioses del agua como síncopa de Ateomomoztli: hacían fiesta a los dioses de las aguas, y hacían unos idolillos, que llamaban Aecótli, que quiere decir camino bueno de las aguas.

16. TITITL

(Desde 4 de enero de 1520, hasta 23 del mismo mes, y año.)

El décimo sexto mes se llamaba Tititl que quiere decir nuestro vientre; hacían fiesta a una diosa, que se llamaba Ilamateuctli, esto es, señora anciana, y madre de los dioses, y por eso se llamaba nuestro vientre, y por otro nombre Cozamiahuatl, la del ahogador o gargantilla de la flor del maíz.

17. ITZCALLI

(Desde 24 de enero, hasta 17 de febrero.)

El décimo séptimo mes se llamaba Ytzcalli, que sale de Yzcalli, por renacer; en este mes se hacía fiesta al fuego, que se decía Xiuteuctli, que es lo mismo, que señor del año, y también Ixcocauhqui el del rostro amarillo.

18. QUAHUITLEHUA
(Desde 18 de febrero hasta 4 de marzo.)

El décimo octavo mes se llamaba Quahuitlehua, que quiere decir árbol, que se levanta y también Cihua ilhuitl, fiesta de las mujeres; Xilomanaliztli, y el llamarse así era no porque entonces fuese tiempo de Xilotes, porque es el tiempo de la siembra: sino porque ofrecían Xilotes, o guardados del año pasado, o contrahechos, o de palo, o de Tzoales.

Y después añadían los cinco días intercalares, para volver a comenzar el año siguiente, que sería en el mismo mes de marzo, y este principio de años, y de meses no puede ser siempre en un mismo día ajustado a nuestro cómputo; y así unos años, y meses suyos comenzarían por febrero, y otros por marzo; cuando comenzaban por marzo comenzaban por el mes Tlacaxipehualiztli, como está referido; y cuando comenzaban por febrero comenzaban por Quahuitlehua, o Xilomanaliztli, que es lo mismo, que dice el padre fray Martín de León, llamarse el mes Atlahualo, que es detención de las aguas: porque como era tiempo de la siembra, y que los árboles estaban ya enbiertos de hojas, hacía falta el agua, y se tardaba, y comenzaban a hacer sus sacrificios, y como se iban tardando, apretaba la necesidad, y les obligaba como a comprarla con mayores sacrificios, y así se llamaba él mes siguiente Tlacaxipehualiztli, y Atlahualo, la compra de las aguas a precio de sacrificios de hombres: con que todo está conciliado (y tengo visto, y cotejado en papeles antiguos de indios, donde están las estampas, que lo significan) y entrambos calendarios vienen a ser uno mismo, porque el uno, se llama al otro, y uno se explica bien por otro; y todo es para mayor noticia de los ministros, y poco va a decir, que no se ajuste su cómputo ceremonial al nuestro de los años; porque ni es necesario, ni hay ya indios, que lo entiendan, ni saben cuando entra ni sale su año.

Solo les ha quedado la memoria de lo que en aquellos días hacían, y como no obran con la libertad, que en su gentilidad: obran hoy cuando pueden, y no cuando quieren, y así obran fuera del tiempo de sus ceremonias, y cuando pueden hacer de las suyas, y celebrar sus fiestas a sombra de las nuestras, y con capa de Dios, y así es muy necesario, que los ministros tengan muy bien entendidas todas estas supersticiones, que hacían en el discurso de su año, para que no las entremetan en fiestas del santísimo sacramento, usando de algunos aderezos de los que usaban con sus dioses, que luego si hubiere malicia se reconocerá yendo sobre aviso, y en las de los santos de sus barrios, en que suelen, o pueden mezclar algunas de las de sus ídolos, entrándolos en los huecos, o peañas de los santos, o sus andas, y ya que no pueden ajustarlo todo con la ceremonia de los sacrificios de hombres, lo ejercitan con muertes de gallinas, y perrillos, que para todo les da el Demonio trazas, y sus maestros documentos: y será muy necesaria precaución en los ministros, no consentirles, que en las fiestas, que hacen, y tienen obligación por costumbre, y por devoción del culto divino, no las dilaten, ni las saquen de sus mismos días, porque no las celebren con correspondencias a estos calendarios, sino en sus mismos días, conque no ternan esta correspondencia, y habrá reparo en tan gran daño: y es menester estar muy sobre aviso en el matar de las gallinas, y perrillos, y codornices en sus fiestas, porque suelen sacarles los corazones vivos, abriéndolos por las espaldas, y ofreciéndolos a los ídolos, que celebran en correspondencia de los sacrificios, que hacían de hombres vivos; y suelen arrancar las cabezas a las codornices, y derramar la sangre delante de las imagines nuestras, y ponerles las plumas a las criaturas en las cabezas, y sahumar, y aderezar; y suele ser todo por cumplir con la ceremonia de su Dios, cuya memoria hacen aquel día.

También disimulan las fiestas de algunos de sus dioses con los mismos nombres, que usamos para celebrar los santos; porque en Tlaxcala, y en otras partes celebran la fiesta de santa Ana, que es abuela de Cristo Señor Nuestro, y aplican, o aplicaban la intención a la diosa Toci, como se refiere en las ceremonias del primer calendario en el mes undécimo: y también la llamada Teteoinam.

En el Cerro de Guadalupe, donde hoy es celebre santuario de la Virgen santísima de Guadalupe, tenían estos un ídolo de una diosa llamada Ilamateuctli, o Cuscamiauh, o por otro nombre, y el más ordinario, que era Tonan, a quien celebraban fiesta el mes llamado Tititl, diecisiete de un calendario, y dieciséis de otro; y cuando van a la fiesta de la Virgen santísima, dicen, que van a la fiesta de Totlaçonantzin, y la intención es dirigida en los maliciosos a su diosa, y no a la Virgen santísima, o a entrambas intenciones: pensando, que uno y otro se puede hacer.

En el pueblo de Calpan del Obispado de la Puebla hay una visita llamada san Juan Tianguizmanalco, donde tenían un ídolo llamado Tlacatelpochtli, que era un mancebo muy hermoso, con tradición, que tuvieron, que por aquellas laderas del volcán había andado este mancebo Virgen, y penitente, cubierto con un pellejo de venado, que se sustentaba de frutillos silvestres, y langostas, a este lo llamaban Tlacatelpochtli; y como oyeron predicar la vida de san Juan Bautista, dijeron, que era este mancebo: y las fiestas, que hacían a san Juan se despoblaba la gente de otras partes muy distantes, por celebrarlas (llamaban, y hoy llaman la fiesta de san Juanico) y decían, que iban a saludar a este mancebo Titotlapalhuitia in tlacatelpochtli, y se hace, o hacía una gran fiesta de concurso, ofrendas, y limosnas muy grandes.

Estas fiestas no las harán ya tan público como a los principios por el cuidado, que tienen los ministros en acciones tan públicas como éstas; pero es bien estar sobre aviso, y no dejar de la mano esta materia, porque es mala semilla, y con cualquiera descuido de escardar la tierra con la predicación, brotará luego: porque los naturales de estos miserables no permiten, que se pase año, sin que siempre les estén repitiendo una misma materia, prohibiéndoles lo malo, y aconsejándoles lo bueno.

Es también muy de advertir, que los más sacrificios de estos indios, comenzaban después de la medianoche inmediatamente, o poco después, o al Alba, y así todas las que ellos hacen a sus santos, para conformarlas con sus ceremonias idolátricas; antes que llegue el día, y que vayan a la Iglesia, ya tienen obradas sus supersticiones.

El modo es, que a las gallinas que han de comer, les cortan las cabezas ante el fuego, que es el Dios Xiuteuctli, y se las ofrecen, y echan dentro, y se llama este sacrificio Tlaquequech totonaliztli, que significa en la lengua esta acción de chamuscar al fuego el pescuezo, o cabeza; y se hace en casa del indio más principal, y aderezadas las gallinas, a veces guisadas a su modo, y ya veces hechas en tamales, y aparejado el pulque, poquietes, y rosas con cacao: hacen dos partes de todo, la una es para ofrecer al fuego, y la otra llevan a ofrecer a la Iglesia, poniéndolo todo delante del altar, y en medio con todo cuidado y al descuido ponen un poco de pulque en un vaso en el mismo altar, y luego lo quitan todo, y de lo uno, y de lo otro dan de almorzar a los cantores, así de lo que estuvo en el altar, como de lo que se había ya ofrecido al fuego.

¿Y quién duda, que la comida, que dan a los ministros venga en la misma forma? Y lo mismo hacen en el día, que muere alguno, y el octavo día, y el día de los difuntos; y es muy cierto que a la medianoche se levantan a decir responsos, y usar de estas ceremonias con las ofrendas, que les

ponen a los difuntos en sus sepulturas: y esto es principalmente en las visitas, donde no asisten los ministros; y en las
cabeceras, donde asisten, y se celebra la misa, que tiene de
costumbre la Iglesia, es menester mucho cuidado, y pesquisa prudente, y cautelosa, no hayan hecho a la medianoche
los sacrificios de las gallinas, cuando las ofrecen: y así en
esto, como en los entierros, es necesario abrir los ojos, no
les pongan tamales y tortillas dentro de las mortajas, y los
instrumentos de su trabajo: el Hacha sí es hombre, y los instrumentos de tejer si es mujer.

Capítulo VIII. De la demostración numérica de los siglos, y de los días de cada año, y de los nueve signos, que acompañaban a los días del año

1. La cuenta de los siglos, años, y días de los meses

En el capítulo pasado puse muy por extenso toda la razón de los siglos, que éstos naturales tenían, para gobernarse con sus ruedas, y que no podía comenzar ningún siglo, ni año menos, que por uno de los cuatro signos, o caracteres Calli, Tochin Acatl, Tecpatl; con tal artificio que, la rueda de los siglos daba nombre al año, que corría, para que por él, y el signo, que se seguía, corriese todo el año; y el fin del año, y sus cinco días intercalares manifestaban infaliblemente el año, que se seguía, sin que pudiese haber falta alguna, como veremos en la demostración así de la rueda de los siglos, como en la rueda y cuenta de los días del año.

Los años de todo un siglo se contaban por la cuenta siguiente, comenzando desde ce acatl, que fue el principio de siglo cuando vino, y llegó a la Veracruz el invicto capitán, y excelentísimo señor don Fernando Cortez, que fue año de 1519 a que correspondió aquel año de los indios de ce acatl, como tenemos dicho en la explicación del calendario de aquel año, que ajustado a nuestro cómputo, comenzó a 10 de marzo de aquel año. El orden de los años es como se sigue, comenzando desde ce acatl, que fue el primer año, y día de aquel siglo, en que vinieron los españoles.

Conque se ajusta el siglo de los cincuenta y dos años, y luego se seguía antes de entrar en otro año, y siglo, los trece días intercalares, y la cuenta de los días del año, que son 360 ajustada. Los cinco días intercalares, que se llaman Nenontemi, estos daban evidente demostración del signo, en que se comenzaba el año siguiente, como se verá en la cuenta del año, y tengo dicho otras, su infalibilidad, y evidencia, de donde se puede inferir, que la cuenta de los siglos, y años, y la de los días de los meses tuvo todo origen, y tradición de aquellos primeros hombres. Y el Demonio después como enemigo de Dios, y del hombre, procuró manchar esto, que por sí era bueno, y obra de la Naturaleza humana, y artificio del Ingenio de los hombres; con sus supersticiones e idolatrías.

Demostración y pintura de los siglos

2. Observaciones que los médicos y adivinos hacían
para responder a las consultas que les hacían

Aunque, es verdad, que tengo dicho arriba, que estos cuatro signos, o caracteres con que se figuraban los años, Calli, Tochin, Acatl, Tecpatl, significaban los cuatro elementos, como verdaderamente los significaban: Calli el elemento de la tierra, Tochin el del aire, Acatl el del agua, y Tecpatl el del fuego: fuera desto entremetidos estos signos en los dieciséis, que significan los días, y estos cuatro, que hacen el número de los veinte días de cada mes: tienen estos signos otra muy particular significación, y puestos estos en forma en la rueda de los días, que es la que se sigue, y de que se hace demostración.

Rueda y demostración de los veinte días de los meses

Estos cuatro signos no solo significan los elementos, sino los cuatro vientos Norte, Sur, Este, y Oeste, y las cuatro partes, y ángulos del mundo; Oriente, y Poniente, Norte, y Sur, y con la demostración de la Rueda; Acatl significa el

Occidente, Tochin el Norte, o Septentrión, Tecpatl el Sur, o Mediodía, Calli el Oriente: y todo esto tiene conexión, y significación con la fábula del Sol, que estos observaban, y en que fundaban sus supersticiones, como diré adelante, y porque fingen haber salido el Sol por todas cuatro partes del mundo, tenían estos signos en observación deste suceso, y un común adagio entre ellos muy repetido en la antigüedad suya, que para dar a entender, que uno no sabía (como acá decimos) de la Misa la media, ellos decían Cuitztticmati in naupatlahui:

Saber por ventura las cuatro Auroras, o nacimientos del Sol, y así estos días significados en estos signos como todos los demás, que les acompañan en el mes a cada uno dos antes, y dos después, como está en la estampa de los días; todos tenían sus particulares observaciones buenas o malas, que las observaban los médicos, y adivinos para responder a las consultas, que les hacían, o en los nacimientos de las criaturas, o enfermedades, o en los buenos, o males sucesos generalmente de todos, que son como se siguen, para mayor distinción de todo, porque todo es muy necesario para el intento, que se pretende.

1 Cipactli, bonísimo	11 Oçomatli, bonísimo
2 Ehecal, malo	12 Malinalli, bueno
3 Calli, malo	13 Acatl, bueno
4 Quezpalin, malo	1 Ocelotl, bonísimo
5 Coatl, razonable	2 Quauhtli, indiferente
6 Miquiztli, bueno	3 Temetlatl, o coscaquautli, malo
7 Maçatl, bueno	4 Ollin, bueno
8 Tochin, indiferente	5 Tecpatl, malo
9 Atl, indiferente	6 Quiahuitl, bueno
10 Itzcuintli, malo	7 Xochitl, malo

Sobre todos estos signos consultaban los agoreros, y maestros, y Titzitles, y hoy los consultan para los mismos fines, y si son cosas desdichadas los consuelan con que el hado lo causa así y les hacen ofrecer sacrificios al fuego, o al Ololiuqui conforme la materia, que es, y veremos abajo en la práctica de los sucesos, que tengo de referir: y si son cosas prósperas, los alentaban, y cada uno de estos signos tenía en su mala, o buena fortuna trece días de duración; de manera, que el signo era Cipactli, duraba hasta Acatl, y así todo lo demás; y si era de los inferiores como Ocelotl, contaban hasta Xochitl, y luego subían a Cipactli para ajustar el número de trece, y así todos los demás.

Y muchos de los agoreros en aquellos tiempos, si era mal signo, no querían poner mano en cosa hasta que pasasen los trece días de aquel signo, y es muy contingente, que algunos demasiado de ladinos usen estas observaciones; mas yo pienso que luego curan, o determinan el suceso con sus sortilegios, como diré más abajo en su lugar. Es este número de trece tan observado entre ellos, y cuenta tan infalible, que si pasaran sus cuentas o números, a otro número, no se pudiera ajustar su cuenta y así las tablas de los días de los meses, no embargante, que los meses sean dieciocho, las tablas, por donde se han de contar, y ajustar han de ser trece no más, y con ellas hasta para ajustar el número de dieciocho meses; como se verá en la demostración de los días, y su cuenta, que es la que se sigue:

3. Manejo de las tablas de los días

Para inteligencia desta tabla, antecedente, y el orden, que ha de advertir lo primero, que no obstante, que el primer carácter de los días del mes en orden sea Cipactli, no por esto ha de ser el primer día del año, ni del mes, porque el primer día del mes ha de ser el primer día del año, y el primer día del año no puede comenzar por ninguno de los dieciséis del mes, sino por los cuatro, que están en medio de cada cuatro siglos, como hemos visto en la pintura de los días, como son Calli, Tochin, Acatl, Tecpatl: y así en otro carácter no puede comenzar el año, ni los meses, y el año, y mes toma su denominación del carácter, con que comienza: si Calli; Calli se llama aquel año, y todos los meses comienzan con el mismo signo con diferentes números, conforme es el año.

Lo segundo se ha de advertir, que el primer día del año no se ha de buscar en las tablas de los meses, y días del año, sino en la rueda de los siglos de a cincuenta, y dos años cada siglo, y este signo hallado con su número, luego se ha de ir a buscarlo en las tablas de los días, en la tabla donde estuviere su número, y desde este día inclusive se ha de dar vuelta a la tabla hasta ajustar 260 días en el mismo signo exclusive parando en el antecedente inclusive, y se dará vuelta a toda la tabla hasta incluir todas trece tablas, conforme se hubiere comenzado; como si se comenzó por la cuarta ir contando hasta la trece, y luego volver a la primera, segunda, y tercera: y luego se vuelve a contar desde donde se comenzaron a contar los 260 días; los cien días, que faltan, y ajustados, que todos harán, 360, se contarán inmediatamente los cinco días intercalares; y estos infaliblemente manifiestan el signo, y número, conque comienza el año siguiente de manera que si la rueda del siglo daba nombre, y signo, y primero día, para el año, y mes: la tabla de los meses, y días manifestaba, y daba al siglo el año, número, y signo, que se seguía.

Y para ejemplo de todo lo dicho hemos de advertir lo tercero, que como dije arriba, el día, que el invicto capitán, y excelentísimo don Fernando Cortez entró en la Veracruz, que fue año de 1519 a 10 de marzo, ese día había comenzado un siglo nuevo en estos indios con el signo ce Acatl: y por esto ajusté uno de los calendarios a esta cuenta, porque fue el último año, que la idolatría obró libremente. Luego el año siguiente, que fue el de 1520, fue para estos año segundo de su siglo; que contaron Ome tecpall, y el año, en que se ganó la tierra fue el año de 1521, y contaron estos el tercero año de su siglo, que fue Yei calli. Pongamos en este número, y signo la práctica, y demostración de la inteligencia de los días del año.

Habiendo pues hallado en la tabla de los siglos este carácter con este nombre Yei calli, voy a buscarlo en la tabla de los días, y lo hallo en la primera tabla, en la primera línea de las casas en el tercero lugar, y deste este signo inclusive voy contando los meses de a veinte días, acabando siempre cada mes inclusive en el signo antecedente, y exclusive en el mismo Yei calli, con la diferencia de números, que le cabe; y habiendo dado vuelta a las tablas todas y vuelto a la primera de donde comencé ajusto en ella en el signo Ome ehecatl, los 260 días cabales, y para ajustar los 100 que faltan, comienzo otra vez desde Yei calli, hasta ajustarlos, que es desde la primera tabla, y en la primera línea de la tabla sexta en el segundo carácter, que es Ehecatl, y ajusto los cien días, y luego cuento los cinco días intercalares, que llaman Nenontemi, desde Calli, 12; Cueztpallin, 13; Coatl, 1; Miquiztli, 2; Matzatl. 3: y luego se manifiesta evidentísimamente el signo, que se sigue, que es 4. Tochin: que es el año, que se sigue en la rueda de los siglos, y por donde han de comenzar los meses de aquel año siendo el año, y primer día del mes 4. Tochin; y lo mismo se ha de observar con cualquiera de los signos de los siglos, en que comenzar el año, y haciendo la experiencia con curiosidad, hallará el que la hiciere la misma cuenta, e infalibilidad.

4. Signos de los acompañados, llamados también señores o dueños de la noche

A cada uno destos días, comenzando desde el primero, según que comenzaba la cuenta de ellos desde el primero daban uno de nueve acompañados, los cuales decían, que gobernaban la noche, o presidían en ella, sin tener más duración, que desde, que se ponía el Sol hasta que volvía a salir, y llamaban señores, o dueños de la noche.

El Primero señor, o dueño de la noche se llamaba Xiuteuctli, que quiere decir el señor del año, o, de la hierba, que es comúnmente entendido por el Fuego, y a cada uno de los nombres destos nueve añadían este nombre Yohua, que quiere decir noche, y sale de Tlayohua, que significa anochecer; y así añadían Yohua, y llamaban a este: señor, o dueño de la noche Xiuhtehcyohua, que es lo mismo, que decir, que es señor de la noche.

El segundo señor se llamaba Ytzteucyohua, parece este nombre derivado de Ytztli, que es navaja de piedra; o se deriva de Ytzcalli, que es renacer, y que coincide este señor nocturno con el mes diecisiete del segundo calendario, porque en él se hacía fiesta también, y era dedicado a Xiuteuctli, o Yxcoçauhqui, que es lo mismo; y debía de ser este signo, o señor, perteneciente al Fuego, como el primero; estos dos signos no eran buenos, ni loables, sino malos; y así las noches eran malas, y prohibidas.

El tercero se llamaba Piltzinteucyohua, que es lo mismo, que decir señor de los niños, o el niño señor dueño de la noche. Este signo era en opinión dellos bonísimo, y este Dios, o signo toca la fábula del venado, que se dirá en su lugar.

El cuarto se llamaba Cinteucyohua, que era señor del maíz, o, de la mazorca, o de los panes; este también tenían por bonísimo signo.

El quinto se llamaba Mictlanteucyoua, que quiere decir señor del infierno, y deste también decían, era bueno.

El sexto signo dominante a la noche, era, y se llamaba Chalchiuqueic, o, Chalchihuitli cueyohua, que quiere decir la señora, que tiene la saya de piedras preciosas, o esmeraldas, que comúnmente nombran así al agua los conjuradores, y también decían, era bonísimo,

El séptimo signo dominante se llamaba Tlatzolyohua, que era lo mismo, que diosa, o señora del amor, o Dios del amor; este signo decían, que era malo, y noche prohibida.

El octavo signo, que dominaba la noche se llamaba Tepeyoloyohua, que quiere decir médula, o corazón de los cerros, o montes, y era buen signo, y loable.

El nono se llamaba Quiauhteucyohua, que quiere decir señora de la lluvia; decían, que era bonísimo signo.

Todos estos signos tienen su fundamento en las fábulas de los indios, y en sus falsos dioses, y acompañaban todos los días del año teniendo solo su dominio de noche; de manera, que iban dando la vuelta, como la daban, y dan los días por las tablas, y comenzando desde el primer día del año hasta cumplir el número de 260 días, habiendo comenzado por el primero, que es Xiuteucyohua, cumplía el número de los 260 días en el octavo Tepeyoloyohua; y para ajustar los cien días restantes del año, comenzaba la cuenta por el nono, que es Quiauhteciohua, y así iba la cuenta hasta terminar los cien cabales, y todos los signos habían entrado cabalmente en el año cada uno por su turno, y lugar cuarenta veces que hacen el número de 360 días; en los cinco días intercalares no entraban, porque estos días no tenían signos; y aunque los cien días últimos de la cuenta del año se contaban por los mismos números, que los primeros, se distinguían, y eran diferentes por los signos coadjuntos nocturnos, que los acompañaban.

Y para más claridad pongamos el ejemplo en el mismo año Yei calli, en que pusimos el año: desde allí comenzaron estos dichos nueve signos, y fueron siguiendo su orden de los días hasta 260, y el Octavo signo, que fue Tepeyoloyohua entró en la primera línea de la primera tabla en el segundo signo, que fue Ome Ehecatl, que fue hasta donde se contaron los dichos días, y el nono signo comenzó el número de los cien días, que faltaban, acompañando a Yei calli que fue Quiauhtecyohua, y luego pasó al primero Xiutecyohua; y así se siguió el orden hasta acabar.

Y aunque es verdad, que muchas cosas destas no las observarán los dogmatistas, y maestros destos tiempos, para obrar con el orden dicho; aprovecháranse de la sustancia de ellas, y de las supersticiones para responder a sus consultas, y respondiendo persuadir a los que les preguntan; que sus dudas tienen fundamento en los dioses en los días, que unos son bien, y otros mal afortunados: y siempre hemos de sospechar, que el Demonio material, o formalmente ya en unos, ya en otros quiere conservar sus falsas doctrinas; y así poner en el capítulo siguiente algunas observaciones, que estos tenían a particulares signos, y días de los meses, a que aplicaban las buenas, o malas inclinaciones, que cada uno tenía.

Capítulo IX. De algunas observaciones, y signos pertenecientes a los días, y signos de todo el año

1. Predicciones a los que nacían bajo signos particulares de los días

En algunas observaciones, que estos tenían, a particulares signos de los días ya que no haya podido sacarlas por su orden, como solamente es para que los ministros conozcan las materias, en que los Dogmatistas pueden pervertirá los que les consultan así para sus hijos recién nacidos, como para sí, y en lo que les pueden hacer tropezar en sus antiguas observaciones, e idolatrías.

La primera observación, que tenían, era con el signo Ce Ehecatl dedicado a Quetzalcoatl, y cuando se acompañaba con el signo Atl, que es el agua, a quien llamaban Chalchiuhcueique: las mujeres, y hombres que nacían en este signo, o signos eran estériles, y aunque tuviesen hijos se les morían por esto, y no los lograban; y es muy de temer que consultados los Titzitles sobre esta esterilidad, o mal logro de los hijos, aconsejaran, que se hagan invocaciones, sacrificios, y penitencias a su modo, como diré más abajo, para remediar lo causado por el signo.

El segundo signo era Tezcatlipoca, o Titlacahuan, decían, que aquí nacían los hipócritas presumidos de virtuosos, y que se jactaban de ello, alabándose, a sí mismos, siendo embusteros, y mal intencionados, y que tendrían bienes temporales, pero tendrían hijos.

El tercero signo era Tezcatlipoca: se acompañaba con Teotlamacazqui, que es Dios de los sacerdotes, o sabios en los conjuros, y decían, que en este signo nacían los envidiosos, testimoñeros, y murmuradores.

El cuarto signo era Macuilti Xochiquetzatli la diosa Venus diosa de las flores; en este signo nacían los maestros de todas artes pintores, lapidarios, escultores, y compositores de cantos, y poetas: eran apacibles, y amados de todos, y tenían muchos bienes.

El quinto era Atl, o Chalchiuqueieque. La de la saya de piedras preciosas, y le acompañaba Ce Ehecatl, signo de Quetzalcoatl. Decían que en este signo nacían los que brevemente enriquecían, y brevemente se les consumía la hacienda, y que los hijos se les morían pequeños, y la hacienda se les volvía Sal, y agua, y se la llevaba el viento.

El sexto era Piltzinteuctli, el Dios de los Niños, y le acompañaba Tetzauhteotl. Los que aquí nacían eran melancólicos, que no hallaban consuelo, y que andaban sin reposo de aquí para allí, y que eran pobres, y desdichados, e inclinados a cazar, y pescar, y habitar en los montes, y serranías.

El séptimo era Quetzalcoatl, y le acompañaba, Quetzatl mallin. Aquí nacían los animosos, y valerosos, y que no los podían enhechizar, y que llegaban a viejos, y si eran principales eran muy poderosos en hacienda; y aunque fuesen plebeyos eran ricos, temidos, y respetados.

El octavo era Mictlanteuctli, y por otro nombre Teotlamacazqui, con que venimos en conocimiento, que los Tlamacazquez, o sacerdotes eran discípulos, y ministros del Demonio: Aquí nacían herbolarios, médicos, y parteras, y también nacían los que en breve tiempo morían, y los que con brevedad aprendían las artes.

El nono signo se llamaba Teotlacanexquimilli, que es bulto de oscuridad, o Neblina, o ceniciento, o Dios sin pies, ni cabeza, y lo acompañaban Tlatzolteotl, y Tlalteuctli; Aquí nacían los adúlteros, y los que eran muertos por el delito, y se llamaba Tlazolteomiqui el que muere por amores, y si era varón, lo llamaban Tlazolteotlah paliuhqui, al que le aplastan la cabeza con una losa; y si era mujer, la llamaban Tlazolteocihuatl.

El décimo signo era Teoiztactlapanqui, o Quetzalhuexoloquahtli, que quiere decir águila a modo de pavón con copete, y el Dios se llamaba, el que limpia la saliva de los dioses, metáfora de refrenarles la ira: En este signo nacían los grandes ayunadores, y de ejemplar vida, y adivinos, y que conocían también de hierbas, y eran médicos; pero no lo usaban y aborrecían las malas costumbres.

El undécimo signo llamaban Piltzinteuctli, y que le acompañaba Quetzalcoatl, y en este signo nacían los mercaderes ricos, y poderosos, y los que llegaban a ser viejos, era por su ayuno, y eran muy amigables.

El duodécimo signo llamaban Toeyaotlatohua *Huitzilopochtli*, que es el gran guerrero Dios *Huitzilopochtli*, y le acompañaba Teoyaomiqui que era la diosa de los muertos en la guerra. Dicen, que aquí nacían los valerosos capitanes, pero que en breve tiempo morían, y no llegaban a viejos.

El decimotercio signo llamaban Ollin Tonatiuh. Que es el 17.º signo del mes, y le acompañaba Citlalcueitl, que es la vía Láctea: Aquí nacían los valerosos capitanes, que de grandes soldados llegaban a serlo, y a ser capitanes generales, de quienes procedían largas, y generosas generaciones.

2. Predicciones a los que nacían bajo signos particulares de los días (continúa)

El décimo cuarto signo llamaban Tlatoca ozelotl, el rey tigre, y por otro nombre: Tlatoca Xolotl, que significa el emperador Xolotl de los chichimecos; de quien hace gran mención el padre fray Juan de Torquemada en su monarquía indiana: Los que nacían en este signo eran grandes señores, y envejecían en sus señoríos, y eran grandes ayunadores; y dados a las buenas costumbres, y tenían pocos hijos.

El décimo quinto se llamaba Xochiquetzatl, y Tlazolteotl, que es la diosa Venus, y le acompañaba el Dios de las lluvias Tlaloc. Los que nacían en este signo, decían, tenían hacienda, y muchas semillas; pero que la desperdiciaban, porque eran dados a mujeres y que aborrecían las mujeres propias por querer a sus mancebas.

El décimo sexto se llamaba Hahuiatl Teotl, el Dios de los juegos, y, de las burlas, y entretenimientos: Aquí nacían los grandes jugadores, y que jugaban sus haciendas, y llegaban a tanta pobreza, que se vendían así, y a sus mujeres por esclavos.

El décimo séptimo se llamaba *Huitzilopochtli*, o, Tetzauhteotl: es el Demonio, que los sacó de Chicomoztoc, y le acompaña Teotecpatl: en este signo nacían los que componían los ejércitos, y también hacían las armas, y los que eran causa, de que hubiese guerras, y también nacían los ladrones, y salteadores, y que vivían poco, porque, eran muertos por ello.

El décimo octavo signo era Ce Ehecatl, decían, que era mal afortunado, y que en él reinaba el Dios Quetzalcoatl, que es Dios de los vientos, y torbellinos, y decían, que el que nacía en este signo era Embaidor, y que se transformaba en muchas formas, que sería nigromántico y hechicero, o brujo, y que sabría toda suerte de hechicerías, y maleficios, transformándose en formas diversas de animales, y si fuese hombre plebeyo, sería peor encantador, y embustero, y de aquellos, que llamaban Momacpal ittoh ticque, que quiere decir, que bailan con cierta mano; y para que sepan los ministros, qué género de embuste diabólico es este, porque puede ser, que se use hoy esta especie de gente: eran ladrones y esto se entiende de los varones; y si era mujer la que nacía en dicho signo, sería también hechicera, bruja, de las que llamaban Mometzcopinqui, que quiere decir a la que arrancaron las piernas; hacían estos ladrones sus hurtos con el siguiente orden.

Aguardaban un signo de los que tenían por favorables para este efecto, uno, de los cuales era Chiucnahui itzcuintli, o Chiunahuimiquiztli, o Chiunahui malinalli, o todas las casas novenas de cada signo, que decían ser contrarias a la buena fortuna; y así eran favorables a los hechiceros, o maleficios, o para ladrones, y los que ejercían este oficio, y arte eran siempre pobres, o desdichados, melancólicos, sin tener, de qué sustentarse, ni casa, ni hogar, en que recogerse, y se mantenían de lo que les daban algunos, a cuyo pedimento hacían algún maleficio, para vengarse de sus adversarios, o de quien les hacía algún pesar, y cuando era llegado el tiempo, de que acabasen con su mala vida, acabado de hacer algún malhecho, los prendían y les cortaban el cabello de la Coronilla de la cabeza, que con esto decían, que perdían la fuerza, y potestad de hacer daño, y entonces los Caciques les clavan garrote, y acababan con su mala vida; y el llamarse estos Momacpalittotique Tepopotza quahuique, era porque cuando querían hacer un gran robo, hacían la imagen, o carácter de Ce Ehecatl o, de Quetzalcoatl, y juntábanse hasta quince, o veinte, y salían bailando juntos hasta la casa, a donde iban a robar, capitaneando el que llevaba la imagen, y tras este iba otro, que llevaba un brazo desde el codo de una mujer, que hubiese muerto de parto, y había de ser primeriza, y cortábanselo sin ser vistos, como por hurto, que para el propósito dicho, tenían prevenido este brazo seco, y con él pues, entraba el que lo llevaba, en la casa daba dos golpes en el suelo con el brazo de la muerta, y el dicho brazo llevaba sobre el hombro el ministro de Satanás.

Y habiendo dado los dos golpes con él en el patio de la casa, daba otros dos en el umbral de la puerta, por donde se había de entrar, y otros dos en la misma puerta, con esta diligencia adormecían, y atontaban los moradores de la casa, y nadie se movía de su lugar sino que se quedaban como atónitos los que estaban despiertos, y los otros dormían en profundo sueño, y los que velaban, aunque los veían robar, no hablaban, ni se movían de sus lugares; encendían luz los ladrones, y con ella buscaban todos los rincones de la casa, y robaban todo lo que había sin dejar trojes, ni filos, ni dejar cosa, que fuese de importancia, comían muy despacio, y hacían sus líos, y sacábanlos fuera; y con las mujeres hacían mil torpezas con violencia; salíanse a todo correr de la casa robada con el robo acuestas, y si alguno se sentaba a descansar de vuelta del robo decían, que no se podía levantar más del suelo hasta el día, con que lo cogían con el hurto en las manos, y por él se descubrían los ladrones compañeros; e idos los ladrones entra el llanto, y extremos de las mujeres, y las voces de toda la casa, y este signo, según dijimos, tenía su duración hasta Ocelotl que son tres casas.

3. Predicciones a los que nacían bajo signos particulares de los días (continúa)

El signo llamado Ce Quautli es décimo nono de estas advertencias, y tiene su duración hasta 13. Maçatl; teníanle por mal afortunado, porque en él decían, descendían las diosas llamadas Cihuateteo, y que no bajaban las ancianas; sino las más mozas, y que empecían a los niños, y así los padres, y madres no los dejaban salir de casa en estos días, que eran el coco de los niños, porque les embestían, y hacían, que hiciesen visajes; y así adornaban los altares destas diosas con flores espadañas, y otros ramos, y estos altares estaban en las encrucijadas de las calles, y por los caminos, y los que habían hecho algún voto a estas diosas, ofrecían en estos días en los altares de ellas comida y bebida, y copal, y otros aromas, y esta comida aplicaban para sí los que cuidaban destos oratorios, y los viejos, y ancianos, visitaban a los vecinos, y parientes unos a otros y decían, que los que nacían en este signo, si eran varones, eran osados, y valientes, y desvergonzados, y presuntuosos, y decidores, y presumían de burlones, y discretos, y lisonjeros, y que al fin morían en la guerra; si eran hembras, decían, que eran deshonestas, y sin vergüenza, y que eran murmuradoras, y que se burlaban de todos, y maltrataban de obra, y de palabra a las otras mujeres.

El último signo era Ce Xochitl, y tenía sus trece días de duración hasta Malinlli. Los que nacían en este signo, decían que eran dichosos, y granjeros, vividores, y guardosos, y que miraban adelante, y lo mismo era de las mujeres, que cuidarían de sus casas, y familias, y tenerlas siempre mantenidas, y otras cosas buenas de esta manera.

Y es muy de notar acerca del signo Ce Atl, decían, que los que nacían en este día, si tenían alguna felicidad era en el principio de su vida o en la primera mitad de ella, y en la otra mitad segunda eran desdichados, y por la mayor parte morían muerte desastrada: era este signo dedicado a la diosa Chalchihuitlicue: hacíanle fiesta los que navegaban en canoas, y tenían trato por agua; llamaban este signo indiferente, porque decían, que cual, o, cual de los que nacían en él eran venturosos, y todos los demás mal afortunados, y morían mala muerte; y si tenían algunos bienes los gozaban poco, porque al mejor tiempo se les acababan, y la buena fortuna; y por eso se decía entre ellos el refrán: que en este mundo un día era bueno, y otro malo, y que los que comenzaban la vida con fortuna, la acababan con miseria, y pobreza; y al contrario hacíanle fiesta a esta diosa cuando se la hacían en el templo desta imagen, o en el Calpulco, que es lo mismo.

A los que nacían en este signo no los bautizaban luego con el bautismo de pasarlos por el fuego; sino que lo diferían procurando vencer lo malo, e infortunio del, y los bautizaban el séptimo día, o para el décimo, o en otro de los que se seguían hasta el décimo tercio signo, que era Cipactli, por buscar un día dichoso, en que hacer su ceremonia, y es muy para que adviertan esta observación los ministros, no observen lo mismo con los bautismos de la Iglesia, y quieran regirse, y gobernarse por lo antiguo, y supersticioso, y más cuando hay algunas malditas parteras, que observan no mudar la parida de junto al fogón hasta el cuarto día, y entonces hacer la ofrenda al fuego, y pasar las criaturas por él: y todos estos signos, y observaciones, que y puesto, es para que los ministros califiquen las consultas, que se les hacen a los médicos, adivinos, y sortílegos, y a que los padres las hagan por el nacimiento de sus hijos, para reconciliarles el hado, como veremos después; ya que por sí en los trabajos, que padecen atribuyéndolos, como idólatras a sus signos, y no como cristianos a sus pecados.

Capítulo X. De las dieciséis fiestas movibles, que tenían los indios demás de las del calendario, fijas y de tabla

1. Ofrendas que hacían los indios y ceremonias con que celebraban las fiestas movibles

Eran estas fiestas tan de obligación entre los indios, que aunque concurriesen con otra fiesta del calendario en un mismo día no por eso se había de dejar de hacer, porque el mismo día se celebraban las dos fiestas en cuanto a la ofrenda y derramamiento de sangre humana, y sacrificio de cautivos, y el día siguiente se hacía la fiesta del transferido en cuanto al regocijo y aplauso de la pompa, y entretenimiento.

Traen estas fiestas su origen desde el imperio de los Culhuaz, que fue tantos años antes, que el de los mexicanos, y uno de los primeros emperadores mexicanos, habiendo entendido, que en tiempos atrás los sacerdotes del templo habían hecho injuria al Dios Tezcatlipoca en una fiesta fija suya, con la cual aquel año había concurrido otra fiesta movible de *Huitzilopochtli*, su Dios de las guerras, prefirieron por algunos días la fiesta movible a la fiesta fija, y no teniendo cuenta, que acabada una fiesta, se celebrase otra; el Dios Texcatlipoca se indignó de manera contra los Culhuaz, que desde allí se entendió por la ira, que no habiendo podido disimularla, les manifestó cómo el estado de los Culhuaz se había de perder en los tiempos venideros, y que habían de venir todos en conocimiento de un Dios hasta aquellos tiempos, ni visto, ni conocido, y la gente toda se había de sujetar a servidumbre de unos barbados extranjeros; y conocido este caso los emperadores mexicanos por edicto público mandaron, que concurriendo fiesta movible, cuya calidad hubiese de preferir a la fiesta fija; habiendo cumplido con la solemnidad de la fiesta movible, otro día siguiente se hiciese, y cumpliese con la obligación de la fiesta transferida.

PRIMERA FIESTA MOVIBLE

La principal fiesta, que estos tenían, era al Sol porque era el primer Dios, a quien los Culhuaz reverenciaron, y traía su origen de sus antiguos fundadores del estado de los Culhuaz; unas veces caía esta fiesta en un mes, y otras en otros, en que no había punto fijo, ni ahora para este intento importa saber más de las ceremonias, que usaban, para ver si en algo observan hoy en algunas fiestas de las de la Iglesia lo une antiguamente usaban, haciendo memoria de ello.

Esta fiesta era principalmente de obligación de codornices descabezadas (y ofrecida la sangre de ellas al Sol) repartían por mano del sacerdote, o Tlamacazqui para el señor emperador, y reyes, caballeros, y nobles del estado de los Culhuaz; y no se había de comer manjar alguno a la mesa, que no hubiese copia de las codornices: muchos había, que participaban del mérito de las al Dios ofrecidas, por estar con ellas revueltas, aunque no fuesen de las ofrendas.

Hacíase una temporal fiesta por el señor emperador abastecida de todo, y ofrecíase copia de cautivos ganados en la guerra; era esta fiesta de su primera institución ofrendada de sangre de orejas generalmente entre chicos, y grandes, sin excepción de persona: ofrecíasele al Sol, poca, o mucha la que cada uno voluntariamente se quería sacar, y remataba la fiesta con mucha comida, y bailes, que era el principio, y fin de ella.

Después por una victoria, que tuvo uno de los emperadores, que no importa saber, cual fuese, se pasó a la crueldad del derramamiento de más sangre, y sacrificios de cautivos, que el Demonio no se contentaba con tan poco como sangre de orejas; pues quería almas también, que atormentar en el infierno; como constara adelante, capítulo 12, párrafo 2.

2.ª FIESTA MOVIBLE

La segunda fiesta movible era como fiesta de cofradía de pintores, tejedores, y labranderas, y se hacia con excesivos gastos, y para cumplimiento de ella ofrecían voluntariamente lo que cada uno quería; pero la principal ofrenda era sangre de los dedos, y, de los parpados de los ojos; y los varones desta cofradía tenían por su abogado y patrón al Dios Chicome Xochitl, que fue el inventor del pincel; y las mujeres a la diosa Xochiquetzatl, que fue la primera, que inventó las labores de los tejidos: y no era esta fiesta tan de burla en su solemnidad; que la instituyó uno de los reyes, o emperadores desta monarquía, y su mujer, y la solemnidad era con mucho cuidado para celebrarla, y guardarla, como debían, porque fuera de las ofrendas, que hacían, que eran con excesivo gasto, y número de codornices, ayunaban los cofrades cuarenta días antes de la fiesta, así hombres, como mujeres.

3.ª FIESTA MOVIBLE

La tercera fiesta movible se hacía a las diosas, que ellos llamaban Cihuapipiltin, a las cuales reverenciaban a honra de las preñadas, porque estas eran las que por razón de malparir morían, a las cuales todas luego que cada cual espirase en semejante trance la dedicaban; a estas tenían por intercesoras entre sus dioses, y ellos para que los partos fuesen fecundos, y saliesen a luz, les hacían fiesta: instituyola un gran señor, que por haber muerto su mujer de parto, a contemplación suya todos tuvieron por diosa a su mujer, y la deificaron, era fiesta de casados hombres, y mujeres, y en la solemnidad temporal era fiesta general de todos.

Pero para lo espiritual, y en razón de la ofrenda los casados la ofrendaban con sangre poca, o mucha sacada de debajo de la tetilla izquierda, o, de los ojos; esta sangre así sacada, y la que recogían en tirillas de papel revuelta con las mismas tirillas, en que algunas puntas de ellas se recogían, y echadas en unos vasos de barro, ardían delante de las estatuas destas diosas Cihuapipiltin: ofrendábalas a su voluntad, sin que hubiese cosa alguna señalada, buscábase una mujer ramera, y hacíase sacrificio de ella.

4.ª FIESTA

La cuarta fiesta movible era muy solemne, y en ella se hacían grandes fiestas a todos los dioses del vino, que no eran pocos; pero la advocación de su borracho Dios era Izquitecatl, que fue el que perfeccionó el vino por el orden, que ellos tenían; y así le daban el segundo lugar entre los dioses, que ellos tenían de sus borracheras.

Esta fiesta era de los labradores, que cogían gran cantidad de aguamiel de los magueyes, que beneficiaban; era a cargo destos en el templo deste Dios, o en el patio poner dos, o cuatro, o más tinajas muy enramadas llenas de vino, que nosotros, y ellos llaman hoy pulque blanco; y otras de aguamiel para yentes, y vinientes que por unos cañutillos corrían sobre unos lebrillos cubiertos, sin que cosa se perdiese; de todo esto se ofrendaba al ídolo Izquitecatl primero que nadie tocase allo; y cumplido esto andaba la borrachera lista por la licencia, que este día se daba generalmente a todos por los jueces, era también fiesta de taberneros, los cuales hacían el gasto este día, y sacrificaban un hombre, y una mujer borrachos: instituyó esta fiesta el primer señor, que se emborrachó en público.

5.ª FIESTA

La quinta fiesta movible se hacía muy solemne, porque era fiesta de los emperadores, y reyes, y de la nobleza del estado de los Culhuaz, y mexicanos: hacíase a un Semiteotl, o signo de los de su cuenta, que llaman Ce xochitl, en conmemoración de que aquel día un grande señor, y emperador tubo de una victoria grande de sus enemigos: esta fiesta celebrábase con hábitos, y aparatos reales, y comida real, y regocijo todo majestuoso; ofrecíanse, y sacrificábanse en ella diez cautivos, y dos capitanes prisioneros, si los había.

En esta fiesta salían las más principales divisas, que ama en la casa real; hacíanse, y labrábanse para este día por todo el año en cada barrio muchas, y muy costosas plumas adornadas de mucha argentería de oro, y muchas cosas costosas con otras, que en los plumeros iban asentadas; había de sobrepujar en esta fiesta lo nuevamente labrado a todo lo demás, que había prevenido de los años atrás.

En este día los emperadores hacían mercedes a sus capitanes, y valientes hombres, y a los principales criados de su real palacio, y a honor suyo desde los reyes; hasta los medianos caballeros hacían en tal día como este liberalidades crecidas a los suyos; en este día eran los músicos remunerados del emperador con remuneraciones más que ordinarias; componíanse para este día cantares nuevos, y no se había de cantar cosa que no fuese señalada para aquel día; entre los cantares nuevos se había de revolver ningún cantar de los viejos y el cantor, que tal hacía, y cantaba mezclando lo uno con lo otro, era privado del oficio.

2. Ofrendas que hacían los indios y ceremonias con que celebraban las fiestas movibles (continúa)
6.ª FIESTA

LA SEXTA FIESTA se hacía a honra de Quetzalcoatl Dios de los vientos, y esta fiesta era propia de los señores del estado mexicano. Hacíase en honra de los Tlenamacaniz, y ministros, y sacerdotes suyos; dábaseles de comer al sumo sacerdote Axcautli tlenamacani, y a los demás consortes suyos en la casa, que tenían al lado del Teocatl, llamada Calmecatl (que es corredores), la cual servía de recogimiento, y escuela de los que se ofrecían por monacillos del culto de sus dioses.

La ofrenda, que se les enviaba por ser de acarreto, y de muchas casas muy poderosas no tenían número, sobraba todo aquel día; cada uno de los que ofrendaban enviaba en un pequeño salero juntamente con su ofrenda ocho o diez gotas de sangre, y más si quería de la suya propia; recogíase toda la que se enviaba por esta forma con las tiras de papel ensangrentado en cada salero, y vista la cantidad, que había, se repartía por los altares de teocalli, y ardía con copal hasta que se consumía toda la sangre, y en el entretanto los Tlamacazquiz y ministros del templo comían a dos carrillos; pero bebían con moderación, no habiendo de comer más tiempo de cuanto tardase de quemarse, y consumirse la sangre ofrecida; lo demás guardaban para cenar a la noche; había guardas para esto de los mismos ministros; y tenían por siniestro, y agüero grande comer después que se, hubiese consumido la ofrenda de la sangre.

7.ª FIESTA

La séptima fiesta movible era a su Dios Tezcatlipoca, y por otro nombre Ti itlacahuan nombrado. Era fiesta general para todos desde el emperador hasta el menor vasallo suyo, porque tenían por Dios de la providencia a este Tezcatlipoca, y porque estuviese todo bien dispuesto, y proveído, le hacían esta fiesta con gran celo, y cuidado, y todos le daban grandes honores.

Era también esta fiesta de los servidores de damas, y por esto todos aquellos, que amaban mujeres en este nombre de Ṭi itlacahuan era reverenciado Tezcatlipoca, que era como si dijéramos el Dios Cupido, y por esta razón instituyó esta fiesta un gran señor por la afición que tenía a las mujeres hermosas. No había casa grande, ni chica, donde no hubiese capilla, u oratorio con imagen deste Dios, y con ella los de aquellos dioses, con quien tenían devoción el señor de la casa. La estatua de Tezcatlipoca chica, o grande, en tal día como este se adornaba conforme a la posibilidad de cada uno, y a respeto della se hacía la fiesta particularmente, y había los convidados a este respecto.

La general era fiesta crecida, intervenía derramamiento de sangre sacrificada de cautivos, y de esclavos vendidos, y comprados, o por rescate; gastábase en esta fiesta gran cantidad de incienso, porque era general la ofrenda del en los Teocales, y oratorios de las casas: en la de los emperadores había de haber desde mediodía antes de la fiesta cien sahumadores encendidos sin intermisión en la capilla de Tezcatlipoca, cuyo fuego siempre ardiese; sebábase con sangre de codornices descabezadas en el Teocal; era exceso la ofrenda de ellas: por los barrios, o colaciones donde hubiese Teocali chica, o grande, había de haber, y estar la imagen deste aderezada, aunque la dedicación del fuese de otro Dios, y la ofrenda de un tal día había de ser a él solo con abundancia de incienso, y había de arder siempre.

8.ª FIESTA

En esta fiesta octava hacía el estado de Culhua gran regocijo, y estaba aplicada a los jueces, y justicias superiores, e inferiores; hacíase a honra de las diosas, que decían llamarse Teocihuapipiltin; pero no con la advocación, que las otras; sino como si dijéramos las diosas de las furias, porque entendían estos bárbaros, que tal día como este viajaban estas diosas de los cielos a la tierra, y con géneros de enfermedades inauditos, y exquisitos herían a cuantos topaban fuera de sus casas: era entre ellos tan introducida la ciencia de esta superstición, que pocos salían de sus casas este día sin temer que volverían o tullidos, o leprosos, o asmáticos, perláticos, o sarnosos, o paralíticos, o con otra desdicha de enfermedad a sus casas, y después de haber prevalecido esta superstición entre ellos, estos jueces por buen gobierno hacían se hiciese esta fiesta para aplacar la furia de estos dioses, y obligarles no hiciesen tanto mal a la gente.

Tenían todos por remedio antes de salir de sus casas haberles ofrendado con su sangre, y tirillas de papel con copal, y otros perfúmense a sus estatuas en sus oratorios dentro de ellas; o haberles dejado el día antes la ofrenda, que se les ofrecía en sus Teocales, y a estos templos llamaban Cihuateopan: el ornato destas diosas, y de sus estatuas era el papel de colores, que ellos, llamaban Amacitehuitl: el sacrificio que aquel día hacían los jueces, era de los que ellos tenían condenados a muerte por delitos, que por ellos los tenían presos.

9.ª FIESTA

La nona fiesta movible se hacía por los señores del estado de Culhua al Dios de los infortunios llamado Tetzauhteotl, Amatecihuitl, que es papel, que parecía granizo, porque el aderezo lo simulaba; el cual, porque cosa adversa en las guerras no se les ofreciese, le daban estos divinos honores de la fiesta; estaba dedicada a los mercaderes por tener grato a este Dios; solemnizábanla grandemente: de conformidad hacían ellos a los caballeros del estado un solemne, y suntuoso banquete en público. Los señores del estado daban los presos de las cárceles por delitos para el sacrificio deste día, temiendo, que no mandándolo hacer así, para que este Dios estuviese aplacado, que les sucederían las cosas del gobierno contrarias a sus deseos. Esta fiesta instituyó un gran señor de ellos, por tener muy grato a este Dios en las guerras, que se les ofreciesen en adelante.

En esta fiesta hacían los mercaderes feria franca, no tanto para vender, como por manifestar lo que allí obraban, y por obrar con la superstición, que tenían en la mercancía al Dios de los infortunios, y por desbaratarlos con esta fiesta, y para no acordarse del, ni de ellos, hacían ventas, y ferias de cosas galanas, y vistosas, que traían de fuera parte de ellas; y en esto entretenían al día aciago de la fiesta con grandes entremeses, que entre unos, y otros mercaderes pasaban sobre el contar sus ganancias, y buenas venturas, y de los atrevimientos, que por razón de las mercaderías habían tenido en tierras remotas amigos, y enemigos del estado de los Culhuaz, por donde habían peregrinado.

10.ª FIESTA

La décima fiesta se hacía por el pueblo todo otra vez a honor de Tezcatlipoca su Dios; pero tenía parte en ella el Dios Omocatzin, a cuya distribución estaban los bienes temporales; hacíanse unas imagines de palo, de barro, o, de piedra tosca labradas, en las cuales estaba Tezcatlipoca figurado, teniendo de la mano al Dios Omocatzintli; estas se vendían por los Oficiales de ellas este día en cantidad; llevábalas cada uno a su casa, y componíanlas más, o menos honrosamente como su puesto, y hacienda era; convidaba a los vecinos al convite; estaban estos dioses referidos delante, poníanles su porción de comida, o ofrecíansela toda, y rogábanles, que comiesen de ella, haciéndose del rogar, y ellos decían con mucho respeto:

Ya vemos, que no habéis menester nuestros bienes, ni comidas; sed servidos, que la repartamos entre los asistentes, y amigos ausentes, para que de ello tomen unos; y otros documentos y argumentos de vuestras mercedes, y otras, que les haréis; con esto, después de haber ellos comido, partían aquella ofrenda, mediante lo cual iba satisfecho el que de ella parte tubo, que aquel año le iría bien de bienes temporales, y el que hizo la fiesta, hasta cumplido el año no dejaba salir de su casa a los dos dioses dichos, porque tenía por superstición echar tanto bien de su casa; cumplido el año, daba aquellos dioses al vecino más pobre de su vecindad, y él compraba otros y de los nuevos: en esta fiesta eran muchas las supersticiones: el sacrificio de estos dioses, que se hacían de hombres, aves, y animales había de ser todo, de cosas hermosas, gordas, y no flacas.

3. Ofrendas que hacían los indios y ceremonias con
que celebraban las fiestas movibles (continúa)

La undécima fiesta movible se hacía a honor de las muy estimadas vestiduras y ornamentos de su Dios *Huitzilopochtli*: estos eran costosos, y muchos, y en esta festividad hacían reseña de ellos, y reverenciábase este día la figura de Camaxtli padre de los dioses; la casa del estado hacía la costa de la comida deste día; dábanse diversas comidas de manjares extraordinarios, y diferentes sabores: comían de ellos los señores emperadores de los estados de Aculhua, y México; pero antes que de ellos comiesen, habían de ser ofrendados delante de las ya referidas imagines, y bendecidos por el Achcauhtlitlenamacani, y el primero este día era el emperador el que servía por mano de los ministros inferiores Tlamacazqui mosahuani, era el primero de los sirvientes de los ministros Tlaloquez.

La ofrenda principal deste día era de codornices descabezadas, y el efecto della estaba, en que participasen las estatuas de aquellos ídolos de alguna sangre de ellas, y así les
untaban los rostros con ella, y luego se repartían con gran
reverencia por mano del Achcautlitlenamacani con grandes
ceremonias, que primero que se repartiesen, se hacían.

Lo que era ofrenda del emperador, o rey un tal día, como
este, era cantidad de olorosas flores, que de sus provincias
podían traérsele, y era estatuto antiguo, que descalzo, digo,
sin suecos, o cacles en sus pies y vestido de sola una tilma, o
manta el mismo señor entrase así a ofrecer a los dioses.

Y al salir del templo le estaba un rey, o gran señor aguardando con diversidad de olorosas flores muy acompañado
de gente, para ofrecérselas, y acabadas de recibir, venía el
sucesor de aquel estado antes que de allí se mudase, y le ponía al dicho emperador cacique otras tantas delante de sus
pies en reconocimiento de su soberana grandeza; y de aquí
se iba a hacer un solemne mitote, en el discurso del cual se
sacrificaban cuatro esclavos a honor de ambos dioses.

12.ª FIESTA

La duodécima fiesta se celebraba por tercera vez a las
diosas iras Cihuapipiltin en un signo llamado Ce oçomatli; era fiesta de madres, que amaban a sus hijos criándolos;
hacíaseles esta fiesta a estas iras, o diosas de temor, porque
decían, que bajaban a la tierra a hacer mal tan solamente,
y a poner pestilencias, y males contagiosos en los niños tan
solamente, que a pechos destas madres se criaban, y era entre estos naturales tan eficaz esta superstición, que desde la
víspera del día, y el día, y noche hasta que amanecía mujer
que criase, no salía de su casa, porque no fuese encontrada
la criatura, que criaba de ellas, y así se ofrecía este día, o,
otro después en ofrenda un niño; afirmaban, haber topado

las iras con él, comprábase de limosna, como si dijésemos dos muchachos, cuya sangre en nombre de todos se ofrecía: no había danza, ni regocijo este día, y todos comían a puerta cerrada en semejante fiesta.

13.ª FIESTA

La décima tercia fiesta movible se celebraba a honra de Xinteuctli: Dios del fuego; era fiesta de gente noble así para honrarlo en su templo como fuera del en los oratorios, que cada uno tenía en su casa, ofrecíasele copia de copal, y el sacrificio era de Codornices; aderezábase ricamente su imagen; sacábanla adornada en público lo más costosamente que podían; bailábase en su presencia; sacrificábanse los que se ofrecían, que eran hombres, y medio quemados, se les sacaba el corazón. Este día había elección de jueces, y nombramiento de los que habían de ser elegidos, o señalados por feudatarios del Imperio, y los que morían de los feudatarios era sede vacante; hasta este día desta elección era muy solemne el mitote, y baile, que se hacía, y muchas liberalidades de los puestos al feudo concluido, con esto dentro de la octava desta fiesta se pregonaban las guerras públicas, o abiertas, que había de tener el imperio.

14.ª FIESTA

La décima cuarta fiesta se hacía a la diosa del agua Illamacueitl, o, Chalchiuhycue, que todo era una misma cosa; esta fiesta era de pescadores, o tratantes en cosas de agua, o por compra, o por venta celebrábanla con gran aparato; la ofrenda era de cosas de agua, o pescados, o aves; componíase, o aderezábase su imagen con instancia: salía en público, y estas gentes la regocijaban con bailes, y sacrificios de sangre humana; a esta diosa se acudía para los que morían ahogados.

15.ª FIESTA

La décima quinta fiesta movible se celebraba por la gente noble mexicana desde el emperador, o reyes hasta el escudero de presunción, como dicen los refranes antiguos, desde el que tiene capa, hasta el que no la tiene; era también fiesta de mercaderes ricos, hacíase en general una vez en el año como cayese, y en particular cada uno en su casa al nacimiento de su hijo, o hija: los gastos desta fiesta salían de la casa de la Tecpan, que es como ahora de bienes de comunidad, de los cuales se compraban esclavos que se sacrificaban, y si acaso a algún gran señor le nacía hijo, o hija dentro del Octavario, estaba obligado a festejar esta fiesta; y así de ordinario se hacía muy costosa, y opulentamente a la criatura, que nacía, daba la partera nombre; es de creer que sería con parecer, y acuerdo de los padres, y es de saber, que como algunos de los días de la semana más infaustos, que otros, aguardaban a darles nombres en otros días dichosos, como hemos dicho, y todo venía a parar en supersticiones, y agüeros.

16.ª FIESTA

Esta fiesta décima sexta movible celebraba el pueblo a honra del Dios de los matrimonios, y así era fiesta común, y acudían todos con lo que les mandaban que diesen, y contribuyesen para la solemnidad de ella, la cual se celebraba con gran regocijo: componían el Dios, y diosa de los casamientos, que unos decían, era Mixcoatl, y su marido Chimalmatl, padres de Quetzalcoatl; otros decían, que estos dioses eran Quetzalcoatl, y Chalchihuilicue; porque a estos hacían fiestas los reyes cuando se casaban.

Y después lo sacaban con grande aparato festivo por el pueblo, y colación del: era fiesta para todos estados, y así en común era celebrada; los mozos por casar entraban en la solemnidad desta fiesta muy emplumados cuanto podían, o los va casados, o que estaban para efectuar sus matrimonios, con hachas de rajar leña, y con mecapales colgarlos de sus hombros como hombres obligados va por su estado al trabajo; y las ceremonias destos casamientos eran muchas: los sacrificios de día eran de todo género de caza, y de pescado, y con esto el sacrificio de un mozo el más haragán, y para poco, que había en el pueblo, o calpul. Hacíase por el Achcautlitlenamacani un gran sermón en público por el cual se persuadía a los oyentes a los trabajos del campo, o a los de la guerra, o a los de la mercancía por el bien general de la República.

Capítulo XI. De algunas anotaciones pertenecientes a los calendarios, para mejor, y más plena inteligencia de las supersticiones

1. Las aguas se compraban con sangre de niños

Siempre e tenido propuesto, que las cosas, que aquí pusiere en este manual sean muy ajustadas a las razones, y verdades, de donde las y sacado; y así a la letra puse el calendario del padre fray Martín de León, y el otro calendario con sus pinturas, y después acá y hallado algunas circunstancias necesarias para advertir, así en los unos meses, como en los otros, no porque hubiesen ignorado sus autores, sino porque debieron de tener por cierto no ser necesarias, y como el intento deste manual es hacer muy capaces a los ministros, para que prediquen todo lo que conviniere, es muy necesario, que sepan las muchas circunstancias de crueldades, y temeridades, que el Demonio les hacía hacer, que no parece, que podían caer en los límites de naturaleza humana, que naturalmente está instando, a que cada individuo se ame a sí, y desee su propia conservación, y el amor natural de padres a hijos, y de hijos a padres.

Y todos estos fueros se quebrantaban con estos; pues ninguno había escusado para el sacrificio; pues los padres vendían sus hijos para los sacrificios, teniendo en esto más privilegio los animales, que los hombres, y por ningunos se puede decir mejor, que por ellos, lo que dijo Cesar Augusto por Nerón, como refiere Macrobio, libro 2.º, capítulo 4.º Saturnalium: que habiéndole dicho, que había mandado matar los niños inocentes hasta su mismo hijo dijo: Se male suem, quam filium Herodis esse; que más quería ser un animalejo porcino, que hijo suyo, porque no podían comer carnes porcinas estos animales estaban seguros, de que no los matase, y no lo estuvo su hijo.

Muchos animales de los indios tenían privilegio de vida, que no tenían los propios hijos; pues los padres los vendían para sacrificarlos, y los sacerdotes del templo tenían cuidado en los cinco días intercalares, que llamaban Nenontemi, comprar la cantidad de niños, que bastasen para en los primeros cuatro, meses de su año en los primeros días de cada mes se fuesen sacrificando a los dioses de las aguas Tlaloc, y a Chalchiuhicue su hermana, y a Quetzalcoatl Dios de los vientos, para que no dejase desperdiciar las aguas, sino que cayesen en sus labores, para que las tierras se cultivasen; y a los demás dioses de los otros tres meses e iban haciendo estos sacrificios de niños hasta que copiosamente llovía; pues con sangre de niños se compraban las aguas.

Y es bien advertir esta ceremonia, y como daban las carnes destos niños a comer a los que los compraban para sacrificarlos, y otras ceremonias crueles hacían en estos meses, y en los demás; pues en el mes Tlacaxipehualiztli todos los esclavos, que se sacrificaban, habían de ser desollados, y se ponían sus pellejos los amos, que los sacrificaban: pues no puede ser mayor inhumanidad, y crueldad, y es muy bien ponerlo todo; pues como dice el águila de la Iglesia, Agustíno, sermón 44. de Sanctis, hablando de los mártires de la Iglesia decía: Duo nobis praecipue considedranda sunt: indurata videlicet tortoris saevitia, el Martyris invicta passientia. Saevitia tortoris, ut eam detestemur: passientia Martyris, ut eam imitemur. Hacía memoria de la crueldad de los tiranos, para detestarla; y de la paciencia de los Mártires, para imitarla.

Hagamos aquí memoria de la inaudita crueldad desta gente, pues ni aun los hijos estaban seguros; y la mucha paciencia de Dios Nuestro Señor en sufrir tantos años tan graves pecados; y comparando las crueldades de sus dioses falsos, y la insaciable sed, que el Demonio tenía de sangre humana, con la benignidad de Dios Nuestro Señor, y la suavidad de su ley; pues no quiere, que nadie muera, ni se quite la vida, sino que le sirva vivo con penitencia: Nolo mortem peccatoris; sed ut magis convertatur, et vivat. Ezequielis. 33. Es un motivo muy fructuoso, para mover a estos miserables a penitencia las crueldades que el Demonio hizo con sus antepasados, y la benignidad, y misericordia, con que Dios Nuestro Señor los trata, siendo así que los que sirvieron al Demonio en su gentilidad están en tormentos eternos, y los que sirven hoy a Dios Nuestro Señor sin aquellas temeridades de sacrificios solamente obrando con fe pura, y limpia de error, y superstición, se salvan, y gozan de vida eterna.

2. Sacrificio a Tezcatlipoca considerado como
especial privilegio

En el mes llamado Tochcatl, sea quinto mes de un calendario, o cuarto de otro; en él celebraban una fiesta a su Dios Tezcatlipoca, a quien tenían por Dios de la providencia, y cuando lo llamaban Ti itlacahuan, era cuando tenía esta providencia en los enamorados, ofreciéndoles mujeres en esta fiesta, que era solemnísima para ellos, y correspondía a nuestra Pascua de Resurrección de Cristo Señor Nuestro, poco antes, o después; y aunque en ella se hacían muchos sacrificios de sangre humana, por especial privilegio se sacrificaba aquella fiesta un mozo gentil hombre, gracioso, dispuesto, bien arrostrado, o encarado, músico, y gran danzante, sin nota accidental, o natural, criado en todo regalo por un continuo año, diestro en el tañer, y cantar; y en el hablar el más ladino, que se hallaba; y este tal era señalado desde el año antecedente en el primer día del mes para el año venidero, para ser sacrificado, y lo mismo se hacía todos los años, señalando de un año para otro el sacrificando.

Y según yo vi en unos papeles antiguos, y tanto que tengo por cierto, ser de alguno de aquellos primitivos padres; dice, haber visto en pinturas de los sacrificios de los indios, que el primer día del mes, veinte días antes que lo hubiesen de sacrificar a este desdichado mancebo, le prevenían cuatro, o seis muy dispuestas lozanas, y hermosas mozas, que entregaban a este mancebo, con quienes todos, los veinte días se recreaba, y ellas con él con diversidad de caricias, y melindres, que ellas le hacían, con lo cual se entretenía todos aquellos días con todo deleite, y regocijo, como si no hubiera de morir, tañendo y cantando por todo el espacio de ellos; al cabo de los cuales días los banqueteaban con toda diversidad de comidas traídas de personas muy principales, y acompañado de ellas hasta la víspera del funesto día de su fin, en el cual, despedidas las damas del con muchas lagrimas, y sentimiento, le traían todos los instrumentos músicos, de que había usado por todo el discurso del año, y el día siguiente subía con ellos por las gradas del Teocal, donde iba a ser sacrificado, y los iba quebrando más, o menos, según se le ofrecía el dolor, que tenía, con la aprehensión de la muerte, que iba a padecer, a la cual iba muy contento con el engaño, que llevaba, que si acá había gozado de tantos, y tan diversos regalos, los había de gozar allá mucho mayores.

Iba con él acompañándolo el nuevamente electo para el mismo sacrificio el año venidero, animábalo mucho con decirle, que para morir habían nacido, que no había ya que rehusar su suerte. Sacado pues el corazón en el tajón del Teocal, le bajaban el cuerpo otra vez al suelo en las palmas de las manos, y cortada la cabeza la espetaban en un palo rollizo, y la ponían en el templo en conmemoración de su infernal martirio.

La carne del después de desollado se repartía entre las más preeminentes personas de la ciudad, o pueblo, donde moría, a pedazos menudos, como pan bendito, o reliquias; prefiriendo en el repartir desta carne al que en su lugar sucedía para el año venidero, dándole más cantidad, que a otros, y a él el primero, a quien el ministro del Teocal donde se hacía este sacrificio, le decía: prueba, hijo mío, de la carne de aquel a quien por gran ventura tuya viniste a suceder, para ser manjar de los dioses, y de los hombres por disposición, y ordenación suya; con las cuales palabras quedaba él muy elevado, y honrado, y acabadas de decir estas palabras por el sacerdote, todos le daban el parabién de la ventura, en que sus patrios dioses, y próvidos habían sido servidos de concederle.

3. Sacrificios humanos y fiestas celebradas a los dioses

Llamado en el mes Etzalcualiztli, sea sexto, o sea quinto mes, conforme a las opiniones de los calendarios, que no va a decir cosa de importancia, que sea quinto, o, sexto pues, como tengo dicho solo se deben atender a las ceremonias, que se hacían, que es lo que importa para la inteligencia de las supersticiones.

La fiesta, que se hacía al Dios de las pluvias, que era Tlaloc, se celebraba con algunas circunstancias, que no puso el padre fray Martín de León; la comida era de unas poleadas hechas de Etzalli, que es Tejocotes secos hechos poleadas, una comida, que por muy regalada entre ellos tenían.

Hacíanse variedad de sacrificio de sangre humana, y todas las cabezas las echaban en el sumidero, que había en la laguna llamado Mexie; todos los sacerdotes ayunaban todos los cuatro primeros días del mes, y hacían grandes penitencias, y en esta festividad un día de ella había entre los sacerdotes capítulo general de culpas, donde cada uno acusaba a los otros de los defectos, que en el discurso del año habían cometido en la administración de su oficio; y eran tan rigorosos los castigos, que les hacían, que los deudos de los sacerdotes se atemorizaban de manera que enfermaban de miedo.

En el mes llamado Tecuilhuitontli, era fiesta a la diosa Huiztocihuatl diosa de la sal, y hermana mayor de los dioses de las temporalidades, y diosas de las semillas; era fiesta de mujeres, mozas, niñas, y viejas, y la vigilia toda de la fiesta se gastaba en beber, y el día del sacrificio de la que representaba a la diosa le acompañaban todas las mujeres asidas unas con otras con unas cuerdas delgadas, y enramadas con estafiate, y con Cempoalxuchiles en las manos; guiaban esta danza unos viejos, que todo lo que cantaban enderezaban a la que habían de sacrificar; y con ella sacrificaban otros cautivos, o comprados para este fin.

En el mes llamado Xocotlhuetzi, en que se hacía fiesta al fuego Xiuteuctli, o Ixcocauhqui, y entre las ceremonias más festivas que hacían al fuego, era en unos de los días del principio del mes ir al monte por un árbol de más de veinticinco varas, y este traían al patio del templo del Dios Xiuteuctli con gran reverencia, y con gran música de voces de flautones roncos largos, y de zampoñas, o flautas delgadas; quitábanle la corteza, y levantábanle en alto, para que todos se satisficiesen de su tamaño, longitud, y grosor, y con mucho concierto lo volvían a bajar, para acabar de pulirlo, y esmerarlo, y ponerle papeles; y esto se hacía a los diecisiete días de lo corrido de aquel mes; cada uno acudía con la ofrenda, según su posible, y en general todos traían papeles tintos en sangre propia, unos con más sangre, que otros, conforme a su devoción, o el espíritu, que cada uno tenía de ofrendar la solemnidad de aquel día; y compuesto su árbol lo mejor que podían, lo levantaban en alto con gran tiento, y devoción, porque no cayese, porque fuera para ellos muy mal agüero de malas esperanzas caerse, o no ajustarse muy bien; y ajustado con las voluntades de los ministros del Dios Xiuteuctli.

Tenían al lado del madero un gran fuego muy bien encendido, y allí venían muchos señores de Pascua, y de fiesta aderezados, y traían consigo los esclavos, que cada uno quería ofrecer, los cuales venían muy descuidados de lo que les esperaba; y atados los pies y manos se les acomodaban de en uno en uno sobre las espaldas, vueltas espaldas con espaldas, y a la redonda de aquel fuego bailaban con ellos los amos, que acuestas los llevaban: y cuando les parecía, los despedían, y atados los arrojaban sobre el fuego: había allí ministros, que cuidaban de dejarlos quemar un poco, y semivivos los sacaban, y les abrían los pechos, y sacaban los corazones, y untaban con ellos el rostro del Dios Xiuteuctli: y, hecho esto, hacían particiones con los asistentes de las carnes del miserable sacrificado a mayores o menores pedazos, conforme a la calidad de los que asistían; y para que no fuese el dolor del morir así tan atroz, y hubiese más humanidad, antes de atar los que se habían de sacrificar, los rociaban con unas vocaradas de agua, y sobre aquel agua espolvoreaban unos polvos secos, que tenían prevenidos, de unas hierbas llamadas suiautli, cuya propiedad es de adormecer las carnes, y quitar el juicio.

La imagen del Dios Xiuhteuctli, o Ixcocauhqui estaba unas veces parada junto al árbol, otras le ponían en el remate del hecho de una masa pegajosa de tzoali, y de tal manera labrado, que estaba parado; acabada la fiesta a la rebatiña acudían hombres, y mujeres, muchos y muchas, a despedazar la estatua del Dios, que era de muy corpulento tamaño, y el que alcanzaba del un poco estaba cierto, que por aquel año no moriría a fuego, ni la casa, donde él estuviese se quemaría.

En el mes décimo, o undécimo llamado Ochpaniztli, en que se hacía fiesta a la diosa Toci, que significaba, o decía nuestra abuela, porque, decían, era madre de los dioses; era fiesta de parteras, médicas, sortílegas, hechiceras, y embaidoras, y como todas, o las más eran viejas desdentadas, y mal encaradas, y bailaban sin son ni canto porque en esta fiesta no lo había, causaban entretenimiento los visajes que hacían: repartíanse en bandos, y con rosas amarillas de Cempoalxuchitl, o con Pactli, o pelotas blandas de tule se tiraban a modo de juego de cañas, y las solían acompañar dos, o cuatro de las escogidas, para que representasen la diosa Toci para ser sacrificada, y esto era con una traza diabólica de los sacerdotes de la diosa abuela; porque buscaban cuatro, o seis mujeres tabanitas mozas, y persuadíanles, a que dejasen en el vivir tan descuidado, que tenían, y tomasen estado, que ellos darían traza, como pudiesen tomarlo, porque ellos se lo darían, y esto era con unos modos muy eficaces, y muy de creer, y para comenzar con estos engaños las depositaban en algunas casas acreditadas, o en las mismas casas de los templos, donde estaban con fin de que allí se lavarían de sus culpas, y ocho días antes del sacrificio, que había de ser de una destas mujeres, sin que por entonces supiesen los sacerdotes cual individualmente había de ser, convidadas muchas mujeres de diversos estados las hacían bailar unas veces; y otras veces todas entre las convidadas, y entre las Parteras, y médicas, cuya era la fiesta.

Aderezaban estas mujeres ricamente como para bodas, porque a cada una de por sí con toda maña, y silencio le tenían persuadido, que las subían al Cue, o templo de la diosa Toci; porque allí les esperaba un galán de muchas partes, y gentil hombre, y de muchas gracias, con quien habían de tener bodas, y regocijos; y llevábanlas por vía de burla cargadas a cuestas, y la que era más desdichada sin saber cual era de ellas se detenía su cargador y con esto en un abrir, y serrar de ojos la mataban para el sacrificio, y la ofrecían a la diosa abuela, sin que se hiciese con cuidado por excusar los agüeros, que podían causar los llantos, y extremos, que haría la sacrificada, si lo acertase a saber antes.

Desollaban el miserable cuerpo desta desdichada india con una brevedad increíble; y así fresco, como estaba se lo vestía un mozo de los Tlamacazques, ministros desta diosa, y con aquel sangriento pellejo, y acompañado de mucha gente, y de cautivos, que entre ellos llevaban al Teocalli de *Huitzilopochtli*; y hechas ciertas ceremonias por este infernal empellejado mozo morían también sin pensar cuatro cautivos, y sacándoles los corazones, los pasaban por el rostro de aquel ídolo, y el resto de los demás cautivos quedaba a la elección de los sacerdotes Tlenamacani. En este mes hacían la lista de toda la gente de guerra, para ver los que habían de ir a servir, y qué oficios se les habían de dar, y qué premios.

En el mes undécimo, o duodécimo se celebraba la llegada de los dioses, y llamábase el mes Teotl eco, y esto se figuraba en un mancebo muy lindo, y muy bien dispuesto, que por serlo, y el más mozo de los dioses era llamado Tlamatzincatl: la celebración de esta llegada de los dioses, y deste el primero, porque era el primero, que llegaba, era que en el templo de *Huitzilopochtli*, el sacerdote del hacía, un montón grueso, y tupido de harina de Tzintli, que es de maíz, y ponían en guarda del un ministro de los del templo de mucha confianza, y este estaba advertido, que a la medianoche del día, en que había de comenzar la fiesta, en siendo hora, imprimiese en el montón de la harina unas pisadas bien impresas, y comenzase a dar voces, avisando al pueblo la llegada de los dioses, y dijese:

Ya son llegados nuestros dioses, ya son llegados nuestros dioses; de manera que con estas voces viniese esta llegada a noticia de todos, y así luego la gente popular, hombres y mujeres, venían con la vista a gozar del milagro por vista de ojos, y traían las ofrendas conforme el caudal de cada uno, y era tanto, que bastaba para sustentar los sacerdotes del templo, y que tuviesen para sus padres, y madres, Deudos, y conocidos: y el que podía, hombre, o mujer, mojado el dedo, pegarlo en alguna de aquellas señales, y, pisadas divinas en aquella harina, para ellos había ganado gran jubileo, y de contento no cabía en sí.

Celebrábase la fiesta primero al Dios mozo Tlalmatzincatl, y luego a todos los demás dioses: era la música de aquellos días con tanta diversidad de instrumentos, que no se entendían unos con otros, y con esto había licencia general para beber, porque con esto se entendía, que con beber mucho se lavaban los pies cansados de sus dioses.

4. Ofrendas de sangre y otras ceremonias

En el duodécimo, o decimotercio mes llamado Tepeihuitl, o Hueipachtli fuera de los idolillos de tzaotl, y ceremonias, que hacían con ellos; mataban y sacrificaban en esta fiesta cuatro mujeres, y un hombre, y forzosamente habían, de detener los nombres siguientes: Tepoxochi, quiere decir Rosa de yerro: Matlatlcueiz, la de las nahuas de red; Xochiecatl, Rosa del aire; Maiahuel, la que no puede ser: y el hombre se había de llamar Nitnao atl quiere decir el de la cementera de riego: buscaban estas mujeres, y este hombre destos nombres para sacrificarlos, porque eran nombres, que de ordinario se ponían los hombres, y las mujeres; y otras mujeres llevaban cargadas en andas a estas, que se habían de sacrificar, porque les hacían aquel género de caridad, y sacrificado el hombre, y las mujeres, y ofrecidos los corazones al Dios, el resto de la carne se repartía entre otros conforme la calidad de cada uno, y esta fiesta, era con conmemoración de los que morían muerte natural, y los enterraban sin ser sacrificados, cosa que tenían por infamia.

En el mes llamado, Quecholli, que es decimotercio de un calendario, y décimo cuarto de otro, se hacía fiesta a la diosa Mixcoatl, quiere decir, que tiene la cara de tigre, y a su marido Chimalmatl, que quiere decir rodela en mano, padres del Dios Quetzalcoatl; a honra destos dioses hacían las flechas, y se sangraban de las orejas, untándose las sienes, como advierte el padre fray Martín de León, y en particular todos los casados estaban impedidos a pedir, y dar el debito a sus mujeres hasta el día de la fiesta, desde que comenzaba el mes; y en uno de los días solemnes de la fiesta hacía cada uno un manojito de flechillas, el cual ofrecía con dos tamales, y poníanlo todo sobre la sepultura, que más gusto les daba, y estaban un día sobre ella, y al cabo del día lo quemaban todo, flechas y tamales, y hacíanlo ceniza, la espolvoreaban sobre la sepultura, donde habían estado.

Y a la mitad del mes, que era a los diez días corridos, mexicanos, y tlatilucas iban de conformidad a los Cerros de Ecatepec, y Sacatepec, y habiendo dormido en unas chozas, a la madrugada después de muy bien almorzados asidos de las manos cercaban el monte en muy gran parte del, y se juntaban en rueda, y toda la cara, que les venía a las manos de todo género, la ofrendaban a estos dioses en esta fiesta, y hacían su baile, y entre el baile era el sacrificio de esclavos deputados para los dioses Mixcoatl, y Chimalmatl, como cada uno de los vecinos quería, y si acaso alguno había, que él mismo por su mano ofrecía por honra de aquella particular ofrenda se sacrificaba aparte el tal esclavo en el Teocal llamado Mixcoateopan, y todos los demás morían con sus ordinarias crueldades arrastrados, o como lo acostumbraban, que todo paraba en sacarles el corazón semivivos, y ofrecérselo al Dios, a quien se hacía el sacrificio.

El mes Panquetzaliztli, décimo cuarto, o décimo quinto se celebraba con las ceremonias, que en él pone el padre fray Martín de León, y lo que hay, que ponderar, es que en honra de su estimado, y querido Dios de las batallas *Huitzilopochtli*, todos los sacerdotes mayores y menores del templo ayunaban cuarenta días antes de esta fiesta, sin interpolar ninguno con grandes penitencias, y derramamientos de sangre; era esta fiesta el principio de las fiestas: había baile general de todos estados, y las mujeres tenían licencia para bailar apareadas con los hombres, aunque su baile era un contrapaso culebreado, y sin concierto; daba las comidas de todos el palacio real a todos los que bailaban, como si dijésemos a costa de penas de cámara:

Los bailes comenzaban después de las dos de la tarde, y acababan a las diez de la noche, todos los cantores hacían poesías nuevas, y todas eran en alabanza de su Dios, y señalando sus victorias en las guerras; era baile del emperador, y príncipes, y ninguno se atrevía a entrar en el baile, sin que primero hubiese hecho una muy señalada oración, y penitencia, y derramando mucha sangre, que recogida en tirillas de papel, y ofrendada sin intermisión ardían ante el Dios Huitzlopochtli; y por esta razón este día había en su templo más de cuatro mil lamparillas ardiendo, y cada cual, que entraba a hacer su oración llevaba su sangre sacada en las tirillas de papel, y con gran reverencia las ponía en las lamparillas, para que allí ardiesen; y luego bajaba a su baile, y el primero, que con aparato Real hacía esta demostración, así de sacarse la sangre, como de la devoción y oración, era el emperador, y por este orden iban los demás; y con esto había grandes ofrendas de esclavos, que se iban interpolando en el baile, y era ofrenda de grandes capitanes, y caciques, y señores, y esto era sin lo que estaba de deposito, y pertenecía al gran señor por derecho, como si dijésemos de sus quintos reales.

Había al lado del templo un juego infernal de pelota, y del bajaba un ministro de los del templo Tlamacazqui, y este tal se ponía las insignias del Dios Paynaltzin, que era paje de brazo de *Huitzilopochtli*; y Paynaltzin quiere decir: el que corre con ligereza; y de los esclavos pertenecientes al deposito Real, que estaban puestos a trechos en el juego de la pelota echaba a cuatro de ellos los ojos, y dábales tales golpes, que los dejaba semimuertos, y de allí los arrebataban antes que acabasen de espirar, para sacrificarlos como a todos los demás, porque acabasen de morir en el sacrificio.

El Dios Paynaltzin hecho un feroz demonio corría toda la ciudad, por la cual en paradas de industria tenían puestos cautivos, que a posta iba despachando por el orden, que en el juego de la pelota, y en cada parada no mataba más que uno; hecho esto, y vuelto por este orden al patio del Teocal, o templo: de la gente, que tras él venía, o se había juntado a ver aquel espectáculo cruel, se hacían dos bandos, y como de burla comenzaban, y venían a parar en el encendimiento, que tenían de guerrear, en que morían algunos; estos los llevaban al tajón antes de espirar, y se ofrecían con los demás, que eran muchos a su Dios *Huitzilopochtli*, que con menos, que con tanta sangre humana no se contentaba; hecha esta matanza se acababa la fiesta con bailes, comidas, y bebidas a honra de su Dios tan estimado.

5. Con cantares de esperanza y bailes preparaban la simiente del año venidero

El décimo quinto, o sexto mes llamado Atemuxtli, fuera de lo que refiere el padre fray Martín, y fuera de la penitencia, que hacían los sacerdotes del templo, los primeros cuatro días toda la gente popular la hacía a honra del Dios Tlaloc, y de la diosa Chalchiuhcueitl; de manera que no había casado, que en aquellos cuatro días se juntase con su mujer, y si en ellos se hallaban solteros con solteras juntos, eran castigados con aspereza, tanto que tenían muy bien de que acordarse; ellas eran condenadas al servicio del templo, que se señalaba por algún tiempo, los varones: hallados en este delito eran condenados por tiempo a limpiar los osarios, que tenía el templo, y en apartar los huesos enteros de los quebrados; no venían estos tales a vivir en el templo sino en diferentes partes, porque tan presto no se encontrasen, y se volviesen a juntar.

Para el último día de la fiesta tenían hechos de masa de tzoales, al Dios Tlaloc, y a la diosa, Chalchiuhcueitl su hermana, unos ídolos de estatura corpulenta; formábanles las caras con los labios un poco abiertos, y los dientes apretados; eran estos dientes de pepitas de calabaza de las que del año antecedente tenían prevenidas para semillas del año venidero; los ojos eran de unos frijoles, que llaman Ayecotli, que también era semilla; tenían estos bultos arrimados a unos varales, que tenían aderezados en los patios de sus casas de papelería de colores a tiras, poníanles delante de comer conforme al posible, que cada uno de los que hacían la fiesta, tenía, y les rogaban recibiesen su buena voluntad, y aquel pequeño servicio, con recordación, que dellos, y de sus casas, y sementeras habían de tener; pues con las mejoras del año venidero sería la fiesta en aquella casa, cuando se volviese a hacer; muy mejorada.

Esta ceremonia se hacía a las vísperas el penúltimo día de la fiesta, que sería a los diecinueve de los de su cuenta, y toda aquella noche velaban a sus dioses, y la pasaban con convites, con bailes de los vecinos, con cuentos, y consejas de las viejas, sin que en toda la noche faltasen veladores, y a unos, y a otros, que asistiesen a sus dioses.

En llegando la mañana cada cual de los que hacían la fiesta aderezaba su casa con juncias, y espadañas, y flores de las que podían haber, y las más veces las enviaban a comprar a tierra caliente, porque fuese la fiesta más solemne; tenía prevenida, y cubierta la comida de los convidados, y bailaban hombres, y mujeres, y cantaban cantares de esperanzas, de sus venideros frutos, y entre ellos comían, y bebían con moderación hasta poco antes, que el Sol se pusiese.

Puesto ya el Sol, el señor de la casa con una templanza de humilde idólatra llegaba con un tzotzopaztli, que es una como cuchilla de palo, con que las mujeres tejen, y aprietan la tela, que era a propósito para la acción, que había de hacer: hablaba al ídolo, o, ídolos, que allí tenía, y les decía:

«Señores dioses Tlaloc, y diosa Chalchiuhcueitl, ya os consta el celo, que de serviros hemos tenido ya quiere irse vuestro día; tened por bien de comunicar con nosotros, vuestros enfermillos hijuelos, vuestra divinidad, porque siempre nos acordemos de serviros»; y diciendo les envainaba el tzotzopaztli por las barrigas, y los iba abriendo; y es el tzoatl, o masa de ello de tal calidad, que lo irán abriendo, sin que ninguna parte se descomponga, ni deshaga de como estaba.

Abiertos estos ídolos en presencia de todos, les quitaban uno a uno los dientes de pepitas, y los dos ojos, y guardábanse con cuidado, para hacer principio de sementera con ellos el año venidero, y del fruto destos dientes, y ojos salían las primicias, que ofrecían a sus dioses: hecho esto, cantaban los que estaban de las puertas a dentro aquel día, y prefiriendo los veladores de la noche antes, repartían aquella masa de tzoatl, de que los cuerpos de sus dioses fueron formados, y todos tocaban lo que les repartían, con grande alegría, y regocijo.

Las formas de las cabezas eran del señor de la fiesta. Los ornamentos, con que estaban aderezados, se quemaban en presencia de los asistentes, y aquellas cenizas en los platillos, en que se pusieron las comidas a los dioses, guardaban en sus oratorios, para pulverizar las tierras, que se habían de sembrar, y los platos se guardaban como cosa sagrada; dábaseles la enhorabuena a los que habían hecho la fiesta, y con una moderada cena, o colación, se acababa la fiesta, y cada cual se iba a su casa.

6. Fiesta al dios del fuego y cómputo del año bisiesto

En el siguiente mes, que es el décimo sexto, o décimo séptimo de los calendarios, llamado Tititl, que quiere decir nuestro vientre, se celebraba fiesta a la diosa Ilamateuctli, o por otro nombre Coscamiahuatl otonan, y aunque el padre fray Martín de León no pone más del sacrificio de una mujer. que representaba esta diosa, es muy para advertir, que esta mujer, había de ser muy hermosa, y que pasase de veintiséis años de edad, y habíasele de advertir, que había de morir sacrificada en aquella fiesta: adornábanla con las insignias de la diosa, a quien era el sacrificio, y muy aderezada, y ataviada salía para el sacrificio en compañía de una docena de viejos muy cargados de años, y canas; íbanle haciendo un triste son, y ella bailaba mal de su pesar, llorando, y lamentándose de su desdichada suerte; permitíasele llorar, y suspirar hasta que llegasen los sacerdotes revestidos con las insignias de sus dioses a recibirla, y consolándola le prometían una perpetua felicidad en la otra vida, y con esto la subían ayudándola hasta que estuviese en el lugar del sacrificio, y en un abrir, y serrar de ojos le quitaban la vida, y habiendo cumplido con la ofrenda, del corazón, y mostrándoselo al Sol, y refregados los labios del ídolo de la diosa, uno de los sacerdotes revestidos (habiéndole cortado la cabeza) la cogía por los cabellos, y la bajaba al patio, donde se hacía el baile, o mitote, y con la cabeza en la mano bailaba, subiéndola, y bajándola al compás, que hacía en su baile, y con esto se acababa el día de la fiesta, y el siguiente era la fiesta de los talegazos en la forma, que en los próximos tiempos antecedentes a estos se usaba:

Comenzaban los ministros del templo con su escaramuza, y regocijo, e interviniendo en ello algunas ceremonias, y con unas taleguillas, que cada uno llevaba llenas de paxtli, de plumas de gallinas, de pocholli, que se parece al algodón, se daban talegazos unos a otros, y a contemplación suya todos los demás salían por las calles con este regocijo, y a todas las mujeres, que encontraban, las daban de talegazos, y ellas se defendían como podían, y paraba la fiesta en muchachos.

El mes llamado Ixcalli, hora sea décimo séptimo, o décimo octavo mes de uno, o, otro calendario, que no va a decir nada, porque el otro llamado Quahuitlehua, se computa por último de un calendario, o primero del otro. Solo hay que advertir acerca de este mes Ixcalli, que en él se hacía fiesta al Dios del fuego llamado Ixcocauhqui, o Xiuhteuctli, y para eso se hacía un ídolo, que lo representase de tal manera, y con tal arte hecho, que pareciese estar echando llamas de sí resplandecientes; aderezábanlo muy galanamente, y en este mes se contaba el año bisestil, si lo había, y esto era de cuatro a cuatro años, y los tres intermedios, que eran sencillos, sacaban fuego nuevo en el primer día de la fiesta del mes, o en el medio, y esto lo hacía el Tlenamacani: era fiesta de los solteros, y todos traían sus ofrendas de lo que habían cazado aquellos días así en la tierra como en el agua, y muchas sabandijas, que de días a tras guardaban, para ofrecerlas.

Los demás ciudadanos venían muy cargados de ofrendas de Huaucquitamalli, que era la ofrenda de aquel día, y con ellos regalaban los viejos del templo a los que de los solteros traían aquellas sabandijas, y echábanlas en el fuego, y con eso se entretenían toda aquella noche. Y cuando estos comían estos tamales, que les daban, aunque pasase de aquel día, los habían de comer muy calientes. Mas si la fiesta era doble, y la bisestil era fiesta del emperador, o rey de aquella ciudad, hacíase muy suntuosamente con gran aparato de comidas; con grande, y general aplauso de todos, muchos bailes, y muchos sacrificados al Dios del fuego aquel día, en el cual solamente bailaban, y cantaban los señores; y así se llamaba canto, y baile de señores. Y en este año, que se celebraba de cuatro a cuatro años, había una costumbre muy guardada con gran aparato de ceremonias, porque de la misma manera, que es costumbre de la Iglesia. para celebrar el santo sacramento de la confirmación, que los padres de los confirmados conviden Padrinos, y Madrinas, para que confirmen sus hijos; así ellos convidaban un padrino, y una madrina para el Achcauhquitlenamacani, que horadasen las orejas de sus hijos, y hijas, y a los hijos juntamente con las orejas los labios, en que después les ponían los vesotes, y esta ceremonia no se podía hacer menos, que en este año, y por el sumo sacerdote, pena de que se hacía mucho duelo por el dicho Achcauhquitlenamacani, que hasta en esto quiso el enemigo del género humano remedar el santo sacramento de la confirmación.

Con haber puesto en este lugar estas advertencias, guardé el respeto, que se debe a un tan gran autor como el padre fray Martín de León, en no añadir a la letra de su calendario ninguna otra cosa por no contradecir al dictamen, que pudo tener de no poner todo lo que consta en este capítulo: y también y cumplido con la relación de las observancias de las idolatrías destos miserables: pues supuesto que se les ha de predicar contra ellas, mucho aprovechará a los ministros el saberlas, para refutarlas, y para convencerlos al conocimiento, que deben tener de la miseria de que Dios Nuestro Señor los sacó; pues en las mayores fiestas, y regocijos que tenían, tenían los mayores espectáculos de iniquidades, y muertes de hombres, y todo lo mezclaban entre los convites, bailes, y aparatos festivos, y ensangrentándolo con la deformidad de hombres sacrificados, y vestirse sus pellejos, y bailar con sus cabezas, y comer de sus carnes.

Ponderó san Ambrosio, libro 3.º de Virginibus en la degollación del Bautista no el haberle quitado la cabeza (que nunca más bien empleada la cabeza de un predicador, que en el cuchillo del rey por decirle la verdad); sino la circunstancia de la ocasión, que fuese en un convite: Inter epulas, atque convivia consumatae crudelitatis profertur edictum.

En las festividades, y regocijos suyos eran las mayores crueldades, que estos miserables tenían; y haberlas referido aquí es, para que los predicadores refutándolas, apoyen la suavidad de nuestra santa fe, y los ministros las conozcan, para que cuando cometan, o hagan alguna acción, que huela a memoria de ellas, tengan modo para examinar los reos en la sospecha, que de ellos hubiere, y si se valen de animales caseros, para suplir el sacrificio que de hombres hacían.

Capítulo XII. En que se tratan algunas fábulas de los indios, en que se fundan algunas supersticiones suyas

1. Transmutaciones y adoración al Sol y a la Luna

Después de haber visto los calendarios destos naturales así de los años, y meses como los de los días, en que se pueden reconocer algunas supersticiones, y ritos idolátricos, y particulares conjuros, como veremos adelante; se sigue tratar de la fábula del Sol, y de la Luna: y el origen, que hayan tenido estos indios, para adorarlos, y tenerles templos, o Cues en su gentilidad, como consta, que en el pueblo de Teotihuacan deste Arzobispado adelante de san Cristóbal Ecatepetl había dos Cues muy insignes, uno para el Sol, que se llamaba Tonatiuh itzaqual, que quiere decir casa del Sol, y otro Cue que se llamaba Meztli itzaqual, casa de la Luna: allí había sacerdotes de sus idolatrías, que tenían cuidado de aquellos templos, y se llamaban Papahuaque Tlenamacaque: eran unos indios con melenas, o coletas para distinguirse de todos los demás, y estos vendían el fuego nuevo, que sacaban; y no solo esta nación tenía este culto, y adoración al Sol, y a la Luna, sino otras muchas: principalmente de los indios del Pirú era su principal ídolo el Sol.

El fundamento, que estos nuestros indios mexicanos tuvieron para dar adoración a esta criatura, y quitársela a su Criador fue, que hubo tradición en estos indios muy antigua, que había habido dos mundos con dos maneras de gentes, el uno en que los hombres se transmutaron en animales, en Sol, Luna, y estrellas, atribuyéndoles almas racionales, y lo mismo a las piedras, y a los elementos, como si las tuvieran: y así las invocan, y hablan con tales cosas, como si hablaran con hombres. Otro género, fue, en que los hombres, que había, habían sido primero animales, y piedras, y que los dioses los habían convertido en hombres, que casi esto fue el error de los platónicos, que para conceder la inmortalidad del ánima, decían, que de los cuerpos vivos se hacían los muertos, y de los muertos los vivos, transmutándose las ánimas de unos cuerpos en otros; y los japones observan hoy este error.

Y para haber de fundar esta adoración del Sol, cuenta una fábula como los Metamorfosis de Ovidio, y fingen sus transmutaciones en esta forma; y dicen, que para pasar deste siglo al otro, y transmutarse los antiguos en lo que habían de ser, y permanecer el otro siglo, y licuar cada uno la transmutación, que sus méritos merecían, mandaron los dioses hacer una hoguera de fuego muy vivo, grande, y muy bien encendida, para que sirviese de prueba, y méritos; para la transmutación, que cada uno había de tener, con promesa cierta, y pacto, que por medio de sufrir aquel fuego alcanzarían la mayor, o menor gloria en el otro siglo de su transmutación conforme al mayor, o menor sufrimiento de sus llamas, y actividades.

A esta voz, y fama de excelencia, y promesa de dignidad, y más tal como la de convertirse en dioses, se juntaron muchos en gran número de gente, especialmente indios principales, y mandones de aquel siglo (que no hay quien no se inquiete por mandar, y más los más principales, y principalmente aquellos, a quienes parece, que para solos ellos se hicieron los puestos, y dignidades; plegue a Dios, que como las solicitan, las merezcan). Juntos ya todos, y cada uno de por sí prometiéndose la dignidad, como si fuese solo para él: y el horno muy encendido para la prueba de los méritos, los más principales como más dignos de lo que se pretendía, prefirieron a los humildes, aunque pensasen, tenían, como podían tener muchos más méritos, que ellos; pero como esto no había de ser con fuerzas de diligencias, ni con favores, sino con méritos personales, pasando per ignem et aquam, como dicen, que en ninguna ocasión pudo venir más a propósito: pusiéronse, pues, a emprender la empresa, si bien los animaba su vana presunción el amor propio, y el deseo de mandar más el temor del fuego, y el peligro, a que se ponían, los detenía, y detuvo, que habiendo llegado todos a la prueba desto, y acometido a entrar en el horno, ninguno pasó de las primeras diligencias, y así no hubo ninguno de aquellos poderosos, que se atreviesen a entrar, conque quedó el puesto libre para los aventureros (que si Dios con su providencia no atajara los pasos de los poderosos, y favorecidos, para que no se lograran sus intentos, no hubiera pobre alguno, que tuviera puesto).

En este tiempo salió de repente, y de entre todos un Dios llamado Centeotl ignopiltzintli, que quiere decir en la lengua mexicana un Dios solo hijo sin padre [Este Dios huérfano hijo sin padre (dicen) que es él solo Dios, que era antes deste siglo antes que se hiciesen las transmutaciones de las naturalezas unas en otras; es muy nombrado a cada paso de todos, y es menester tener mucha cuenta con él]. Y este habló a un enfermo, que allí estaba buboso, y llegado, y de quien no se hacía caso, y díjole: ¿Qué haces aquí?, ¿no ves cómo los nobles, y principales no se atreven a esta empresa? Pues tú te ves en tan miserable estado, que estás todo llagado, y buboso; anímate, que aunque estos te lo impidan arrojándote al fuego con presteza, y maña, te purificarás en él y gozarás por tu industria, y por lo que merecerás, el premio, a que ellos, no se han atrevido.

Tanto lo persuadió el Dios al enfermo, que al fin rompió todas las dificultades, y consideraciones, que le podían desanimar, y pasando por entre todos a arrojarse al fuego, quisieron ellos no solo, haber renunciado el derecho, por no atreverse a pasar por tan rigorosa prueba; mas impedir que otro gozase del premio, que ellos no se habían atrevido a intentar: comenzaron luego a denostar al enfermo, y a baldonarlo de persona vil, y que no había de hacer competencia con ellos; procuraron una, y muchas veces estorbarle la entrada en el horno, encendido, mas él se puso tan a la boca del, que lo dejaron, no por dejarlo, sino porque las mismas llamas lo defendían (que cuando Dios quiere, que uno tenga un puesto lo más rigoroso del, y los mismos inconvenientes, con que se lo suelen impedir, esos mismos se lo aseguran, y afijan más).

Al fin el enfermo se entró dentro, y se purificó de todos sus males con la eficacia del fuego, y pasó por la prueba del, y por el pacto para obtener la deidad que se pretendía; y se convirtió en un Sol, que es el más resplandeciente de los planetas (que eso causa un ánimo generoso, y varonil en las pruebas de las adversidades, y contradicciones, y sufrimiento de quemarse vivo en ellas, para merecer ser Sol, y colocarse en el Cielo entre los planetas, y ser adorado por Dios); pero luego que salió purificado de las manos del fuego, se arrojó en un estanque de agua muy fría, que para eso estaba preparado para que quien había pasado per ignem, pasase per aquam también; porque también era prueba el agua como lo había sido el fuego: y habiendo salido bien de todo se subió al Cielo, y se ocultó hasta que diligenciaron el verle.

Oyendo pues uno de los sabios, que estaba entre toda aquella multitud de gente lo que había sucedido, y corrido, de que aquel enfermo, y buboso hubiese salido tan bien de su prueba, y convertídose en Sol (que por eso llaman al Sol Nanahuatziin, que quiere decir el buboso), llevado pues de su envidia, y de su ambición, hizo lo que el primero, y se arrojó en el horno, y habiéndolo hallado templado, y no tan caliente y encendido con la prueba del primero, que el humor, y corrupción, que de él había salido, había remitido algo de su actividad, no pudo llegar a la perfección, que el primero, que se convirtió en Sol (que no son iguales las dichas de subir en todos, aunque pretendan en la misma ocasión, y con los mismos medios), lavóse también en el estanque del agua, porque no le faltase diligencia por hacer, ni le picara el corazón lo que había dejado de intentar para ser Sol. Pero ya que no lo fue, quedó transformado en la Luna con menos luz, que el Sol, y participada de la suya, sujeta a mudanzas de crecientes, y menguantes, por la desigualdad, en que había hallada el calor del horno de fuego; y con esto se subió al Cielo como el Sol.

Otros varían en el modo de la conversión, o transmutación en Sol deste enfermo, y dicen, que habiendo entrado en el horno de fuego, vino del Cielo un águila caudalosa, y arrebatándolo al cielo lo llevó, donde se convirtió en Sol. Que parece esto la fábula de Ganímedes, aquel alentado joven de Troya, que habiendo el Dios Júpiter agradádose tanto de su persona, lo amaba tan tiernamente, que se lo llevó un águila al Cielo, y lo hizo su copero; de donde nació la causa de los disgustos de la diosa Juno, y de los disfavores, que dio a los Troyanos. Como lo dice el poeta Virgilio en el 1.º de su Eneida: Et genus invisum, & rapti Ganymedis honores.

Del otro segundo, que entró a hacer la misma prueba, dicen, que un tigre acometió a quererlo sacar, y no pudo, y quedó señalado de haber entrado en el fuego, y que por eso tiene aquellas pinturas amarillas, y negras, y que el tal sabio se quemó, y quedó convertido en cenizas, y que después los dioses lo habían llevado al Cielo, y convertídolo en Luna, y que por eso tiene la Luna aquel color ceniciento, y blanquizco.

convertido pues el enfermo en Sol ocultose, y como no parecía, diole cuidado a toda la muchedumbre de gente, que esperaba va a adorarle como a Dios, a quien poco había, que habían denostado como a enfermo, y vil, y que del dependían ya las buenas, o malas fuentes de sus transmutaciones: al fin le enviaron suplicas, que se dejase ver, que ya como se vía en la eminencia de su Cielo, y debajo de sí a todos los que le habían estorbado su entrada en el horno del fuego, acordaríase desto y olvidaríase del miserable lecho, de donde se había levantado para su dignidad.

Al fin todos los congregados se previnieron para verlo, cuando se dignase de mostrar su casa, y apercibieron sus ofrendas, para no solo adorarlo, y darle la obediencia como a Dios; sino para obligarle, a que les diese conforme a sus dones las mayores, y mejores transmutaciones, que mereciesen: estando en estas esperas, y todos ayunos para mejor ofrecer, y obligarle, para conseguir lo que cada uno pretendía; salió el Sol para mostrárseles, y salió no por el Oriente, sino por el Occidente, y con tanta brevedad, que apenas salió cuando se entró, y ocultó, con que apenas hubo lugar de verlo, porque salió por donde no lo aguardaban;.y con eso no le ofrendaron: salió segunda vez por el Sur, y sucedió lo mismo, que la primera; la tercera vez salió por el Norte, y fue lo mismo, que las dos primeras: con estas dilaciones uno, que estaba prevenido para ofrendar al Sol desesperado de verle, y cansado del ayuno, obligado de la necesidad, y de su fragilidad vencido se comió la ofrenda.

Salió pues el Sol por el Oriente, y continuó su curso hasta el Occidente, conque todos lo adoraron, y tuvieron lugar de hacer sus sacrificios, y darle sus ofrendas; más el desdichado, que se había comido su ofrenda, se halló burlado, y sin que ofrecer, y aunque acudió a los demás a mendigar ofrenda, ninguno se la dio. Viéndose pues afligido en la ocasión, y apretado en la necesidad, comenzó a echar mano sin elección de lo primero que topaba; ya de las piedras, ya de los palos, ya de las mismas sombras vanas, que en llegándoles las manos, entre ellas se desvanecen; al fin no halló, que ofrecer, y el Sol por su delito, y negligencia lo convirtió en una ave llamada Huinaxcatl, que es un género de gavilancillos hambrientos, y le condenó, a que perpetuamente anduviese hambreando por no haber ayunado, y que asiese de las sombras vanas, por no haber ofrecido, ni tenido que dar.

Parece, que esta ave es como las auras, o zopilotes, que llamamos, que parecen aves nocturnas, y que siempre andan aturdidas, y hambrientas, que nunca se hartan, y solo tienen los huesos, y la pluma, porque son tan flacas como estos; y todos los demás, que ayunaron, y tuvieron, que ofrecer, se convirtieron en animales nobles, celestes, y terrestres, águilas, leones, y de todo género, y tuvieron siempre abundantemente, que comer.

Pero preguntémosle al Sol: como, habiendo pasado per ignem, et aquam, y habiéndose visto en tan calamitoso estado antes, que se purificase en el fuego, y se convirtiese en Sol, mudó tanto de estilo? que habiendo de salir por el oriente, que era su curso natural, salió por el Occidente, y acometió a salir por el Sur, y por el Norte? y cuando llegó a repartir las transmutaciones de hombres en animales, dio las mejores a los que ofrecieron, y castigó al que no le dio, y condenó, a que mendigase de puerta en puerta?

Mas no es esto para preguntado, porque no es para presumido: así con mejor, y más honrosa moralidad hemos de interpretar este fabuloso suceso, digno de príncipes cristianos representados en el Sol.

Para condenar la razón de estado de los que solamente miran el Sol cuando nace, y no cuando se pone, ofreciéndole sus dones, y reverenciándolo solo en el Oriente de su gobierno; quiso salir por el Occidente para desengañarnos, que los señores, y príncipes en todos tiempos pueden, y siempre son soles, cuando salen, y cuando se ponen, y que nunca les falta poder para ayudar con la salud, y refrigerio del Norte, y destruir con los sures enfermos.

Y el haber dado los puestos, y transmutaciones de animales a los que ayunaron, y ofrecieron, y quitádoselos al que ni ayunó, ni guardó que ofrecer, porque, como había pasado per ignem, et aquam a aquel puesto con la tolerancia, que tubo, cuando se purificó; premió a los que sufrieron, y toleraron su dilación en no salir luego mostrando su cara; pues no es bien, que cuando los premios se reparten en concurso de muchos, sean antepuestos los que en la ocasión se hallan sin méritos personales, y se quieren valer de los méritos de otros, y echan mano de algunos, que ni aún sombra son de méritos, y es justicia premiar a cada uno, como trabaja, como dijo Jenofonte de institutione civi, libro 2.º: Nil in rebus humanis inaequalius duco, quam et forten, et ignavum aequalibus praemijs ornari. Con que ni se desanime el desvalido, que su vez se llegará de ser Sol; y tengan tolerancia, y sufrimiento, los que trabajan, que se les llegará su día, en que serán premiados.

2. Sacrificio de hombres y mujeres al Sol y la Luna

No se contentó el enemigo del género humano con haber engañado a esta miserable gente con mentira tan historiada, para fundar en ella lo más de sus idolatrías, sino que quiso que también le ofreciesen hombres, y mujeres en sacrificio; pues habiéndole echo estos naturales sus templos al Sol, y a la Luna en el pueblo de Teotihuacan, que era la Roma, y lugar de los dioses, que eso quiere decir; ordenó una traza, para que en aquellos cues, o templos, que allí había, le sacrificasen gente; y como tiene ciencia natural, que no perdió, aunque perdió la gracia por su pecado, previno con su conocimiento, que había de haber algún eclipse de Sol total, y como sabía el día, y la hora, en que había de ser, algunos días antes dio orden cómo los sacerdotes de los templos del Sol, y de la Luna publicasen, cómo aquellos dioses estaban muy enojados, y que tal día había de esconder su luz en pena de sus pecados, y descuidos en servirlos, y sacrificarles hombres, y mujeres; y que así previniesen para aquel día sacrificios, que hacerles por aplacarlos.

Escogieron entonces doce mancebos, y doce doncellas, y les hicieron, que los mancebos, asidos de las manos bailasen ante el templo del Sol; y lo mismo las doncellas ante el de la Luna, y esto hicieron hasta el día, que llegó el del eclipse natural y viéndolo los indios, que le había faltado la luz, echaron en unas hogueras de fuego a los indios sacrificados ante el templo del Sol, y las indias ante el de la Luna; y como vieron, que había salido el Sol hermoso, y resplandeciente con su natural resplandor, porque había cesado el impedimento del eclipse, juzgaron, habían aquellos dioses aplacádose con aquellos sacrificios; y el Demonio salió con la suya de valerse de los efectos naturales de estos dos planetas, para hacerse no solo adorar por medio de ellos, sino también le sacrificasen hombres vivos, imagen y semejanza de Dios, que tan de veras a procurado siempre borrar.

3. La fábula del Sol da origen a las idolatrías de los indios

Muy de atrás debió de tener su origen esta fábula, y esta transmutación, en animales, pues a pocos días apartados los mexicanos de las naciones, con quienes comenzaron a caminar así estas partes, donde poblaron, como lo cuenta el padre Torquemada, 1.ª parte de la Monarquía, folio 89, libro 2, capítulo 2: ya había, quien se transmutase en animales volátiles, y terrestres: allí pues refiere, que venía entre ellos una india hechicera llamada Quilaztli, que por pacto, que tenía con el Demonio, se transformaba en la forma, que quería; esta pues quiso burlar a dos capitanes de los más principales del ejército, y yendo los tales por el campo cazando, se les apareció en forma de águila muy hermosa sobre un grande, y hermoso tunal, y como los capitanes la vieron, pensando, que realmente era verdadera águila, le quisieron tirar sus flechas, y al tiempo de desembrazarlas, y dispararlas, conociendo la hechicera su peligro, y riesgo, les habló diciendo:

«Capitanes, no me tiréis, que yo soy Quilaztli, vuestra hermana, y me transformé en águila para burlaros.»

Los capitanes se indignaron contra ella, y le dijeron, que solo por ser mujer, la dejaban, que era digna de muerte: ella les dijo, que obrasen, como les pareciese, y la matasen, si querían; pero que algún día se lo pagarían, como sucedió, que habiendo partido el ejército de los mexicanos, para proseguir su camino, la dicha Quilaztli se acordó de la pesadumbre, que con aquellos capitanes había tenido, y las palabras, que le habían dicho, y el agravio recibido en el tunal; y vistiéndose en su mismo traje de mujer, y con sus continuas vestiduras, se fue a los dichos capitanes, y les dijo:

«¿Pensáis, que la pesadumbre, que conmigo tuvisteis, fue con alguna mujercilla vil, y baja? pues advertid, que no fue; sino conmigo, que soy mujer de valor, y esfuerzo, y aunque me conocéis por mi nombre ordinario, que es Quilaztli, sabed, que soy tan valerosa, que tengo otros cuatro, con que se reconoce mi poder: yo me llamo Cohuatzihuatl, que quiere decir mujer culebra; el otro es Quauhtzihuatl, que quiere decir mujer águila; el otro es Yaotzihuatl, que quiere decir mujer guerrera; y el otro es Ttzitzimitzihuatl que quiere decir mujer infernal: y por estos cuatro nombres, y por estas transmutaciones que veis, que puedo hacer, echareis de ver mi poder, y si quisiéredes verlo, y experimentarlo, por eso vengó al desafío»; y los capitanes le respondieron, que si era valerosa como había dicho, ellos no lo eran menos; pero que por fin de todo era mujer, y no habían de pelear.

No hay duda sino que en la fabulosa, y engañosa historia del Sol se han fundado idolatrías destos indios; pues en las cuatro veces, que esperaron al Sol, que se les mostrase, guardan ellos tan inviolablemente el número de cuatro, que todas cuantas insuflaciones, y conjuros hacen, son cuatro: al cuarto día sacaban las paridas del lugar, donde parían, y sacaban el fuego a la criatura, como dije arriba, o la sacaban fuera, dándole cuatro vueltas a las cuatro partes del mundo; si soplan para aventar nublados, son cuatro veces, y finalmente todo lo más que obran, es en número de cuatro, por observancia de las cuatro veces, que salió el Sol, y por las transmutaciones, que hizo de los que le aguardaron, y ofrendaron.

Los sortílegos ponen sus suertes en cuatro partes: a los difuntos les ponen cuatro días arreo candelas encendidas en las sepulturas, donde están enterrados, y les echan al cuarto día un cántaro de agua, y también suelen poner las candelas en la casa, donde murió alguno en el mismo lugar del difunto, como también suelen poner la ofrenda de la comida; y finalmente todo género de embustero, que usa conjuro, usa el número de cuatro. Los cuatro signos de los días de los meses, que son Calli, Tochin, Acatl, y Tecpatl, son significados en el Oriente, Poniente, Norte, y Sur por las cuatro salidas que hizo el Sol, como allí dije. El fuego encienden siempre con cuatro leños, o cañas, y por eso lo llaman Nahui acatl; como más bien veremos en lo de adelante.

4. Transformación de los nahuales en animales

Tengo por cierto, que lo que dijimos arriba de los Nahuales, que se convertían en perros, en leones, y caimanes, tuvo origen desta hechicera Quilaztli, porque aunque es verdad, que el vocablo Nahualli viene del verbo Nahualtia, que es disfrazarse, como dijimos, y no salió la etimología de Quilaztli, es porque no tomó su denominación del Origen, sino del efecto, que es disimularse y esconderse debajo de aquella figura, que es su Nahualli, al modo que estos indios tienen costumbre, para pintar los efectos, pintar los instrumentos de ellos, como para pintar aire, pintar una cara soplando con la boca, o un mamaztli, que es un aventador de pluma, que lo causa.

Estos pues tienen sus Nahules a diferentes animales: unos a los que sus padres, y antepasados fueron dedicados, que los han ido conservando en su descendencia; otros a otros, porque los viejos, y ministros de estas ceremonias se los pusieron cuando niños, cuando los lavaron al cuarto día con el agua sobre el fuego, o los sacaron a las cuatro partes del Oriente, Poniente, Norte, y Sur; y otros que, habiéndose escapado cuando niños desta aplicación, ellos mismos por persuasiones de otros voluntariamente se dedicaron al animal de su devoción: y aunque estas ceremonias hechas en los niños cuando nacen, no les pueden perjudicar, con todo, cuando tienen uso de razón, y llegan a ese estado, fácilmente, y con libertad continúan la falsa doctrina de sus padres.

Gran lástima es esta en estos miserables indios; pues otras naciones, como ponderó san Jerónimo, y moralizó divinamente de las inclinaciones de los hombres, que se convierten en sus vicios, y pecados. Dice pues el santo sobre el Salmo 72. en la Epístola 18, ad Marcellam: *Cum ad imaginem, et similitudinem Dei conditi sumus ex vitio nostro personas plurimas super induimus et quomodo in teatralibus seenis unus, atque idem; histrio nunc Herculem robustus ostendit nunc mollis in Venerem frangitur nunc tremulus in Cibellem, ita et nos tot habemus personarum similitudines quot pecca-ta.* Todos los pecadores borran en sí la imagen, y semejanza de Dios, a que fueron criados, y se convierten en aquellas cosas, que apetecen como los representantes de las comedias, que uno hace muchos personajes siendo uno solo: ya representa un Hércules valeroso; ya una Venus delicada; ya una Cibeles ebria; pero todo esto pasa brevemente: más que a estos miserables indios (que cierto es mucho de llorar) de manera les borre el Demonio la imagen de Dios, a cuya semejanza fueron criados, que siendo la criatura del hombre la más hermosa, que salió de las manos de su Criador, quieren ser más perros, leones, tigres, caimanes, y otros animales inmundos, como son zorrillos, murciégalos, &c.

Y a estos les den adoración por convertirse en ellos, y que de manera sea este pacto que de cada cual de los que tienen estas figuras de animales, y se transforman en ellos, el animal obedece a su Nahuali, y el Nahuali al animal, y de modo, que los daños, que recibe el animal, cuando el indio usa de su transformación, lo recibe de la misma manera, que el animal, como dijimos arriba, con autoridad del licenciado don Fernando Ruiz de Alarcón; y otros muchos casos, que hay de este género que se han experimentado en esas costas del mar: y porque no pase la ocasión de ver, como pueda ser este pacto con el Demonio, y esta resultancia de estos efectos; me parece conveniente traer aquí la doctrina del padre Joseph de Acosta de la compañía de Jesús, en el libro que escribió de Cristo revelato de temporibus novissimis: capítulo 19 folio 510: diré a la letra lo que contiene este capítulo; que averigua, en él serán verdades las señales, y prodigios del anticristo, o solamente aparentes, y falsas, y lo que contiene a nuestro propósito, es lo siguiente:

Los mentirosos prodigios, san Agustín, a quien sigue la escuela de los teólogos los entiende de dos maneras: una en cuanto engañan los ojos, y los sentidos humanos, como lo acostumbran hacer los jugadores de manos, y de este modo usan los magos y las brujas.

Desta manera eran las señales de Simón Mago, que cuenta la Escritura, que con sus magias había entontecido los hombres. Deste modo el Anticristo, enseñado del padre de las mentiras usará, y sus profetas, o cada paso, como es muy probable. Así algunos dicen, que resucitará los muertos, y que mudará las naturalezas en varias figuras, porque hará, que el hombre se vuelva oso, o perro, el lobo en cordero. Las cuales cosas, si las hiciere, será muy cierto, que serán sobrepuestas a los ojos para engañar la vista de ellos; pues toda la fuerza natural del Demonio no basta para hacer estas cosas; pero porque los hombres no alcanzan si estas cosas son verdaderas o aparentes, o porque las ignoran, o porque así se les antojó, creen que son verdaderas, y así lo creen. (Aug. libro 20 De Civit. Dei. capítulo 19. Act. 8.)

Ninguno, pues, están más expuestos a estos engaños, que los indios; pues se engañan con estas apariencias, y les parece, que son verdades, y que realmente son Leones, y tigres, y caimanes por su ignorancia: pareciéndoles, que puede ser así, o por su malicia, y pacto, que tienen hecho con el Demonio; todo a fin de darse a temer con tan formidables transformaciones, y transmutaciones, y vengarse de sus enemigos, y procurar hacer mal, y cuando la acción hecha en el animal resulta en su Nahuali, a los que lo ven los pone así el Demonio aquella apariencia, para que parezcan caimanes, o leones; y como quiera que el correr por su cuenta, no es más, que para llevarles el alma, mientras más presto la llevare, más presto habrá conseguido su intento, pues no ha de conservar la vida, cuando se lleva el alma, y en aquella acción con los sobrepuestos y engaño a los ojos unos veneran el Nahual en forma del animal, en que se convierte, y otros la misma forma suya natural, para hacer más misterioso su encanto, pareciéndoles, que aquella acción obró en lo ausente, y no en lo presente; porque es gran jugador de manos, y más cuando tanto le importa, como es perder almas para Dios, y ganarlas para sí.

Y porque hemos visto de estas supersticiones resultar efectos naturales como en el caso, que referí de la Huazteca de los temporales, que sobrevinieron, por haber enterrado aquel indio mordido del Mahuaquite: es forzoso proseguir con el otro modo, que pone san Agustín, con que engaña al Demonio.

Prosigue el autor:

Otro modo hay de mentira, y es, que las cosas que se hacen, son verdaderas, pero no son verdaderos signos, y señales, porque se hacen con oculto poder del Demonio, que todas las naturalezas de las cosas absolutamente las sabe, y poderosamente las mueve y estos hechos admirables, y milagrosos los obra tan prestamente, que el que ve cosas tan extraordinarias, no sabiendo el modo conque se obran las tiene por divinas, y hechas con orden de Dios, a cuya voluntad sola se obra todo. A este modo de obrar se reduce lo que los magos de faraón obraron, con sus encantos, y secretos naturales. Bien pudo ser, que con arte del Demonio la vara verdadera se convierta en verdadera serpiente, al modo que de una cerda de caballo en el agua se hace una culebra, y de las gotas de los aguaceros en tierra caliente, se hacen sapos, y sabandijas. Y las aguas con algunas hierbas, y palos se vuelven de color de sangre, que todo esto no es increíble, y se puede hacer. Mas las obras, y prodigios que Moisés obraba eran solo con el mandamiento de Dios, porque toda la naturaleza luego le obedece. Por lo cual aunque las serpientes de los magos, y de Moisés eran verdaderas de verdaderas varas; mas las de Moisés eran verdaderos signos, y las de los magos falsos, por el diverso modo de obrar. Y en este modo de obrar en cosas verdaderas, y señales falsas es muy cierto que el Anticristo ha de obrar, porque en él aun los hombres sabios se pueden engañar. (Albertus Magnus. 2.º dist. 7.)

Toda esta doctrina de tan gran autor y traído a la letra, y como fundada en San Agustín para dar autoridad a la inteligencia del modo, conque el Demonio, por medio de sus pactos engaña a estos miserables; pues en unas cosas los engaña con cosas meramente falsas, sobreponiéndoselas a la vista, y engañándoles los sentidos, como en lo Nahuales, y en otras cosas, que obra verdaderas, como hacer llover (según se refiere en el caso que dije de la Huazteca).

Verdaderas son, porque en realidad de verdad llovió; mas no fue verdadero signo, porque no fue con orden de Dios (aunque con permisión suya) porque solo el Demonio obró con la ciencia natural, que tiene; aplicando activa passivis y en aquellas tierras le es muy fácil, porque de continuo llueve, y hay de aquellos temporales ya en unas partes ya en otras, y pudo traer de una parte a otra las nubes, y hacer llover para acreditar sus mentiras.

Capítulo XIII. En que se prosigue la materia del antecedente con otras cosas, que pertenecen al mismo intento: y trátase también de los agüeros de estos naturales

1. Suceso que da origen a la adoración del fuego

El origen de la venida de estos indios mexicanos a estas partes, dice el padre fray Juan de Torquemada (Tom. 1.º, libro 2.º, capítulo 2.º), que fue el canto de un pájaro, que se ponía sobre un árbol, y de continuo daba un chillido, que con él parece, que formaba una voz, que decía: Tihuique que quiere decir, ya vamos; y Huitziton, que era uno de los más nobles de aquellas familias (sean cuatro, o sean nueve, que no importa para el intento), era uno de los principales capitanes, y más entendido; reparó en este canto de este pájaro una y muchas veces, y dio en entender que los llamaba para alguna gran dicha, y por no ser solo en el dictamen, por no ser solo en el engaño, si lo hubiese, comunicado a otro gran capitán y amigo suyo llamado Tecpatzin, y habiendo atendido al chillido, y canto del pájaro (dicen, que solos ellos lo oían); fue del mismo parecer, y con esto el uno, y el otro capitán con muchas razones persuadieron a las demás familias, que saliesen de allí, que aunque todos eran unos, estaban divididos, como los hijos de Israel, en sus familias, y tribus; porque el Demonio, que los guiaba, quiso remedar a Dios en la salida de Egipto, que hizo su pueblo en demanda de la tierra de promisión, en la salida que estos hicieron en demanda desta tierra, donde por orden del mismo Demonio poblaron: al cabo de un año se les apareció el Demonio en figura de un ídolo, y les dijo, que él era el que los había sacado de la tierra Aztlan, y que lo trajesen consigo, que quería ser su Dios, guiarlos, y favorecerlos en todo lo que se les ofreciese, y que su nombre era *Huitzilopochtli*; mandóles le hiciesen silla, y sitial, en que lo llevasen, como de hecho lo hicieron con unos juncos, y nombraron cuatro, que lo trajesen en hombros: su figura era espantosa llamada Tetzauteotl (porque el nombre de *Huitzilopochtli* se conservó después en el ídolo, que le levantaron a Huitziton, cuando murió, y uno y otro se puede decir, pues uno y otro observaban, y en uno, y otro adoraban al Demonio).

Tenía en la mano una culebra retorcida a lo Mosaico, que se llama Xiuhcoatl, que era su cetro, y arrojándola en las batallas la hacía parecer viva, para amedrentar a los enemigos y vencerlos. después de haber empezado su viaje, llegando a un lugar, donde había un árbol muy grueso, y con orden suyo hizo, que junto a él pusiesen su ídolo, y le hiciesen un pequeño altar, donde colocarle, y que allí hiciesen alto: y estando todas aquellas familias de los aztecas comiendo, súbitamente el árbol se quebró por el medio, y atemorizados de tan mal agüero, consultaron su ídolo, el cual apartando a los que hoy son los mexicanos, les dijo, despidiesen las demás familias; que siguiesen su viaje, y que ellos se quedasen en aquel puesto.

Hiciéronlo así, y hecho ya, y despedidos los demás, y habiéndose quedado, volvieron a consultar el ídolo, diciéndoles les manifestase, lo que había de hacer de ellos, y respondió, que ya corrían por su cuenta, y que no quería se llamasen aztecas sino mexicanos, y fuera de haberles mudado el nombre, los señaló en el rostro; y en las orejas les puso un emplasto de trementina cubierto de plumas; señal bien significativa del dominio, que sobre ellos a tenido, y pretende tener; pues les tapó el órgano de la fe, que es el oído: Fides ex auditu, para que siempre le tuviesen tapado a las bocas del Evangelio: y ya que Dios Nuestro Señor misericordiosamente se lo destapó, para que recibiesen la fe; ellos se lo tapan, volviéndose otra vez a su antiguo dueño con sus supersticiones, tapándoselo con cosas tan vanas, y tan ligeras como las plumas. Dioles arco, y flechas, para que peleasen, y una red, que significaba el lugar, donde habían de parar; y así todos los más dieron, luego que llegaron a este puesto, en pescar.

Este ejército guiaba, y gobernaba Huitziton, y Tecpatzin, que eran sus capitanes, y en particular Huitziton, que era el más sabio, y a quien más obedecían, y creían; prosiguiendo, pues su viaje llegaron a la segunda mansión, donde se alojaron en un lugar, que se llamaba cohuatli comac, boca o canto de pájaro nocturno llamado así: y allí usó el Demonio con ellos un caso, que aunque por entonces pareció menudencia, y de poca importancia, en él se semilló la mayor idolatría, que estos observan hoy, y fuera deso fue de tanto ruido y contienda entre ellos, que siendo todos unos se llegaron a dividir, y a hacer bandos: arrojóles, pues, el Demonio en medio del ejército dos quimiles (que son dos pequeños envoltorios); y deseosos de ver lo que dentro tenían encubierto, desenvolvieron el uno, y dentro hallaron muy rica, y preciosa piedra, que tenía unos muy relucientes, y claros visos de esmeralda, y como la vieron tan hermosa, embarazados todos en mirarla, y codiciosos, todos, y cada cual de poseerla, se dividieron en dos bandos; viendo pues Huitziton, que estaba presente, y era el que los gobernaba, que de aquella piedra había ya división entre ellos, y contenida sobre cual la había de llevar, procuró concertarlos, y así les dijo:

Muy admirado estoy, mexicanos, que sobre cosa tan poca, y leve os hagáis tanta contradicción, que siendo todos unos, y hermanos, os hayáis ya dividido, sin saber el fin, que estos envoltorios tienen: hay está otro, y puede ser, que tenga otra cosa de más estima, y más preciosa, desenvolvedlo, y veréis lo que es, quizás es más estimable, y estimándola en más, haréis menos aprecio de la piedra; parecióles muy bien el consejo de Huitziton, porque fuera de que los gobernaba, lo tenían por muy sabio (que no hay cosa, que más granjee, y asegure la obediencia en los súbditos, que la sabiduría y prudencia de los superiores).

Desenvolvieron pues los opositores el otro quimil, o envoltorio, y hallaron en él solos dos palos, y como no les relucieron como la piedra, volvieron otra vez a su contienda (que de ordinario los ojos de los hombres se engañan, y estiman en más resplandores, que lucen, y parecen, que no virtudes secretas, que se ocultan).

Mas Huitziton, que era, el que hacía los embustes, y los declaraba, viendo, que los unos de ellos (que se llamaron desde luego Tlatilulcas), haciendo tanta instancia por la piedra, les dijo, se quedasen con la piedra, y los otros (que se llamaron los meros mexicanos) se quedasen con los palos asegurándoles que eran de más importancia para su viaje, que no la piedra, como por la experiencia verían.

Obedecieron luego a Huitziton, y lleváronse la piedra los Tlatilulcas, y los meros mexicanos se quedaron con los palillos, y pidiéronle a Huitziton les declarase el secreto, que en ellos se encerraba, y Huitziton para quietarlos; y para que el Demonio pusiese su primera piedra en la adoración del fuego: tomó los palillos, y puesto uno en otro sacó fuego de ellos, de que todos quedaron admirados, porque jamás habían visto cosa semejante; y los Tlaltilulcas habían quedado arrepentidos de no haberse quedado con los palillos por codicia de la piedra; mas como el juicio estaba ya hecho, y el secreto descubierto, cada uno de los bandos se quedó con lo que le cupo; y quedó conocido el artificio de sacar el fuego nuevo, y bien sembrada su idolatría, que hasta ahora miserablemente están verdes sus raíces, como hemos visto, y se verá adelante.

2. Adivinaciones y agüeros por el canto y el vuelo de las aves

Suceso último de aqueste de los palillos vino la adoración del fuego; y del primero el ser esta miserable gente tan frágil en creer agüeros, y tan fácil en tropezar en ellos, que cualquiera cosa, que vean, o que oigan, les turba el ánimo, y les hace creer, o esperar muchas cosas, que solamente dependen de la voluntad de Dios Nuestro Señor. En todas las naciones del mundo a habido, y hay agüeros, y estos los tenían por el canto de las aves, que llamaban *augurium ab auium garritu*, o del movimiento de las mismas aves, y lo llamaban auspicium, como lo refiere el angélico doctor santo Tomas. (2.ª 2.ª q. 95. art. 3.)

Y ordinariamente estos agüeros, o adivinaciones son por arte del Demonio, como lo dice el Decreto 26. q. 2. capítulo Quid fine; y este género de adivinación, o agüero le tenían de las aves, o por el canto, o por el vuelo ordinario, o extraordinario velocísimo, que llaman Praefetes, y de aquí lo tenían por bueno, o mal suceso, esperándolo, o temiéndolo según los asientos donde paraban, como dijo Higinio, y también era buen presagio, como dijo Festo, el ave que con unas alas muy grandes extendidas, y derechas vuela.

Pero aunque los romanos tenían estos agüeros, y presagios, como eran capaces, y de fortaleza de ánimo fácilmente corregían estas vanas inteligencias, y deponían tan inciertos, y falsos dictámenes, como cuenta Fulgoso libro 7, capítulo 2, de Misoniano filósofo sabio; que en una ocasión se halló en los ejércitos de los romanos, y que estando el ejército para dar una batalla, y viendo, que había dilación más que la ordinaria, y que la causa era porque el agorero aguarda a ver la primera ave, que encontrase, para pronosticar el suceso de la guerra; el salió del ejército con ocasión de algún negocio, que se le había ofrecido, y a la primera ave, que encontró, que era la que el agorero aguardaba para su pronóstico, desembrazó de su arco una saeta, y matóla, y muerta la trujo al campo haciendo mucho escarnio, y risa, y les dijo a los compañeros:

> Por cierto que me espanto mucho que tengáis romanos, tan poco acuerdo, y consejo, que pongáis los buenos, o malos sucesos en los pronósticos de las aves, cuando el suceso de esta, que maté, no previno su mal suceso para sí.

Mas estos miserables indios son de tan débil naturaleza, y de tanta ignorancia, que no cabe en ellos discurso para obrar por sí en el desengaño de estas materias, y no solo tienen estos agüeros en los cantos de las aves por el ejemplar del de Huitziton, cuando los sacó del lugar de donde vinieron a poblar estas partes del suceso, que tuvieron en el lugar, que llamaban Cohauctli camac, donde se quebró por la mitad el árbol, donde pusieron su falso Dios huixilopochtli; sino que también tienen los que la gente ignorante de España con los estallidos del fuego; el canto de los cuclillos; el zumbido de los oídos tienen por agüero todo lo que sucede extraordinariamente en los elementos; en los cielos eclipsándose el Sol, o la Luna; encontrar animales extraordinarios, y ponzoñosos: teniendo todo esto por malos infortunios, y sucesos; y así llaman a los agüeros Tetzahuitl, cosa que espanta, y atemoriza.

3. Los animales pronosticaban bienes o males

Todas estas cosas es muy necesario en particular individuar los agüeros, que tenían, para conocer los que pueden tener hoy, y el Demonio les a hecho conservar, para turbarlos. Uno de los más principales, que tenían era cuando oían bramidos de algunas fieras en los montes, o valles, y lo mismo cuando oían algún zumbido, o sonido extraordinario, persuadiéndose, a que les había de suceder alguna desgracia, o en la salud, o en la vida, o que los habían de cautivar en la guerra, o a alguno de sus hijos; o morirse ellos, o sus mujeres, o hijos; y luego iban a consultar al Tonalpouhqui, que es el que decía la buena, o mala fortuna, y el que sabía interpretar estos agüeros, y significaciones, y hallado, y consultado, el tal interprete de agüeros le hacía al consultante una muy larga plática, y le decía:

«Hijo mío, pobrecito; pues que has venido a ver en el espejo de mi ciencia las significaciones de los agüeros, que oíste, o viste: sábete, que todo lo dejaron escrito nuestros antepasados, y sábete, que has de venir a gran pobreza, o por ventura morirás tu, o alguno de los de tu casa, porque está contra ti enojado aquel, por quien vivimos (dícelo por alguno de sus dioses principalmente por el fuego); y no quiere, que vivas más tiempo: espera con ánimo, y esfuerzo lo que te vendrá, porque así está escrito, y de lo que usamos para declarar estas cosas a las que les acontecen; y en esto no soy yo, el que te pone en este espanto, sino el mismo Señor Dios, que quiso te aconteciese, y viniese sobre ti; y no hay que culpar al animal, porque el no sabe lo que hace, y carece de entendimiento, y de razón, y tu pobrecito, no debes culpar a nadie, porque el signo, en que naciste, tiene consigo estos malos sucesos, y a venido ahora en ti a verificarse la calamidad, que siempre te a amenazado; esfuérzate, que con la experiencia lo sentirás; mira que tengas buen ánimo para sufrirlo, y en el ínterin llora, y haz penitencia, y nota lo que ahora te diré:

Para remediar tu trabajo, busca papel, o cómpralo, incienso blanco, ixtli, y las demás cosas, que sabes, que son menester para disponer tu ofrenda, y después, que hayas aparejado lo necesario, vendré tal día, que es oportuno para hacer la ofrenda (aguarda que pasen los trece días del signo) necesaria al Señor Dios fuego; entonces vendrás a mí, porque lo mismo disporné, y ordenaré los papeles, y todo lo demás, los lugares, y el modo, conque has de estar para hacer la ofrenda, que yo mismo la tengo de ir a encender, y quemar a tu casa. Esta superstición llama mucho a los actos penitenciales, que los sacerdotes Tlamacazques hacían hacer, y todo ello venía a parar (y hoy es lo mismo) en atribuir estas cosas a los nahuales, de que resultan los inconvenientes, que abajo diré, en el siguiente capítulo.

En particular tenían grandes agüeros con la comadreja, que es un animalillo, como los de España con el pecho, y barriga blanco, y todo el cuerpo bermejo; llamase en la lengua Cuçamatl, Comadreja: tenían mal agüero con él, y cuando entraban en sus casas, o atravesaba el camino, por donde iban, o la calle por donde pasaban, se pronosticaban que los habían de robar, o les habían de levantar algún testimonio falso, o les había de suceder algún mal caso de enfermedad, o otro semejante, y siempre que lo veían, o ven se les espeluzan los cabellos de horror, porque le tienen gran miedo.

Los que vivían en el campo, si se les entraba algún conejo en sus casas, presumían, que les habían de robar, o que alguno de la casa se había de ausentar, o esconderse por los montes o barrancas; y sobre esto (como sobre todo lo tratado, y lo que se ha de tratar desta materia) se iban luego a la consulta del adivino.

EPATL, O ZORRILLO

Cuando el animal, que llaman zorrillo, y en lengua Epatl, paría dentro de la casa de alguno, lo tenían por agüero respeto de que este animal no acostumbra parir en las casas sino en los campos, pedregales, o tunales, y como parir en las casas era extraordinario, temían mal suceso. Este animalillo, decían, que era la imagen del Dios Tezcatlipoca, y cuando echa de sí aquel mal olor, o hacía alguna acción natural, decían que su Dios Tezcatlipoca lo había hecho, y por eso trascendía tanto tan mal olor (confusión para ellos, que sus dioses sean tan inmundos, y tengan tan horribles, y espantosas figuras, como las que tienen otros; fundamento que aquellos santos primitivos padres tuvieron para abominárselos). Y tienen tal propiedad este animalillo, que cuando le encuentran no huye, y si lo siguen para cogerlo, hace cara al que lo sigue, y cuando llega a quererlo asir, despide aquella orina con tanta violencia, como si saliese de un delgado caño, y con mucha fuerza: y donde quiera que cae, queda tan inficionado del mal olor, que no hay quien lo sufra, por ser, como es, tan penetrativo. Y cuando esparce esta orina, es a la vista de todos, los que la ven de muchos colores, como el arco iris; y los que la huelen, si escupen con el asco del mal olor, dicen, que luego al punto se ponen todos los cabellos blancos; y así les mandaban los indios a sus hijos, que no solamente no escupiesen, sino que apretasen la boca, para no tener ocasión de escupir; este animalejo es en el pecho, y barriga blanco, y lo demás negro.

HORMIGAS

Tenían también abusos con las hormigas, que se criaban dentro de casa; tenían por cierto que el haber hormiguero, era señal de persecución, y desasosiego, y que sus enemigos se las echaban para ese fin, y para que tuviesen fuera de tener desasosiegos, enfermedades.

RANAS Y SAPOS

Y lo mismo era, cuando hallaban Ranas, o Sapos en el techo de sus casas, y que era la misma señal. Era lo mismo con unos ratoncillos, que tienen unos chillidos, que desasosiegan, y los llama la lengua mexicana Tetzauhquimichin: y luego se iba a la consulta.

RATONES

De los ratones ordinarios decían, que cuando alguno estaba amancebado en alguna casa, luego lo saben los Ratones, y luego van y ahugeran los chilhuites, esteras, y vasos, en que comen, o beben; y esta es la señal; y a esto llaman Tlaçulli. Y cuando a la mujer casada los ratones ahugeraban las nahuas, entendía el marido, que su mujer le hacía adulterio, y si ahugeraban la manta, entendía la mujer lo mismo del marido.

MANO DE MONA

Tenían otra abusión, y hoy la tienen los mercaderes que venden: procuraban tener una mano de mona, y traerla consigo, y decían, que luego se les vende la mercaduría, y lo mismo hacen hoy: y como diré abajo, lo mismo hacen con la cabeza; como se le halló a un indio pulquero para vender su pulque, y si acaso con la mano de mona no se ha vendido la mercaduría, a la noche ponen entre la ropa, o mercaduría dos chiles de los anchos, y dicen, se los dan a comer, para que se aliente el día siguiente y se venda.

4. Abusiones y agüeros con las mujeres preñadas
OTRAS MUCHAS ABUSIONES, y malos agüeros tienen muy caseros, y de las puertas a dentro. La mujer preñada se

había de guardar de ver a alguno, que ajusticiaban, o ahorcándolo, o dándole garrote, porque, si lo veía, decían, que la criatura que tenía en el vientre nacería con una soga de carne a la garganta; y también se guardaban de ver eclipses de Sol, y Luna, porque la criatura que tenía en el vientre nacería con los labios mellados, y cortados; abuso, que hoy corre muy generalmente: y para que esto no aconteciese, y pudiese mirar el Sol, o la Luna, cuando se eclipsaban, se ponían una navaja negra en el seno, que tocase a la carne.

Si la mujer preñada mascaba un betún negro que llaman Tepetzictli, la criatura saldría enferma con un mal que llaman Motentzoponiz, que es desvarillarse; y esto sucede en las criaturas recién nacidas, que mueren de ello, y causase, de que sus madres, cuando les dan de mamar, les sacan el pecho con violencia, y las lastiman, con que se mueren dello.

Si la mujer preñada andaba de noche, la criatura que paria era muy llorona, y si el padre andaba de noche, y veía alguna estantigua, al criatura tendría mal de corazón, y para remedio de esto la mujer preñada cuando andaba de noche, se ponía unas navajas en el seno con ceniza del fogón con un poco de copal, o iztafiate, y los hombres también para atajar este daño, se ponían unas chinas en el seno, con piziete, y si esto no hacían decían, que la criatura nacería con una enfermedad que llaman Ayomamaz, atortugado, que trae la corcova a cuestas, como la tortuga, y con otra enfermedad, que llaman Quezpalicihuiz, que es llenarse de lagartijas.

Cuando parían tenían particular abusión con el ombligo de la criatura cuando se lo cortaban: si era varón, lo daban, para que lo enterrasen en el lugar de las guerras, y se lo entregaban a algún soldado, para que fuese aficionado a la guerra, y si era mujer lo enterraban junto al fogón, para que la mujer fuese aficionada a estarse en casa y cuidar de ella.

La recién parida, si la visitaban algunas, que llevaban consigo sus hijuelos, luego los llevaban al fogón, y les refregaba las coyunturas, y las sienes con ceniza, porque si esto no hacía, decían que quedarían mancas, y les crujirían los huesos cuando anduviesen.

5. Supersticiones en la crianza de los hijos

Otros abusos caseros tenían en la crianza de sus hijos. Para que no saliesen los niños recién nacidos pecosos, o con hoyos en los rostros, no habían de quemar en la casa de la recién parida, ni echar en el fuego los granzones del maíz, que son aquellas mazorquillas, que quedan después de desgranado, que ellos llaman Olotes, y para que se pudiesen quemar, sin que esto sucediese, pasábanlos primero por la cara de la criatura, sin tocarlos a la carne, y con esto se deshacía el encanto del agüero.

cuando temblaba la tierra luego al punto cogían los niños con ambas manos por cabezas, y sienes, y los levantaban en alto, y decían, que si no se hacía aquello, no crecerían, y que en volviendo a temblar la tierra se los llevaría el temblor; y también cuando temblaba rociaban con agua las alhajas de su casa, y los posteles, y lumbrales de las puertas, y de la casa, porque no se llevase el temblor las casas, y los que no hacían esta diligencia eran reprehendidos de los otros; y así como comenzaba el temblor, comenzaban a dar gritos dándose con las manos en las bocas, para que todos supiesen, que temblaba la tierra, que era como avisarse.

Para que los brujos, y brujas no entrasen en sus casas a hacer daño a sus hijos, ni allos, usaban de poner a la puerta de su casa, o en el patio de ella una navaja de piedra negra en una escudilla de agua, porque decían: que en viéndose allí el brujo, luego echaba a huir, y no osaba entrar.

Evitaban mucho el abuso de Tequencholhuiliztli, que quiere decir pasar uno sobre otro, porque tenían superstición, que si alguno chico, o grande pasaba sobre algún niño, que estaba sentado, o echado, le quitaba la virtud de crecer, y que se quedaba pequeñito, y que para remediar esto, era forzoso tornar a deshacer la vuelta por la parte contraria. Y al modo desto tenían otra superstición, que llamaban Atliliztli, que quiere decir bebida, cuando bebía el menor primero, que el mayor, y entonces al suceder esto decía el mayor al menor: «pues bebiste primero, te haz de quedar en ese cuerpo, que tienes ahora, sin crecer más».

6. Otros muchos agüeros caseros

Muchos otros agüeros caseros tenían, y uno de los principales, era cuando se estrenaba la casa nueva, que fuera de las supersticiones, que hacían en sacar el fuego nuevo, decían que cuando se sacaba en la misma casa, si salía presto el fuego, la casa sería buena, y su habitación apacible, y si tardaba en salir, decían, que la habitación de la casa sería desdichada, y penosa.

En razón de sus baños, que llaman Temazcalli, que quiere decir casa de baño, cuando lo encendían, si estaba allí algún mellizo, que ellos llaman Coates, que son los hermanos uterinos, aunque estuviese muy caliente, se enfriaría, y les haría mucho mal a los que se bañasen; y para remediar esto, hacían que el mellizo regase cuatro veces lo interior del baño y con esto no solo no se enfriaría, sino que se encendería más.

Con los mellizos tenían otra abusión, que decían que si alguno entraba donde estaban tiñendo, sus sedas de color, que son los Tochomites, luego se dañaba el color, y lo que se teñía salía manchado, especialmente lo colorado, y para el remedio desto le daban a beber del agua con que teñían.

también tenían con estos mellizos otra abusión, y era decir, que si entraba algún mellizo donde cosían tamales, luego los aojeaba, y hacía mal, y a la olla donde se cosían, y que era de manera que no se podrían coser, aunque estuviesen un día entero, y que al cabo saldrían ametalados en parte cosidos, y en parte crudos, y para remediarlo hacían que el mismo mellizo echase fuego a la olla, y pusiese leña al fogón; y si se echaban los tamales delante del a coser, hacían que el propio echase uno, para que todos se cosiesen.

Acerca de los tamales, que se cosían, tenían otra abusión, y era, que si cuando se cosían salía algún tamal pegado, como cuando se pega la carne a la olla: decían que el que comía aquel tamal pegado, si era hombre, no tiraría bien las flechas en la guerra, y su mujer nunca pariría bien; y si era mujer la que le comía, y estaba preñada, que el niño se le pegaría dentro del vientre de manera que nunca pariría bien.

En el modo de criar sus gallinas tenían otras supersticiones: decían, que cuando estaban empollando los huevos, si alguno entraba calzado hacia donde estaban, no saldrían pollos, ni los sacarían; y si los sacasen, serían enfermos, y luego se morirían; y para remedio desto ponían junto a la gallina que empollaba, unos cacles viejos, que son los zapatos destos indios.

Y si algún amancebado estaba en la casa donde salían los pollos, aunque saliesen, luego al punto se quedaban muertos con los pies arriba, y esto llamaban Teacolmiqui: morían hiriendo con los alones; y lo mismo acontecía, si el varón, o mujer de la casa hacía traición el uno al otro, y decían, que en esto lo conocían.

A la que tejía alguna tela, hora fuese para manta de hombre, o mahuaz, o suya de mujer, o para huipil, si se le aflojaba de alguna parte de manera, que quedase más tirante de una parte, que de otra, decían, que para quien era, era persona de mala vida, y que en eso se conocía.

7. Prohibiciones a los hijos para evitarles daño

En las sementeras de chile, maíz, y otras cosas de sus menesteres, para que no corriesen riesgo con la tempestad del granizo, y se les dañasen, cuando comenzaba a granizar, comenzaba a sembrar ceniza por el patio de su casa, y con esto, decían, se remediaba.

Para poner el Nechcomitl, que es cuando ponen a coser el maíz para molerlo, antes de echarlo a coser dentro de la olla, lo habían de insuflar primero, y resollar sobre él, como dándole ánimo, para que no temiese el fuego. Y cuando alguno veía, o encontraba algún maíz derramado por el suelo, estaba obligado a cogerlo con mucho respeto; porque del que no lo hacía, decían, que el maíz se quejaba al Dios Tzinteotl, que es el Dios del maíz, a que le castigase, pues habiéndolo visto derramado, no lo había cogido, y que no le diese cosecha otro año, porque lo había menospreciado.

Los que ponían los pies sobre los Tenamaztliz del fogón, que son las tres piedras y son sus treuedes, decían, que eran desdichados, y que en eso se echa de ver; y que en la guerra caerían en manos de sus enemigos, y no podrían huir: y así los padres prohibían a los hijos esta acción de pisar las treuedes.

El que metía la mano en la olla del atole, haciendo sopas, o comiendo con la mano sola era avisado por sus padres, que no lo hiciese, porque con esto se hacían infelices en la guerra.

A el que llegaba a lamer el metate, que es la piedra, donde muelen, le pronosticaban, que presto se le caerían dientes, y muelas; y así los padres a los hijos les prohibían esta acción.

Cuando la tortilla, que es el pan desta tierra, al ponerla en el comal, que es como el horno donde se cuece, si al ponerla en él se doblaba, decían, era señal que alguno venía a aquella casa, o que el marido de la mujer que hacía la tortilla, era ido fuera, y venía ya, y que él era el que había acoscado la tortilla, y por eso se doblaba.

Prohibían estos indios a sus hijos, cuando los criaban, que se arrimasen a los pilares, y posteles de la casa, porque decían, que los que esto hacían, eran hombres mentirosos. Y asimismo prohibían a sus hijas, que comiesen en pie, porque era pronóstico que no se casarían en sus pueblos, sino en los ajenos.

Cuando el metate, en que muelen, se les quebraba de noche, estando moliendo, decían, que alguno de la casa había de morir, o enfermar gravemente: y el mismo agüero, y pronóstico tenían cuando las vigas de la casa crujían, o daban algún estallido.

El que iba a jugar a la pelota, ponía el comal, y el metate en el suelo boca a bajo, y con esto decía, que no podía perder, ni ser ganado; y el tejolote, que es la piedra con que muelen el chile en molcajete, lo colgaba en un rincón de la casa, y tenía por infalible el ganar. cuando armaban trampas para coger Ratones, no colgaban el tejolote, porque decían, que avisaba a los ratones, y con esto no caerían en la trampa; y al que comía lo roído del ratón cualquiera cosa que fuese, decían era señal que le habían de levantar algún falso testimonio de hurto, o adulterio, o de otra cosa.

Los que se cortaban las uñas, las echaban al agua, porque decían se las daban a un perrillo, que se cría en el agua llamado Ahuitzotzin. Cuando uno estornudaba decía era señal, que alguno lo estaba mentando y mormurando decía mal del.

A los que comían cañas verdes del maíz de noche, que les había de dar dolor de muelas, o de dientes; y para que esto no fuese así, la calentaban primero al fuego, que era como ofrecerla.

Cuando alguno, comía delante de algún niño, que estaba en la cuna, le ponían un poco de la comida, o bebida, que hacían, y con esto decían, no le daría hipo, como le diera, sino lo hiciesen. Cuando los Niños mudaban los dientes los echaban sus padres en el agujero de los ratones, y decían con eso les saldrían otra vez, y sino se hacía esta diligencia, no les habían de salir.

8. También las flores motivan supersticiones

Para que se vea la desdicha destos miserables en esta materia: no solo tenían malos pronósticos de las cosas malas, o indiferentes, como de las que hemos dicho, sino de las buenas, como son las rosas olorosas, y que más habían de ser pronósticos de buenos sucesos, que de malos: abusábanlas de manera, que de una flor que llaman Omixochitl, que es una azucena de la tierra, muy olorosa, y más que los jazmines, dicen, que al que la huele le dará enfermedad de almorranas; y al Quetlaxuchitl, que es una flor muy encendida que se cría en los árboles, le atribuyen un falso testimonio, y es, que cuando la mujer pasa sobre ella le causa enfermedad en ocultas partes, o por haberse sentado sobre ella, o por haber olídose demasiadamente una, y otra flor.

Los ramilletes, que ellos hacían, y hacen hoy compuestos de muchos flores, para dar a las personas superiores, y ellos daban, y dan hoy a sus convidados, decían que a ninguno le era licito olerlos en el medio de ellos, sino solo a los cantos, y orillas, porque el medio era reservado a su Dios Tezcatlipoca.

Capítulo XIV. En que se prosigue la misma materia de agÜeros en el canto de las aves, fantasmas nocturnas, animales terrestres, y sabandijas

1. Consultas a los adivinos para deshacer una superstición con otra

Tenían agüeros con las aves, extraordinarias como las águilas, y de las ordinarias temen mucho a un pájaro, que al modo de un Aguilucho, y poco mayor llámanlo Huatzin huactli, o huacton, que todo es uno, y tiene un pico grande, y unas muy agudas; sustentase solo de víboras, y culebras, matándolas industriosamente, y es, que en viéndolas enroscadas, se pone en algún lugar eminente, de donde las pueda espantar, y la que ve, con sus chillidos, y gritos la espanta de manera, que la hace caminar hacia su cueva, y luego se abalanza allá, y la coge de la cabeza, y lleva a lo alto, y desde allí la deja caer, para que se mate, o se aturda, y con lo uno, y lo otro se baja, y la despedaza, y la come: Por eso los médicos, como arriba dijimos, invocan este género de aves para amenazar al dolor de las tripas, que ellos comparan a las culebras por su enroscarse, y retorcerse. Con este pájaro tienen los indios grandes agüeros, y se persuaden, a que les habla, y llama por sus nombres, siendo así, que jamás se les oye otro canto, o formación de voces, que Huac, Huac, de donde tomó la denominación de su nombre.

Suelen pues oírlos hoy cantar a estos pájaros en algunos valles grandes, quebradas profundas, o en algunos lugares, que allos les parece prodigio de oírlos, y si la voz figuraban, o se les antojaba, que decía ieccan, ieccan, que quiere decir buen tiempo, iban muy contentos a cualquiera parte donde fuesen, hora fuesen soldados, que en aquellos tiempos irían a la guerra, hora en estos cuando van juntos a sus servicios personales, y de camino largo muchos juntos, y los mercaderes, y trajineros iban muy seguros de que no les sucedería mal suceso, ni infortunio alguno.

Pero cuando el Huactzin cantaba, o canta hoy, como quien se ríe en alta voz, y que su risa sale de lo intimo del pecho, como quien tiene gran gozo, y regocijo, todos enmudecían, pronosticándose malas fortunas, muerte, y enfermedades de los que allí iban, o caer en manos de ladrones o atajarles los ríos de manera que ninguno de los que allí iban, o por pasajeros, o por mercaderes dejasen de atemorizarse (y lo mismo es cuando hoy en particular alguno lo oye, que se cree del agüero esperando cada uno mal suceso): y en tales ocasiones uno de los principales, y el más entendido de los que allí iban, se ponía a consolar a los demás, y los consuela hoy, esforzándolos, y moviéndolos a la tolerancia de cualquiera mal suceso, y persuadiéndoles, a que la tengan, y lleven en paciencia, haciéndoles memoria de las lagrimas caseras, que sus mujeres, hijos, y parientes derramaron al despedirse de ellos, y que los sollozos, y gemidos, que dieron, bien manifestaron, y pronosticaron sus malos sucesos, y que en alguna montaña, barranca, o despoblado habían de quedar sus huesos y sembrarse sus cabellos, y derramarse su sangre; y con esto los procuraba consolar persuadiéndoles, a que no desmayasen, ni se desconsolasen; pues ni eran los primeros, a quienes habían sucedido malos sucesos, ni los postreros, y que llevasen lo que se pronosticaban con buen ánimo, y valor dejando gloria a los soldados, a los pasajeros, y a los mercaderes, según los que iban en la junta cuando cantó el Huactzin: y en llegando aquella noche a la jornada junto a algún árbol, o cueva, o en otra parte trataban de hacer sacrificio al Dios Huizilopochtli, que es el Dios de las guerras de ellos, o el Dios de los mercaderes, y tratantes, que es el Dios

Yiacateuhtli, y el sacrificio era hacer una gavilla, o junta de los bordones, que llevaban, y juntos los ofrecían a uno destos dioses (que en opinión de algunos experimentados, y versados en estas materias todos estos hombres, o los más de estos dioses eran nombres de *Huitzilopochtli*, según diversos favores, que les hacía).

Allí sobre aquellas cañas, o báculos ofrecían su sangre, sacándoselas de las orejas, o lengua, para aplacar a su Dios, y que estorbase el mal suceso del agüero; y en pasando el término del mal suceso, en que podían esperarlo, se alegraban, y consolaban, si bien algunos había de tan flaco corazón, como hoy los hay, que nunca dejaba de tener, ni dejan hoy de contristarse; y en opinión de algunos este agüero es indiferente. también tenían, y tienen hoy mal agüero con el búho; hora cantase en su casa, hora cantase en algún árbol cercano, como el dueño de la casa lo oyese; era pronóstico para ellos de total ruina; y asolamiento de su casa, de tal manera que en los tiempos venideros se acordasen haber vivido allí persona de importancia, y que de aquella manera había quedado su casa, y todos los de ella muertos, y acabados: y con esto entraba, y entrará hoy la consulta del adivino para deshacer una superstición con otra.

también tenían mal agüero con la lechuza cuando venía a chillar, o charrear a su casa dos, o tres veces, principalmente, si había algún enfermo, luego le pronosticaban la muerte, y decían, que era el mensajero del Dios del infierno Mictlanteuctli, y que iba, y venía con mensajes suyos, y por eso la llaman Yautequihua, que quiere decir mensajera del Dios del infierno, o diosa del infierno, que venía a llamar a los que le mandaban, y si juntamente con chillar, o charrear, escarbaba con las uñas, era el principal fundamento del mal agüero: y si el que la oía era hombre luego al punto le decía: «estate quedo bellaco, que hiciste adultero a tu padre»; y si era mujer la que la oía, le decía: «vete de ahí puto, ¿has agujerado la calavera; con que tengo de beber allá en el infierno? porque antes desto no puedo ir», y con estos tan solemnes disparates, decían, que injuriaban a la Lechuza para deshacer el mal agüero, que les pronosticaban, para no estar obligados, a ir al llamamiento, que les hacía. Con el pito, y con otros cualesquiera pájaros extraordinarios, tienen sus agüeros, y sobre todo se iba (y va hoy) a la consulta de los adivinos.

2. Agüeros y supersticiones con los fantasmas

Agüeros también tenían, y mil supersticiones con los fantasmas, que les representaban de noche, y visiones extraordinarias; y ordinariamente era esto en los que iban de noche a sus actos penitenciales, o a los que iban a los lugares necesarios de noche, o a los que de noche andaban a buscarlas, y en otras ocasiones, que casualmente se les ofrecían. Entre las más memorables es con la fantasma llamada Iohualtepocchtli, que quiere decir hacha nocturna, porque primero oían como golpes cuando se corta madera en el monte, y como suenan tanto aun de muy lejos con el silencio de la noche.

Los que los oían teníanlos por malos pronósticos, y decían que eran ilusiones, y burlas de Tezcatlipoca, con que burlaba, y espantaba a los que andaban de noche; y cuando estos golpes oía algún hombre animoso, y esforzado no solo no huía, mas antes se disponía a ir siguiendo el ruido de los golpes para desengañarse de lo que era; y cuando iba algún bulto de persona, partía a todo correr tras él por alcanzarle, y desengañarse de lo que era, y aunque llegase a asirla, todavía andaban a las vueltas, porque la fantasma se defendía, y cuando ya estaba cansada se dejaba ver y tocar del que la seguía, y al fin veía un hombre sin cabeza, cortado el pescuezo como un tronco, y el pecho abierto, y dividido en dos partes como unas puertecillas, que se abrían, y serraban, y se juntaban en el medio; y al serrarse decían, que se hacían aquellos golpes, y sonaban tanto, que se oían muy lejos: y por la abertura del pecho se le veía el corazón, y entonces cualquiera, a quien se le hubiese aparecido, hora fuese soldado, o caminante, penitente, o sacerdote de los suyos, en asiéndola por la abertura del pecho, le hacia el corazón, como que se lo quería arrancar tirando del, y con esto le pedía mercedes conforme a lo de que necesitaba, hijos, hacienda, o esfuerzo en la guerra, con que a algunos les concedía aquesto, y a otros no, sino muy al contrario, que era miseria, trabajos, y mala ventura: y así decían, que en mano de Tezcatlipoca estaba el conceder, o no conceder esto, porque era el Dios de la providencia, y poderoso para dar lo próspero, o lo adverso: y la fantasma respondía al demandante algunas veces de esta manera:

«Hijo mío, fulano, déjame, qué me quieres, que yo te daré lo que me pides», y el demandante, o persona, a quien se había aparecido esta fantasma, le decía: «no te dejaré que ya te he cazado», y la fantasma le daba una púa de maguey, y le decía: «toma esta espina», mas el que la tenía asida no se contentaba con una, sino con tres, o cuatro, que eran señal de riquezas, y prosperidades, y señal de que tantos cautivos tendría en la guerra, si era soldado, cuantas espinas le daba. Otros de hecho le arrancaban el corazón sin estas demandas, ni respuestas, y con esto echaban a huir, y guardábanlo con gran cuidado, envolviendo en unos paños hasta la mañana: y cuando desenvolvían el paño, si allí hallaban plumas, algodón, dos o tres espinas de maguey, o cosa de estima, tenían por ciento, que les había de suceder buena y próspera fortuna; mas si hallaba carbón, o pedazos de trapos viejos, o mantas rotas, era señal de miseria, y desdichas.

Mas si el que estos golpes oía era hombre de poco ánimo, y no se atrevía a seguir el sonido, ni buscar la fantasma, cortábase, y no podía andar de miedo, y quedábase allí sin poder pasar, ni andar sino arrastrándose, y todo se le iba en pensar la desdicha, que aquel agüero le amenazaba, si sería de muerte, de enfermedad, o mala fortuna. Y si el que esta fantasma encontraba era simple, y no le pedía mercedes, sino que la escupía (a esta, o a otras, que diré) haciendo poco caso de ella, le venían grandes desdichas de muerte, y otras cosas.

Y no obstante, que todas estas fantasmas entendían todos, que eran burlas de Tezcatlipoca, con todo eso les tenían miedo. Había algunas, que se aparecían de manera, que no tenían pies ni cabeza, sino que andaban rodando por el suelo como un envoltorio ceniciento, dando voces, y gemidos como enfermo: llamábanlas Tlacanechquimilli, un hombre, o bulto como ceniciento sin pies, ni cabeza; y los que este género de fantasmas veían, se pronosticaban malos sucesos en la guerra, o fuera de ella, o que en breve les sucedería algún caso no pensado: y si las personas, que las veían, eran de poco valor y esfuerzo, luego arrancaban a huir, y de aquel miedo venían a morir en breve, o les sucedía algún desastre.

3. Burlas de Tezcatlipoca

Algunos había tan animosos, que no solamente hablaban con las fantasmas, que encontraban; mas antes las iban a buscar de noche para pedirles mercedes, y si las encontraban andaban toda la noche bregando con ellas como quien lucha a brazo partido, y les pedían, que les hablasen, y les dijesen, quienes eran; y cerca ya de la mañana les hablaban las fantasmas, y les decían, a quienes las tenían asidas: «dejadnos, no nos fatiguéis, que os daremos lo que pedís», y aunque les daban una espina de maguey, no la querían, sino les daban dos, tres, o cuatro, o todo aquello, de que necesitaban.

Y como he dicho, de ordinario se aparecían algunas fantasmas en los lugares, donde de noche iban a pagar los tributos de la naturaleza, allí solía aparecerles una mujer enana, y que tenía los cabellos largos hasta la cinta: llamábanla Quitlapanton, y su andar era hacia cualquiera parte como quien anda hacia tras; y a quien se le aparecía este género de fantasma le causaba gran temor, y aunque quería asirla no podía, porque luego se le desaparecía, y tornaba a aparecerse en otro lugar, o allí junto; y si otra vez intentaba asirla se le tornaba a escabullir, y siempre le dejaba burlado por muchas veces que lo intentase.

Lo mismo era cuando se les aparecía otra fantasma, que era como una calavera de muerto, que les saltaba a las pantorrillas, y si corrían, corría tras ellos, y si paraban, paraba también, de manera, que siempre los iba siguiendo haciendo ruido como una calavera, que iba saltando: y si acaso el que había visto este género de fantasma se animaba a querer asirla, saltaba y se iba a otra parte, y tantas veces se le escabullía, cuantas intentaba cogerla hasta que de cansado la dejaba y se iba a su casa.

Otra manera de fantasma era como un difunto amortajado quejándose, y gimiendo a los que se aparecía, y si el que la vía era esforzado, arremetía a cogerla, y se hallaba con un césped en la mano, o terrón de tierra, y decían, que era burla de Tezcatlipoca. Este decían también, que se transformaba muchas veces en un animal, que llaman Coiotl, que es como lobo, o zorro de Castilla; y así transformado se ponía delante de los caminantes, como atajándoles el camino, para que no pasasen adelante, y con esto entendía el caminante, que algún peligro había delante de ladrones, o otro alguno de algún río, o que le había de suceder algún infortunio, y que les avisaba Tezcatlipoca, para que se librasen.

4. Las sabandijas son llamadas dioses menores

Tenían agüeros con la sabandija llamada Pinahuiztli, que es de hechura de una araña grande lampiña, y de hechura de un gusano: el cuerpo grueso, tiene el color bermejo, y a partes oscuro, o negro: si esta sabandija entraba en sus casas, o la encontraban, decían, era señal de algún trabajo de enfermedad, o de que habían de caer en alguna grande afrenta, o alguna persona les había de afrentar, o avergonzar; y para hacer el juicio, de lo que sería el habérseles entrado, o encontrádola, hacían en el suelo dos rayas en forma de Cruz, y poníanla en medio, y escupíanla, y echábanle pulque, diciéndole: «anda vete donde quisieres, no se me da nada de ti, ni de andar pensando por ventura en lo que quisieres decir: ello se verá presto, y antes de mucho, y así no cuido de ti»: y si se iba hacia la parte del Norte, no era cosa de importancia, ni de muerte lo que pronosticaba: el echarle saliva, y pulque, decían que era para emborracharla...

Otras veces con un cabello la pasaban por el medio del cuerpo, y colgábanla de algún palo, y allí dejaban estar hasta otro día, y si el día siguiente la buscaban, y no la hallaban, era cierto el mal suceso, y si la hallaban ya muerta, era buen pronóstico, consolábanse, y decían era este agüero indiferente, que algunas veces pronosticaba mal, y otras veces bien, y que había de encontrar con alguna buena comida.

Tienen particularmente agüeros con las sabandijas ponzoñosas como los gusanos, especialmente con algunos, que hay muy gruesos, y extraordinarios, que los llaman Xiuquiquimiltzin, que son como un envoltorio de hierbas, y eso quiere decir. también tenían grandes agüeros con las arañas

Tequentoccatl, que corresponde en castellano a la Tarántula, y otra llamada Tzintlatlauqui, que entrambas son bien ponzoñosas; la primera es tan grande como medio huevo, y la segunda como un garbanzo, y en la colilla, o asiento tiene una pinta colorada, o leonada, y por allí hiere con la ponzoña.

Todas las culebras tienen por agüeros, principalmente las víboras: para ellos es el más infeliz pronóstico, si van caminando, y la culebra está atravesada en el camino (que es muy ordinario), porque dicen, que como les estorbó el hilo del camino en su viaje, les cortó el hilo de la vida; y habiendo tantos géneros de víboras y culebras, que son sin número, temen mucho la culebra, que llaman Matzacoatl que quiere decir culebra de bestias, porque tienen siete varas, y se puede tragar una bestia: y asimismo la víbora llamada Metlapilcoatl, o Colcoatl, que es gruesa, como una mano de metate, que llaman Metlapili, de donde le componen, y llaman Metlapilcoatl: esta se para, y salta cinco, o seis varas, y no hay indio, que crea que es animal, sino Nahualli, y la tienen por pronóstico de hambres, pestilencias, muertes, y de otros muchos males.

Tienen también grandes agüeros con los animales extraordinarios, como con el león, el tigre, el oso, el lobo, el coyote, que en España se llama Adiue, y con el zorro, siendo tan común en esta tierra, que hay unas ocho especies del; y el que más los asombra en sus agüeros es el zorrillo, de quien ya dije, y en el agua los caimanes, o otros peces extraordinarios. Y para dar no solo conocimiento, como hemos dado, de estos agüeros, pero para asentar en el fuero penitencial lo que los ministros deben hacer, y juzgar del pecado, si esto sea mortal, venial, o de idolatría; hemos de asentar primero, que estos agüeros suceden naturalmente en el Sol, y Luna, en sus eclipses, en el aire con los cometas, en el agua, y tierra, o con los temblores, o con las inusitadas crecientes; y es que como a todas estas cosas les dan adoración, y culto divino, pensando, que son dioses, cuando ven semejantes mudanzas las atribuyen a estar enojados, y que les amenaza castigo, que es lo que temen.

Lo segundo, que dan la misma deidad a los animales terrestres como a las arañas, y alacranes, a quienes llaman dioses menores, y de menor cantía, y a veces los llaman demonios, que habitan en lo inferior, y trabajoso de la tierra, y dicen, que se llaman ohuicanchaneque, como dije en el conjuro de las sangrías, invocándolos, y señalándolos con caracteres. Lo tercero, que como tienen por cierta la transmutación de los hombres en animales, y lo experimentan con los sucesos de los Nahuales, tienen por cierto, que las culebras, y los demás animales, que encuentran, o entran casualmente en sus casas, son hombres Nahuales convertidos en tales animales, y que entran la hacerles mal, o los encuentran para eso, y lo mismo es de las águilas, y de otras aves volátiles; y así les hablan como si hablaran con personas racionales: al pájaro Tleinquitohua, que qué dice; a los demás animales Tleinquinequiyn, qué quiere éste; otzomech aochihua atzonech miquitlani intlacanahualli.

Quizás por ventura este hombre Nahualli viene a enhechizar, o a anunciarme la muerte; y luego entra la consulta con el Titzitl, o con el Tlachixqui, que es el médico adivino; y él le dice que el Sol, o la Luna, o los dioses menores están enojados con él, y que algún enemigo les quiere hacer mal, y que mire con quién a tenido enojo, o palabras, o alguna dependencia de odio, que aquel tal se convirtió en aquel animal que vio, y lo espantó; y de aquí sacan, que sacrifiquen al Sol, o a otros animales, o que tengan mortales odios entre sí; y esto asentado así, si estos desdichados en estos casos, que suceden acaso, solo tuvieran recelo de lo inusitado del acaecimiento, para recelar el mal, que les pueden hacer los animales ponzoñosos, y fieras del campo, o los movimientos del Cielo como los eclipses del Sol, y Luna, o peregrinas impresiones como los planetas.

Sin llegarse a pronosticarse mal suceso en particular, o a darles deidad a semejantes animales, y criaturas, ni a sospechar de otros ser hombres, y que los hechizan: claro está, que esto fuera, y es muy natural temor a estos daños; mas como esto lo envuelven con idolatría, dándoles culto (que a solo Dios se debe), y a los demás, que piensan son Nahuales, consultando adivinos, y teniendo mortales odios: esto es siempre de su naturaleza pecado mortal, y las más veces de idolatría, porque en ellos el día de hoy no hay ignorancia invencible, que les excuse, porque toda la que tienen es crasa, y afectada, y no pueden ser estas materias de parvidad, para excusarse de ser pecado contra la fe. Véase a Villalobos, tom. 2, tt. 38. dificultad. 3. per totam el cual cita al padre Valenda, videatur. 3. p. disput. 6. q. 13, punc. 4.°

5. La fábula del alacrán

Tratado ya de tantas sabandijas no será de menos importancia para entender algunos conjuros de los médicos infernales de esta gente, tratar de la fábula del alacrán, que tan recibida está entre estos miserables. Y es, que de su antigua tradición se cuenta, que en aquel siglo de transmutaciones, donde los que antes eran hombres son hoy animales, había un hombre que se llamaba Yappan: este tal, por mejorar su suerte en la transmutación, que ya le parecía estaba cercana; por aplacar los dioses, y captarles la benevolencia, y asegurar buena suerte, se apartó de la conversación de las gentes, dejó su casa, y su mujer, y se retiró a hacer vida solitaria (bien peligrosa acción, cuando se obra contra lo que el estado pide);

trató de vivir en castidad y abstinencia, e hizo su habitación sobre una piedra, que en aquel tiempo estaba dedicada para actos penitenciales, Tehuehuetl.

comenzó pues su penitencia y retiro el dicho Yappan, y perseverando en su determinación, y propósito, los dioses lo supieron, y le pusieron por guarda, y espía de sus acciones, que las fuese apuntando, a otro llamado Yoatl, que quiere decir enemigo (que nunca faltan a los que procuran la virtud, aunque sea temporal: andando el tiempo, fue este perseguido de muchas mujeres; mas nunca les dio entrada, ni quebrantó su propósito: con esto las dos diosas hermanas, la una llamada Citlalcuie, que es la diosa Estrella, a quien entienden los indios naturales por la vía Láctea; y la otra Chalchiucueie, que es entendida por el agua; previniendo, que el dicho Yappan había de ser convertido en alacrán, y que si perseverase en su penitencia, y propósito, a los que picase después de convertido en alacrán, habían de morir sin remedio por la ponzoña de su picadura (que no hay picadura, ni ponzoña, que mate, como la que va con capa de Dios, y a título de penitentes, y recogidos, si ellos muerden): determinaron para remediar este daño, que la hermana destas diosas llamada Xochiquetzal que es la diosa Venus, bajase a tentar a este tal Yappan, para que le hiciese caer (que muchas veces permite Dios, que algunos caigan, porque no se tengan vanamente por santos, como el fariseo, que a título de su penitencia despreciaba, al publicano, pareciéndole, que él solo era el santo, y que no era como los demás: Non sum ego sicut caeteri).

Al fin la diosa Venus bajó a hacer su oficio, y a solicitar al dicho Yappan (que como la virtud, y principalmente la de la castidad tenga su cimiento en solo Dios, y esté guarnecida, y trincheada de humildad, por cualquiera parte sube el peligro de caer, aunque esté uno levantado en una piedra, y

tan en alto como Yappan); llegando pues la diosa Xochique-
zal, a saludarle, le dijo: Hermano mío Yappan, yo la diosa
Xochiquetzal tu hermana y venido a visitarte, y dar alivio
a tus trabajos; seas bien venida le dijo Yappan, que yo te lo
agradezco (juráralo yo, que si ella habló, y él oyó, que había
de parar en mal) díjole la diosa: ya que y venido, ¿por dónde
subiré? que estás muy alto, y encumbrado; a que él le respondió: aguárdate, que ya voy por ti: al fin bajó, y subió a la
diosa Xochiquetzal (¡o miseria humana! qué poca seguridad
hay de que puestos los que se ponen en la ocasión no solo no
caigan: sino que los que la admiten ellos le dan la mano para
no dejarla). Subió la diosa, y cubrió a Yappan con sus vestiduras, y con esto se frustraron sus propósitos, y se acabó su
penitencia, dando por disculpa, que era, diosa forastera, y
venida de los cielos (que llamaban Chicnautopan, que quiere
decir, que viene de los nueve lugares; quizás por los nueve
orbes celestiales conocidos de los gentiles) y que no era maravilla haber faltado al propósito comenzado por el amor de
una diosa como Venus.

Todo esto había visto su guarda Yoatl, que quizás como
casero enemigo, que son los peores, no hizo caso del Yappan;
mas luego, que le vio caído, le perdió el respeto, y llegándose
a él le dijo: «no te avergüenzas, penitente falso, de haber
faltado a tus obligaciones, y propósitos? Por eso, mientras
vivieres en la tierra no serás de provecho para cosa alguna,
ni podrás trabajar: te llamarás alacrán, y por este nombre te
conocerán los hombres, y yo te lo pongo ahora; y advierte,
que has de quedar así», y diciendo y haciendo le cortó la
cabeza, y se la derribó, y queriendo hacer resistencia con los
brazos, los dejó de manera, que parecen los cuernos, que el
alacrán tiene. Descabezado el dicho Yappan fue luego convertido en alacrán, y el dicho Yoatl fue luego en demanda
de su mujer, para darle la nueva del suceso; la cual mujer se

llamaba Tlahuitzin, que quiere decir la encendida; y habiéndola puesto en la piedra, donde pecó el marido, le contó el suceso, y le dijo:

«Sabe Tlahuitzin, que por mandato de la diosa Citlalcueie, que es la vía Láctea, que me envió para este fin, te y traído a este lugar, donde corté la cabeza a tu marido, y por si acaso tú fuiste causa de que tu marido te dejase y tomase por medio su fingido, y mal logrado retiro: y de hacer contigo lo que con tu marido», y diciendo lo hizo, y cortó la cabeza, y también se convirtió en alacrán, y abalanzóse a lo bajo de la piedra, donde halló a su marido convertido en alacrán: y por esto habitan debajo de las piedras: y como ella se llamaba Tlahuitzin, que quiere decir la encendida, por eso hay alacranes bermejos. Habiéndose ya llegado el tiempo de la transmutación de hombres en animales, y de animales en hombres: Yoatl se partió con la diosa Xochiquetzal, que es la Venus, a dar cuenta a la diosa Citlalcueie, y entendida la razón de todo, determinó Citlalcueie, que los mordidos de alacrán no muriesen en general, porque el alacrán cuando era Yappan había pecado; y que Yoatl no se quedase sin castigo por la traición, que había hecho a Yappan, y se convirtiese en Langosta, que llaman Ahuacachapullin, y que pues había quitado la cabeza a Yappan, y echádosela a cuestas, se llamase perpetuamente Tzonteconmama, que quiere decir carga cabeza.

Y cierto, que la denominación fabulosa parece, que la sacaron del natural deste animal, que parece, que tiene carga consigo, porque no da vuelo entero, sino a saltos: propiedad de los malsines, y amigos de hacer mal, que siempre parece que llevan consigo cargando las honras, que han quitado, y las cabezas, que han derribado con su mala intención, a los que pudieran haberlas levantado a los ascensos, y puestos; y es permisión de Dios, que siempre andan sustentándose de hacer mal, como la Langosta, que siempre destruye las mieses: y es menester valerse de Dios, y conjurarla, como para librarse de malsines, y maldicientes.

6. Transmutación mitológica de Huilziton

Todos estos fragmentos fabulosos y traído, porque muchos de los conjuros, que usan los médicos, y embusteros, que estos tienen, y los pervierten corresponden a estas fábulas, y a otras muchas, que no sabemos, por no haber escritos de ellas, y haberles quemado los ministros antiguos en las pinturas, que quemaron por supersticiosas, e idolátricas: y para concluir con este capítulo me a parecido traer la fábula, y transmutación del gran capitán de estos, y él mayor de los embusteros Huitziton. Este, pues era el que traía a su cargo el campo, y ejército de los mexicanos en la peregrinación, que tuvieron hasta llegar a este puesto, donde fundaron (que aun en esto quiso el Demonio envidiarle a Dios su grandeza, y tener pueblo, como Dios tuvo el de Israel, y que como gobernó el de Dios, Moisés su gran capitán, y caudillo, gobernase el de los mexicanos Huitziton): deste pues dicen, que viniendo gobernando el pueblo destos mexicanos, una noche se les desapareció, sin saber cómo ni cuando; estuvo algún tiempo, o días ausente del ejército, de manera, que a todos les constó su ausencia, y después cuando volvió les contó, que había sido llevado de un águila a la presencia de los dioses (algunos de los antiguos en quienes vive esta tradición, dicen, que el haberle llevado el águila, había sido en presencia de todos, y había sido a un muy alto cerro, o monte, donde habían visto señales de fuego; que no es muy fuera de camino para el intento del Demonio de que Huitziton fuese como Moisés) y que había visto a Tzontemoc, que es Lucifer príncipe de los Demonios, y a los demás demonios, que se llaman Tzintzimeme, que quiere decir los de las cabelleras, o melenas (y cierto, que cuando no fuera más, que por este nombre no habían de usar guedejas los cristianos, y más los que tienen más obligaciones, que los seculares) y que allí había; visto al gran Dios llamado Tetzauteotl, que quiere decir el Dios espantoso, porque era como un fierísimo, y espantoso Dragón, y que sentándolo a la mano izquierda (que por eso se llamó después *Huitzilopochtli*, compuesto de Huitziton, que era su nombre propio, y de mapoche, que es la mano izquierda) le dijo: «Seas muy bien venido, esforzado capitán, muy agradecido estoy de lo bien que me has servido, y de lo bien, que has gobernado mi pueblo; tiempo es ya de que descanses; pues eres ya viejo, y de que vengas a vivir eternamente entre nosotros: vuélvete pues, y consuela tus hijos, y avísales como ya son llegados tus días, y que morirás presto; mas que no les harás falta, pues tu calavera llevarán consigo, y les guiará en lo que les falta de viaje».

Volvió pues Huitziton con nuevo nombre, que los dioses le habían dado, por haberse sentado a la mano izquierda del Dios espantoso Tetzauteotl, y llamose *Huitzilopochtli*, el capitán esforzado, de la mano izquierda. Algunos, a quienes y consultado, dicen, que el llamarse *Huitzilopochtli*, era por ser nombre, que ya tenía antes; sea lo uno, o sea lo otro de haberse sentado a la mano izquierda de Tetzauteotl, quedó confirmado el nombre.

Díjoles cómo ya eran llegados sus días, y cómo moriría presto, y que trajesen consigo sus huesos, y en especial su calavera, que el les hablaría, y respondería a las consultas de los negocios arduos, que le comunicasen; como de hecho el Demonio hablaba por la calavera de Huitziton, y respondía a las consultas, que le hacían; y duró esto hasta la venida del gran capitán Fernán Cortez, y conquista desta ciudad. Es muy probable, que este embustero Huitziton, y después llamado Huizilopochtli, fue el que enseñó a los indios todo lo ceremonial de sus ritos, y ceremonias en sus idolatrías, y el que vivo, y cuya calavera después de muerto les inducía al sacrificio de hombres y mujeres, y les decía como, y cuando habían de sacrificar, según las necesidades tenían de solicitar a sus dioses por benéficos suyos, o aplacarlos por ofendidos.

Capítulo XV. En que se trata de algunas hierbas, a quienes los indios deidad, y con que usan supersticiones

1. Los indios atribuían alma racional a los árboles
Abyssus abyssum invocat, dijo el Espíritu santo: un error llama a otro; y como esta gente no tiene asentado el pie: *Pes meus stetit in via recta,* en el sólido y fuerte de la fe, fácilmente resbalan, y dan de ojos de un error en otro, tropezando en cuanto el Demonio les quiere persuadir, para que no haya materia, en que no los tenga muy enlazados. No solo han dado, y dan adoración a las cosas arriba dichas, sino que también la dan a los árboles, y a las plantas como al Huatli, y ololiuhqui, peyote, y piciete, atribuyendo a los árboles más alma, que la vegetativa, que les dio Dios, como a las demás plantas y semillas, virtud para obrar.

Piensan que los árboles fueron hombres en el otro siglo, que ellos fingen, y que se convirtieron en árboles, y que tienen alma racional, como los otros; y así cuando los cortan para el uso humano, para que Dios los crió, los saludan, y les captan la benevolencia para haberlos de cortar, y cuando al cortarlos rechinan, dicen, que se quejan: para prueba desto referiré dos casos bien singulares, que tengo por escrito particular, que tuve del licenciado Andres Pérez de la Cámara beneficiado de Ocuyoacac, de los más antiguos ministros deste Arzobispado, que como tan gran ministro ha sido siempre examinador sinodal de otomí, y mexicano.

El primero caso, y que hace más a este propósito, y a tan poco que sucedió, que no a más de cinco, o seis años, poco más, o menos, fue: que teniendo los indios deste pueblo de Ocuyoacac obligación de poner una viga grande en la puente del río de Toluca, que es paso para toda esa tierra de Michoacán, cuando fueron al monte a cortarla, el gobernador hizo llevar la Cruz con su manga, ciriales, y cantores, y habiendo convocado todo el pueblo para esta acción subieron al monte, y cortaron el árbol, y así como cayó, llego una india vieja, y le quitó las ramas, y fue al tronco de donde había sido cortado, y poniéndolas encima le consoló con muchas palabras amorosas, pidiéndole, que no se enojase, que lo llevaban, para que pasasen todos los de esa tierra de Michoacán: y antes de arrastrar el árbol pusieron en el lugar donde había caído, un pedazo de cirio encendido de los que habían quedado del Jueves santo, y le dijeron, un responso muy solemne echándole agua bendita, y mucho pulque: con que otro día llevaron la viga labrada hasta la puente con mucha vocería, y algazara diciéndole responsos en las mansiones que hacían.

Todo lo cual averiguó el dicho beneficiado, y prendió al gobernador, que había sido culpado; y, como esto pide más remedio, que el que daría o intentaría un ministro solo, se quedó así. El otro caso fue en el mismo pueblo el año de 33 o 34, cuando hubo aquella gran mortandad de todo género de indios chicos, y grandes, y entonces estando yo por beneficiado en el pueblo de Xalatlaco, tuve noticia del suceso, que después lo certifiqué con carta del mismo beneficiado.

Fue el suceso, que como se moría tanta gente no solo en aquel pueblo, pero en todo el valle, llegó en aquella ocasión un indio viejo del pueblo de la maia, que debía de ser de los embusteros desta materia al pueblo de Tepxoiuca, que es uno de los que están en Ocuioacac; y les dijo, que si no enterraban una viga, que estaba una legua adelante de su pueblo, no había de cesar la enfermedad, y que enterrada cesaría otro día siguiente: fueron todos los de aquel pueblo a la parte donde estaba la viga, y llevaron Cruz alta, ciriales, incensario, y todo lo demás necesario a un entierro, cera, y agua bendita, y habiéndole dicho su responso, trajeron la viga cargada, y por el camino vinieron haciéndole posas, y cantándole responsos, y la enterraron en el cementerio de la Iglesia de Tepexoiuca; y viniendo a noticia del ministro, que como tan celoso del servicio de Dios Nuestro, Señor, y como tan gran ministro desenterró la viga, halló que al enterrarla le habían echado mucho pulque, y tamales; quemóla públicamente, y castigó a los delincuentes.

Tales como estos son los errores de estos indios; y si estos casos suceden tan a las puertas de esta ciudad, y a los ojos de ministros tan celosos, ¿qué será en pueblos distantes, y donde la incomodidad de la tierra no da lugar a la continua asistencia de los párrocos?

2. Culto idolátrico a las semillas

Sus idolatrías también tienen con las semillas, y una ha de ellas es el Huatli, que es una semilla la más temprana, que estos tienen; pues se siembra antes que el maíz, y cuando empieza a espigar, de esta semilla hacen bebida a modo de poleadas, y unas tortillejas, que llaman Tzoally; esta semilla es la que el Demonio quiere, que le ofrezcan en primicias, de que hace mención el padre fray Martín de León en el decimotercio mes de su calendario cuando hacían fiesta a los más altos montes, que se llama Tepeilhuitl, y corresponde a los principios de octubre; y en el otro calendario es este duodécimo mes, que se llamaba Quecholli, y corresponde al mes de noviembre desde 5 hasta 24 de dicho mes.

La idolatría y abuso desta semilla consiste en que en acción de gracias de que se haya sazonado, de lo primero que cogen bien molido, y amasado, hacen unos idolillos de figura humana del tamaño de una cuarta de barro poco más, o menos, y cúbrenlos de aquella masa, y para el día que los forman, tienen preparado mucho de su vino, que es el pulque, y estando los ídolos formados, y conocidos los ponen en sus oratorios, como si colocaran alguna imagen, y poniéndoles candelas, inciensos, y sahumerios ofrecen entre sus ramilletes del vino preparado para la dedicación en los vasos, y tecomatillos, que tienen para esta acción supersticiosos, como dije arriba, capítulo 3, p. 5, que tanto guardan, y si no en otros escogidos para este fin juntándose todos los de aquella parcialidad, y convidados para esta acción de gracias al Demonio, se sientan todos en rueda.

Puestos los tecomates, y ramilletes delante de los ídolos, con grande aplauso empieza en su honra, y alabanza, y del Demonio, que todo es uno, el canto, o música del Teponaztli, acompañando a esta música el canto de los ancianos según lo que acostumbran, y luego llegan los dueños de la ofrenda, y los más principales de la fiesta en señal de sacrificio derraman de aquel vino, que habían puesto en los tecomates, o todo, o parte del delante de los ídolos del Huatli: llaman a esta acción Tlatotoiahua, que es acción de derramamiento, y luego empiezan a beber todos lo que quedó en los tecomates, esto primero, y luego dan tras las ollas del pulque hasta acabarlas, y de aquí se siguen todas las cosas, que suelen en las borracheras, y los dueños de los idolillos los guardan con cuidado hasta el día siguiente para que todos los de la fiesta se los coman a pedazos entre todos como reliquias.

Esta superstición, y la que arriba dije capítulo 4. p. 3. de los hongos del monte, que llaman Quautlan nanacatl, manifiestan bien el ansia, que el Demonio tiene de darse sacramentado en comida, y bebida por remedar en cuanto puede el amor de Cristo Nuestro Señor que se nos sacramentó debajo de las especies de pan y vino por su amor: mas el demonio procura hacerlo por odio, que tiene a Dios Nuestro

Señor y sus criaturas redimidas con su sangre; usando de la comida de los tzoales, y de la bebida del pulque con las ceremonias de sus supersticiones. Y es de advertir, que a estas ceremonias no añadan muertes de gallinas, o de otros animales caseros para que con la sangre, y corazones de ellos sacados a medio morir, no suplan los sacrificios, que en estas ocasiones de gente hacían.

3. Veneración al peyote y otras plantas y semillas
Grandes supersticiones, tienen también con una semilla a modo de lantejas, que llaman ololiuhqui, y con otra mayor, y es una raíz, que llaman el Peyote, a quienes dan tanta veneración como si fueran una deidad, pues bebiendo estas hierbas las consultan como a oráculo para cuantas enfermedades pretenden curar, y para cuantas cosas desean saber, así perdidas como hurtadas, y aquellas a que el conocimiento humano no puede llegar, para saber el origen de las enfermedades, principalmente si son prolijas, y largas, y las atribuyen a hechizo: y para salir desta duda, y para los demás efectos consultan estas hierbas por medio de sus médicos embusteros que bebiéndole responden a todas estas dudas: llámase el que tiene esto por oficio Payni, que quiere decir el que bebe, purga o jarabe; páganles a estos tales muy bien, y si el tal médico no es muy científico en el oficio, o se quiere excusar del trabajo, que causa beber estas bebidas, aconseja a los enfermos, que la beban, o a los que pretendan saber de las cosas, que les han hurtado, o perdídoseles, y dónde están, o quién las tiene.

A estas semillas y principalmente al ololiuhqui tienen en tan gran veneración como si fueran Dios; enciéndeles candelas, y guárdanles en petaquillas pequeñas, o cajas deputadas para esto, y allí les ponen ofrendas, y los ponen en los altares de sus oratorios, o sobre los cielos de ellos, o en otros lugares secretos de sus casas, porque cuando los busquen no los hallen fácilmente; o entre los idolillos de sus antepasados, que les dejaron en guarda, o como vinculados; y con tanto respeto y veneración hacen esto, que cuando algunos delincuentes destos, que guardan esta semilla, son presos, o preguntados por estos instrumentos, con que celebran y beben esta bebida, como son los tecomatillos, y vasos con que beben, o por las mismas semillas, lo niegan vehementísimamente, no tanto por temor de los jueces, cuanto de respeto que les tienen, que no quieren, que les agravien con las demostraciones que se les hacen, quemando las semillas, y lo demás.

Y es esto de manera, que ministros vigilantísimos, que han tenido cuidado de castigar estos abusos haciendo demostraciones contra los delincuentes, cuentan, que si enferman, porque Dios es servido de enviarles algunos achaques de cualquiera manera, o calidad que sean, dicen ellos que el ololiuqui se enojó con ellos, y los castiga, porque se obró contra él: la misma veneración se tiene al Peyote, y tanta, que es muy recibido entre todos ellos y como para algunas medicinas es menester molerlo, dicen que para que haga este efecto ha de ser molido por mano de doncella.

El modo de tomar esta bebida es, señalar el día, el que la ha de beber, informándose muy bien de la causa, porque se ha de tomar, si es por enfermedad, o por cosa hurtada, o perdida, o por saber si lo que se padece, es hechizo, y de quién se tiene la sospecha; y aderezan el oratorio de la casa con mucha decencia, como si esperaran la visita de una gran persona, todo enramado, y perfumado; beben luego el Ololiuqui, encendidas candelas en el altar del oratorio; y como es bebida tan eficaz, que luego priva del juicio, comienza el que le bebe a hablar mil disparates correspondientes a la plática, que de los informes había habido antes sobre la causa, porque se bebió; y allí se le representa a la imaginación un viejo, que, dicen, es el Ololiuqui, y que este es el que les decide las materias, que se desean saber, y aunque algunas veces es sola fantasía de lo platicado antes, las más veces es el Demonio el que les habla; y si en algunas materias miente, en otras con permisión de Dios acierta para engañar más a estos miserables: y así unas veces culpan al inocente, y otras al que tiene culpa, y dicen más de lo que es, y todo se funda en la plática antecedente; porque si se consulta sobre hechizo como el enfermo tiene sospecha de alguno, o algunos, y se lo reveló a él tal médico, dice, que aquel lo enhechizó (muchas veces no siendo así) y que si no lo cura el mismo, no podrá sanar.

Otras veces es la consulta sobre alguna cosa perdida, y aquí es, donde el Demonio hace de las suyas, y algunas veces dice una verdad para embolismar en ella mil errores; otras veces de beber el Ololiuqui, suele resultar, que al que lo bebe lo engaña el Demonio de manera que no se contenta con aquel engaño, sobre que le consultan aquella vez, sino que para otras cosas lo deja tan perdido, que le hace cometer otros muchos errores, y disparates; otras veces en enfermedades largas, que estos tienen, cuando ya no hallan remedio, beben ellos mismos el Ololiuqui, y hacen lo mismo con el Peyote.

4. Supersticiones y engaños con semillas y plantas
Para cuando se bebe el Peyote para saber quien enhechizó a uno, y para cura de su enfermedad, buen ejemplo hay en el caso, que referí, capítulo 4. p. 5. Pero para lo que toca a cuando se bebe para saber de lo hurtado, o perdido, tengo dos ejemplos. El uno sucedió en la provincia de Chiettla del Obispado de Tlaxcala a un indio de un pueblo llamado Na-

huituchco; quiasele perdido su mujer, y cansado de buscarla, se determinó a consultar al Tlachixqui, que quiere decir en nuestro lenguaje castellano el profeta, o adivino; y no habiendo orden, de que él lo bebiese, se determinó a beberlo él mismo en la forma referida; y luego, que se embriagó se le apareció el viejo, que dijo era el Ololiuqui, y díjole:

Que ya había venido a su llamado, y a favorecerle, y que si su pena era no saber de su mujer, ni donde la hallaría, que presto se consolaría, porque presto la hallaría, y que otro día siguiente fuese al pueblo de Ocuitlan, que es de este Arzobispado, y que se pusiese enfrente de la Iglesia, y que a tal hora entraría un religioso, que venía de fuera en un caballo de tal color, y tales señas, y luego fuese a tal casa, que le señaló, y que sin pasar del zaguán de la casa detrás de la puerta hallaría a su mujer.

Salió pues el indio de su consulta, y embriaguez y fuese al pueblo de Ocuitlan, diez leguas de allí, y le sucedió todo lo que el Demonio le había dicho, y halló a su mujer en la casa donde le señalo y trayéndola consigo aquella noche se ahorcó miserablemente. Refirió este caso en aquel tiempo el padre fray Agustín Guerra del Orden del señor san Agustín, que a la sazón vivía en el pueblo de Ocuitlan, y yo lo supe por una relación, que del vi hecha al licenciado don Fernando Ruiz de Alarcón.

El otro caso es de la misma manera, que sucedió con un indio, a quien se perdió, o huyó su mujer, y el Demonio en la figura del tal viejo le dijo fuese a tal feria, que es el tianguez de tal pueblo, y que mirase hacia tal calle a tal hora, y vería venir a su mujer.

Lo mismo es para cosas perdidas, o hurtadas, como son caballos, o vestidos suyos; y para una vez, que aciertan, dicen mil mentiras, o las sueñan con la embriaguez del Ololiuqui; y para todas estas cosas, que no dependen de la contingencia de la libertad humana, no es mucho, que en su ciencia natural lo halle todo: mas en lo demás lo propone con la contingencia, que ello puede tener, conque de cualquier manera es creído; porque si sucede lo que dice, sale con su engaño y si no, les persuade a estos miserables (como lo tienen creído) que no fue el defecto de no suceder lo que les dijo, por parte del Ololiuqui, sino por parte de su mala disposición de ellos, por no haber hecho todas las ceremonias necesarias de encender candelas, barrer el oratorio, y enramarlo.

También el Ololiuqui, o el Demonio en él no solo les pervierte en lo que le consultan, mas les enseña otras cosas, para pervertirlos más, y despeñarlos. Como lo que le sucedió al licenciado don Fernando Ruiz de Alarcón en el pueblo de Iguala tratando destas pesquisas el año de 1617, por orden y comisión del señor don Juan de la Serna, ilustrísimo arzobispo de este Arzobispado, y mi señor, lo cual supe de persona de satisfacción de aquel pueblo, entendiendo en la visita general de aquella cordillera: y fue, que habiéndose preso una india de aquel pueblo por sortílega embustera, y Titzitl, preguntada por el juez como curaba, y de qué modo usaba de sus sortilegios, y embustes, dijo:

Que lo había deprendido de una hermana suya, y que la dicha su hermana no lo había deprendido de persona humana, sino que le había sido revelado; porque esta tal habiendo bebido el Ololiuqui, y consultándolo para la cura de una llaga vieja de un enfermo, y habiéndose embriagado con la fuerza desta bebida, llamó al enfermo, y sobre unas brasas le sopló la llaga, con que luego sanó, y tras de estos soplos (que serían cuatro, y el pacto evidente del Demonio) evidentemente se le apareció un mancebo, que juzgó ser ángel, y la consoló diciéndole:

«No tengas pena, cata aquí te da Dios una gracia, y dadiva, porque vives pobre, y en mucha miseria, para que con esta gracia tengas chile, y sal (conque se significa el sustento ordinario); curarás las llagas con solo lamerlas, el sarpullido, y viruelas, y si no acudieres a esto te morirás»; y que tras esto estuvo el dicho mancebo toda la noche crucificándola en una Cruz, que le dio, y clavándole clavos en las manos; y que estando la dicha india clavada en la Cruz, el mancebo le enseñó los modos de curar, que eran siete o más exorcismos, o invocaciones; y que tuvieron quince días continuos luces encendidas en el oratorio, o aposento, donde esto sucedió, en veneración, y asimiento de gracias de tan gran portento: con estas cosas tienen éstos engañados a estos miserables, y todas las más curas son desta manera, como hemos visto atrás.

Conque cualquiera cosa, que suceda en esta materia, no hay que dudar ser así, porque es el modo, con que el Demonio los engaña allos para curar, prometiéndoles el sustento ordinario entendido en el chile, y pepitas; y a los que se han de curar con estos embeleços supersticiosos, o engaños fantásticos nacidos todos de la embriaguez del Ololiuqui; y aunque hay mucho de esto, y a cada paso, lo ocultan muchos, y aun todos los ministros infernales, porque están persuadidos a que si lo revelan, el Ololiuqui, como persona divina los matará.

Y en enfermedades graves, y largas, que ellos tienen por último remedio acuden al del Qloliuqui. Sucediome a mí recién ordenado, que habiendo ido a deprender lengua, y saber administrar al beneficio de san Mateo Texcaliacac, donde era actual beneficiado el licenciado Luis Fonte de Mesa, de los mayores ministros de este Arzobispado, y que hoy es dignísimo cura desta santa Iglesia, y mi compañero, de que me precio mucho, y de haber sido su discípulo en la práctica de administrar los santos sacramentos (que en aquellos tiempos ninguno, por docto que fuese, salía a vicaría, sin que ante-

cediesen a lo menos seis meses de ejercicio en la administración de los sacramentos con uno de los ministros viejos;
materia bien necesaria para el consuelo de los que lo son;
para saber lo que han de hacer con los feligreses, para que
reciban la doctrina, y enseñanza, de que necesitan).

Allí, pues, estando solo, me avisaron que un indio tomaba
el Ololiuqui para sanar, y que tenía encendida ya una candela para este fin; fui a la casa, y lo cogí en el hurto, y me
parece, que aunque estaba dispuesto a beberle no le había
bebido, porque le hallé en su entero juicio. Confesóme la
verdad, y que se había determinado a hacer aquel remedio
desesperado de la salud, para ver si por último sanaba.

Yo como era novicio en el modo de inquirir estas materias, no apreté más en ellas, porque las ignoraba; reprehen-
dilo lo mejor que pude, y habiéndole dejado, apenas llegué
a la Iglesia, cuando me envió a llamar para confesarse: y
de verdad no fue el querer confesarse tanto por necesidad,
como por una malicia muy afectada (que es muy ordinario
entre estos) de valerse del sigilo de la confesión, pareciéndoles, que con esto sierran la boca al ministro, para que no
averigüe, y castigue el delito, que conocen haber cometido;
y éste hizo esta diligencia, porque como su ministro estaba
ausente, y era tan celoso destas materias, quiso estorbarme,
el que le diese cuenta de su delito, habiendo sido público.

Y es muy para advertir, que cuando estos se quieren confesar fuera de tiempo, o sin enfermedad, no es para confesarse, sino para valerse del sigilo de la confesión, para que
no les castiguen el delito, que saben han cometido, y que si
se sabe, serán castigados, pareciéndoles, que confesándolo
con su ministro, se librarán de ello.

Y así es muy bien, cuando vienen de esta manera a confesarse, antes de llegar al ejercicio de la confesión saber la
materia, o motivo, que tienen para ir a hacer aquella con-

fesión, para que la prudencia del ministro lo disponga de manera, que ni deje de consolar, y recibir una oveja perdida, ni tampoco ejercite este sacramento de fuerte que la ignorancia crasa, y malicia desta gente lo calumnie, pensando, que aunque sea pública la cosa, y de lo ordinario, que nulla potest tergiversatione caelari, con confesarla la hace secreta, tanto, que no se le puede tratar más de ella. Destas cosas hay muchas, y no lo son los menos desconsuelos de los ministros por las calumnias de los mal intencionados, que nunca faltan en los beneficios, donde hay muchos, que son ordinariamente los que andan entre indios.

5. Deificación del tabaco y otras plantas y hierbas

Hay también otra hierba, a quien atribuyen deidad, que es el tabaco, o Tenechiete, que aderezan con cal atribuyéndosela a esta hierba también, curan con ella el tabaco refregándole en las manos; y llámanlo «Pardo espiritado siete veces aporreado», por las veces que entre las manos le estregan, o para untarlo a los dolientes, o para refregarlos con él: al Tenegiete llaman el verde espiritado, que aderezan con cal, para dar fortaleza a la boca, teniéndole como si fuera ángel de guarda de los caminantes: no tienen estas hierbas el efecto que el ololiuqui y peyote de adivinar bebiéndoles.

Es digno de advertir, que negros, y mulatos, y algunos españoles, dejados de la mano de Dios, en cosas perdidas buscan indios, a quienes pagan, para que les descubran lo que faltó: y es muy ordinario en la gente de servicio amenazar a los que sospechan les han hurtado algunas cosas, con que harán, que beba un indio, o india Titzitl el peyote para saberlo, y de hecho lo hacen, incurriendo estos tales en censura del santo oficio, a quien está reservada la absolución, sígase, o no se siga el efecto bueno o malo, la cual no tienen los indios del ordinario por ser incapaces de ella: es de las dichas dos bebidas la ordinaria, y más venerada de los indios el ololiuhqui.

Otras hierbas hay, que en opinión destos tienen divinidad, las cuales solo ellos conocen: usan de ellas negros, y mulatos principalmente vaqueros, que las traen en nóminas, o en las sillas, en que andan a caballo porque no se las hallen; traínla para no ser ofendidos de los toros, y torearles sin riesgo de ellos: y como quiera, que todos estos son del rebaño de los curas de indios, es bien tener advertencia de ello, para que todos tengan remedio, y medicina, según el estado y esfera de cada cual.

Capítulo XVI. Del conocimiento de los sacerdotes de los indios, y de los actos penitenciales que les hacían hacer

1. Por accidentes o defectos corporales adquieren los «espiritados» la gracia de curar

Después de haber puesto todas estas señales de idolatrías correspondientes a sus meses supersticiosos, y puestas ya estas hierbas instrumentos de sus embustes, es muy necesario poner algunas señales de los ministros destas ceremonias, y tener conocimiento por lo antiguo de lo que hoy puede haber; pues si hay supersticiones idolátricas correspondientes a su antigüedad, también habrá ejecutores de ella. Ya dije atrás capítulo 12, p. 1. cómo los sacerdotes de los templos de los dioses destos se llamaban Papahuaqui que quiere decir los melenudos porque eran señal sacerdotal las melenas, o coleta, que ellos usaban, y se distinguían con eso de los demás de la plebe.

Fuera de estos había en diferentes lugares otros, que eran sacerdotes, y como ministros destos, llamábanse Tlamacazque, que es síncopa de Tlamaceucatzin, que es el penitente, porque se les echaba de ver, que eran estos hombres penitentes, y espirituales (y por eso a las hierbas, o instrumentos, que ellos tienen para sus embustes los llaman espiritados, como al piciete, o tabaco, o a otra cualquiera cosa, a que atribuyan deidad llamándoles Tlamacazqui, esto es, el espiritado, el divino). Estos, pues, eran divinos, segregados de todos los demás hombres comunes, y de ordinario eran hombres viejos, y conocidos por el mechón de cabellos, que dejaban crecer largos en el cerebro, que también debía de haber distinción de unos y otros sacerdotes, y conocerse en la diferencia de las coletas. Estas señales de unos, y otros sola las podían usar los grandes capitanes señalados con heroicos hechos, que se llamaban yiacauhque.

Las casas destos tenían todos obligación de servirlas, y barrerlas; para los menesteres de ellas acarreaban, agua y leña, y daban todo lo necesario: estos eran tan respetados, y venerados, que los tenían por divinos, y adivinos, que todo lo sabían, y lo veían todo: nombrábanse con los nombres de aquellos primeros, que les enseñaron la astrología, y ciencia divina Cipactonal y Oxomoco; y así se decían ellos Nixomoconihuehue nicicpacnitonal.

Estos eran los que ordenaban las penitencias de los particulares, que voluntariamente, o por particular necesidad querían hacer sus penitencias, y desenojar los dioses: pues el Demonio no se contentaba con lo general de tantos sacrificios de hombres, sino que quería lo particular de cada uno; y no solo encaminaban estas penitencias a los que querían hacerlas, sino que también tenían mano, y autoridad cuando les parecía por particulares fines, o generales necesidades de la República, llamar a los que les parecía, para que hiciesen semejantes penitencias, y si les resistían los podían maltratar con un palo, o bordón, que usaban, que debía de ser el báculo de su jurisdicción; y si acaso los mataban con el tal palo, no había razón para pedirles cuenta de la muerte, ni había quien hablase, ni resistiese a cosa de las que este género de viejos mandaban, porque todo era tenido por divino, y perteneciente al culto de sus dioses: y aunque estos no deben de usar destas coletas por no ser tan conocidos, es muy factible, usarán entre ellos de estas mismas autoridades, y privilegios de dejarse servir, y que les paguen, y sustenten, como es muy cierto, y hoy ordinariamente son unos indios mal encarados, y señalados de naturaleza, o cojos, o tuertos, y estos tales atribuyen la elección de su sacerdocio, o la gracia, que tienen para curar a aquellos defectos que padecen, y señales que tienen; y dicen, que cuando les faltó el ojo, o la pierna se les dio aquella gracia.

Y no a muchos días que un ministro muy grande deste Arzobispado me dijo, que había encontrado con uno, destos médicos, o adivinos, y que le mostró una verruga grande, que le había salido en un pié, y dijo, que desde que le salió le habían dado la gracia de curar: y cuando estos accidentes y defectos corporales los tienen desde el vientre de su madre, dicen, que de allí sacaron la gracia, que Dios les dio; otros, que no tienen defecto, dicen, que la heredaron de sus padres, y que en tal, o tal enfermedad, que tuvieron se les comunicó como hemos visto en lo antecedente.

2. Peregrinaciones, actos penitenciales y ofrendas

Y como quiera que hoy en día vemos, que duran, estas estaciones, que hacen en los cerros y lagunas, como dije, en el capítulo 2, p. 6, de la sierra nevada, no se pueden dejar de decir las circunstancias, que antiguamente, guardaban estos miserables en sus romerías, y actos penitenciales, para inquirir en las que. hacen hoy a esta sierra nevada, o en otras partes donde se hallan idolillos, o se presume, que los hay, por señales, que se ven de candelas, copal, y comida, que estos tales llevan, y para ver si guardan el mismo orden de los antiguos, así ellos en obrar, como sus sacerdotes Tlamacazqui en encaminarlos.

En la casa, donde vivía el viejo sacerdote, estaba un patio, y en él una piedra baja, que sentado en ella parecía estar como acá decimos en bajo: ellos dicen en cuclillas; y si hoy lo usan, ya que no sea en el patio de la casa, será en la cocina, donde está el fuego, porque en el patio donde se hacía esta ceremonia había de estar a un lado del tal Tlamacazqui; había de ser esta acción de noche.

Sentado pues en la piedra tenía en la mano un gran tecomate de Tenexiete, que es el tabaco verde, mezclado con cal, y teniendo delante de sí al penitente, hora fuese el que voluntariamente hubiese ido a pedirle el precepto y mandato de la penitencia para merecer en ella; hora fuese llamado por el dicho, Tlamacazqui y le hiciese hacer aquel acto penitencial, hacíale suplica, y señalábale el lugar, donde había de ir a la adoración de los ídolos, a que adorase allí al Dios llamado Tlalticpaqui, que era Dios de la tierra, y de ordinario era esto en las cumbres de los montes, y observaban esto, porque allí les cogiese la salida del Sol, para ofrecerle también en su Oriente con la noticia de su antigua fábula de la adoración del Sol. Las palabras, con que le exhortaba a su peregrinación, y viaje, sacadas del mexicano, son como se siguen:

Parte con prisa el que participa conmigo del mismo vaso, el más pequeño de mis hijos, mi único: no vayas jugando, no te detengas en vano, que te quedo esperando tomando el tabaco con cal, y con él hipando, y mirando lo que haces en mi ausencia (como si dijera profetizando); cata aquí lo que te doy por comida, para que lleves.

Esto le decía, porque el viejo daba al penitente alguna parte del tenexiete, que tenía en el tecomate, para que el penitente se fuese esforzando por el camino, y el viejo también le tomaba en el patio, donde quedaba esperando sentado junto al fuego, que había de haber allí (cosa que con facilidad será hoy en la cocina junto al fogón), y dicen que esto hacía por dormirse con la larga espera del penitente, porque esta estación era siempre de noche. Y es de advertir, que el dar el viejo el tenexiete al penitente, o peregrino, era como darle un ángel, que lo fuese guardando, porque a esta hierba también le dan divinidad, y después de haberlo recibido, le daba un bordón, que llevase, diciéndole:

Tomo tu bordón, en que vayas estribando, y si en alguna parte encontrares tus tíos, prestamente les meterás las manos en la boca; si son brujos, que te quieren burlar, mételes prestamente las manos en las bocas, que si no son brujos, sino deidades monteses, que les conocerás, en que tienen las bocas babosas, y no te quieren dañar; pero si son brujos, o Nahuales, conocerlos así en que tienen murallas de dientes: a los tales mátalos, mátalos a palos; y trae del lugar a donde vas, una rama desgajada de algún árbol.

Era el tal viejo tan obedecido, y estimado por hombre divino, que ninguno se atrevía (ni hoy se atreverá) a discrepar un punto de lo que estos tales ordenan, y mandan, porque siempre les decían, y dicen, que los quedaba y queda mirando, porque se llama Nixicomoconihuehue nicecpacnitonal, comparándose a los primeros inventores de la ciencia de la adivinación ut supra, y tenían tan creído todos, que esto era así, y que lo veía todo, y que no se le escapaba cosa deste conocimiento, que hasta hoy lo tienen creído los que los consultan hoy, y tratan con los que enseñan estas materias: y es muy posible, que el Demonio para acreditarlos, y para que los consulten, les manifieste algunos sucesos, y cosas ausentes, que experimentadas por los peregrinos penitentes, fuera del concepto, que de ellos tienen de divinidad, con la experiencia les hará tenerle mucho mayor con nuevo crédito de su verdad, siendo todo mentira, y embeleçço del Demonio, que con esto tienen por muy cierto lo que les dicen, de que si los animales, que encontrasen por el camino tuviesen dientes, los tales eran brujos, que envidiosos de su penitencia, y buen ejemplo salían al camino a estorbarlo, e impedírselo, para que no lo consiguiese, por lo cual el viejo mandaba al peregrino penitente a los tales matase, y prosiguiese su viaje.

Con esto determinaba irse, y haciéndole una gran reverencia se despedía, y decíale:

«Sea muy en hora buena, mi superior, y gran señor»; con esto se iba muy satisfecho de que si moría en la demanda, iba tan bien empleado, como si fuese martirio; preveníase también de la ofrenda, que había de llevar al Dios, a quien iba a pedir el remedio de la necesidad, que padecía, que ordinariamente eran hijos, hacienda, larga vida, y salud: la ofrenda era el copal, incienso desta tierra, y unas madejas de hilo grueso de algodón mal hilado, de que se hace el pabilo, o algún paño mal tejido deste género, de hilo, que por esto lo llaman Poton, que quiere decir poco, o mal torcido; y el haberse hallado hoy, y hallarse de ordinario en la sierra nevada, y en otros cerros estos géneros de ofrendas, y algunas candelas, es señal manifiesta de que hasta hoy dura esta penitencia, y reverencia a sus ídolos; y más según tengo noticia, como referí en el capítulo 3. p. 5. que en muchas partes se hallan de continuo en los cerros, donde si no hubiere ídolo descubierto, lo habrá oculto, y enterrado.

Acompañaba la ofrenda un género de papel, en que iba envuelta, que llaman Quauhamatl, que es un papel blanco como lienzo, que hacen en el pueblo de Tepustlan de una corteza de árbol blando, el cual género de papel servía con el algodón como para que del se vistiese el Dios, a quien se hacía la ofrenda, y en negando al lugar, donde iba destinado, y encaminado, ante el ídolo, o montón de piedras, que llaman Teolocholli, puesta la ofrenda, se sacrificaba él mismo derramando su sangre; llevaba un punzón, o brasita de caña muy aguda, con que se sangraba de las orejas en las partes, donde las mujeres se ponen los zarcillos, y derramando la sangre la echaba en unos vasitos, que hacían de piedra a modo de saleros; de tal manera quedaban las orejas rotas, que cuando viejos tenían unos agujeros, que parecían anillos; sangrábanse también de la barba, debajo del labio, y otros en las espinillas conforme a las ceremonias del mes tercero y cuarto, del calendario primero, o el cuarto y quinto del segundo.

Puede ser en aquellos meses hiciesen esta estación: en acabándose de sangrar se adormecían, y les daba como un éxtasis, y en el transportamiento, o desmayo de la sangre, o cansancio del camino, se les antojaba que les hablaba el Dios a quien se iba a ofrendar, o el ídolo a quien hacían aquella penitencia; y en volviendo en sí se desgajaba una rama del árbol, que le era más propio de aquella tierra, y lugar donde había ido, para señal de su llegada, y para satisfacer al Tlamacazqui, que lo había enviado: llamaban a esta rama Tlapoztec acxoiatl, nescaiotl, desgajada rama del testimonio; nombrábanla con el nombre de acxoiatl, que son las palmillas, o ramas primiciales de los árboles, que se ofrecían el cuarto y quinto mes a sus dioses, enramándoles con ellas, para significar la consagración y bendición de aquella señal, o porque allí abría estas palmillas, o ramos de los que otros llevaban: con esta vuelta, satisfacción, y palabras antojadas de su ídolo, o dictadas del Demonio, que era el que gozaba este sacrificio, y penitencia tan áspera, quedaban muy seguros de conseguir todo lo que habían pedido, como lo estarán los desdichados, que hoy hacen estas estaciones, y penitencias, cuyas señales se hallan hoy en las sierras, y cerros remotos, y si se consagran, no será en partes tan públicas como lo hacían en su gentilidad, por no ser conocidos, sino en otras partes, en que no sean conocidos, y se siga el mismo efecto de derramar sangre, y ofrecerla al Demonio.

3. Los penitentes del agua

Para que se vean los varios modos, con que el Demonio se dejaba adorar, y servir de estos miserables, que con justa razón se puede recelar, que lo usan hoy muchos, y muchas cosas destas. Tenían los que vivían en las orillas de los ríos sus modos de penitencia, que hacían en el agua; llamábanse estos Aiahualco tlamaceuhque, penitentes del agua: estos, pues, recibían la bendición (como nosotros decimos) del tal viejo tlamacazqui, para que con su orden se hiciese la penitencia en el río, señalándoles el lugar; íbase el río arriba, el que iba a la penitencia, por la orilla con un calabazo, que es el instrumento para nadar, hasta el remansero remolino, que se le señaló, y la señal de su buen suceso, y dicha en la penitencia era mostrársele allí un lagarto, o cocodrilo, o caimán, que llaman el lagarto de la rodela, que tiene cuatro cabezas, que ellos llaman en su lengua Aquezpal, chimallin, nauhcampa tzontecome.

Y así como el penitente le veía, saltaba sobre su cabeza, o cuello, y él dábale algunas vueltas en redondo en el remolino del agua, o remanso, y descabullíase luego, quedando el penitente sobre el agua con su calabazo, y proseguía río a bajo hasta llegar al pueblo, o lugar de donde había salido para la dicha estación, sin que recelase el daño, que le podía hacer el caimán, o otro alguno, ni le atemorizase la oscuridad de la noche, ni le hiciese daño la frialdad del agua, aunque fuese muy larga la estación, que se le había señalado, juzgándolo todo poco, por parecerle que era para alcanzar las mercedes, que pretendía de sus dioses, a quienes había encaminado su penitencia; y si acaso no se le mostraba el caimán, proseguía su viaje con su calabazo, y también iba a dar cuenta al sacerdote de lo sucedido; acerca desta materia, y demostraciones deste caimán, no hay que dudar, que hoy en día lo obre el Demonio todo, para no perder el dominio, que tuvo sobre estos miserables generalmente, queriendo conservarlo hoy en particular con algunos; pues no es dudable haya algunos destos hoy, que llaman Tlamaceuhques; aviso es útil el de estas supersticiones, para descubrirlo el ministro con su cuidado, y buen celo.

4. Invocaciones supersticiosas a los dioses

Fuera destas estaciones penitenciales que esto tenían con orden de los sacerdotes, tenían unas invocaciones como itinerario para caminar, y librarse de enemigos, y ladrones, cosa que hoy en día usan algunos, principales cuando llevan dineros, o cosas de precio que les pueden robar: previénense con ellas para pelear, y con tal satisfacción, que pueden muy bien matar a otro, o otros con esto, y de que se librarán también de la muerte aunque los prenda la justicia: la prevención para esto es llevar un muy buen garrote, o, bordón, el cual conjuran con las palabras siguientes:

Yo mismo, el Dios Quetzalcoatl, culebra con cresta; yo el Dios llamado, Matl (que es lo mismo que el Dios de las manos, el Dios de las obras); yo que soy la misma guerra, y hago burla de todo, que ni temo, ni debo, ahora ha de ser ello, que y de burlarme de mis hermanos (dícelo por sus enemigos, como baldonándolos), que son de mi misma, naturaleza; venid, y juntaos conmigo los dioses peloteros, y guerreros, los que juntamente dais golpes, que ya, vienen mis hermanos, mis semejantes en la naturaleza (dícelo por sus enemigos, y por la fragilidad de la naturaleza) que vienen con sangre y color (para significar su poca fortaleza).

Pero yo soy como sin sangre ni carne (como si dejara, soy insensible) y traigo conmigo al sacerdote, y al tiempo, y al calor del verano (dícelo por el garrote, que trae consigo); traigo al sacerdote, única muerte, un pedernal que antes de otra cosa se ha de teñir de sangre, que de antuvión se ha de teñir la piedra, se ha de embriagar (dícelo por el efecto del garrote de matar, y derramar sangre), y la tierra juntamente conmigo, y con mis armas (porque se ensangrienta de la pelea). Para este efecto traigo mis manos, y mi cuerpo insensible para no sentir los daños, o burlas, que me hicieren mis hermanos hombres como yo, que no es posible, que me hieran, ni ofendan a mí, que soy el Dios Quetzalcoatl, y que nada me puede hacer impresión; yo soy el sacerdote, la misma guerra, para quien todo es burla, y risa (finge hallarse en la batalla). Ea, que vienen mis hermanos hombres como yo, y trae uno de ellos un ramillete o plumero de rosas, que sea tu respiración; trae su sacudidor de algodón, y su ovillo de hilo para ofenderme (todo esto es por apocar las armas del contrario). Venid pues, estruendo de gente; venid, dioses pedreros, peloteros, y guerreros, que juntamente herís, y golpeáis (dice esto por los instrumentos de palos, y otros con que sus enemigos vienen contra él). Venid sacerdotes, ídolos los del oriente, y occidente, de donde quiera que estáis; venid animales y aves, que os invoco, que ahora ha de ser ello.

A invocado contra sí todas aquellas cosas, que le pueden dañar, para mostrar más su valor, habiendo envilecido las armas de los contrarios y tenídolas tan en poco, como si fueran de flores o de algodón: y ahora invoca en su favor sus buenas suertes, y fortunas para asegurar, que ha de vencer, y prosigue desta suerte: Ven tú Conejo, que estás en pie, y ponte boca arriba, que estás hecho de hierbas (aquí invoca al Dios de las suertes Ixquitecatl a quien pertenece el conejo ce Tochin). Ven tú calor, o tiempo de verano (aquí invoca al Dios Tonacateuctli, que es el Dios del calor, uno de los de los signos en la cuarta casa), advierte que le has de ensangrentar, y teñir (vuelve a los enemigos, y díceles): Apuntad a las espinillas, no erréis el golpe: ea pedernal Ce Tecpatl, que te has de teñir, y ensangrentar (aquí invoca al Dios *Huitzilopochtli*, a quien pertenece este signo, y es dichoso, y acaba diciendo): Ea, que suena ya el estruendo de gente en mi favor.

Pareciéndoles, que con esto no había otro favor ni auxilio para resistir a los enemigos; y es la invocación más llena de supersticiones, que puede haber. La y puesto, porque ya que generalmente no lo usen, habrá algunos, que con este estilo aunque rudamente, digan algo destas invocaciones, cuando se vean en estos peligros, advirtiéndoselo el Demonio, para que se olviden de Dios, y no le llamen en estos casos.

Capítulo XVII. En que comienza a tratar del ejercicio de todas estas cosas para mayor conocimiento, y experiencia de las idolatrías, de los médicos, de las parteras, y restitución del hado

1. Invocaciones y conjuros de las parteras antes del parto

Después de puesta la relación dada de todas las cosas sobredichas como fundamentos sobre que se fundan todas cuantas idolatrías supersticiosas usan hoy, es ya necesario ajustarlas al ejercicio, que en particular tienen de ellas; y como quiera que todas se ordenan a la vida humana del hombre, desde que nace hasta que muere, y a los ejercicios, en que se ocupan, para pasarla, y a los accidentes, que le sobrevienen a su salud, para todo tienen sus particulares invocaciones; y porque primero es nacer, quiero comenzar por lo que las parteras usan con los niños cuando nacen, que también se comprenden debajo del nombre Titzitl, de que hemos dicho en diferentes partes.

Aunque estos pueden ser hombres, y mujeres, como hemos visto, con todo, el oficio de partera en todas las naciones del mundo solo compete a las mujeres, y en esta nación aunque se llamen Titzitles, o Tepalehuianime, más propiamente se llaman Temichihuitiani, que en nuestra lengua castellana: las que hacen parir; éstas, pues, cuando han de ejecutar su oficio se conjuran los dedos, con que han de obrar, la tierra donde ha de caer la criatura: el agua, con que se ha de lavar; el fuego con que se ha de alumbrar, o ante quien ha de parir, como se ha dicho en partes diversas; el copal con que se ha de sahumar; las hierbas de que se ha de usar; y la jícara, con que se ha de lavar; es esto en la manera siguiente: habla primero con sus dedos, y con la tierra.

Ayudad aquí los cinco solares, o los de los cinco hados, que son los dedos; y tú mi madre, un conejo boca arriba, aquí has de dar principio a un verde dolor: veamos quién es la persona tan poderosa que ya nos viene destruyendo.

Llama a la tierra un conejo boca arriba a distinción de aquel conejo, que es entendido con los signos de los siglos por la región del aire, por ser el conejo de grande oído, que tiene dependencia con el aire, en quien se causa el sonido, o por la ligereza, o porque se deriva deste verbo toca, que significa caminar, o correr el viento, y así se llama Tochin, y para la distinción, y que signifique la tierra, le llama conejo boca arriba. Los dedos son los cinco solares, o cinco hados; y el verde dolor es el trabajo del parir, porque a todos los dolores de enfermedades significan con este modo de decir: el verde dolor, el pardo dolor, el amarillo dolor. Conjura luego el piciete así:

Ea, ven el nueve veces golpeado; ea, ya echemos de aquí al amarillo dolor, al verde dolor.

Llama al piciete nueve veces, golpeado, porque tantas le estrujan en las manos para haber de usar del, y con esto pone a parir a su preñada junto al fogón sobre las esteras, y pajas, que dije, capítulo 2. p. 4, y habiéndose prevenido de estar junto al fogón por el buen suceso del parto, se previene del copal, por si fuere necesario sahumar, o de otra hierba, que llaman el iautli, que el castellano llama yerbaniz. Prosigue:

Nueve veces aporreado, mi padre las cuatro Cañas, que echan llamas con cabellos Rubios; mujer blanca; amarillo espiritado.

Llama al fuego mi padre las cuatro cañas. Padre por el nombre, que ordinariamente le dan; las cuatro cañas, le dice, porque todas veces, que el signo Acatl cabía en número de cuatro, hacían fiesta al fuego, y lo sacaban nuevo, fuera de las veces, que por obligación de sus fiestas le sacaban, y celebraban; también por las cuatro cañas, o leños, con que se enciende; por las cuatro salidas del Sol. La mujer blanca es por metáfora el copal; y el yautli, o yerbaniz es el amarillo espiritado. Estos géneros preparados para el tiempo del parto, pone a parir a su preñada. Otras veces usan otros otro conjuro, y es coger el piciete, y, estrujarlo nueve veces por lo menos en la mano, y untar con él el vientre de la paciente, y principalmente en la parte donde está la criatura, diciendo las palabras siguientes:

Ea, ven el nueve veces golpeado, el nueve veces aporreado; y vosotras diosas Quato, y Caxoch, venid a facilitar este parto abriendo la fuente; y vosotros espiritados, los de los cinco hados, y que miráis todos hacia una parte, para que cojamos, e impidamos a quien quiera que es el que causa este daño, que ya quiere de todo punto destruir a la hija de los dioses.

Y si acaso el parto es dificultoso, y se detiene como cosa natural, andan inquiriendo la causa; y aunque es remedio general, y aprobado por los médicos la cola de un animalejo, que llaman el Tlaquatzin, que se aplica bebida así para este efecto, porque es aperitiva de las vías, como para los enfermos de la orina, no por eso dejan las tales parteras, que haga el efecto por sí, y comunique la virtud, que Dios le dio, sino, que la conjuran, y le dan su invocación para atribuir el efecto, que hiciere, y buen suceso, que hubiere, a sus dioses: y así dicen invocándolo estas siguientes palabras:

Ea, ven acá el negro espiritado, ve a sacar la criatura, conque ya está fatigada la hija de los dioses. Ven acá tú diosa Quato, y tú diosa Caxoch.

Si acaso esto no aprovecha, usan de sortilegio para ver cual sea la causa, de que se detenga el parto, y muy de ordinario juzgan esto no echándolo a la mejor parte, sino a la peor, cargando a la pobre paciente, que ella es causa de no poder parir, porque debió de ser adultera, y usan de un remedio bien torpe, que solo lo pongo, para que haya conocimiento del, así para el fuero exterior, cuando convenga examinar algún delito destas parteras; como para el fuero penitencial, para que si se acusaren deste pecado, y procuraren rebosarlo, sabiéndolo el ministro, conocerá fácilmente lo que quieren decir. Es el remedio mandar las parteras a las que están de parto, cuando reconocen esta miseria, que su misma saliva entre intra vas, para que sirva de remedio, y quite el impedimento causado por el delito, que dicen, cometió. Al fin el juicio de la detención del parto, y el remedio es, como quien lo hace todo por medio de sus ministros, que es el Demonio.

2. Conjuros y ceremonias después del alumbramiento
Habiendo, pues, parido la paciente, entra luego la superstición del parto; y como lo primero que hacen las parteras es lavar la criatura, piensan, que es lo primero, y más principal, que goza, el agua, a quien le atribuyen, que la criatura tenga vida; y así conjuran, e invocan el agua, con que se ha de lavar, y la jícara, que así se llama el vaso, en que han de echar el agua, y dicen:
Ea, ven acá tú mi preciosa jícara, y también tú la que tienes por sayas piedras preciosas (dícelo por el agua), que ya es llegada la hora, cuando, aquí as de lavar, y limpiar al que tubo vida por ti, y nació en tus manos.
Después de echas estas ceremonias, que son concomitantes, al parto, y nacimiento de las escrituras; al cuarto día

hacen las ceremonias, que dije en el capítulo 2. p. 4, y el capítulo 3. p. 4, en donde, aunque pude explicar más, y dar razón, por qué usaban del fuego, y del agua al cuarto día, de industria lo dejé hasta que hubiese tratado de la fábula del Sol en el capítulo 12, p. 1, a que me refiero: y aún pienso, que el dar estos indios a los recién nacidos por bautismo el pasarlos por el fuego, tiene su origen, y fundamento más en historia verdadera, que en fábula. Filón judío, en el libro Biblicarum antiquitatum, dice: que de aquellos primeros hombres, que después del diluvio trataron de edificar la torre de Babilonia, a quienes Dios dividió con la confusión de las lenguas, que les dio, muchos dellos, dieron en considerar los movimientos de las estrellas, de donde vinieron los pronósticos, y adivinaciones, que se han usado, y hoy se usan, y de donde se comenzó la adoración, y veneración del fuego; sus palabras son estas: Tunc caeperunt hi, qui habitabant in terra inspicere in astra, et inchoauerunt ex his imaginari, et divinationes facere, et filios, et filias trajicere per ignem.

Y que de aquí comenzó la adoración del fuego, y se derivó a todas las naciones del mundo, que lo tuvieron, y tienen por Dios: y tan de atrás, que fue en el principio de la segunda edad del mundo, desde el tiempo del patriarca Abraham, que tenían los Caldeos, adorando por Dios al fuego, como lo afirma Lira sobre el capítulo 11 del Génesis, y el Abulense quaestione 20; y cuenta, que Thare, padre de Abraham, era idólatra del fuego, y acusó acaso a su hijo Abraham delante de Nemrod, de que su hijo no quería adorar el fuego como lo hacían los Caldeos por precepto suyo, y que por esto fue echado Abraham en el fuego; y que su hermano Aram, que estaba presente, decía en su corazón: si mi hermano saliere libre, seguiré su religión, y adoraré su Dios, donde el fuego será mi Dios, como lo es de todos los demás. Entró Abraham en el fuego, y salió libre por virtud divina; entonces Aram confesó al Dios verdadero, y por mandado de Nemrod fue echado en el fuego, y por no tener la fe, que tuvo su hermano Abraham, no salió libre del fuego; así lo dice Lira, y puede confirmarse con el lugar de Esdras 2. capítulo 9. Tu es Deus, qui eduxisti Abraham, de igne Chaldaeorum.

Y aunque algunos niegan esta opinión, porque dicen, que cuando dice la Escritura de la salida de Abraham, y de Lot de los Caldeos: Eduxit eos de ur Chaldaeorum, ut irent in terram Chanaam, que ur no significa fuego, sino un lugar de los Caldeos llamado así; pero signifique ur, el fuego, o el lugar, lo cierto es, que Abraham fue echado en el fuego, por no quererle adorar por Dios, y de él salió libre por virtud divina, como lo siente san Agustín en el libro de Civitate Dei 16-15. y en la question. 25. super Genesin; y san Jerónimo en las questiones hebreas dice: Vera est igitur illa Hebreorum, traditio, quod Abraham Babiloniae vallatus incendio, quia illud adorare nolebat Dei sit auxilio liberatus; que tan antigua como esto es la adoración del fuego.

Y es evidente conjetura, que no padece duda, que según las palabras de Filón, aquel primer hombre, que estos llamaron Cipactonal, y su mujer Oxomoco, que les enseñaron el conocimiento de las estrellas, también les enseñaron la veneración, y adoración del fuego, y a pasar por él a sus hijos a modo de bautismo; y que por eso lo usan estos, y llaman a esta acción Tlèquiquiztilistli, que es el bautismo, que ellos tenían en su gentilidad; y hoy usan en el abuso de sus supersticiones: y el ser esta acción al cuarto día del nacimiento, y cuatro veces, es como el fundamento de la fábula del Sol, en que también se funda el lavarlos al mismo cuarto día, por la ficción del hombre purificado en el fuego, y después lavado en el estanque del agua; y sobre todo esto, la acción de Huitziton en el sacar el fuego de los palillos, ha sido el fundamento de su gran veneración, y ceremonia de sacarlo nuevo en los días arriba dichos, y tropezadero tan grande, que en él tienen.

3. Cura de las enfermedades de los recién nacidos

Tratado ya del nacimiento de una criatura, como es contingente el enfermar, me pareció tratar aquí de las enfermedades, que les vienen a los niños no conocidas, que siempre con su ignorancia atribuyen estos no a causa natural, sino a supersticiosa: como los médicos muy científicos en la cura de los niños proceden las más veces con algunas conjeturas, que pueden indicar la enfermedad, por no poder el niño manifestar el dolor, ni dónde le padece, cuando es secreto el achaque, en que no se puede acertar tan bien, como en las públicas, y conocidas enfermedades de viruelas, y de otras, que fácilmente se manifiestan, y en que no es muy difícil en el bueno, y científico médico acertar la cura.

Los indios, pues, en las enfermedades secretas, que padecen los niños, después de haber reducido esta cura a la consulta de los sortilegios así de manos, como de maíces, y a otras, de que diré en el capítulo siguiente, vienen a parar, en que el hado, la fortuna, o la estrella del niño le ha desamparado, explicando estos tres vocablos con este solo Tonalli; y asentado, que la enfermedad es falta de Tonalli, esto es, de hado, estrella, o fortuna, trata luego el Titzitl hombre, o mujer, de que si no le restituyen al niño enfermo su Tonal, no podrá sanar; llámanse estos tales Tetonaltique, los que restituyen el hado y fortuna; y encareciendo mucho la cura, y echando muchas de sus suertes, por último usan del sortilegio del agua, y estos tales se llaman Atlantlachixque, que quiere decir: Sahorines, que adivinan mirando en el agua; para hacer este sortilegio conjuran el agua primero, en que se ha de hacer el conocimiento de la enfermedad, diciendo:

Ea ya ven mi madre piedra preciosa, la de las nahuas, y Huipil de piedras preciosas, la de las nahuas, y Huipil verde, la blanca mujer: veámosle a este cuitado niño si padece por haberle desamparado su hado, su estrella, o su fortuna.

Hecho este conjuro ponen al niño de rostro sobre el agua, y si en ella ven el rostro del niño oscuro como cubierto con alguna sombra oscura, juzgan por cierto el ausencia del hado, y fortuna, y la contrariedad de la estrella; y si el rostro del niño parece claro, y sin alguna sombra, dicen, que no es mal de importancia, y solo lo sahuman sin curarlo: acción es esta en que puede haber de parte del médico muy gran malicia; pues no habrá más juicio en esta enfermedad, que la que él quisiere dar; pues poniendo el niño, contra la luz tendrá el rostro oscuro, y con sombras; y puesto a la luz le tendrá claro, y sin ellas, de manera, que conforme quisiere el Titzitl estará, o claro, o oscuro el rostro de la criatura.

Pero muchas veces el Demonio como invocado implícitamente en el conjuro del agua usa de las que sabe, y hacer parecer el rostro diferente de lo que es; pues aunque no sea con cuidado, y malicia del médico, por la suya hace, que parezca el rostro oscuro, para llevar adelante sus engaños, y que se olviden sus antiguas supersticiones idolátricas, acordándoles los días aciagos, que eran los cinco, que sobraban cada año llamados Nenontemi, y que en los días del año, y mes había otros de signos contrarios.

Y para gozar de nuevas invocaciones, y nuevo culto en la restitución del hado hace, que parezcan sombras, aunque no las haya, persuadiéndoles al Oquicauhitonal, que es decir, lo desamparó su estrella, hado, o fortuna, para que traten luego de la reconciliación y restitución del hado, que acostumbran hacer con el modo, y ceremonias siguientes.

4. Restitución del hado o fortuna a los niños

La cura, o restitución del hado es de lo más supersticioso, que se puede hallar, porque envuelve en sí todos los fundamentos, que hemos dicho de los días del año, y puede ser en dos maneras. La una reconociendo, no ser mucho el mal de la criatura, ni mucha la falta de la estrella; la otra es, cuando se reconoce, ser mucha la falta de ella, y la mala fortuna, que esta causa en la criatura, y por el consiguiente mucha enfermedad.

En la primera manera no es tan difícil la restitución deste hado, y reconciliación del, porque con sahumar la criatura les parece, que basta (como en las enfermedades de los niños, los médicos no alcanzando, de qué procedan, dicen, ser mal ojo, y las curan con sahumerios, y santiguos), y así tratan estos médicos supersticiosos de sahumar la criatura; y como lo ordinario es con copal que es el incienso desta tierra, conjuran primero el fuego, el humo, y el copal diciendo:

Ea, ya ven, anciano, y anciana (entiéndelo por el fuego, y el humo), ven a templar la ajorca y esmeralda (entiéndelo por el niño), como no sé que tiene, que ya quiere quebrar, y hacer pedazos; ea ya mujer blanca (entiende aquí el copal), tiempla ya esta ajorca, y esta esmeralda, y piedra preciosa; ea ya venid vosotros, bostezos del sueño, verdes y amarillos.

Llámanlos verdes, y amarillos, porque siempre piensan, que en ellos sale el mal de la criatura, y con esto queda restituido el hado, que llaman su Tonal, y que queda perfectamente sana. La otra cura, como tienen por cierto, que es mayor el mal, y la falta del hado, tiénenla por más dificultosa, y así es más difícil, el conjuro; porque en él usan tal vez del fuego, otras del piciete, o tenexiete conjurándolo todo.

Tienen al agua por el principal ingrediente de esta acción, porque le atribuyen el nacimiento de la criatura, pareciéndoles, que es lo primero, que toca al cuerpo porque en naciendo le llevan con ella, y quitan la sangre, que sacó del vientre de su madre; saludan a la tierra por haber caído en ella cuando nació; y es de advertir, que en la falta del hado por haber causado enfermedad al niño, o niña, lo nombran con los epítetos, que a los accidentes de los dolores, llamándolos unas veces el verde dolor, el blanco dolor, y el amarillo dolor; y así llaman al hado, que faltó con estos colores diciendo desta manera:

(Habla con el agua.) Ea, ya ven en mi ayuda, mi madre la de la saya de piedras, mujer blanca.

(Supone la falta del hado, y habla con él.) Y tú, hado pardo, hado blanco, ¿qué os detiene? ¿Es el estorbo blanco, o amarillo? que ya vengo a poner aquí el amarillo conjurado (el piciete y el agua), y el blanco conjurado.

Yo en persona y venido a esto (dícelo por la aplicación de la medicina), el sacerdote príncipe de encantos: ya te compuse, ya te di vida.

¿Y tú mi madre la de la saya estrellada (invoca la vía Láctea, que es la diosa de la saya estrellada), al que hiciste, y al que diste vida, y yo también, te le muestras contraria, y te vuelves contra él?

(Endereza su plática al hado.) Hado adverso, y estrella oscura, en la grandeza de las aguas y en su, anchura te depositaré (idest la mar); yo lo digo en persona, el sacerdote, el príncipe de los encantos.

Ea, ya ven, mi madre la de saya, de piedras preciosas; ea, ya camina, ve a buscar al espiritado reluciente (el hado en alguna de las qua... casas dedicadas a los cuatro dioses, que el tercero es Tonatiuh, que es dichoso), y que habita la casa de la luz, para que sepamos, qué Dios, o qué poderoso destruye ya, y vuelve en polvo, a aqueste desdichado.

Verde enfermedad, verdinegra enfermedad, parte de aquí hacia cualquiera parte (destierra el hado infortuno), y consúmete como quisieres; tú espiritado resplandeciente (habla con el fuego), lo has de limpiar, y purificar.

(Procura por bien atraer el hado.) Y tú, verde hado, y amarillo, que has andado como desterrado por serranías, y desiertos, ven, que te busco, y te hecho menos, y te deseo.

(Habla al piciete.) Y tú, nueve veces aporreado, nueve veces estrujado, mira no te avergüences cayendo en falta.

Ea, ya ven, mi madre la de la saya de piedras preciosas (todo esto es llamar la dicha destos signos, y a los dioses a quienes pertenecen), una agua, dos cañas, un conejo, dos conejos, un venado, dos venados, un pedernal, dos pedernales, un caimán, dos caimanes.

Ola, mi madre la de la saya preciosa (habla con el agua, para que le traiga a la deidad del a... que son los ...os de ella), en qué estás divertida, y ociosa? lleva a lavar, y limpiar a mi encomendado; vele a poner en algún ojo, o remanso de agua, o en algún manantial príncipe de la tierra.

Yo en persona vine a esto, el furioso, el que hago estruendo, el que no tiene a quien respectar (acredita su poder, y ser como el más poderoso); soy a quien tiemblan, y obedecen hasta los palos y las piedras; atadme aquí, que soy tanto como otro. Pues veamos ahora, que Dios, o cual poderoso quiere ya destruir al hijo de las diosas y al hijo de los dioses.

Venido y a buscarle su Tonal, su fortuna, su hado y su estrella, cualquiera que se fuere; dónde habrá ido, dónde se detiene, a dónde a las nueve veces? (los números de nueve son de la diosa de los amores, y dice que se fue a quedar allá); a dónde a las nueve juntas? o emparejamientos se fue a quedar? donde quiera que esté, le llamo, y le y de traer, porque has de sanar, y limpiar este corazón, y esta cabeza.

Acabado este conjuro diabólico, en que han revuelto todos los signos de los días, y sus malas, o buenas fortunas, e invocado los dioses, a quienes pertenecen, dicen, que ya les restituyeron el hado a la criatura, y toman en la boca una poca de agua, que tantas veces han conjurado como principal ingrediente desta restitución, y se la ponen en la mollera a la criatura; y habiéndose puesto rostro a rostro con ella, la rocían con la que quedó en la boca (de la criatura) y asombrándola con el rocío, dicen que en aquel estremecido, que entonces da, recibe su hado; y poniéndosela también en las espaldillas dicen, que ya con esto están buenas las criaturas del mal, que padecían, y restituidas a su hado, fortuna, o estrella; y para verificarlo ponen la criatura sobre el agua de manera, que el rostro muestre estar claro en ella, poniéndolo a la luz, o cuando no, el Demonio, para engañarlos, lo hace, que parezca así el rostro. Y para ver cual signo les cabe en su hado, y si es favorable, o no, usan de los embustes de los sortilegios, de manos, o maíces, como veremos en el siguiente capítulo.

Capítulo XVIII. De los sortilegios de manos, y de otros modos, que usan los indios supersticiosos

1. Sortilegios para consultar las enfermedades

Del capítulo pasado se puede colegir la necesidad, que hay de tratar en este de los embusteros sortilegios para mejor conocerlos, y atajar sus engaños. Este vocablo, o nombre suerte, según Varrón, significa bien, y significa mal; puede ser recibido, por buena, y por mala acción, y en cuanto a la buena significación usa a cada paso la Escritura de suertes, como consta del Levítico, capítulo 16. n.º 8.

No hay salud, dice Agustíno, sin nuestro Salvador, que es nuestra verdadera salud, ni hay prudencia, que sea verdadera prudencia, que no se funde en Cristo Señor Nuestro, que es la verdadera sabiduría: y así el que quisiere ser sabio, o sanar consultando a los adivinos, a los mágicos, a los demonios y a los ídolos nunca sanará, siempre estará enfermo; nunca será prudente, siempre será necio: siempre adolecerá la continua enfermedad, y siempre estará en una necia locura; y así el que busca salud sin Dios no puede hallarla, pues más será su vida muerte, que vida.

Todos los sortilegios destos desdichados embusteros se encaminan a consultar las enfermedades, de dónde proceden, quién las causa, si son mortales, si será breve la muerte del enfermo; y lo mismo hacen sobre cosas perdidas, y para otras cosas que los mismos conjuros irán manifestando. Usan destos sortilegios con obras de manos, y suertes de piedrecillas, y maíces en seco, o en el agua con las mismas suertes, y valiéndose del peyote y ololiuhqui, hierbas, de que tenemos dicho algo.

2. Aplicación de la medida del palmo para
diagnosticar las enfermedades

Aunque es verdad, que hay algunos experimentados en la inquisición de los sortilegios de las manos solo, que dicen, que se aplican a todos casos, indistintamente a cosas hurtadas, o perdidas, más considerando que el uso deste sortilegio es medir con el palmo de la mano, para hacer el juicio, mal se podrá juzgar, y hacer juicio por sola la medida del palmo, mientras no hubiere otro ingrediente: y así tengo por cierto, que para todas las enfermedades se puede aplicar este género de sortilegio, y si acaso lo extienden a más, es en todo embuste y falacia, como lo es lo principal; pues todo se funda en la relación, que los enfermos les hacen de la causa, que tuvieron, para enfermar, o la pesadumbre, que antecedió, o con el amigo, o enemigo, compadre o conocido, declarado el lugar, donde comenzó su enfermedad, y habiendo tenido esta maliciosa plática bien afectada en el sortilegio, que la oye, para juzgar por ella, y hacer caso divino, y de ciencia revelada, lo que quizás no fue así cuando lo imaginó el paciente, y si lo contó el Demonio quiere borrarlo de la memoria el haberlo referido al médico, para que asiente mejor su engaño pactionado con él, mediante los conjuros, que le hace y de que usa.

Puesto pues a la orden, y compuesta la tilma, si es varón el médico o sortílego, y si mujer el huipil, como si hubiera de ejecutar algún negocio muy arduo, y dificultoso, coge luego con la mano derecha el Tenexiete, que es lo mismo que el piciete, mezclado con cal, y poniéndole en la palma de la mano izquierda, allí lo deshace, y estruja con el dedo pulgar de la mano derecha, y luego se refriega las dos palmas de las manos con el tenexiete, que había puesto en la una, y comienza su conjuro, obrando de manos en esta forma:

Socorre, que ya es tiempo, tú el espiritado (dícelo por el piciete) nueve veces aporreado, y nueve veces golpeado, o nueve veces estrujado entre las manos, verde Espiritado.

Y tú, padre mío, hijo de la vía Láctea mi madre (Citlatlicue), conejo boca arriba, que eres resplandeciente espejo, que está humeando (la tierra por los vapores), adviert os, que ninguno falte a su obligación; ninguno rezongando resista, que ya beso los cinco solares (los dedos), que truje para su efecto.

Aquí besa los dos dedos pulgares puestos en Cruz. Juntas las manos, como cuando rezan, y prosigue.

Ea, ya venid acá mis hermanos los cinco solares, que todos miráis, o tenéis rostros hacia un lado (dícelo por los dedos, que están juntos en una parte), y os rematáis en conchas de perlas (por las uñas), venid, y requerid a nuestro encantado espejo.

Aquí comienza a medir el brazo izquierdo del enfermo desde el medio hasta la mano, midiéndolo con el palmo de su mano derecha, diciendo:

Para que veamos qué Dios, y cual Poderoso ya quebranta, ya destruye, y de todo punto consume nuestra piedra preciosa (dícelo por el enfermo), nuestra joya, y nuestra esmeralda.

Ea venid, y subamos nuestra preciosa escalera (mide desde abajo hacia arriba del brazo, que no ha de ser para mañana, ni esotro día, sino que luego ahora hemos de ver, quién es el que mata ya al hijo de los dioses; advertid, que lo mando yo el sacerdote entendido, o por el enfermo), nuestra joya, y nuestra rica esmeralda.

Y diciendo esto va midiendo con el palmo las veces, que le parece serán necesarias, para que salga la suerte; ya midiendo el medio brazo de arriba abajo; ya de abajo arriba: y si la suerte fue sobre la enfermedad del paciente (que esta suerte es la más común para esto) si el último palmo de la suerte fue emparejando la mano del médico con la del enfermo, pronostican, que luego morirá, porque no tiene remedio; y si acaso de la última medida sobraron los dedos, o la media mano, que no emparejó con la del paciente, dicen, que le queda mucho por padecer, y que no morirá tan presto; y si sobra mucho más, por el consiguiente pronostican, que será mucho más larga la enfermedad, y que puede ser, que se levante, haciendo las diligencias idolátricas, que después diré, atribuyendo su mal al enojo de algún santo, o de algún ídolo, o enemigo, y que, aplacado, sanará.

Todo esto tienen tan creído, y el Demonio lo acredita de manera, que siendo tan falible la medida, porque consiste en la voluntad del que mide el echar más, o menos números de palmos, más largos, o más cortos, el Demonio persuade a los que miden, que no pueden irse a la mano en el medir, y que no miden libremente, sino necesariamente; y así persuaden ser su pronóstico infalible; y otras veces usan de otros conjuros, en que no pueden negar el pacto con el Demonio, anteponiendo la invocación del a los conjuros de los instrumentos, conque hacen sus ceremonias, pues en lugar de invocar al piciete dicen:

Yo soy el que lo mando, el príncipe del infierno; no el sacerdote espiritado, el príncipe de los encantos. Yo lo mando en persona el criado, y ministro de Demonio: yo, el mismo Demonio en persona lo mando.

Y cuando vuelven el palmo hacia arriba del brazo, comenzando desde la mano hasta el codo, donde dicen nuestra escalera preciosa, dicen: «Nuestra escalera infernal». Otros concluyen este conjuro diciendo así:

(Invoca al Dios Mictlanteuctli, Dios del infierno.) Yo en persona, príncipe del infierno, quiero, que se sepa el estado deste enfermo, si ¿morirá presto, o no? antes de durar algún tiempo.

Con todo lo cual no se puede negar el pacto, que con el Demonio tienen, el cual les ayuda mediante su conjuro, a que las suertes salgan algunas veces como parezca, que aciertan en las enfermedades; y tal vez echan la suerte sobre la aplicación de la medicina. Otras veces pronostican, ser la causa de la enfermedad algún odio, o enemistad de alguno, que les hizo mal, obrando en esto el Demonio de manera, que se siembren grandes discordias, y enemistades entre ellos, que ni aún en la hora de la muerte las deponen (materia que causa a los ministros grandes cuidados y desconsuelos; porque muchas veces no sabemos, si se obró con fruto el disuadirles lo que una vez les asentó este género de sortilegios, y embusteros).

Otras veces echan la suerte de su enfermedad, a que tienen enojada a la santísima Virgen, o a algún santo por no haber hecho, o cumplido alguna promesa, que en algún caso de necesidad le hicieron: hacen todos estos pronósticos por los informes, que recibieron antes de comenzar la cura del enfermo, o de sus familiares; y sobre el modo de aplacarles echan también suertes, en que siempre sale determinado, que se le haga una imagen, o una fiesta, a que ayuda muy bien el Demonio, porque allí en la borrachera tiene su cosecha, con la mezcla de idolatría con que se celebra. Otras veces pronostican ser causa de estas enfermedades el tener enojado a alguno de sus dioses, o al fuego, o a la tierra, nubes, cerros, ríos, o al aire: y así para esto como para ver y pronosticar si algún santo es el enojado, dicen en esta forma sus conjuros:

Aquí tengo de ver en el espejo, y papel de mi encanto (dícelo por la obra, que hase), quién es el que le daña, quién es el que está enojado, si acaso es algún santo (y para esto, torna a invocar el piciete); ea, ven, el nueve veces golpeado, el nueve veces aporreado.

Y prosigue como arriba con su conjuro, y habiendo pronosticado, que es algún santo, vuelven otra vez con sus medidas del palmo a echar la suerte, sobre quién sea el santo ofendido, y enojado; y comenzando su conjuro, en medio de él dicen:

Sepamos, quién eres tú el santo, que estás enojado si acaso eres Nuestra Señora, o acaso eres otro santo (y mientan aquí el santo del pueblo de donde son) o san Juan, &c.

Y desta manera van echando las medidas con el palmo hasta que sale la suerte, que pretenden, y si en el juicio de ellos, y según las suertes que echan, no sale ningún santo en suerte, porque el Demonio, que es el autor desta obra, quiere que pasen más adelante, prosiguen con sus suertes refiriendo otros dioses de los suyos, o cosas, a quienes dan adoración, y midiendo, y diciendo prosiguen el conjuro.

¿Quién es el enojado?, ¿si son los dueños de la tierra, o los ángeles del cielo? (que son las nubes).

Sepamos si son los enojados los dioses monteses (dioses silvestres), o cayó en sus manos.

Si es el un conejo boca arriba (la tierra). ¿O es el que es mi padre, y madre las cuatro cañas, que centellean? (el fuego).

Echadas estas suertes, si acaso antes de estas cayó la suerte de algún santo, así con los santos, como con todos sus dioses, es el remedio hacer alguna superstición, o idolatría formal; porque aunque hagan fiestas a los santos, son con borracheras, y si es alguno de sus dioses como la tierra, el agua, los montes, el fuego, le hacen ofrendas de pulque, candelas, copalli, y de otras cosas, poniéndolas en aquellas partes, de donde piensan que les vino el mal, y si acaso dicen, ser el fuego el enojado, ponen un brasero sobre su altar; o cerca del, y adornándole con ramilletes le ofrecen pulque. Y es para ellos muy de temer este pronóstico, porque de ordinario aconsejan esto a los oleados, ya que no para desenojar al fuego, para obligarle, a que cuando se mueran no los atormente demasiado en la otra vida. Como ya lo tengo advertido en otra parte, que de todo saca el Demonio fruto; y siendo estas cosas tan fútiles, y de tan poca sustancia, él con sus mentiras les da tanto cuerpo que les persuade, a que no puede faltar la medida del palmo, y que es infalible, siendo así, que está en la voluntad o malicia del sortilegio adelantar, o atrasar la medida, echando más o menos números de medidas (aunque ellos digan, que no tienen libertad en esto, sino que obran necesariamente).

3. Las «suertes» de la medida del palmo sirven para encontrar las cosas perdidas o robadas

También echan suertes de la medida del palmo sobre cosas perdidas, o hurtadas, y sobre la ausencia de algún hombre, o mujer, que se ausentó; y así habiendo comenzado su conjuro, si se echa la suerte por cosa hurtada, van midiendo, y en medio del dicen:

Veamos al hijo de los dioses quién lo llevó, o quien le hurtó su maíz, o su animalillo (o lo que fuere lo hurtado, sobre que se echa la suerte).

Si es por mugre, o hija, que les ausentó, dicen:

Sepamos dónde está, o adónde se fue (la mujer, o la hija, quién la llevó, o quién le hurtó). Si se fue muy lejos, o no es así, sino que no se ha ausentado, sino que se está queda la mujer de este desdichado.

De manera que todo el conjuro de arriba sirve para todo (mutatis mutandis) aplicándolo al hurto, o a la enfermedad; y lo más cierto es que en estos casos de hurtos, y de ausencias, coma echan las suertes en las enfermedades para ver, qué medicina aprovechará, y si se tomará el peyote, o el ololiuqui; y como en las que echan para otras medicinas, en medio de lo cual dicen: veamos si se hallará el hijo de los dioses con tal, o tal medicina, según las que ellos quieren aplicar, así ni más ni menos las echan para las cosas perdidas, o hurtadas, queriendo en medio de su conjuro, que salga por suerte el ololiuqui para usar del como tengo dicho en uno de los antecedentes capítulos; y me conforme más conque para cosas hurtadas y perdidas no puede aprovechar el sortilegio de las manos con la medida de los palmos; porque para los enfermos pueden usar del respeto, de que el sortilegio con el palmo de la mano derecha mide el medio brazo izquierdo del enfermo; y esto no puede ser en cosas perdidas, o hurtadas, digo, que para esto no aprovecha, si no se usa del peyote, o ololiuqui, o de otras suertes, de que diré en los párrafos subsecuentes.

4. Invocaciones al fuego y a las aguas

Fuera de las invocaciones, que tienen para el piciete, y demás cosas, que hemos dicho, a otros les parece, que es más seguro hacer dueño de todo al fuego, y así lo conjuran invocándolo de la manera siguiente:

Ven acá mi padre las cuatro cañas que echan llamas, el de los cabellos rubios, príncipe de la Aurora, padre y madre de los dioses (llámalo Dios de la Aurora, porque todos al nacer se proveen del fuego); que aquí y traído a mis dioses del Canto, mis dioses blancos: ea, venid de vuestra parte los cinco solares, que os remátais en conchas de perlas, y estáis en un solo mirador, y en una sola vergería (dícelo por los dedos, que todos están aislados de la palma de la mano), veamos ahora nuestro espejo de encantos.

Prosigue luego con su conjuro, y medidas del palmo con el piciete, y concluye diciendo:

Luego ahora lo he de ver yo en persona, el que todo lo ando, en quien está el resplandor, y blancura de la nieve, viejo sabio, y experimentado (si es varón el que ejerce este oficio; y si es mujer dice): Vieja sabia, y experimentada: que yo conozco hasta lo que hay en el infierno, y en las alturas (como si dijera del cielo); yo en persona, el sacerdote príncipe de los encantos.

Es de advertir, que donde dice «el que todo lo ando», usa de dos vocablos, que hoy no se usan, y son inventados por el Demonio, como otros muchos, de que usan en los conjuros: son los dos Hocomoniz, Nicepactonal; y lo cierto es, que corresponden a aquellos dos primeros marido, y mujer de quienes dicen tubo origen la astrología de estos, y la invención de los signos Cipactonal, y su mujer Oxomoco: como si dijera yo soy tan sabio, o sabia como aquellos primeros hombres, que nos enseñaron esta ciencia, y encantos. Otros interponen su conjuro invocando a las aguas, y dicen:

Ea, acudid a vuestra parte los que tenéis las nahuas de varios colores, pintadas como culebras (dícelo por la variedad de flores de varios colores, que el agua produce). Ea, los cinco solares (los dedos, subamos mi infernal escalera.

En todos estos sortilegios usan unos vocablos los sortílegos tan metafóricos, y tan sincopados, que ni aún ellos los entienden, y preguntados qué significan, y de dónde se derivan, no saben dar más razón que decir, que así se los enseñaron sus antepasados, y maestros, como en el conjuro de arriba, donde dice: «los que tenéis las nahuas de varios colores» usan de este vocablo Nochparcueieque, donde el Nochpar no significa cosa alguna, antes tiene letra, que es la R, que no la usa el mexicano, ni la tiene; y así son vocablos compuestos por el Demonio, y sincopados, para hacer más estimados sus conjuros entre esta gente rústica: y por las palabras subsecuentes de los colores varios de las culebras se saca la metáfora del agua a quien ellos dan las nahuas de esmeraldas.

Y no se queda esto en eso solo, sino que los mismos sortilegios afectan en sus conjuros no darse a entender, y decir las más cosas entre dientes, porque los tengan por más misteriosos, y divinos, y el Demonio les ayuda de manera, que con un acierto, que hagan, se acreditan tanto, que aunque falten, y mientan en otras cosas, porque el demonio no se las revela, no por eso faltan a su crédito, ni les falta su estimación; y si obran estos embustes en sus pueblos, y salen falsos, echan la culpa a los enfermos, o circunstantes, que por poca disposición suya en el obrar, se faltó el pronóstico; y si obran fuera de sus pueblos, en otros, donde son llamados, si el Demonio por vía de sus conjuros no les dice alguna verdad, para acreditar mil mentiras, dicen que la gracia que tienen es limitada, y que no la tienen fuera de sus pueblos, y que por eso no pudieron acertar; y si aciertan quedan bien opinados, y tenidos por divinos; con que siempre tienen embustes para acreditarse, y para disculparse: y como todos obran con miedo, de que no se sepa, y sea conocido el médico, que cura, y la familia, que para curar le llama, aunque hierre la cura, no se atreven a quejar, porque no los castiguen a todos por agentes, y consensientes, con que se queda uno y otro sin remedio mientras Dios Nuestro Señor no es servido, que se descubra con el cuidado, y diligencia de sus ministros evangélicos.

5. En otros conjuros emplean el maíz
Sortilegios de otros géneros usan estos tales embusteros, que son de los maíces en seco, o en el agua, como las brujas de

España usan de las habas, o de piedrezuelas blancas, o negras. Y es de advertir, que lo principal, que estos tales hacen, es informarse muy bien de las enfermedades, de la causa de ellas, y sus circunstancias; de las cosas perdidas, sobre que se echan las suertes, y sus conjeturas, para por ellas juzgar ellos en sus suertes, y hablar a propósito de aquello, acerca de que les piden echen las suertes; siendo todo embuste, y conjeturas suyas, según la relación, que les hicieron, y tal vez noticia del Demonio, mediante el pacto implícito, o explícito para obrar daños, que esto sucede de ordinario cuando se valen del Ololiuqui, o peyote, para descubrir el que enhechizó a algún paciente, de donde el Demonio saca unos odios mortales no solo en uno, u, otro, sino entre linajes, y pueblos, que duran toda la vida, y que ni aún en la muerte se acaban.

El conjuro del maíz en seco es: Que el sortilegio escoge una mazorca de maíz, y de muchos algunos granos los más sazonados, y hermosos, tal vez diecinueve, tal vez veinticinco, que siempre han de ser nones, aunque sean en más número, y quítales las puntas, o los picos, a que acá llamamos despicar el maíz, lo cual hacen ellos mismos con los dientes, luego tiende delante de si un lienzo blanco doblado, y extendido de manera que no haga arruga, y de los granos, que escogió, pone unos sobre el lienzo. Si escogió diecinueve, pone a su lado derecho cuatro granos muy parejos la haz hacia arriba, y las puntas hacia abajo; hacia el lado izquierdo pone otros cuatro granos con el mismo orden, y luego arroja otros cuatro delante de sí sin orden, y se queda con siete en la mano.

Cuando son veinticinco los granos, pone cuatro granos en cada esquina, y por último se queda con nueve en la mano. Otros ponen en cada esquina siete, y arrojan delante de sí dos sin orden quedándose con nueve en la mano, que todos hacen 39.

En llegando pues a haber dispuesto el lienzo, y los granos, que, como dicho es, siempre han de ser nones, y los conque se quedan siete, o nueve, todo lo cual tiene su correspondencia en los signos, que arriba dijimos: coge los granos, que tiene en las manos, y trayéndolos muy aprisa en una de ellas, como cuando se juegan los dados; y para echar su suerte comienza su invocación diciendo:

(Invoca a la diosa Chicome coatl, que es diosa del número 7.º de los signos.) Ven en buenhora, precioso varón, siete culebras; venid también los cinco solares, que todos miráis hacia un lado, ahora es tiempo, que veamos la causa de la pena, y aflicción deste, y esto no se ha de dilatar para mañana, ni al día siguiente, sino que luego al punto lo hemos de ver, y saber. (Invoca a Cipactli: hace memoria también del fuego.) Yo lo mando así, el Poderoso, el que soy la luz, el anciano, y el que tengo de ver en mi libro, y en mi espejo encantado, qué medicina le hará provecho, o si se va su camino.

Mientras van diciendo este conjuro, van corriendo la mano, en que tienen el maíz, por las orillas del lienzo, a toda prisa, y en acabando el conjuro echan los granos de la mano en medio del lienzo, y según caen juzgan la suerte; porque si cae el maíz la faz hacia arriba es buena suerte, y se conseguirá aquello, sobre que se echó: si por enfermo, sanará; si por medicina, aprovechará; si sobre hurto, se hallará, y parecerá. Pero si cae la faz hacia abajo es mala suerte, y sucederá al contrario de lo que se pretende; siendo todo esto tan ridículo, fútil, y mentiroso, que, si el Demonio no lo compusiera, mediante las invocaciones, que le hacen, en cosa no acertaran. Si el conjuro es por cosas hurtadas, y perdidas, añaden más palabras, y dicen:

Tengo de ver en mi libro, y espejo encantado, el cuidado, y pena de este pobre hijo de los dioses: donde se fue, o en qué lugar anda su mujer, o si acaso está muy lejos de aquí, o antes, o si está entre nosotros.

Si la suerte se echa por vestía perdida, o por otras cosas hurtadas, o perdidas, añaden:

He de ver si se fue el animalejo del hijo de los dioses, o si acaso se lo hurtaron, y levaron lejos: quizás está cerca, o es lo contrario.

Y juzgan esto principalmente por lo que les dijeron, y porque cayó el maíz la faz hacia arriba, o hacia abajo, que es contingente, y si los granos, que echó, cayeron cerca, o lejos del que los tiró, todo lo cual está en su albedrío, tirándolos recio, o quedo, que esto no sirve más que de brindar al Demonio, a que obre como más se puedan perder las almas destos desventurados, que llaman a sus ministros, para que lo invoquen. Lo mismo es en el sortilegio del agua echando el maíz en ella, pues para esto se previenen con grandes ademanes, y demostraciones de su ciencia; y conjurando primero el agua con el conjuro, que hacen, cuando sobre la jícara ponen el rostro de la criatura, a quien restituyen el hado, o fortuna, echan los maíces conjurados (con el conjuro poco, a arriba dicho) en el agua, y tienen por dichoso agüero, que todo el maíz baje al fondo de la jícara, donde está el agua; y por desdichado, si se queda en el medio, o sobre aguado, con lo cual califican el morir, o no morir el enfermo; el aprovechar, o no aprovechar la medicina; el parecer, o no parecer la cosa hurtada.

Siendo todo esto tan mentiroso, y tan falso, que solo cuando el Demonio lo obra invocado, y mediante el pacto implícito, o explícito, tiene algunas veces efecto, siendo esto para engañar otras muchas; y así no solo en el fuero exterior se han de mirar estos casos, para castigarlos, sino también en el fuero interior de la confesión, cuando el penitente diere indicios de haber obrado algo desto: haciéndole exactas preguntas, porque jamás usan de estas suertes sin las palabras, y conjuros arriba dichos: y así nunca puede ser materia leve, sino siempre muy grave, y muy digna de remedio; y lo mismo se ha de entender y hacer con los que los consultan para obrar semejantes supersticiones.

Capítulo XIX. De los conjuros, y supersticiones que usan los indios acerca de las acciones humanas

1. Brebajes para querer o aborrecer

La materia deste capítulo es más declarada superstición, pues se encamina a las acciones humanas dependientes del libre albedrío del hombre, como es enojarse, o desenojarse, querer, o aborrecer: si cuando estas pasiones humanas, que tal vez previenen de los humores, y disposición del cuerpo, y se ordenan a malos fines, como al enojarse contra el cristiano, querer torpemente a una mujer, que no es propia, o aborrecer a la propia, se pudieran obrar por medios lícitos, y sin pecado, se podía buscar el remedio; más siempre será esta materia sospechosa de pecado, habiendo ya dejado Cristo Nuestro Señor, con los sacramentos, remedios tan eficaces a todas las pasiones humanas, para que estén templadas, y enfrenadas; que aún por eso dijo san Agustín, arriba citado, de Civit. Dei et habetur 26, q. 2. cap. Qui sine salvatorem salutem vult habere, et sine vera sapientia, &c. Y como quiera que estos encantos, que usan estos indios en las pasiones humanas de amar, y aborrecer, no los encaminan a ningunos fines buenos, como es, que el marido aborrezca a la mujer, con quien comete adulterio, para solo querer a su mujer; sino, que es al contrario, que aborrece a su mujer, para querer a la manceba; y a la contra la mujer al marido por querer al adúltero, y que el marido se entorpezca de manera que no advierta los agravios, que se hacen al matrimonio.

Por esta razón siempre son intrínsecamente malos, y han de ser inquiridos, y castigados los que tales delitos cometen, que siempre son con invocación, e intervención del Demonio, y por eso el mismo san Agustín en la 26. q. e última.

cap. admoneant, encarga tanto, y con tan graves palabras a los ministros la predicación, y enseñanza de sus súbditos en estas materias. Admoneant (dice) fideles sacerdotes populos suos, ut nouorint magicas artes, incantationesque quibuslibet infirmitatibus hominum nihil remedij posse conferre non animalibus languentibus claudicantibusve, vel etiam moribundis quidquam mederi: sed haec sunt laqueus, et insidiae antiqui hostis, quibus ille perfidus, genus humanum decipere nititur.

Y si es consejo deste Sol de la Iglesia Agustíno, que se predique al pueblo: que ni para los hombres, ni para los animales estos tales encantadores pueden dar remedio, que pueda dar salud en sus enfermedades, porque todo no es más que un lazo, y tropiezo, que el Demonio pone para engañar los hombres; mucho mayor tropiezo, y lazo será, querer obrar en las pasiones humanas, que dependen del libre albedrío; y mucho mayor remedio, y enseñanza pedirá en los ministros; pues sus encantos siempre se encaminan a que el marido aborrezca a la mujer, y la mujer al marido, y que todo su amor, y afición empleen en amar a los cómplices del adulterio; o a que el marido se entontezca tanto que pase por las ofensas del matrimonio, como si no hubiera tal cosa, ni pasase por él: reduciendo esto a bebidas, y palabras de conjuro; y aunque es verdad, que hay muchos modos de obrar en esto; bastará solo uno para la inteligencia del ministro.

Los confesores tenemos mucha experiencia de brebajes, y de otras inmundicias, que hacen beber, así para querer, como para aborrecer: y es muy ordinario a muchas destas personas, que están sujetas al santo Tribunal de la Inquisición, remitirlas a él, o pedir licencia para absolverlas; conque es necesaria esta remisión, o usar de la dicha diligencia con las personas desta calidad, que se valieren de los indios, y los consultaren para estas supersticiones; porque los indios no incurren en censura, la incurren los que les consultan, siendo Mestizos, negros, mulatos, o españoles, et de hoc videantus Summistae.

CINTEOTL, DIOS DE LAS MAZORCAS, MES 4.º DEL CALENDARIO, Y 3.º DEL 2.º

El uso más común, que en esto tienen, es con unos granos de maíces, que tienen su nacimiento en el principio, y nacimiento de la mazorca: estos tales granos (que no los hay en todas mazorcas) tienen las puntillas contrarias al nacimiento y diferentes en esto a todos los demás granos, que tienen sus puntillas uniformes, con que estos son al revés de aquellos, y al contrario, de manera que a esta contrariedad y al conjuro que les hacen atribuyen la contrariedad del efecto, que pretenden, y aplicándoles a estos tales el conjuro de sus palabras les parece, que les dan nueva fuerza, y diversa de la que en sí tienen, para obrar los efectos como ellos pretenden, y que consiguen el trueque de las pasiones, para que se aplican. Su decir es:

Ea, ven acá, varón ilustre y estimado, un Dios, que has de aplacar el corazón encendido del verde enojo, y la ira amarilla; que la he de ahuyentar, y desterrar, que soy el sacerdote príncipe de encantos, y le he de dar a beber el espiritado, medicina, trueca corazones.

Hecho este conjuro muelen el maíz, y se lo dan a beber, o en atole, o en pinole al que pretenden trueque la voluntad, o el afecto; y si quieren meter cizaña, truecan las palabras del conjuro, y donde dicen: «As de aplacar el corazón encendido con el verde enojo, e ira amarilla», dicen: «As de encender el corazón, &c».

2. Conjuro para atraer a las mujeres

Otros procuran con palabras solas aficionar mujeres, pareciéndoles, que diciéndolas son solo bastantes para traer a su afición a la mujer que les pareciere.

En el cristalino seno, donde se aparecen las voluntades, busco una mujer (dícelo por la diosa Tlaçolteotl, que la invoca), y le canto amorosas canciones fatigado del cuidado, que me dan sus amores; y así hago lo posible de mi parte, y traigo en mi ayuda a mi hermana la diosa Xochiquetzal (la diosa Venus cuyo signo, es ce Xochitl, que es el último; y por la variedad del color de las culebras se aplica su vestido con la variedad de las flores), que viene galanamente rodeada de una culebra, y ceñida con otra, y trae sus cabellos cogidos en su cinta (habla con la mujer que pretende). Este amoroso cuidado me trae fatigado, y lloroso; ayer, y antes de ayer me a tenido afligido, y solícito; pienso yo, que es verdaderamente diosa; verdaderamente es hermosísima, y extremada; si la he de alcanzar, no mañana, ni esotro día, sino luego, al momento, porque yo en persona soy el que lo mando. Y dice tales palabras en este conjuro, que las más modestas y que más pueden parecer en público son estas:

¡A, yo el mancebo guerrero, que resplandezco como el Sol, y tengo la hermosura del Alba! por ventura ¿soy yo algún hombre de por ahí?, ¿o nací en las malvas? yo nací por el florido, y transparente sexo femenil.

Y concluye diciendo:

(Torna a hablar con la mujer que pretende.) Verdaderamente es digna de ser tenida por diosa; que es de las más lindas del

mundo. No la y de alcanzar mañana, ni esotro día, sino luego, ahora que yo en persona lo mando, el mancebo Batallador.
¿Por ventura traigo yo guerra? no es guerra la que traigo, sino
conquista de mujeres.

3. Cura de las enfermedades de amores ilícitos

El paso y modo que estos usan de remedios, para aficionar,
y atraer a su torpe amor las mujeres, dicen también que hay
males causados por amores ilícitos, y que de ellos enferman
los que los tienen; y para semejantes amores asimismo se valen de sus conjuros, e invocaciones de sus dioses. Paréceme
esto a lo que refiere Clemente Alejandrino, libro 2.º stroma-
tum: que dijo un filósofo, llamado Antístenes, que el amor
ordenado y puro venía del Cielo, y en cuanto los hombres
usaban bien del era divino; más usando mal del, no solo
quedaba divino, pero era una corrupción de la naturaleza
depravada. Mas los hombres a este amor profano, para tener excusa en su pecado, le pusieron nombre divino, y lo
llamaron Dios cupido: A quo cum vincuntur miseri; Deum
appellant, para dar crédito a su maldad, y no quedar des-
honrados, sino que siempre tuviesen disculpa en ella, con
que los había vencido, un Dios, que favorecía sus pasiones;
y así el trágico Séneca dijo:

Deum esse amorem turpiter vitio fauens finxit libido.

Y en las divinas letras, en el 2. de los Reyes, capítulo 13, se
dice, que llegó el príncipe Amón a querer tanto a Thamar,
hermana de Absalón, que enfermó de amores. *Ita ut prop-
ter amorem eius aegrotaret.* Que en estos casos más se deja
vencer la naturaleza con el apetito, que sabe corregirse con

la razón; pues como dijo san Bernardo: *Non tam afectibus currit, quam defectibus.*

Y si en todos los hombres del mundo es esto regla general; mucho más es en los indios, pues en estas cosas añaden su depravada costumbre de la borrachera: y aún sin atender a estos el maestro de las Escrituras san Jerónimo, en el capítulo 2. de Amos, llama a estos amores ilícitos especies de embriagues. *Per vinum* (dice el santo) *id omne intelligitur, quod mentis, flatum dimovere potest: hoc autem nihil aliud est, quam amor cuiuslibet creatae rei.* Y el modo de querer curar estos, y remediar semejantes enfermedades, es con otras mayores; pues con un pecado mayor quieren curar el menor, y una torpeza con otra; y estas enfermedades de amores ilícitos curan estos con mayores pecados; que es lo que el mismo san Jerónimo dijo, Epist. 4 ad Rusticum: *Dignum est, quod memoretur Phylosophi (ait) saeculi solent amorem veterem amore novo quasi clavo expellere.*

Los mundanos curan el amor con otro amor, una torpeza con otra, como cuando un clavo saca a otro clavo; y por eso los príncipes de Persia curaron al rey Asuero la enfermedad, que padecía de la ausencia de la reina Vasthi con el amor de otras hermosas doncellas: *Illi vitium vitio, peccato percatum medicantur; nos amore virtutum vitia superemus.*

Así estos miserables curan su vicio, y torpeza con otra torpeza, y vicio, y un pecado con otro mayor; pues fuera de las curas supersticiosas que hacen, aconsejan nuevos pecados para remedio de otros; y así para que estos vicios los venzan con el consejo de la virtud, hemos menester ver, cómo estas enfermedades, que provienen de amores ilícitos en éstos, tienen sus divisiones, y qué género de personas los padecen.

La primera división es de los niños que suelen asombrarse, y dar gritos como si viesen alguna cosa espantosa, y cuando despiertan dan sollozos, y lloran como espantados, y cuando sin accidente exterior suelen perder el sentido, y quedan como muertos, y otros hiriendo de pies, y manos, a las cuales enfermedades llaman los españoles gota coral y alferecía.

La segunda es cuando alguno sin saber de qué, o si por la edad, o por ser flaco de estómago, o enfermizo, se va poco a poco enflaqueciendo, y consumiendo, y se hace ético, o tísico. La tercera división es más general, porque todo lo comprende, y es de aquellos, que padecen enfermedades incurables, los que tienen desgracias, y trabajos, como son pobreza, malos sucesos, helárseles las sementeras, anublarse la semilla, hacer daño los animales en los maíces, y trigos, perdérseles sus bestias, o desbarrancarse, no hallar salida de sus mercancías, no medrar en sus tratos, y contratos, no coserse bien sus comidas, y brebajes: que a penas hay quien se escape destas materias; y de todos estos sucesos dicen los embusteros médicos, que son por delitos y excesos de los consortes, hora sean casados, o mal amistados; y de todo esto torna materia el Demonio para desbarrancarlos más, y hacerles que cometan un pecado mayor por otro menor, y siempre por librarlos del mal de la pena, qué padecen, les aconseja el mayor mal de la culpa.

A estas enfermedades causadas por los excesos de los consortes llaman Tlatlazolmiquiztli, que quiere decir daño, o muerte causada de amores, y de la misma manera llaman a los males de las Criaturas, aunque añaden una palabra, con que se significa la pérdida de los sentidos con la gota coral, y dicen así: Tlatlatzolmimiquiliztli. A la enfermedad de flaqueza, o consumirse llaman Epalhuiliztli, que quiere decir dependencia de otro, como si dijéramos daño dependiente de otro.

Fingen, pues, estos embusteros médicos o adivinos, que las enfermedades que les vienen a los niños son causadas, porque en su nacimiento estuvo presente alguna persona de mal vivir, y deshonesta, o porque la tal persona llegó a presencia de la madre teniendo en su vientre, o en sus brazos después de nacida: y no será maravilla, que introduzcan aquí la sospecha del adulterio, como lo hacen, cuando el parto se detiene, según dije en el capítulo 17, p. 1.º

4. Contagio por simpatía o antipatía y compensaciones idolátricas

El enfermo si es adulto, y no es casado, ni tiene a actualmente dependencia de alguna mujer, dicen, que enfermó lo primero, porque estando el enfermo en compañía de otros llego a su presencia a introducirse con ellos alguno de mal vivir, o que andaba en malos pasos y amancebamientos.

Lo segundo, porque ante el tal enfermo estando en compañía de otros, alguno de ellos deseó alcanzar alguna mujer o codició alguna cosa ajena de importancia; y porque el no alcanzar lo uno, o lo otro causa de ordinario tristeza, o melancolía, dicen, que esta tristeza, y melancolía se la pegó al tal enfermo por la acción natural de la simpatía, o antipatía; y son tan amigos de echar estas cosas a puertas ajenas por engendrar algún odio, o mala voluntad con otros, que no advierten, que pudo el tal enfermo adolecer de desear alcanzar alguna mujer, o alguna cosa, que no habiendo tenido, ni alcanzado lo uno, o lo otro, le pudo causar aquella tristeza, y melancolía, que padece; pues si por dependencia de otro (como es ordinario pegarse algunos males, y accidentes de unos a otros), padece lo que padece, y como mal pegadizo, mucho mejor lo padecerá por intrínseca causa suya.

Si los enfermos adultos son casados, o amancebados, echan la culpa de estos sucesos, así en la salud, como en los demás trabajos, e infortunios, a los excesos, y pecados del consorte, y les aconsejan un remedio bien gentílico, y es, que procuren recompensarse en la misma materia, excediendo al consorte en los mismos amancebamientos, y en mayor número de pecados: donde es muy necesario, que los ministros adviertan, que suelen los casados cada uno por su parte venir con semejantes quejas de que el marido tiene su manceba, y que a la mujer le pasa lo mismo; y es muy necesario procurar saber prudentemente si se han fundado en la comisión, y hecho del tal delito en esta idolátrica recompensación; y lo mismo cuando suelen trocarse las mujeres, y amancebarse el uno con la mujer del que se amancebó con la suya; y aunque en el fuero exterior siempre se ha de proceder tan prudentemente, que los han de poner en paz, porque estas quejas siempre salen en sus borracheras, en el fuero penitencial es muy necesaria la inteligencia de esta materia para el examen, que le les debe hacer en la consciencia para la penitencia saludable, que se les ha de dar, y enseñanza, que se les ha de hacer.

Y cuando estas querellas pasan de quejas del calor, y borrachera del pulque, entonces se ha de proceder jurídicamente, e inquirir todos los puntos pasados, para ver si los delitos del adulterio, o los trueques de las mujeres que hicieron, se fundaron en estas supersticiones, o en consejos de alguno de sus médicos embusteros.

5. Remedio para la enfermedad procedente de amores ilícitos

Para haber de llegar a los conjuros, y embustes, que hacen en esta cura, es muy cierto, que ellos por sí, o otros han echado ya las suertes sobre el juicio desta enfermedad, o juzgado de ella según la relación les hicieron los dolientes, y son tan ignorantes y el Demonio los tiene tan ciegos, que jamás dudan, ni ponen en cuestión lo que los médicos les dicen, sino que se sujetan a sus embustes, y curas.

El único remedio, que hallan para esta enfermedad, que procede de amores ilícitos, es el baño, que ellos llaman Tetlatzolaltiloni, que es lo mismo que decir, que es baño para enfermedad, que procede de amores: para lo cual el médico embustero se previene de fuego, copal y agua, que son los ingredientes del conjuro, y pone un lienzo muy limpio, y bien extendido sobre una estera, que ellos llaman petate, y cerca de ella pone en pie al enfermo, y comienza a hablar con el fuego, con el agua, y el copal.

Ven acá tú el que tienes los cabellos como humo, y como la neblina (fuego y humo): y tú mi madre la de las nahuas preciosas (agua): y tú la mujer blanca (copal). Acudid vosotros dioses de amor. (Aquí invoca a Tlatzolteotl, y a Quato y Caxoch, que son los dioses que invocan las parteras.)

Y encomiendan muy de veras al enfermo a estos dioses, y echando el copal en el fuego sahuman el paciente, y le bañan con el agua preparada para esto, y luego le pasan al lienzo limpio, que se tiene sobre la estera, para dar a entender, que ya va limpio, o en mejor disposición, que de antes: y mientras estas acciones se hacen va el médico prosiguiendo en sus conjuros.

diosas nombradas, asistidme: y vosotras enfermedades de amor, parda, y blanca, y verde. advertid, que y venido yo, el sacerdote príncipe de encantos; verde y blanca terrestridad, no os levantéis contra mí, ni de recudida embistáis conmigo: yo en persona soy el que lo mando, el príncipe de los encantos.

El decir el embustero médico, que la verde, o blanca terrestridad no se levante contra él, es porque habla con la enfermedad: y para que estimen más la cura da a entender, que saliendo del enfermo corre el riesgo, de que se le pegue, o se le pase, y para eso dice, que la conjura, y repite el conjuro muchas veces, y concluye: «Yo el príncipe de los encantos, el sacerdote, lo mando»; y en habiendo concluido con este Sahumerio, y baño, y puesto el enfermo en la estera con el lienzo blanco, endereza su plática hacia el Cielo invocando la vía Láctea, para que fuese en favor del enfermo, a la cual llaman Citlatlicue, la que tiene la saya de estrellas, a la cual siempre acompañan con estos dioses: Contlahuizcalpanteuctli, que es el Aurora; Tonatiuh, que es el Sol y Tonacateuctli, que es Dios del calor: y así poniendo uno, los juntan todos, más en particular encaminan su oración, y custodia del enfermo a Citlatlicue, que es, como digo, la vía Láctea; y así le dice el médico prosiguiendo en sus palabras:

Madre mía, la de la saya estrellada, ¿tú hiciste a éste, tú le diste vida; pues cómo tú, también eres contra él?, ¿cómo te has vuelto en contra? Cierto es, que tú le hiciste, y que le diste vida; cierto es, que en tus manos recibió el ser.

Y remata la cura con hacerle aire al enfermo; si es mujer quien ejerce la cura, con el huipil, y si hombre con la manta como soplándolo (lo cual será cuatro veces, como lo tienen de costumbre en todas sus insuflaciones por correspondencia a la fábula del Sol, en las cuatro salidas, que hizo). Juzgando, que con estos soplos le quitan, y echan fuera los malos aires, que le dañan, y quitan la salud, y le comunican los buenos y saludables. Otras, u otros embusteros usan de otro conjuro con las mismas circunstancias del lienzo, estera, y sahumerio; el cual es como se sigue:

Ea, venid acá, los cinco solares, y vosotras diosas de amor Quato y Caxoch, asistidme, y traigamos aquí a nuestro diosecito de piedra preciosa (algún idolillo que sacan). Ven tú mi madre también, la de la saya de piedras preciosas (el agua), bañemos y purifiquemos aquí a nuestro encomendado, que por vosotras diosas Quato, y Caxoch tiene ser, y vida. Yo en persona soy el autor desta obra, príncipe de encantos, que hemos de echar fuera esta enfermedad de amores luego al punto. ¿Durar a por ventura hasta mañana, o al día siguiente? No, que luego en este punto ha de salir.

Y luego hacen el baño, y las demás ceremonias del aire con la tilma, o huipil. Y tiene con esto el Demonio tan ciegos, a estos desventurados, que si los tales embusteros aciertan con la cura, los tienen por divinos, y muy dignos de que en todos casos los consulten; y si acaso se yerra, o se muere, que es lo más ordinario, les persuaden, que ellos no tuvieron la culpa, sino que quedó por parte del enfermo, o porque no se guardó, o porque no tuvo fe con los dioses, e idolillos invocados, o porque tenía todavía sus torpes deseos; y nunca les con que disculparse, para que no sea la causa su ignorancia, y embustes: acreditando el Demonio los baños con una crasa, y material inteligencia de lo que se predica del santo bautismo, que como es baña para limpiar las culpas originales, y actuales, quiere aprovecharse desto para el uso supersticioso del baño, persuadiendo por medio de sus sacrílegos ministros, que el baño, que les hacen, es para purificarlos de los delitos, y excesos, que cometen, o han cometido el marido contra la mujer, y la mujer contra el marido, o el mancebo contra la manceba, &c., e contra, que no hay punto, ni tilde, que el enemigo pierda; por lo cual tilde ni punto no se puede perder de advertencia en estas materias.

Asimismo si la suerte en la enfermedad de los niños salió, ser falta de hado, hacen el conjuro de la restitución del hado; y si hallan proceder de amores ilícitos, como arriba se dijo, hacen el conjuro, que hemos dicho del sahumerio, y baño.

6. Invocaciones para hacer dormir a las personas

Por haber matado de acciones humanas, que dependen del libre albedrío, me pareció tratar aquí de algunos embustes, de que usan para echar sueño (refiérase esto en el capítulo 9, p. 2); y como el fin es para hacer adulterios, maleficios, y hurtos con invocaciones, es muy cierto, que tiene efecto, mediante el pacto del Demonio, porque de suerte echan sueño, que dejan a las personas, a quienes lo echan, como muertas, y tan insensibles, que las pueden cargar de una parte a otra sin saber de sí, de tal manera, que se persuaden a que no podrán volver en sí si no deshacen el encanto: y todo ello está tan lleno de metáforas supersticiosas, que se echa de ver muy bien la oscuridad de su autor, el Demonio; y son como se sigue:

¿Yo mismo, cuyo nombre es tinieblas, para qué yo? para que de nueve partes? (todo es oscuridad de lenguaje). Para entonces. Ven ya, sueño encantador (Temicxoch) cuando fui a traer a mi hermana nueve veces, yo sacerdote cuya hermana es la diosa Xochiquetzal, aunque mucho la guardaban los sacerdotes, y el resto del pueblo, con que era imposible entrar; para lo cual invoqué al sueño, y con eso se fueron a los nueve profundos (idest, se durmieron las guardas).

Yo el mancebo, yo a quien crujen las coyunturas, que disparatadamente grito a todas partes (dícelo, porque ya entra sin recato, ni miedo, ni temor de ser sentido). Ea, ya venid sacerdote o Demonio Cetecpatl, un pedernal (Invoca al pedernal, porque es instrumento de sacar lumbre, principalmente de noche para alumbrar), ve a saber, si duerme ya mi hermana, que ya voy a sacarla, para que no me codicie ninguno de sus hermanos, para que no me codicien cuando la lleve a los nueve profundos; que ya le y de llevar al centro de la tierra, y es para entregarla allí a las tinieblas, para que aunque la vuelvan por cuatro partes no sienta.

Todo es metáfora, porque decir, que no la codicien las guardas, es decir, que no le hagan mal, o lo prendan; y entregarla a las tinieblas es entregarla al sueño. Prosigue:

Yo que soy la misma guerra; yo, para quien todo es burla, y que ya dispongo burlas de todos convirtiéndolos en otros, y haciéndolos quedar insensibles; yo, que soy la misma guerra, burlador de todos, que los quiero ya entregar, para que queden borrachos perdidos en tinieblas, y, de tinieblas (que es lo que de sueño).

Con estas palabras afirman, que quedan tales, tan encantados, y dormidos, que haben de ellos cuanto quieren de manera, que se estuvieran así mucho tiempo, si no deshicieran el encanto, dándoles a entender en el segundo, que todo lo que se dijo en el primero fue falso, y burla. Como lo fuera, si el enemigo del género humano no concurriese a todas estas cosas, mediante las invocaciones, y conjuros, que se hacen, y más como lo pasado, que tan propio, y suyo es por su oscuridad, y metáforas. Y para deshacer el encanto, dicen:

Para traer a estos del centro de la tierra, y de las cuatro partes, y para que no sea verdad, que los encanté, y convertí en otros, y que dormían, y que fueron a los nueve profundos, y que los llevó el sueño, o tinieblas, y aquí, que ya los vuelvo, y les quito el encanto del sueño, yo, que tengo como borrachera nocturna.

Y concluyen esto último con decir in nomine Domini, para no solo hacer esta superstición sino hacerle al Demonio nuevo obsequio de mezclar las cosas divinas con las idolatrías, y para tener ellos alguna paliación, de que se pensase, que lo que dijeron (que siempre es entre dientes) era cosa santa;

y con esto tienen por cierto, que deshacen el encanto, que antes habían hecho para dar sueño.

7. Conjuros con la cama y la almohada

Como el demonio no se contenta con que unos caigan en estos errores por agresores, y por obrar semejantes supersticiones, quiere, que otros usen de otras semejantes para defenderse de estas, y que todo vaya encaminado a un fin, que es quitarle a Dios su gloria, y que a él le sirvan, y reconozcan, y a que estos miserables se condenen, y así usan de conjuros con la cama en que duermen, para librarse de que les echen sueño, y conjuran, como digo, la cama, que es un petate, o estera, y la almohada, que es un banquillo, en que se sientan, y llaman icpalli; y así dicen a la cama:

> Ea, ya mi atigrada estera, que abres boca hacia cuatro partes: sí, que también tu tienes sed, y hambre; ea, que ya viene el maligno, el que burla las gentes, el como loco, y sin acuerdo; más ¿qué me ha de hacer?, ¿no soy yo un desdichado, que vivo sin qué ni para qué?

Conjura luego la almohada en que duerme, que es, como hemos dicho, un banquillo.

> Ea, mi Almohada, que eres como un tigre: cuatro bocas tienes; tú también tienes hambre, y sed; ea, que ya viene el maligno, &c.

Y prosigue con lo mismo, que dijo en el encanto del petate; y porque suelen estos ser de palma, y estar entretejidos con varios colores, lo llama tigre; el decirle, que tiene cuatro bocas es por las cuatro esquinas, que tiene; y el tener hambre y sed, es ficción, que hace, de que recibe aquello en sí como si fuera comida, y bebida; el llamar burlador al que viene es hablando con el encantador, que puede venir a hacerle mal; y el decir, que ¿qué le ha de hacer, pues es un desdichado? es decir, que ¿qué le ha de quitar a quien tiene tan mala cama, y tan pobre como un petate, y una almohada de palo? a quien llama tigre por la dureza que tiene (y lo mismo será a la estera, aunque no sea pintada).

Dícele también, que tiene cuatro bocas, por las cuatro esquinas; y que lo recibe de tan buena gana, para que recline su cabeza, como si tuviera hambre, o sed, de que se acostase sobre ella. Y no paran en esto, sino que también cuando se levantan le hacen su salutación a la cama, y le dan como gracias de que no haya consentido, que haya alguno llegado a hacerle mal; y dicen:

> Esterica mía, semejante al tigre, si a sucedido, que vino algún malvado, a dañarme, o bien quizás no se llegó a mí de todo, punto, o a mi ropa, y me la alzó.

Y con esto, dicen, que están seguros, y que aunque lleguen a tentar la ropa no la pueden alzar, ni hacerles mal sus enemigos y ladrones. Con que estos embustes, y otros semejantes todos andan en continuo servicio del Demonio.

Capítulo XX. En que se comienzan a poner particulares curas, de que usan los médicos, supersticiosos en las enfermedades naturales y conocidas de los indios

1. Supersticiones que alivian el dolor de cabeza

Habiendo pues tratado de todas estas supersticiones arriba dichas, pertenecientes al nacer de las criaturas, y restitución de sus hados, y de las demás materias, que pertenecen a al libre albedrío del hombre, y pasiones humanas de él: solo me resta tratar del modo, que pueden tener en los accidentes de enfermar, y de la necesidad precisa, que tienen estos miserables indios del sustento natural para alimentar la vida; y aunque esto es lo primero, será lo postrero en estos capítulos, por tratar antes de sus enfermedades, y no dejar de la mano los médicos, y Titzitles embusteros; pues estos no solo usan de sus embustes en males no conocidos, sino también en los conocidos de su naturaleza, y porque todos, o los más comienzan con dolor de cabeza, será bien poner aquí por principio deste capítulo, y parágrafo la cura de la cabeza.

El conjuro es apretándole la cabeza comenzar diciendo estas palabras:

Ea ya, venid los de los cinco hados (los dedos), que todos miráis hacia un lado, y vosotras diosas Quato y Caxoch; quién es el poderoso, y digno de veneración, que va destruye a nuestro vasallo (dícelo por el dolor de la cabeza). Yo soy el que hablo, el sacerdote, el príncipe de encantos; por tanto hemos de dar con él, o con ello en la orilla del mar, y hemos de arrojarlo en él.

Mientras dice el médico este conjuro le está apretando al doliente las sienes, y acabando, le da con su aliento en la cabeza a modo de saludador; y si con esto no se siente el enfermo aliviado, hace traer agua, y la conjura así:

> Atiende o lo, que te digo, madre mía la de la saya de piedras, o pedrería; acude aquí, y resucita al vasallo de Nuestro Señor, in totecuio macehual.

Esto último puede ser que diga por el fuego, y no por nuestro verdadero Dios, y diciendo esto lo rocía con el agua, y con la novedad de haberlo rociado, y con el asombro, que recibió, y frescura del agua, a cualquier alivio que tenga el enfermo, dicen, que ya está bueno. Otros en lugar del agua lo sahuman con la hierba yahutli, que es la yerbaniz; donde no hay duda le hagan el conjuro de amarillo espiritado, como en otras curas hemos visto, que lo han usado con él. Si la cabeza está hinchada, usan el piciete junto con el Chalalatli, que es una hierba medicinal, de que usan, y lo acompañan todo con el conjuro siguiente:

> Yo, el sacerdote príncipe del encanto pregunto: ¿en qué lugar está lo que quiere destruir mi cabeza encantada? Ea, ya ven, tú nueve veces estrujado (el piciete), que hemos de aplacar mi cabeza conjurada, que la ha de sanar la colorada medicina (la raíz del chalalatli).
> Para ella invoco, y aclamo el viento fresco, para que aplaque mi encantada cabeza (llama al signo Ehecatl, que es signo de Quetzalcoatl, e invócalo, por la frescura. Y luego en el número de nueve), a vosotros nueve vientos, ¿habéis traído lo que ha de sanar mi cabeza encantada? ¿Dónde se habrá ido, donde estará escondido?

Diciendo este conjuro le sopla con el aliento la cabeza, cuatro veces según su superstición en la fábula del Sol, y no embargante, que el número ce Ehecatl, y en el número nueve, como dijimos arriba, capítulo 6, p. 4, son signos infortunos, con todo eso los invocan por la poca sustancia, que tienen sus conjuros; y como todos son con el Demonio, y por el Demonio, les parece, que virtudes vencen señales, y que el Demonio es sobre todo; que él fue el que les dio la superstición del signo, y del número nueve, y que él quitará todo lo que fuere contrario. Y sane, o no sane el enfermo, siempre tienen ellos su partido seguro; porque si sana se atribuyen la gloria, y ganan el crédito, y si no, echan la culpa a la poca fe del enfermo.

2. Con agua fría y hierbas curan las enfermedades de los ojos

Después de la cura de la cabeza se sigue la de los ojos enramados, o con algún otro accidente; y ordinariamente los curan con agua fría, y con el conjuro supersticioso del tenor siguiente:

A vosotras digo, una culebra, dos culebras, tres culebras (habla con las venas), por qué maltratáis así el espejo encantado (metáfora de las ojos), o su encantada faz, o tez; id a donde quisieredes, apartaos a donde os pareciere, y si no me obligareis a llamar a la de las nahuas, y huipil de piedras preciosas, que ella os desparramará, y divertirá; ella os arrojará desparramándoos, y os dejará desparramadas por esos desiertos.

Dicho esto a las venas como a causadoras del mal de los ojos (que de ordinario procede de sangre, y están encarnizados, y ensangrentados), le da con el agua en los ojos: como están encendidos del fuego, que tienen, con el refrigerio del agua sienten alivio, y atribuyen estos bárbaros el efecto al falso conjuro. Otros curan los ojos con la corteza del Mezquite, que es un árbol áspero, cuya corteza herida sale della un humor, y humedad, que cogen con la cabeza de un alfiler, o con otra cosa semejante, y con él, untándoselo, al paciente le estriegan, y refriegan los ojos hasta hacerle sangre en ellos, acompañando esto con este conjuro:

> Yo el ofrecedor de sacrificios, y príncipe de encantos y traído cabeza de perla (dícelo por el dedo index, con que refriega el ojo): ve a buscar el verde, o pardo, o amarillo dolor. Tú, el de la cabeza de perla, busca y entiende, qué Dios, o qué poderoso quiere destruir mi espejo conjurado (los ojos): haz también tu oficio, tú conjurada medicina (el sumo del mesquite), verde medicina.

Y habiéndole estregado los ojos con esta medicina, acude luego al piciete, o Tenexiete, y le conjura diciendo:

> Ven acá, tú el nueve veces aporreado o golpeado, conjurada medicina, sepamos quién es el Dios, o quién es el Poderoso, que quiere ya destruir nuestro encantado espejo.

Acabado este conjuro, unta los parpados de los ojos, y sobrecejas con el piciete, y hecho esto, para dentro de los ojos usa de la sangre de los cañones de las plumas de la gallina recién arrancadas, que es alias medicina experimentada para mitigar el dolor de los ojos ensangrentados.

Otros curan los ojos, como curan los empeines, que es: picándolos o estregándolos, escoriándolos, y echándoles un emplasto encima; y así ni más ni menos es de los ojos la cura: estriégalos con una hierba fuerte, que llaman la quemadora, y en lengua mexicana se dice Tlachichinohua, que quiere decir lo mismo, y haciéndole el ojo sangre, acompañándole el conjuro; concluso ya acuden a recoger la sangre, que está ya desparramada sobre el mismo ojo con un poco de copal añadiéndole tequezquite, y sal; y el conjuro dice:

Ven acá, tú, la hierba cenicienta (hierba Tlachichinohua), ven a coger y limpiar el polvo, y superfluidades, que impiden a mi conjurado cristal (los ojos); ea, ya venid, ministros los encantados de cinco hados, que todos miráis hacia un lado, acompañad en esta obra a la hierba cenicienta, o, de color oscuro.

Y habiendo refregado el ojo, acuden al copal, y con él limpian la sangre del ojo y dicen:

Acude tú, blanca mujer (el copal), y limpia nuestro espejo, conjurado o encantado.

Y si acaso usan de otras hierbas para hacer estas curas, en el conjuro las llaman por el color que tienen, verde espiritado, o amarillo; y con esto curan los ojos, cegando los más, porque los curan a ciegas: y aunque estos miserables conozcan el mal efecto de la medicina, que les ponen, se dejaran primero morir, antes que enojar al médico: porque la fe, que con ellos tienen es tanta, que piensan que no puede haber, otras como sus falsas medicinas; que si con otras la tuvieran, y confiaran con fe viva en Dios, y en sus santos, para que intercedieran, ella sola los sanara.

3. Para los dolores de oídos o de muelas hay también conjuros

Para el dolor de los oídos se aprovechan del tenexicte, y destilando un poco del sumo dentro del oído, y con sus soplos, dicen aqueste conjuro:

> Ea, ya ven, tú el nueve veces golpeado, el nueve veces aporreado; entra tras el verde dolor (contó a perseguirlo). Quién es aquel tan poderoso, que quiere destruir mi encomendado: huarte, no hagas cosa, conque te avergüences: que ya yo soplo aquí en mis siete cuevas (por los oídos), para que mi soplo y aliento siga al verde dolor, y lo persiga, y eche fuera.

Cuando el dolor es debajo del oído, o en la quixica, usan de otro conjuro bien supersticioso, aplicando sobre el dolor el piciete, y diciendo:

> Todo el mundo esté alerta, que yo soy el que hablo, el sacerdote príncipe de encantos; y soy enviado por mi hermana la de la saya de estrellas (la vía Láctea), y traigo conmigo al príncipe espíritu de color oscuro, y sus pajes (Demonio y demonios), y al espiritado nueve veces aporreado, o golpeado (piciete); y a venido conmigo el príncipe, o señor, el que asiste en los ídolos. Pues tú, verde dolor, pardo dolor a quién tenéis por señor, y digno de ser obedecido. Ya yo y venido a destruirlo, y a abrasarlo: yo, el sacerdote, el príncipe de los encantos.

Todo esto último, que dice es por autorizar su poder, y ciencia, y hacer, que lo reconozcan por señor de las enfermedades, y que luego le obedecen; y dicho este conjuro, y puesto el piecete, estregándolo con sus manos sobre la parte afecta, dan por hecha su cura. Cuando el dolor es en los dientes, usan del piciete, o tenexiete, que todo es uno; por principal ingrediente en todas enfermedades, y para esta en particular de los dientes aplican el copal, y comienzan su conjuro, encaminado primero al piciete diciendo:

Ven en mi favor, piciete nueve veces golpeado, nueve veces estrujado; y tú, pardo dolor de muelas, ¿qué haces? Ven acá, la de mi sexo, la blanca mujer (habla con el copal), entra en seguimiento del verde dolor, mira no caigas en afrenta: no hagas cosa que no sea a propósito. Lo que haz de hacer, es sacar, y quitar al verde dolor, que ya quiere destruir a mi encomendado.

Aquí con cuatro cañuelas yere la encía sacándole sangre, y prosigue su conjuro diciendo:

Acudid vosotros también, los de los cinco hados, que hemos de quitar el verde dolor; ¿por qué razón echa ya a perder mi molino encantado en su ministerio? (metáfora de las muelas, y dientes por el comer) por qué hace blandear la pared hecha para la guerra, o defensa (metáfora de los dientes, y muelas en sus encías, que unas con otras hacen como muralla).

Con esto queman la muela, o diente dolorido con una gota de copal ardiendo; y siendo este remedio, que amortigua por sí el dolor, lo atribuyen a las palabras del conjuro, o a la virtud, que dicen tener. Cuando este dolor acude a la garganta puede ser en dos maneras: o interior, que llaman los médicos flemones; o exterior, que llaman parotidas; y para todo esto tienen sus remedios, y conjuros: para el dolor interior, o hinchazón usan de unos tomates mezclados con tequezquite, o con la hierba del Zopilote, que llaman Tzopilotl, y con uno, o con otro entran los dedos, y aprietan la hinchazón, y mientras la están apretando dicen en este modo su conjuro:

Atiende a lo que os mando, los de los cinco hados (habla a los dedos), que todos miráis hacia un lado: id luego, y quitad el verde dolor, el pardo dolor, que no es razón que quiera ya matar o destruir mi hijo, mi piedra preciosa. (Habla a la medicina): ea, ya blanca mujer, haz tu oficio.

Y apretando la garganta, y diciendo estas palabras es todo uno. Y visto muchísimas curas destas, más nunca las y atribuido a los conjuros, sino a la virtud del Tzopitotl, de los tomates, y tequezquite, remedio, que los médicos aplican por gargarismo; mas estos miserables por enseñanza del Demonio vician las virtudes, que Dios puso en las hierbas, con sus invocaciones, dando crédito a las palabras, y no a la virtud de la medicina. Cuando la hinchazón es exterior, o interior, usan de otro remedio, y es untarse los dedos con el achiote molido, y con ellos apretar la hinchazón interior, o exterior diciendo el conjuro siguiente:

Yo, el sacerdote príncipe de encantos y de aplacar mi conjurado pescuezo, y lo y de sanar. Ven acá tú, espiritado de color encendido (el Achiote), que has de aplacar el verde dolor (y prosiguen con lo demás).

Y con esto hacen su cura: y cuando son menester ventosas, o sangrías usan de ellas con las supersticiones, y conjuros que dije en el capítulo 4, p. 6, a qué me refiero.

4. Invocaciones y remedios para las enfermedades del pecho

Cuando estos dolores son en los pechos (que o proceden de cansancio, o están abiertos de un demasiado trabajar), usan de los polvos de la corteza del Quanenepil (que es una hierba muy aprobada para calenturas, y tabardillos): estos los dan a beber en agua, algo espesa la bebida, y revuelta con masa de maíz, y apretando los pechos del paciente con las manos van diciendo este conjuro:

> Estad a mi orden, los cinco solares, o los de diferentes hados, que yo, el sacerdote príncipe de los encantos, busco el verde dolor, el pardo dolor; dónde se esconde. (Aquí hace que busca.) ¿Dónde acostumbra irse? Yo, el sacerdote príncipe de los encantos, te advierto, encantada medicina, que y de aplacar mi carne enferma: para ello estarás en las siete cuevas (llama siete cuevas a los pechos y también al vientre); deja el amarillo corazón, espiritada medicina; yo echo de aquí al verde dolor, al pardo dolor. Venid acá, vosotros nueve vientos (invoca el signo Ehecatl, y a los demás aires), echad de aquí al verde dolor, al pardo dolor.

Con esto soplan cuatro veces el pecho del doliente, y rematan su cura. A los que están abiertos de los pechos hacen la misma cura añadiendo el piciete, y el iautli, que es la yerbaniz, y dicen:

> ¿Ven acá, el nueve veces aporreado, el nueve veces golpeado; y tú, el verde dolor, el pardo dolor, quién es el tan poderoso, que ya destruye, y acaba a mi encomendado? Ea, tú, el que eres

digno de estimación (el piciete), ve y échalo de allí donde está (al dolor).

Encantada arca de costillas en el espinazo (el pecho), éntrate tras la encantada cabeza (el dolor). Vosotros los de los cinco hados con la parda mujer (el yerbaniz) haced vuestro oficio, no caigáis en afrenta.

Diciendo estos conjuros, y disparates le aplican con agua estas medicinas molidas, y hechas un emplasto con sus soplos, como en la otra cura; todo con arte del Demonio. Cuando los niños enferman de dolor de pechos, y lo pueden conocer, ninguna medicina les aplican, sino que solo les aprietan blandamente los pechos, atribuyendo toda la medicina a la virtud de sus manos, y a las palabras, con que acompañan la acción; y después de hecho el conjuro de los dedos en la forma ordinaria, conjuran el dolor con la metáfora de llamarle mariposa, que de ordinario llaman a estos géneros de palomillas Papalotl, y dicen así:

O tú, la verde mariposa, amarilla y blanca mariposa, qué daño es este que haces al hijo de los dioses? De ninguna manera estás bien aquí, mejor estarás en los grandes cenadales, o en las lindas verduras.

Con esto le ponen las manos blandamente; donde es muy factible el que usen de la medicina del soplar las cuatro veces.

Capítulo XXI. En que se prosigue la materia de las curaciones supersticiosas de los indios

1. Las borracheras dan fuerza y ánimo para el trabajo
El príncipe de la filosofía Aristóteles en sus éticas libro 4, capítulo 8, define el descanso, y dice: *Est autem requies laboris intermisio, quae omnino in hominum vita necesaria est*, es el descanso dar punto al trabajo, interrumpirlo, y cesar del para poder después seguirlo; cosa tan necesaria para la vida humana, que no puede conservarse sin descansar; y aún del mismo hacedor, y criador de todas las cosas, en quien no puede caber cansancio ni fatiga de trabajo, se dice: *Requievit ab omni opere, quod patrarat.* (Gene. 2).

Si este orden, y concierto guardan todos los hombres del mundo en descansar después de haber trabajado, en esta nación es tan al contrario, que estos naturales antes de trabajar descansan, con una costumbre tan depravada, y tan fuera de razón, que como todos en general están tan sujetos al trabajo ya propio de sus sementeras, ya de obligación en grandes servicios personales, que hacen, y de largos caminos, que se les ofrecen, les persuade el Demonio, o la mala costumbre antiguamente introducida, que si antes de comenzar estas acciones se emborrachan, mucho, y muchas veces, cobran fuerzas, y alientos para el trabajo, que les aguarda; y así llaman estos a esta acción en su lengua Nocehuiliztli, que quiere decir mi descanso. Cobrar aliento para trabajar; con que haciendo, esto van muy contentos, en que no les faltarán las fuerzas, y que después cuando vengan a sus casas desecharan el cansancio con otras tantas borracheras, como las antecedentes.

De donde resultan en ellos grandes enfermedades, y no conocidas, porque la borrachera antecedente los deja de manera, que cuando, van a su trabajo, o camino van ya molidos; después en su trabajo tienen mala comida, y peor cama, con que uno con otro los enferma, materia en que más abajo propondré mi dictamen; y así, habiendo destas acciones resultado la enfermedad, entra la consulta del médico, de donde se sigue la superstición, conque lo más ordinario es echar sangre por la boca procedido de las borracheras, y molimiento de su intolerable trabajo. Usan, pues, para esta enfermedad del remedio del copal, o de la sal, dándosela a beber, o en ayuda, valiéndose del conjuro para darle valor a todo, según el parecer, y embuste de ellos, y así dicen:

Ven acá, mi madre la blanca mujer: está en lo que te digo, que ahora has de destruir el verde dolor, el negro dolor. Blanca mujer madre mía, está en lo que te digo, que ahora has de entrar en las siete cuevas (el pecho o el vientre), y allí apaciguarás a la mujer bermeja (la sangre), y tendrá recio, y con tiento el ave, o el Espíritu, que ya lo cubre el polvo, y ya desfallece: ejecuta esto al momento, que no mañana, ni el día siguiente.

A lo interior, que causa la sangre, o en el pecho, o en el vientre, nombran debajo de la metáfora de un pájaro, que con las alas está batiendo dentro, como quien sacude polvo de alguna parte y con esto dicen, que queda hecha la cura. Cuando el cansancio, o trabajo, no pasa a echar sangre por la boca, les da un aturdimiento en todo el cuerpo, y principalmente en los lomos, que es lo más ordinario y natural en todos; y como estos dolores de ordinario provienen de alguna sospecha de resfrío, y de continuo causan envaramiento en el celebro, y cerro: usan los médicos embusteros de una cura toda de supersticiones llena.

2. Eficacia atribuida a las palabras del conjuro en el alivio del cansancio

Esta enfermedad consiste toda en fomentos de la parte afecta, o resfriada: llámanla los Titzitles embusteros, Tetleic, caliztli que todo es apretar, y fomentar donde está el mal; para lo cual calientan primero una piedra, o tiesto, que esté hecho un fuego, y luego tienden al paciente desnudo de la cinta arriba boca abajo sobre una estera, y el médico con un bordón en la mano, moja un carcañal de un pie, que de ordinario los tienen de callos como un armadillo; y así mojado le pone sobre el tiesto, o piedra hecha ascuas hasta que siente que el fuego y su calor a pasado aquel grueso pellejo, y callo, y está ya bien caliente, y toca en la carne viva, conque empieza apretando con el carcañal los lomos y espinazo del paciente usando del conjuro siguiente:

Ea, ya ven acá, tú, las cuatro cañas (al fuego), que echas llamas y tienes cabellos rubios. Ea, ya ven, y advierte no me codicies (idest no me dañes): Aquí traigo mi esponjado carcañal, o callo, no te emplees en el (idest no solo lo calientes a él), porque contigo, y con él pretendo apartar, y quitar de donde está el verde dolor, el pardo dolor, que ya quiere destruir al hijo de los dioses; y por el contrario, yo tengo de destruirlo, y quemar.

Otros añaden a este apretar con el carcañal, y conjuro que van haciendo, lo siguiente:

He traído mi red barredera (el fuego): ¿dónde se ha ido?, ¿dónde está de asiento? (al dolor). ¿Por dicha dentro de la cama, o sobre la ropa de esmeraldas, y de carne?

Metáfora, que usan de lo interior de la cama, y ropa de encima, conque nos cubrimos; nómbranla con aquellos epítetos de Chalchiuhpepechtli, in tonata pepechtli, y como se siente en semejantes enfermedades alivio con apretar, y fomentar la parte afecta, dicen, que ya quedó bueno, sin atribuir jamás el efecto a la naturaleza de la medicina, sino a la eficacia de las palabras del conjuro. Cuando el dolor del cansancio es general en todo el cuerpo, hacen el remedio de apretar en la forma dicha hasta los carcañales, valiéndose de alguna evacuación de ayuda, y añadiendo, este conjuro sobre las dichas ceremonias de apretar el cuerpo con el carcañal caliente:

Ven acá, pardo y verde bostezo, o esperesos, que hemos de buscar el pardo, o verde entiesamiento, o dolor del cuerpo, para quitarlo.

Usan de este conjuro de los bostezos, o esperesos, por ser lo más ordinario en estas enfermedades, o cansancios el bostezar, o esperasarse. Y cuando la ayuda es de la medicina, que llaman Tzopilotl, dicen otro conjuro, que añaden a lo dicho, diciendo:

Ven acá, tú, blanca mujer (hablan con la hierba que es blanca como almendras) a consumir el pardo dolor, y a quitar el cansancio.

Cuando destos cansancios se recrecen algún dolor en el estómago, se valen de la hierba Atlinam, que es una que hay de ordinario en el agua, o en las humedades, y así la llaman hija del agua, o que el agua la cría del Tzopilotl, y lo echan por ayuda con su conjuro diciendo:

Ven acá, verde espiritado, aquí te aplico a las siete cuevas, para que eches de ellas al verde dolor, al negro dolor (cuando aplican el tzopilotl). Ea, ven tú, la blanca mujer, aquí te aplico, &c.

Usan otras veces de sahumerios, para lo cual conjuran los dedos, el fuego, y la hierba, conque sahuman; y cuando no se valen de ayudas, sino solo de fomentar el vientre, conjuran los dedos, el fuego, y la medicina conque untan y fomentan.

3. Remedio principal y modo de curar las calenturas

Es muy ordinario destos males resultar el accidente de calentura, ya que no por la misma enfermedad del molimiento, por los fomentos, que le hacen al enfermo: por lo cual, pondré aquí el modo, que tienen de curar las calenturas. El principal remedio, que usan y el que es general para todo género de enfermedades es el Ololiuhqui, no solo por la naturaleza de su cualidad, que dicen ser fresca, sino por la deidad y veneración que le atribuyen, y en que lo tienen, como se ha dicho en el capítulo 15, p. 3, y también porque le acompañan con las palabras del conjuro.

Usan, pues, el dar a beber al paciente esta hierba, no solo para que las refresque, sino para que le revele el estado de su enfermedad, por cuya causa le bebe con todas las circunstancias de retiro, y soledad, limpieza, y conjuro, que le hacen; el cual es no imperativo, sino deprecativo, promisorio, y votivo de servirle con entera salud, diciendo:

Ven acá, espiritado frío, que has de quitar esta calentura, o calor; y has de consolar a tu siervo: que quizás un día, o quizás dos días te servirá, y barrerá el lugar.

Esto último dicen por la promesa, que le hacen de que personalmente le servirá el enfermo si sana. Lo mismo hacen con el peyote: y es muy cierto, que así con el desvarío de la calentura, como con la fortaleza de la bebida, que embriaga, se les representan visiones y apariciones de santos, y del mismo Ololiuhqui en varias figuras consolándolos; de todo lo cual saca el Demonio su cosecha en ocasión tan apretada como es en enfermedades, que las más veces son mortales, y mueren de ellas; mas los médicos embusteros procuran acreditarse si acaso sanan los enfermos; y si no sanan nunca ellos tienen la culpa. Otros usan para remedio de calenturas del mismo Ololiuhqui, o peyote acompañado con la hierba Atlinan, y desleído todo con agua fría lo echan por ayuda con este conjuro:

Ea, ya ven, la mujer (hierba Atlinan), y ve a quitar al calor verde, al calor pardo, al calor encendido, o bermejo, al calor amarillo (los colores que causa la enfermedad), que para este efecto te envío a las siete cuevas, porque te mando: no lo difieras para mañana, ni esotro día: luego al punto lo has de hacer.
Quién es el Dios, y el tan poderoso, y superior, que ya destruye la hechura de sus manos. Yo lo mando, el príncipe de los encantos.

Otros usan de otras medicinas, que son el Hucinacaztli, el Mecaxochitl el Quanenepili, y Xiuhcolin, molido todo, y desleído en agua: y para que el enfermo lo beba, lo preparan con su conjuro, diciendo:

Ven acá, tú, el amarillo espiritado, y espiritado bermejo: ven a desterrar al verde dolor, al pardo dolor, que ya quiere quitar la vida al hijo de los dioses.

Otra cura general para todas enfermedades, y calenturas, hallé en una relación, que el licenciado don Fernando Ruiz de Alarcón daba al licenciado don Pedro Ponce de León: la cual hacía un indio de esa tierra caliente hacia Chilapan, y era, que con solo en agua natural y el sumo de la hierba Atlinan echar doce maíces con sus conjuros, le parecía a él, que la dejaba tan encantada, y con tantas virtudes que podía ser medicina general a todas enfermedades. Invocaba, pues, primero el conjuro del agua puesta en un vaso, y mezclado el sumo de la hierba con ella decía:

A ti invoco, mi madre la de las nahuas preciosas: ¿quién es el Dios, o quién es el tan poderoso, que quiera destruir, y sepultar a mi encomendado?

Prosigue luego su conjuro con la medicina diciendo:

Ea ven tú, hermana la verde mujer (la hierba), que quiero ir a dejarte en las siete cuevas. Dónde estará, o se esconderá el verde dolor, el pardo dolor. Ve a estregar con tus manos las encantadas, tripas de manera que surtas efecto, no sea que caigas en vergüenza.

Hecho esto, aplica su plática, y conjuro a los doce maíces, y dice:

Yo en persona soy el que hablo, el sacerdote: Ven, tú también, mi hermana sustentadora mujer, que ya es tiempo, que ahora finalmente. ¿Quién es el Dios, o el tan poderoso, que destruye a mi vasallo, o encomendado? Mejor será, que lo que le daña se salga, y vaya en paz, y me deje (habla con la enfermedad), que no faltarán, donde lo esperen, y donde le den mejor acogida, donde hay muchos regalos, y abundancia de bienes: deje ya en paz este desventurado, ¿qué tiene, qué codiciar en él? Váyase luego al punto.

Por ventura será mañana. ¿No?, ¿o el día siguiente? ¿No?, por cierto, sino al punto; y si no saliere, queda a mi cargo el castigo ejemplar, que haré en él.

Dicho esto echa los doce granos de maíz en el agua con la mezcla de la hierba Atlinam, y dábalo a beber a todo género de enfermos. Yo fío que este tal médico, no se fue a la otra vida sin dejar enseñada su falsa doctrina, y conjuros, y que de esta escuela habrá hoy en día muchos.

4. Con sahumerios y punciones curan las tercianas

Las calenturas, que no son cuotidianas, sino tercianas las curan con unas punzadas de una cruel aguja, o con sahumerios de la hierba Yautli que es la yerbaniz con su conjuro, que no puede faltar; es en la forma siguiente:

> Ea, ya ven, el amarillo conjurado, o consagrado: ve a destruir, y acabar el verde humor, el pardo humor, el amarillo humor, que causa estas tercianas a este mi hijo horrible, porque ellas le traen vuelta en polvo la cabeza, y toda desmelenada.

Otros añaden invocación al fuego, en la forma ordinaria, diciendo:

> Ea, ven mi padre las cuatro cañas, que echan llamas, &c.

Otros dan a beber el piciete con la hierba Yautli, y dicen así:

Ea, venid mi madre la de la saya de piedras preciosas, compañera mujer verde, que ya os envío a las siete cuevas, para que saquéis de allí al verde dolor, &c.

Otros Titzitles indios varones, o indias han curado el mal de fríos, y calenturas con Ruda, y el Quanenepile deshecho, y dado a beber. Yo vi el papel donde está este remedio, y conjuro, que hacen al agua intitulado Ica motlatlautia in atl. Oración para invocar el agua, que no es menester esto para que sea constante cosa, que la adoran por Dios; por lo cual siempre la invocan. Su conjuro dice así:

Ea, ya ven tú, mi madre de las nahuas, y huipil de piedras preciosas, y dígnate de bajar al vientre de la criatura de Dios, para que allí amanses, y aplaques la ira, y la justicia del cielo.
Ea, Ya, blanca mujer, acompáñate con la mujer verde, y juntamente con ella baja al vientre de la criatura de Dios, para que allí aplaquéis, y templéis la ira, y justicia del cielo.

Con estos conjuros daban a beber al miserable paciente los brebajes. Otras curan con las inhumanas punzadas de la aguja, que así para este mal, como para otros es muy usado: tienen conjuro general, en que solo diferencian si es en la cabeza, o espinazo. Es el conjuro como se sigue:

Ola, ¿qué haces? que matas ya la tierra, y el lodo (dícelo por el cuerpo); pues ya vengo yo a examinarte, y a hacer contra ti pesquisa.
Y no menos viene el chichimeco (la aguja), el extranjero, el que trae tripa blanca (el hilo), semejante a la nuestra, que no dejará rincón, que no ande, y no te defenderá estar entre piedras, ni arcaduces (dícelo por los huesos sacros), que allí te destruirá.

Mejor estarás en otra parte donde hay abrigo de buena casa, donde hay algodón y maíz: en efecto (habla como que le capta la benevolencia al mal), en casa abundante habrá alfombras, y asientos de autoridad; habrá ramilletes, y humos olorosos: para qué nos detenemos aquí, donde a lo más podemos estar tres días. Mucho mejor estaremos donde digo, y muy a nuestro gusto. Yo te voy siguiendo, que también padezco sed, y hambre. Mas, de qué te sustentarás en casa de un desdichado, donde sin quien se lo estorbe entra, y sale el aire (metáfora de la respiración), cuela donde no hay en que tropezar.

Y diciendo esto, y punzando sin misericordia, sacan de la parte afecta muy buen golpe de sangre, y refriegan luego con el piciete las partes punzadas, y conjuran el piciete mientras refriegan, diciendo:

Ea, ven el nueve veces aporreado, el nueve veces golpeado (Dice esto, porque con él refriega de una parte u otra): el que vuela como nube te quitará y destruirá toda fuerza.

Conque con solo referir la parte punzada son estos conjuros iguales, aplicándolos a todo género de punzar con aguja.

Capítulo XXII. En que prosiguen otras curas supersticiosas

1. Igual conjuro para erupciones, inflamaciones y picaduras de animales ponzoñosos

Otras enfermedades suelen estos tener, que son hinchazones, sarpullidos, empeines, y picadas de animales ponzoñosos; de todas diré los conjuros en este capítulo. Todas inflamaciones, o hinchazones tienen un mismo conjuro, y se curan de una misma manera; solo diferencian en añadirse alguna palabra, que manifieste la parte afecta, o nueva medicina de la ordinaria, que usan, que es el copal puesto por emplasto en la parte afecta. Su conjuro es deste modo:

> Ven acá tú, blanca mujer: aplaca, o tiempla esto, que quiere convertir en polvo los huesos de la carne: ve a destruir esta cruel inflamación.

Ea ya, mi madre la de la saya de piedras preciosas, que tienes nahuas, y huipil de piedras preciosas: ven, y anega a este, y tiempla la criatura de Dios, y al mal destrúyelo, y desaparécelo. Con esto ponen el emplasto sobre la hinchazón o inflamación, a la cual nombran con una metáfora bien oscura, porque la nombran Xiutli tlachinoltotonqui, la cometa que abraza: por el calor, que en sí conserva la cometa, y por el que tiene la enfermedad.

2. Conjuros muy generales para los salpullidos o enfermedades cutáneas

Y las enfermedades de sarpullidos, o empeines, y otros males, que proceden de fuego, y calor, los conjuros son muy generales, y las medicinas ni más, menos para todos estos males. El principal ingrediente es el agua conjurada, y luego aplican otros medicamentos simples, como son el Axin que es una medicina, que de ordinario se unta, porque es como un ungüento colorado, o encendido; el piciete, el Tlacopatli, que es como raíces al modo que es el Quanenepilli, y así estas, como otras cualesquier, que aplican van con su conjuro. El del agua es como se sigue:

Ven acá tú, verde mujer, que has de ir contra mi padre la Cometa, que centellea, contra las cuatro cañas de los cabellos rubios. Donde puso su fuego mi padre la cometa, que centellea, las cuatro cañas de cabellos rubios, hazlo de apagar. Ya llevas la verde mujer, mi madre la de la saya de piedras preciosas, apaga su fuego donde lo puso.

Llama a estas enfermedades metafóricamente cometas, con el nombre de cometa, y la llama madre Notaxiutli por ser efecto del fuego a su parecer, por el encendimiento que tienen; también invoca al fuego, porque como es mal de calor, le da por autor, y causador de aquella enfermedad, y conjurada el agua, rocía la parte afecta con la enfermedad; y la sopla, como lo tienen de costumbre cuatro veces: después usan de las medicinas de los simples, conjurando a cada uno con su conjuro. Y así dicen:

Ea, ven tú, espiritado amarillo (piciete), y tú nueve veces golpeado, nueve veces aporreado, que ya le acompañas, y vas envuelto con ella. también te acompaña el amarillo volador (a el Axin llama volador, por la untura, que con él se hace); está en lo que te digo, mi madre la de las nahuas preciosas: ahora es ello, acude a lo que te digo; ve a destruir a mi padre las cuatro cañas que echan llamas su resuello, y voz cuando más resplandece cuando más claro está, se quería burlar de ti; pero en ti afloja, y pierde su fuerza: ahora finalmente lo has de destruir, oscurecer, y quitar de delante.

Llama, a la enfermedad resuello, y voz del fuego metafóricamente, porque el mal procede del calor interior, que es como si resollase, o hablase el fuego, que echa para afuera su resuello y voz, y como otra cosa no apaga más presto el fuego, que el agua, le amenaza con ella: y echada el agua conjurada con los soplos, dispone untarle la parte afecta con el Axin, y para ello lo conjura de nuevo, para acompañar la acción, y unción con las palabras, que dice así:

Ea, acude el colorado bermejo: ahora sin duda ni dilación has de quitar y destruir esta enfermedad.

Aquí le da a beber la bebida de los demás simples, y asimismo acompaña esto con sus palabras diciendo:

E venido a darte a beber el amarillo calor, el verde calor, el pardo calor, el blanco calor (Habla con ironía, porque tiene por bebidas frescas las que le da), con que echarte de aquí, y por eso traigo mi novena caña.

Esto último dice por el Quanenepilli, y llámalo la novena caña, porque infaliblemente invoca las diosas del amor Tlatzolteotl, pónele encima de la parte afecta la masa del Quane-nepilli, y cúbrelo con un género de grama, que en secándose amarillea, y acompáñalo todo con el conjuro, e invocación siguiente:

> Ven tú, mi compañera, la mujer bermeja (la grama que pone en-cima), y sigue al precioso (idest el Quanenepilli), y mira lo que, haces, no caigas en falta, y vergüenza, que si no surte efecto no será vergüenza mía, sino tuya.

Otras medicinas aplican al sarpullido, o a enfermedades, que cunden, como al que los médicos llaman Herpes: para este mal usan del copal, y sal, y de un género de tierra amarilla conque cercan el sarpullido, o enfermedad, que cunde, para que no pase adelante; y prosiguen después del rocío del agua como principal ingrediente, con sus soplos:

> Ea, ven tu, la blanca mujer (copal): ve cortar de raíz este mal; haz tú lo mismo, blanca mujer (la sal).
> Ven acá tú, bermeja mujer (habla con la enfermedad): ¿a qué propósito estás aquí, y para qué haces este daño a un desventu-rado? Ea, ya ven tú, tierra amarilla: ataja los pasos a la araña dicha Tlatlauqui.

Aquí cerca lo inflamado con la tierra amarilla, y llama a la enfermedad metafóricamente con el nombre desta araña porque la mitad de su cuerpo está encendido, y cuando pica es tal su ponzoña, que enciende todo el cuerpo. Después, pues, de haber cercado con la tierra el sarpullido, o inflama-ción, torna otra vez a hablar con la enfermedad, y llámala Chichimeco por la metáfora de la tradición de esta nación chichimeca, que se sustentaba comiendo carne humana, y chupando humana sangre. Por la comezón, que estos males dan de continuo, que obliga, a que salte la sangre, dice a la enfermedad este conjuro:

Ola tú, colorado, chichimeco, ¿qué haces? en qué te ocupas cata, que está aquí la blanca mujer, en que te embebas, y ocupes. En otra casa o en otro lugar estarás más o gusto, y tendrás más placer, chichimeco bermejo.

Otros médicos sobre todos los ingredientes dichos usan del Yauhtli, untando la parte afecta con él, en que parece se da a entender, que por la veneración, que le tienen, y por usar del en tantas idolatrías, le ternán por el complemento de sus medicinas a está hierba, o semilla puesta sobre la parte afecta.

3. La picadura del alacrán y la fábula de Yappan

Fuera destas enfermedades, que provienen naturalmente de la descomposición de los humores; hay otras que son accidentales, y provienen de las picaduras de animales ponzoñosos: cada una de ellas tiene su cura, si bien las más son tan violentas, que luego suelen morir de ellas los picados. La más larga, la que más lugar da a curarse, y la más ordinaria es la picadura del alacrán; para lo cual, y para gustar, o entretenerse (o por mejor decir, sentir más la ceguera destos desdichados en tantos disparates como tienen fundados en la falsa doctrina del Demonio), es menester, que el lector recorra la fábula de Yapan convertido en Alacrán, que está en el capítulo 13, p. 5, de esta obra; la cual supuesta, aquí es menester añadir otro retazo de fábula necesario para la cura desta picada.

Dicen, pues, que antes que se hiciesen las conversiones, o transmutaciones de hombres en animales, de animales en hombres, y de unos animales en otros; el venado era hombre, y llamábase Piltzinteuctli, que quiere decir señor del hijo, según el modo de adjetivar en esta lengua, en que el oblicuo está primero, que el recto en la composición: o llámese hijo señor, que todo importa poco. Este tal Piltzinteuctli, dicen, que tenía superioridad sobre Yapan, y que a este convirtió en venado, y ahora se llama Chicome Xochitl, que es lo mismo, que Macatl. Supuesto esto la cura del alacrán en su picadura se reduce a solo atar la parte donde pico, para que no pase a delante la ponzoña, donde refriegan con tierra, o con piciete, cuyo conjuro es:

Ven acá, espiritado Yapan de la punta corva: ¿dónde nos has herido en lo más estimado? Pero no pasarás mis linderos.

Dicen esto por la ligadura, o atadura, que ponen. Otros hacen la cura con la tierra y piciete, y si es reciente la picada, introducen el conjuro en persona del venado hablando con Yapan en que se entiende ser el alacrán.

Yo en persona, el espiritado o consagrado a los dioses; el de las siete rosas, te llamo a audiencia a ti el sacerdote Yapan, que ya eres el del aguijón corvo, para que des razón por qué ofendes a las gentes. ¿No sabes ya, ni te acusa tu conciencia, que mi hermana la diosa Xochiquetzatl, te hizo quebrantar tu ayuno, y castidad allá sobre aquella antigua piedra, donde te burlaste con ella? nada, nada puedes ya hacer; ya no puede ser de provecho tu trabajo.

Vete muy lejos de aquí a hacer agravios; vete muy lejos de aquí a burlarte de las gentes.

(Habla a la tierra.) Ven acá, tú mi madre y preciosa tierra: aplaca buenamente al dedicado a los dioses Yapan cari corvo, para que por bien se vaya, y te deje en paz (aquí refriega con la tierra): Y hágole saber, que el irse y dejarte no ha de ser para mañana, ni otro día, sino luego al punto; y si no saliere, y se fuere, o mi cargo queda, que yo le castigaré como merece.

Y si acaso se detuvieron mucho en llamar el médico, y la ponzoña está muy extendida, y muy hinchado el paciente, entran dirigiendo el conjuro en nombre de la diosa Xochiquetzal, y así dicen:

¿Hermano mío cari rapado, no tienes vergüenza?, ¿por qué razón haces agravios? y ¿por qué te burlas de las gentes? No sabes ya, no te es notorio, que vine a hacer interrumpir tu penitencia allá en la piedra de la antigualla, yo que soy la diosa Xochiquetzatl, a donde dormí contigo; pues ahora vengo yo otra vez, la misma tu hermana Xochiquetzatl, a saludarte, y consolarte para que buenamente, y sin sentencia de juez libre a este mi vasallo. Cata aquí, que ya te cubro con mi huipil o camisa); ya te rodeo, o envuelvo con él: duérmete en paz, que meto mi cabeza entre tus brazos; yo te abrazo, ya te beso.

Cuando dice «ya te cubro», si es varón el curandero, hace la acción con la manta, y si mujer con el huipil, y de más a más se quita las cintas, con que se ata los cabellos y ligándolo dice:

Hermano mío, ¿no tienes verça de dañar a las gentes?

Y apretando el cordel, o cintas de la cabeza va haciendo un carácter circular rodeando las ligaduras unas junto a otras, como que lo ata, y ciñe, diciendo:

Desta manera has de estar; así has de estar como esta figura (idest, como te y ligado), porque te y venido a atar, y atajar; aquí remata tu facultad, no pasarás de aquí.

Las demás picaduras de otros animales ponzoñosos, si dieren lugar a cura, lo cierto es, que serán de la misma manera en cuanto a las ligaduras, refregar de tierra, y piciete; que es general para todo, de que usarán, y aún a veces se lo darán a beber con el conjuro, que usan cuando dan a beber algunas otras medicinas.

4. Una sola medicina cura todas las enfermedades

No hay enfermedad por leve, que sea, que no la curen con supersticiones, porque como sus médicos no saben otras curas, si no son sus invocaciones, fiados en ellas curan de todas enfermedades, aprovechen, o no aprovechen los ingredientes; que ellos no miran sino al Demonio, a quien invocan. Para el mal de orina en particular previenen un vaso de la raíz del Tlacopatli deshecho en agua, y danla a beber con su conjuro encaminado a la raíz con que curan, diciendo:

Ven acá amarillo ministro de los dioses habitador del paraíso (para atribuirle deidad, o esta raíz): ven a empujar o quitar, y aplacar el verde dolor.

¿Qué Dios, o cual poderoso (dícelo por el piciete), quiebra o hace pedazos mi preciosa Joya, mi rica esmeralda? pues yo la aderezaré y volveré a su antiguo ser, y hermosura; no mañana, ni esotro día, sino luego al punto, que soy el que lo mando el príncipe de los encantos.

Como estos tales no usan de las medicinas por sus calidades, porque no las ajustan a la calidad de la enfermedad, sino que con una sola medicina curan todas las enfermedades, procedan de calor, o frío, fiados solamente en sus encantos: así aunque el Tlaquatzin es medicina tan aprobada para abrir las vías, no quieren de ella usar si no es conjurándole primero, como vimos en el capítulo 17, p. 1, donde las parteras usan desta medicina, porque tiene virtud aperitiva de las vías: con que el conjuro será como este, *mutatis mutandis*:

Ea, ven acá, el negro espiritado, ve a sacar el verde dolor, &c., que tiene afligido al hijo de los dioses: haz tu oficio, no te avergüences, &c. Yo lo mando, el príncipe de los encantos, &.

Conque aunque a las medicinas haya comunicado Dios sus virtudes para la salud del hombre, siendo apropósito para las enfermedades, atribuyen el efecto a sus palabras; y si no lo son, se fían en ellas: y si no tienen efecto, nunca ellos tienen la culpa, como y dicho en otras partes.

Capítulo XXIII. De otras enfermedades, y curas Supersticiosas, principalmente a los huesos

1. Es peor que la enfermedad la curación del «dolor de huesos»

Los huesos pueden enfermar, o por accidente de mal humor, que les cause dolor, o por quebradura: uno y otro curan con supersticiones. Cuando el dolor es en los huesos, ordinariamente le curan apretando la parte afecta, y con las picadas de la aguja, o con los dientes de la víbora, y uno y otro hacen con conjuros, ateniéndose allos es el buen suceso: el conjuro es, como digo, punzando con el aguja, o diente de víbora, y diciendo:

Ola tú, culebra verde, amarilla, colorada, o blanca: mirad, que ya viene y a llegado el blanco punzador, y todo lo ha de andar, montes cerros: desdichado el que hallare, que lo ha de destruir, y tragárselo.

Con este embuste les quitan a los miserables enfermos su dinero, dejándolos peores, que de antes; pues fuera de no quitarles el dolor, que padecían, padecen el nuevo de las picaduras de la aguja, diente de víbora: y si entre mil de estos embustes hay un acierto, porque les ayudó el Demonio, esto basta para crédito de los demás yerros al modo, que en todas las demás enfermedades, como hemos dicho. Otro conjuro de aguja dije arriba, que se puede ver capítulo 21 p. 4.

2. Cura supersticiosa para las fracturas de huesos

La quebradura de los huesos tiene también su cura supersticiosa, y tanto, que no tiene conjuro, que no necesite de interpretación; y así lo que aquí en este párrafo fuere numerado, irá en el siguiente declarado con la correspondencia de los números. La cura de la quebradura de huesos ordinariamente es con una hierba, que llaman ellos Poztecpatli, que quiere decir medicina de quebradura, y, por otro nombre se dice el cacatzili; de que hacen un emplasto blando, y aplicándole a la quebradura le acompañan con este conjuro:

A ti digo, blanco conjurado, abrázate con mi encantado muslo (o otro miembro conforme la quebradura), que ya lo destruye el verde dolor; y acude al vasallo de Dios, que ya padece miserablemente.

Y habiendo dispuesto las tablas, o palos, con que lo han de entablar, dicen:

Tú, conjurado, cuya dicha está en las lluvias (N.º 1.), abrázate con mi encantado muslo (o brazo, o lo que es).

Con esto ligan la parte afecta, y si no sale bien la cura, dicen, que el enfermo no tubo quietud, para que soldase la quebradura, y saliese la cura buena: o que allí entró quien lo quería mal, y por eso se echó a perder: y es otro peor daño este, que la quebradura, porque se suelda el odio, y se quiebra la caridad. Otro conjuro hay para esto, que comienza algo difícil. Dice así:

O tú, la Codorniz macho (2.º), causadora de estallido; qué es esto, que haz hecho con el hueso del infierno (3.º), que lo quebraste y moliste, y ahora y venido a componerlo, y a asentarlo en su lugar.

Estirando el hueso, que está entre la carne, y dicho esto, lo emplasta, entabla y liga. Otros dicen diferente conjuro con las mismas metáforas; y otros aún más oscuras. Así algunos:

Qué es esto, que a hecho mi hermana la ocho en orden (4.°), la mujer como Guacamaya (5.°); cogido a y detenido al hijo de los dioses (6.°).

Pero yo soy el sacerdote, el Dios Quetzalcoatl (7.°), que sé bajar al infierno, y subir a lo superior, y hasta tos nueve infiernos: de allí sacaré el hueso infernal. Mal han hecho los espiritados (8.°): los muchos pájaros quebrantado han, y quebrádolo; pero ahora, pero ahora lo pegaremos, y sanaremos.

Y atando el cordel conque hacen la ligadura, y conjurándolo es todo uno. Dicen así:

Ea tú, mi cordel, que eres como la culebra Mazacoatl (9.°), que sirve aquí de guarda: haz bien tu oficio, no te descuides, que mañana soy contigo.

3. Significado de las metáforas usadas en los conjuros de las fracturas de huesos

· Como de ordinario estos sucesos son causados de las borracheras, y no saben quién quebró el brazo, o la pierna, no hay palabra, que no tenga su metáfora. Num. 1.° Llaman a las tablas metafóricamente diciéndoles, que tuvieron su dicha en las lluvias, porque se hacen de los árboles, que crecen con ellas.

2.° La desgracia, o mal suceso de la quebradura atribuyen a la codorniz macho, por el ruido, que hacen las codornices levantándose todas, a cualquier alboroto, y porque estas quebraduras ordinariamente suceden en pendencias, y borracheras.

3.º Llaman hueso del infierno por estar dentro de la carne como en centro, o porque lo dedican, y ofrecen al Demonio, que se llama Mictlanteuctli.

4.º Mi hermana la ocho en orden se entiende por los magueyes, y su fruto llaman las ocho en orden, porque se plantan de ocho en ocho como aljedrezados; y échanles la culpa del suceso, por la borrachera que causan.

5.º Llámanla mujer como Guacamaya, por los grandes gritos queda esta ave (al modo que para encarecer un gran hablador, o gritón, se suele decir: No hay Guacamaya como él), y así por los grandes gritos, que causa la borrachera la comparan con la Guacamaya.

6.º Hablan por impersonales, y sin señalar la persona, que hizo el daño; porque como lo más ordinario es suceder, esto en borracheras, no saben quien lo hizo, si el padre lastimó al hijo, o si el hijo al padre, como sucesos hechos por gente sin juicio, donde no se sabe quién lo hizo.

7.º Dícese, y nombrase el ministro de la cura Quetzalcoatl, porque es uno de los ídolos insignes, que estos desdichados tuvieron, y obra en persona del Demonio con invocación suya, y ofreciéndole el hueso, o parte quebrada.

8.º El decir, que han hecho mal los muchos pájaros, los espiritados, es hablar con los borrachos: llámalos muchos, porque siempre estas cosas son entre muchos; y espiritados, o conjurados es, porque están endemoniados con la borrachera, o dedicados al Demonio por ella.

9.º Llama al cordel culebra, porque lo ata como se enrosca la culebra, y lo deja en guarda, para volver otro día a hacer la cura, de que le apercibe.

Todas estas supersticiones tienen en las quebraduras de huesos; lo mismo tienen en las descalabraduras, heridas, que resultan de estas borracheras. Y así (mutatis mutandis) podrá muy fácilmente el ministro, advertirlo para castigarlo, o inquirirlo, cuando, haga alguna averiguación, pues supuesta la culpa, que echan a los magueyes, la metáfora de las Guacamayas, y codornices, e impersonales dichos: por no saber quien hizo el daño, hablarán con la sangre.

Conjuran el maguey por medicina, de que ordinariamente usan; también conjuran la venda, paño, o ligadura que atan en la parte herida. Finalmente, no hay enfermedad, que no curen con los embustes dichos, o con otros, que si los ignoro yo, los ministros los ternán muy advertidos en sus partidos, y entre los indios, que tienen a su cargo. Lo que puedo decir con verdad es, que hay mucho de esto en todas partes, y no solo en las soledades, y desiertos de esos montes, y pueblos sino dentro desta ciudad, que no es menos moderno, que lo que diré aquí por prueba de lo que hoy pasa.

Estando escribiendo este capítulo en 28 de abril deste presente año de 1656 tuve noticia de una india, que había curado una hija suya de una disentería, que había tenido; un indio Titzitl, el cual para remedio de ella le había hecho en la cabeza con unas navajuelas que venden en los tiangues, unos círculos culebreados como si estuviera una culebra enroscada en la cabeza, y que a esta acción o remedio llamaba Cuicuilli, y que era remedio eficacísimo; donde si era hembra la enferma, había de ser varón el médico, y si varón el enfermo, hembra la Titzitl; y que para esto había de preceder la paga del médico, porque si no, no aprovechaba la cura: y cuando estos círculos no aprovechaban, decía el médico, que daba a beber las navajuelas molidas, a quienes llama la lengua mexicana Iztlalli y de no aprovechar esto les hacía a los enfermos una corona grande, acreditando este embuste con las coronas, de que usan los sacerdotes seculares, y regulares, y persuadiéndoles a que por eso los usamos, y que es por libramos de estos accidentes.

Todo esto me dijo la dicha india madre de la indisuela, que había curado, el tal médico con la medicina, y embuste del Cuicuilli; y aunque procuré que me llamasen al tal Titzitl, nunca lo trajeron, porque dijeron, había ido fuera de la ciudad a otras curas; y así dejé yo para mejor ocasión la diligencia por no alborotarlos hasta que Dios disponga el remedio general. Preguntando, pues, yo a algunos indios antiguos la fuerza, o etimología de este vocablo Cuicuilli, me dijeron, que era vocablo de la antigüedad, con que se explicaba la medicina de las culebrillas, que con las navajuelas se hacían en la cabeza, y porque el mal del vientre comparan ellos a los movimientos de la culebra, parece, que no es fuera de su mala costumbre este remedio. Otros explican estos círculos diciendo, que Cuicuilli es lo mismo, que heredamiento; que todo ello son metáforas del Demonio, y sin compás de los vocablos, para hacer más misteriosos sus embustes; y de creer es que a estas acciones acompañarían los conjuros, e invocaciones, que en todas las demás curas. Para autoridad de lo dicho, léanse estos márgenes siguientes.

Capítulo XXIV. De las supersticiones, que tienen los indios en las cosas pertenecientes al sustento de su vida y principalmente en sus sementeras

1. Supersticiones en las cosas necesarias para el sustento

Por la sentencia que Dios Nuestro Señor dio a nuestros primeros padres, quedamos todos sentenciados a comer, y sustentarnos con el sudor de nuestro rostro: *In sudore vultus tui vesceris pane tuo*. Gene. 3.° Pero entre todas las naciones del mundo ninguna hay que más trabaje perpetuamente en todo género de trabajo, que la de estos miserables indios. Pues si a todos los mortales dijo Eurípides. *Laborare autem mortalibus necesse est*, para estos en particular es lo que dijo Oracio: *Nihil sine magno vita labore dedit mortalibus*.

Habiendo Dios Nuestro Señor hecho los tan prósperos, y señores en su gentilidad; por su inhumanidades, crueldades y sacrificios de hombres, los sujetó a tantos trabajos, y a que no trabajasen tanto para sí, como para otros; siendo la herencia destos, que tienen los hijos de sus padres de una en otra generación, rasgar la tierra con su trabajo, y regarla con el sudor de su rostro; como lo de la fábula del rústico, donde se refiere, que no teniendo más de una viña, hijos sí muchos, a la hora de la muerte les dijo: que en la dadiva de aquella viña les dejaba un tesoro, que heredasen, y que allí lo hallarían: muerto el padre, cavaron todos, y no hallaron tesoro; los frutos sí de la viña multiplicados con el beneficio que le hicieron encabarla: este fue el tesoro, que les dejó en herencia.

Así el mayorazgo de los indios consiste en arar, y cavar desde niños, rasgando, y rompiendo cada día nuevas tierras, y cultivando otras a puro sudor, y trabajo, a quienes podíamos aplicar lo que dijo Marcial a Lucio Julio, libro 1.

In steriles campos nolunt iuga invenci;
Pingue solum lassat, sed iuvat ipse labor.

De cualquiera manera trabajan, ya de grado, ya de fuerza, y siempre tienen sus trabajos por fruto: que es lo que dijo Virgilio de los cansados bueyes.

Sic vos non vobis, fertis aratra boves.

Pues siempre trabajan para la República: Conque bien mirado, y por experiencia conocemos, que como en el cuerpo humano la sangre es la que sustenta la vida humana, el trabajo de los indios es la sangre deste reino, y de toda la monarquía: motivo bien necesario y forzoso, para que cuando no hubiera otros de la conservación en pureza de la religión, se había por el solo de solicitarles su salvación, y recompensarles con lo espiritual el beneficio que recibimos de su trabajo en lo temporal.

Este, pues, se puede reducir a tres cabezas: según se ocupan con su industria a sustentarse con el beneficio de la tierra labrándola; y a cazar animales de todo género para comer; y al trajino de unos lugares a otros, y a particulares industrias, que para todo tienen.

Conque habiendo tratado de las supersticiones que tienen en sus enfermedades, se sigue ahora tratar de las que tienen en las cosas necesarias para su sustento; que ni aún en eso los quiere el Demonio dejar de turbar y no le basta que coman con el sudor de su rostro, y con tan excesivos trabajos, sino que quiere que todo vaya por la mayor parte maldito con sus conjuros; pensando ellos, que lo que Dios Nuestro

Señor les da por su providencia de la tierra, del agua, y del aire, no es obra sino de sus antiguos dioses; y así porque el principal fruto, que ellos tienen para su uso es el maguey, me parece en el siguiente párrafo tratar del modo supersticioso, que en plantarlo, y cultivarlo tienen.

2. La mujer de ocho en hilera. Magueyes

Esta planta del maguey es tan útil, y provechosa para la vida humana de los indios como dañosa para lo espiritual por el mal uso de su vino, y borracheras que del resultan, único fundamento del servicio, y observancia, que tienen en el obsequio que hacen al Demonio, e instrumento que toma para las mayores supersticiones, e idolatrías que les hace hacer; y así desde que se trasplanta, hasta que crece y madura, siempre tiene el Demonio cuenta en que se usen con ella supersticiones.

Para haberla de sacar de la parte, donde se crió como en almacigo, y transplantarla a otro lugar, donde están otros magueyes ya cultivados, se previenen del piciete, que es el compañero de todas estas acciones, y la deidad, a quien le dedican, y labran un palo muy agudo, con que han de arrancar el maguey, el cual conjuran y entran diciéndole:

Ea, que ya es tiempo, espiritado cuya dicha está en las aguas: vamos, que hemos de arrancar, y levantar la estimable mujer, la de ocho en orden, que y de ir a plantarla.

Tengo de ir a ponerla en lugar muy a propósito, y muy fértil, que le y limpiado; allí la tengo de poner donde esté a su gusto.

Con estas últimas palabras parece, que le obliga a que se deje arrancar: llama a esta planta la de ocho en orden, por lo que queda atrás dicho, que es porque siempre se plantan como en cuadro ocho en hilera. Dicho esto arrancan con el palo los magueyes pequeños, que han de trasplantar, y habiéndolos llevado al lugar, que tienen arado, prevenido y cultivado para la nueva viña, luego hablan con el maguey, y danle la bien venida de su llegada, diciendo:

> Seas ya bien llegada, noble mujer de ocho en hilera, que aquí es muy apropósito, y muy buen lugar: aquí labré y cultivé para que estés muy a gusto.

Dicho esto, los plantan, quedando muy consolados, que mediante este conjuro, crecerán muy bien, y a su tiempo darán muy abundante fruto: y cuando llegan ya a tiempo, que estén de sazón, para dar el aguamiel, de que se hace el pulque, para haberlos de castrar, conjuran el instrumento, con que lo han de abrir, que es un palo muy duro con una punta muy aguda labrada como escoplo; conjúrenlo así:

> Ven acá espiritado (Palo), cuya dicha está en las aguas. Ahora es tiempo, que estás de sazón, mujer de ocho en orden (Maguey), advierte que te y de entrar hasta el hueco de tu corazón el espiritado, cuyas dichas son las lluvias (el árbol que tiene dicha en las lluvias por ser de ar...l, que crece con ellas).

Y diciendo esto, con el palo sacan el corazón del maguey, y luego le hacen su piletilla donde se destila el aguamiel, para lo cual es necesario rasparlo cada día con un instrumento, que es una cuchara de cobre, que también conjuran en esta forma:

> Ea, ya, que ya es tiempo: haz tu oficio, chichimeco bermejo; ea, ya ahora raspa y limpia tu obra: o de ser dentro del asiento del corazón de la mujer una de ocho en hilera; hazle de dejar la tez muy limpia, y lo has de hacer, que luego llore, y se melancolice,

y eche muchas lagrimas, y sude de manera, que salga un arroyo de la hembra ocho en hilera.

Todo esto es una metáfora, que usan, porque al instrumento, o cuchara llaman bermejo Chichimeco por el color cobrizo, y por el efecto de comer aquella corteza, que raspa, porque entre esta nación está recibido llamarse chichimecos porque comen y chupan sangre, y carne humana, como de animales, como he dicho en otras partes; y el que sude y llore es metáfora, en que se pide mucho fruto del aguamiel. Algunos añaden a la acción de plantar magueyes la recomendación del maguey a la tierra diciendo:

> Estame atenta, mi madre, y señora tierra, que ya te entrego a mi hermana la de ocho en hilera; cógela ya, y abrázate con ella fuertemente, porque no tardaré mucho en tornar a requerir el buen logro de la planta, que dentro de cinco instantes volveré a visitarla, y a ver su buen logro. Y en siendo ya tiempo, &c.

3. El varón «siete culebras»

Como el maíz es la principal semilla desta nación, y general en ella, parece, que se esmeró el Demonio en enseñarles unos modos de conjuros tan oscuros, y metafóricos para ella, que es necesario ocurrirá los calendarios y signos de los meses, y a los dioses a quienes los aplican para entenderlos: tanto es, que ellos de ordinario llaman a este lenguaje y nombres de estas metáforas Nahualtocaitl, que quiere decir nombres disfrazados.

Ordinariamente esta gente deja de la cosecha antecedente unas mazorcas escogidas para semilla, y de los mismos asientos, y raíces, de donde se tienen, y dependen en las cañas, las tienen colgadas todo el año: todo esto no es malo, que los labradores escogen siempre el mejor trigo, y maíz para semilla; lo malo es el conjuro, que hacen a estas mazorcas, pues aunque hayan de sembrar mucha cantidad ha de ser la semilla bendita en su falsa doctrina:

En llegando la ocasión de la siembra, las ponen ya desgranadas en su esportilla o espuerta de palma a modo de talega, de la cual, puesta debajo del brazo, sacan los granos, que han de sembrar: a esto acompaña una coa de palo por la punta ancha como las coas de hierro, y hablan así al palo, coa, o tarecua:

> Ea espiritado, cuya dicha está en las lluvias (Num. 1.º), haz tu oficio que ya han venido los espiritados, los dioses: ahora voy a dejar el espiritado príncipe entre otros, que es siete culebras (2.º). Aquí está la espuerta de la diosa del pan, que se llevará por el camino, que mucho a que te tenía guardado en ella tu madre, y ya han llegado los espiritados sus hermanos.

Con esto parte a los barbechos a hacer su siembra, y en llegando vuelve a conjurar el palo, conque echa la tierra, y hace el lugar, donde pone el maíz, y dice:

> Ea, manos a la obra, espiritado, cuya dicha está en las aguas que aquí es donde hemos de poner debajo de la tierra al espiritado siete culebras.

Después desto habla con la tierra conjurándola, y encárgale la semilla, y buen logro de ella.

> Ea, ya haz de tu parte lo que debes, espejo cari lavado (4.º), que estás humeando, que ya te y de entregar al noble varón siete culebras, porque aquí es muy apropósito para su estado, que ya han llegado los espiritados.

Y diciendo esto van cubriendo el maíz. En el primero número los dioses son las nubes Cihuateteo, a quienes dedicaban el signo Cequiahuitl, que es cuando comienza a llover, y es el tiempo de la siembra a los primeros aguaceros: también se entiende esto por los dioses Tlaloque, que son los principales, a quienes hacían fiesta el 1.º mes del primero calendario, y el 2.º del 2.º que es por marzo cuando comienzan sus siembras.

2.º Llamar al maíz siete culebras que es Chicome coatl, es o por las mismas mazorcas, que al guardarlas las atan de siete en siete, o por las cañas, que nacen de siete en siete, y por las hileras del maíz, que se extienden como cuando anda la culebra; y lo más cierto es porque dedican el maíz a Chicome coatl, a quien pertenece chicome tecpatl, que es signo dichoso, y es como si implorasen la buena dicha en el nacer, y multiplicarse el maíz.

3.º Llama madre del maíz o a la mujer del indio, que también lo guardó, o a la tierra, cuyos hermanos espiritados entiende por los aguaceros; que en el signo cequiahuitl bajaban las diosas, que son las nubes, y los dioses los aguaceros.

4.º Llamar a la tierra espejo carilabrado es porque el agua la limpia, y en saliendo el Sol, comienza a vaporizar, y así dice, que humea: es de advertir, que como éstos antiguamente sembraban solo con la coa en tierras calientes observaban este conjuro; que donde hay bueyes, y arados usarán lo sustancial del, mas mudarán estilo con los bueyes, y usarán de algún nombre metafórico para llamarlos, lo cual es muy fácil de inquirir llegando la ocasión de algún examen de estos embusteros, de donde no es dudable llamen a la reja negro chichimeco por el color, y porque a todas las cosas de hierro dan esa metáfora.

Si recurrimos al conjuro, o embuste del acto penitencial, como se refiere en el capítulo 16, párrafo 2, veremos, que los animales campestres y monteses, que llaman sus Nahuales, dicen, que tienen dientes, y a los que no lo son llaman tíos, y deidades, y dicen, que son babosos, y así de esto parece muy cierto, que hablaran con los bueyes como con deidades, atribuyéndoles divinidad en su ejercicio.

Usan también otro conjuro menos metafórico, que el pasado, y puede ser, que lo usen en la siembra del arado, que también se usa por esa tierra caliente, porque como el dogmatista es uno, que el Demonio, todo lo correrá su falsa, y perversa doctrina; y es que después de conjurado el maíz, la espuerta, y palo, o coa, o el arado, bueyes, y reja, como al fin instrumento para su fin, dicen el conjuro siguiente:

Yo en persona, el sacerdote, espiritado encantador: atiende hermana semilla (aquí cogiéndola en la mano sale sembrándola, y diciendo), que eres sustento; atiende Princesa tierra, que ya te encomiendo en tus manos a mi hermana la que nos da nuestro mantenimiento: no incurras en caso afrentoso cayendo en falta; no hagas esto materia de risa, ni peques haciendo risa de ella: advierte, que lo que yo te mando no es para que se ejecute con dilación, que y de ver otra vez a mi hermana nuestro sustento luego muy presto salir sobre tierra, y quiero venir con gusto, y darle la enhorabuena de su nacimiento a mi hermano nuestro sustento.

Todo está claro sin tener, que glosar, porque todo es hablar con la tierra, e imperarla con la autoridad del conjuro, y asegurar, que saldrá el maíz, como se lo manda.

4. Calabazas. Sus pepitas y otras semillas

La semilla de las calabazas es una de las muy principales para el sustento de estos indios: hay muchos géneros de ellas y conformes a los temples, en que se siembran, cuyas pepitas, es la semilla, la cual siembran con el conjuro siguiente:

> Contigo hablo, mi madre princesa tierra, que estás cari arriba: ya te digo, mi padre un conejo (llamase así la tierra) (N.º 1), en las palmas de tus manos pongo un pedernal (N.º 2), cúbrelo bien, y apriétalo mucho en tu mano, no lo codicien sus tíos (N.º 3), los que viven en las casas de los que pican, o muerden, que son los chichimecos bermejos.
>
> Su fertilidad ha de asombrar a los espiritados; hanse de admirar viéndose enredar los pies a cada paso con las cuerdas, que son las encantadas tripas (N.º 4) de nuestro mantenimiento, y viendo, que cada momento tropiezan en sus encantadas cabezas.
>
> Y finalmente a ti, señora tierra, ahora te amonesto, que no te avergüences cayendo en falta; no comiences a reírte, y a hacer poco caso, y con eso dejes de cumplir con tu obligación.

Esto último suelen romancear ellos diferentemente, porque el vocablo es Acmotihuexcatlatlacoz, y dicen, no rezongues, y gruñas como los que obran de mala gana. En el número 1.º llama a la tierra conejo, porque su modo de nombrarla es así: conejo boca arriba. En el 2.º llama a la pepita pedernal, por la figura, que tiene a modo de punta de pedernal de los que ponen en las flechas.

3.º Llama a todo género de animales, que pueden hacer daño, con nombre de tíos encantados; y a las hormigas chichimecos bermejos por el daño, que hacen, y por su color.

4.º A la rama de la calabaza llama tripas, y a la calabaza cabeza, y a los que las pisan enredándose en ella llama espiritados, todos los cuales embustes son metáforas, y oscuridades del Demonio.

CAMOTES

Y no menos metáforas tiene la siembra de los camotes, que habiendo cortado a trechos los juncos, o raíces, que han de sembrar, dedican toda la siembra al Sol, y hablan con él en la forma siguiente:

Ya en persona (N.º 1.º) el huérfano, el uno, y solo Dios (N.º 2.º), el que hablo a ti mi tío espiritado, el que eras buboso (N.º 3.º): cata aquí ato mi muslo, y lo siembro; a ti digo mi tío, el que en un tiempo eras buboso; cata, aquí ato mi cabeza (N.º 4.º), que la junto con mi hermana la flor, muerde bocas, la flor abrasadora; con su ayuda he de resollar, con ella he de remediar todas mis necesidades yo que soy un pobre, y desdichado.

En el número 1.º habla el mismo, que siembra la semilla del camote; en el 2.º invoca al Dios el primer siglo, teniéndolo por uno solo, de quien todo procedió; en el 3.º habla con el Sol llamándolo de buboso, porque lo era antes, que se convirtiese en Sol, como lo dice su fábula; y decir, que le muestra el muslo es que le muestra el trozo de la semilla del camote, que siembra; y también llama al trozo más pequeño cabeza en el número 4.º con el cual acompaña el otro. A la tierra llama flor abrasadora, y muerde bocas, porque antes de las conversiones, y transmutaciones de las cosas unas en otras, fingen, que se llamó flor, el abrazar y morder, que dice es metáfora, porque en sí, como en boca, recibe la semilla, cuyo brotar a fuera llama resollar.

Para las demás semillas, que siembran casi son los mismos conjuros; solo mudan el nombre de la semilla (esto pienso solo que es en las semillas, que ellos tenían, si ya no es, que sea general en todas). Para nombrar al fríjol dicen Tlamacazquitlatzopilli Tlilpotonqui, Espiritado príncipe de mucha estima encubertado de negro: dícenlo así por la mucha estima, que hacen desta semilla, y el estar cubierto de negro es por la vainilla, donde se cría, la cual se pone negra en secándose; con que la misma metáfora darán a las habas, y al trigo, y con más afecto llamarán príncipe de estima al huatli, pues del hacen tantas supersticiones, como consta de los meses del calendario. Después de haber cogido todas estas semillas, para guardarlas, entrojarlas, y defenderlas de los animales, que las pueden comer, o, de alguna corrupción, y para que se conserven, les dicen:

> Yo en persona, el espiritado sacerdote de los ídolos, encantador, soy el que lo mando: a ti digo hermana nuestro mantenimiento, que ya te quiero depositar en mi preciosa troje: tente bien, y defiéndete de todas cuatro partes no caigas en afrenta faltándome, que de ti y de tomar alivio, yo que soy el huérfano, el un Dios, a ti digo mi hermana, que eres nuestro mantenimiento.

Esto último, que dicen, puede ser por encargar esta troje al Dios del otro siglo, o por hacerse tan solo, que no hay quien lo favorezca; pero lo más cierto es, que hace invocación a quien lo favorezca.

5. Para defender las semillas de los animales nocivos
Para defender las semillas, y sus sementeras de los infortunios, que padecen de animales, tienen un conjuro general, para el cual llevan fuego, e incienso, y habiendo quitado las

cañas quebradas, y frutas derribadas, o empezadas a comer de los animales, que han dañado, en la orilla de la sementera encienden su fuego, y echan el sahumerio, y hacen una hoguera de lo destrozado, para que allí se queme en ofrenda al fuego, y luego comienzan su conjuro diciendo:

(Fíngese tigre.) Yo mismo en persona, el bravo tigre, y venido a buscar a mis tíos los espiritados, los amarillos espiritados, los pardos espiritados (dícelo por los animales nocivos). Qué digo? que ya está aquí el rastro, por aquí vinieron, por aquí salieron, pues ya vine a correrlos, y o aventarlos; ya no han de hacer aquí más daño que yo les mando vayan, y habiten muy lejos de aquí, que yo traiga conmigo a mi padre las cuatro cañas, que echan llamas, y el incienso blanco (N.º 1), y el pardo, y el amarillo, con cuya virtud los atajo, e impido, para que no puedan pasar los dichos mis tíos, los espiritados, o extranjeros, los pardos, o los amarillos espiritados.

Toda esta acción es, encaminada al fuego, que es el que les ayuda al parecer de ellos: donde dicen el blanco incienso, dicen también el pardo, y el amarillo, que debe de ser por alguna ofrenda, que le ponen. Habiendo visto este conjuro en las orillas de las sementeras con estas hogueras de fuego, califiqué por supersticiosa una acción, que en el Valle de Toluca se hace, y la tienen por indiferente, y es que cuando temen algún hielo, todas, aquellas noches rodean las sementeras con grandes lumbradas con pretexto, de que calientan el aire, para defender, que caiga el hielo; y siendo así, que el calor de una, o, otra lumbrada no puede calentar el aire de manera, que pueda impedir la total, y general acción del hielo por todo aquel lugar, que solo podrá estorbar la parte donde está la lumbre: es muy verosímil, que son ofrendas, y sacrificios al fuego, para que con su ayuda, e invocación se impida el hielo.

6. Conjuro particular para las hormigas

Otros conjuros hacen por los tejones, que se pueden extender a venados, ardillas, y a otros animales; y no es dudable, que estos sátrapas perversos los usarán conforme la tierra, donde se hallaren, y según conocen, qué animal les hace daño; y de ordinario los conjuran para que vuelvan a entrar, para lazarlos, y matarlos: para el cual efecto el conjurador se previene de piciete, incienso, y fuego, y rodea toda la sementera como si le echara una cerca, y quita todo lo destrozado por los tejones, o animales, que han hecho el daño, porque dicen, que es quitarles el impedimento, y dejarles la puerta abierta, para que vuelvan; y hecha su ofrenda al fuego, que es lo principal, entra conjurando:

> Ea, tú, mi hermana la mujer montesina (la tierra de los montes), ¿qué hacen, o por qué dañan los espiritados dueños de las culebras a esta desventurada sementera, que ya la acaban? a redro vayan por esos anchos valles, hay hallarán la jicamilla, y el camotillo; la comida, y bebida, de que se sustentarán viejos, y mozos con esto no parezca aquí ninguno; ninguno quede aquí, porque estarán guardando los dioses de la tierra la deidad verde (Tlaloque); la blanca, y amarilla han de ser guardadas (las sementeras), por eso miren por sí, porque el que cayere no tendrá de quien quejarse.

Dice esto por la amenaza, que hacen a los animales nocivos de matarlos si los cogen. Tienen también conjuro particular para las hormigas, el cual es como se sigue:

Ea, ya tíos espiritados, o extranjeros (hormigas), que todos sois semejantes unos a otros con los ojos, y rostros revolados de hechiceros, y con dientes de puntas agudas: ¿por qué hacéis agravio a nuestra hermana la blanca mujer (sementera), y le perdéis el respeto? ¿Esto es honrarla? Esto es limpiarla, y escardarla. Eso es honrarla, y respectarla, si no lo hacéis, yo derribaré vuestra vivienda, y estalaje, si no me obedecéis.

Amenázalas conque les quitarán el hormiguero, y casa, donde habitan; y si acaso no obedecen, tratan de ejecutar la amenaza, derribándoles el hormiguero; para lo cual conjuran el agua, y piciete, de que se valen para ello. Dice el conjuro del agua:

Ea, ya, la de las nahuas de piedras preciosas, que no se puede sufrir lo que hacen las hormigas entre sí semejantes; vélas a asolar, que no me obedecen: ¿tienen por ventura raíces? pues aunque las tuvieran, que bien sabes arrancar árboles en volandas, y dejarlos en medio de anchas cabañas. ¿Qué porfías (idest, que hormigas), tenéis por ventura raíces?
Ea, ya, verde espiritado de hojas anchas (a el piciete), ¿qué porfía es esta? ve luego, echa, y corre de donde están las hormigas.

Desparramando primero el piciete por el hormiguero, y sus entradas, echan luego el agua conjurada dentro, con que se hunde el hormiguero; y siempre el Demonio les persuade, a que en esto no será efecto del agua anegar, y destruir aquellas concavidades, donde anidan las hormigas; sino del agua, y piciete conjurados. Con que muchas veces se quedarán en las partes, donde no llegó a anegar el agua, y abrirán en otra parte su entrada, y salida, porque todo es engañarlos el Demonio con estos embustes aparentes.

Capítulo XXV. De las supersticiones, que tienen en la industria del cazar animales así en la tierra como en el aire

1. La más supersticiosa de las cazas es la del venado
Entre las cosas que más acostumbran estos indios, y lo más principal en la caza de animales para su sustento es el cazar venados, y la más supersticiosa de todas, porque tiene muchas circunstancias, de las cuales es la principal, que han de estar tan desembarazados de cuidados, que otro no tengan, que el ir a cazar; ni que les turbe el ánimo, ir con enojo, o con otra turbación. Antes de tratar el ir a cazar los venados con lazos (después diré del modo de cazarlos con flechas), barren su casa, y límpianla; disponen los tres Tenamaztlis, esto es, las tres piedras, que han de rodear, y cercar el fuego, las cuales son al modo de nuestras trevedes; previénense luego del fuego, y del piciete, ingredientes principales de estos conjuros; llevan también los lazos, o cuerdas, con que han de coger los venados, y hacen a todo sus invocaciones, comenzando así por el piciete:

Ven a favorecerme ya, espíritu siete veces aporreado, siete veces estrujado (el piciete): qué descuidado, que estás; pues ahora te y de llevar.
Ven tú, mi madre, estruendo de la tierra (así llama a la caza), y tú mi padre un conejo, piedra reluciente que humeas (nombra así a la tierra por los vapores que hecha de sí).
Y tú mi hermana torcida a una mano (los cordeles); ¿tú mi madre tierra, no te causa ira? no te causa enojo el verte herida en tantas partes? como te andan cavando los espiritados de siete

rosas dueños, y que habitan las tierras de los dioses, que esas tierras, son el recreo de mi hermana culebra con cara de león.

Llaman tierra de los dioses a los montes, y quebradas, donde andan los venados. Esto dicho antes de salir de su casa, para ir a poner sus lagos, y hacer la caza, vuelven a nuevos conjuros para ordenar un Sahumerio a las cuerdas, con que han de cazar; y fingiendo, que ya van la caza, como si la tuvieran presente, dicen:

> Ya veo sus casas, sus tierras donde andan a manadas; aquí es donde y de componer, donde y de armar entradas (lazos) para sus hocicos; entradas hechas con palos, por donde entren a manadas: yo el espíritu, el Dios del Siglo primero, hijo huérfano, hijo de los dioses y hechura suya.

Todas las veces, que mientan este Dios sin padre, hacen memoria de aquel Dios, que aconsejó al Buboso se convirtiese en Sol entrando en la hoguera del fuego; y por eso dicen, que es el Dios del primer siglo. Vuelven, pues, otra vez a conjurar los lazos, para que no los rompan los venados, y fingiéndolos ya rotos dicen:

> Hermana torcida a una mano, ¿cómo no te aíra, y enoja el verte deshilachada? y qué fea, e ignominiosamente hace colgar de sí hilachas el espiritado de las siete rosas, vividor de las tierras de los dioses, y de las asperezas.
> Y tú, el espiritado nueve veces aporreado cómo te deslindas. (Finge todo mal suceso.) Quítense ya; escóndanse, y ocúltense los instrumentos de los lazos; quítense, y escóndanse, y quémese el resto de los palos, y madera encantada. ¡Y vos, espiritado verde, deidad, qué descuidado, que estáis! pues conmigo habéis de ir.

Todo esto dicen porque fingen, que les faltaron los lazos, y el piciete; y así conjuran uno y otro, para que no les falten, y luego prosiguen con el conjuro del Sol hablando con él:

> Y tú, divino Sol, el que antes eras buboso, gran príncipe, muéstrame al siete veces golpeado, al nueve veces aporreado. Ea ya, que ya nos vamos, iremos siguiendo las cuatro cañas encendidas. Ven tú, mi padre, las cuatro cañas encendidas; ven tú, mi padre, las cuatro cañas, que echan llamas, y una cometa bermeja; padre y madre de los dioses, que resuellas por cuatro partes centelleando, cuyo cuerpo se forja de muchos escalones, por cuya boca sale un arroyo de agua negra, a quien acompañan las obras de mal aliñadas cabezas sus Pregoneros, que nunca han tenido contento ni gusto, antes están con mucho sentimiento y lagrimas.

Todo esto está tan lleno de una diabólica metáfora, que no ha sido muy fácil alucinarla; tanto es, que más ha sido por el discurso, que por lo literal del mexicano. Ya se sabe que el llamar a los venados los de las siete rosas, es por lo contenido en el capítulo 22, párrafo 3.°, donde se trata de cómo se llaman Chicome Xochitl, que es lo mismo, que venado: por las puntas de sus astas, que son como rosas. Invocar el Sol es porque amanezca, y les muestre el espiritado piciete, que fingen habérseles escondido; llámanlo buboso por lo arriba dicho de su transmutación; invoca al fuego.

Y al fogón llama cometa, que respira por todas cuatro partes, porque está en medio del aposento; alimentarse, o forjarse de escalones es por los leños que están unos sobre otros; el agua negra, que dicen, sale de su boca es el humo; y las obras de mal aliñadas cabezas son las lágrimas que lloran los ojos de los que están par del fuego, que están manifestando y sintiendo el humo: que aunque allí trabajan, nunca han podido llevarlo, sino que siempre que están junto a él, están llorando. Llámanlo padre y madre de los dioses, porque junto al fogón nacen todos ellos. Vuelve otra vez a hablar con el fuego, y a prometerle su ofrenda diciéndole:

Padre mío, las cuatro cañas encendidas: está cierto que no me y de anticipar al gusto, y al placer, que en esto haz de ser preferido; porque de la presa ante todas cosas te y de ofrecer la sangre ardiente, la sangre olorosa; el corazón, y la cabeza del espiritado siete rosas, que vive en la tierra de los dioses, tuya es. Ya me parto, ya buscaré, ya llamaré lo que ayer, y antes de ayer costó lagrimas y pena a mi hermana la diosa Xochiquetzal.

Llama a su mujer Xochiquetzal, y dice que lloró la necesidad de su casa; y él prosigue diciendo:

Y lo que también ayer, y antes de ayer causó lágrimas, y penoso cuidado a mí, que soy un espiritado, que padezco mucha necesidad, muchos trabajos, y cansancio, que ni tengo chile, ni sal. Ya me parto, y luego hallaré lo que busco, que no ha de ser mañana, ni el día siguiente, sino luego, ahora. Ya llevo a mi hermana la culebra hembra, la que hace oficios de mujer; ya seguiré el camino ancho, y el que se divide en dos, que ni tiene principio ni medio.

A los cordeles llama culebra hembra, y que hace oficio de mujer, por la metáfora de las mujeres, que estándose quedas (como aquí la cuerda) trabajan cuando tejen; al camino dice que se divide en dos, porque es camino pasajero, que no se sabe por dónde comienza, ni dónde se acaba, y porque pasan por él unos, y otros de una, y otra parte. Hacen luego que en su casa alcen de obra para irse encargando la casa en guarda a las diosas menores, para que éstas se la guarden: Estas diosas son los animalillos caseros de sus casas, a quienes encargan la guarda de ellas, lo cual se colige del nombre que les ponen, que es Tlazolteteo, dioses arrojados y de tan poca importancia como la basura; dicen pues así:

Ea, alzad ya vuestro hilado, y vuestro tejido, no me suceda alguna desgracia con los lazos, y que como desatinado los corte. ¿Ea, ya venid mis hermanas las diosas menores: quedad en guarda de mi casa, por si ya viene quien traiga ocasiones de enojos, y pesadumbres, se las quitéis, y las detendréis, porque no me estorben: sabéis en contra de esto?

Acabado esto sahuman antes de salir de su casa, los cordeles, y redes, como que les echan bendición para el buen suceso; con lo cual se parten al monte, y asperezas, donde han de buscar la caza, y allí hacen la salva al lugar; y para ello escogen una piedra redonda, y puesta en un lugar muy barrido: sobre ella ponen las cuerdas, y redes, conque han de amarrar los lazos, y luego entra el conjuro, que dice así:

Ea, ya ven, mi madre, señora de la tierra; ven mi padre un conejo, espejo que humeas: haz que no ofenda yo tu rostro, yo que soy un sacerdote, un encantador, uno de los dioses: mejor será, que te me humilles. Ea, ya venid en mi ayuda, espíritus dueños de la tierra, que asistís hacia los cuatro vientos, y allí estáis sustentando los cielos.

Invoca a la diosa Tonan, y por otro nombre Ilamateuctli, madre de la tierra, y de los dioses: invocando a la tierra la llama un conejo, que humea; por conejo es aplicado al elemento del aire, cuando lo aplican a la tierra es conejo boca arriba, que dice su permanencia; el que humea es por los vapores, que de si hecha la tierra: también, es lo del conejo, porque estando vuelto, hacia arriba no puede tener su velocidad como cuando está en su natural disposición, que entonces es significado del aire. Y así aunque no siempre dice boca arriba significando la tierra, como en los más conjuros lo dice, se ha de entender, que cuando le acompaña diciendo, que humea, es la tierra. Decirle, que se le humille, es pedirle que se allane para no caer; pues con eso no la ofenderá, porque el que cae, como va reparándose con las manos, y las asienta con violencia sobre la tierra, les parece es, como si la ofendiese poniéndole manos violentas. Los espíritus que sustentan los cielos, son los cuatro vientos de las cuatro partes del mundo. Oriente, Poniente, Norte, y Sur. Prosigue:

Con vuestro consentimiento vine yo aquí: bien vistes, y supisteis mi venida, y llegada a este lugar, que soy espiritado huérfano, uno de los dioses.

Esto dice, porque se humilla conociéndose por ínfimo a la Deidad de los cerros con quienes habla.

Siendo vosotros cerros con ajorcas, y piedras preciosas, como hechos de turquesas, en vuestras espinillas, y costados, y venido parándome de cansado, y padeciendo necesidad y trabajo, y cansancio; sienta esta lástima vuestro corazón: qué tenéis en vuestras entrañas dueños, y señores de la tierra, que ya está lo más hecho, que ya llegado a la población, y a la tierra fértil.

Llama a los cerros ajorcas de piedras preciosas por los ríos, que los cercan; espinillas y costados llama a las laderas donde a venido descansando; representa su trabajo para mover a lástima a su corazón, que él entiende por la caza, que está escondida en los huecos de los montes, metáfora, de que usa, y llámala para que parezca, llamando a los venados dueños y señores de la tierra, porque tienen los montes por suyos para su habitación. Prosigue diciendo:

Verdaderamente aquí es la casa, y vivienda del espiritado de las siete rosas (venado), que es la carne gorda y gustosa para mi hermana la culebra (Mixcoatl), que tiene cara de león, y por la dicha carne ayer, y antes de ayer ha llorado mi hermana la diosa Xochiquetzal (dícelo por la mujer); y yo también he llorado, por eso, y tenido ansias ayer, y antes de ayer: ya ha llegado el punto, en que la vengo a coger llamándola; ya les he hecho, y armado entrada, y puerta para sus hocicos, y cabezas, por donde entren a manadas, que por hay han de ir, y por hay han de pasar mis ovejas, cuya madre, y padre abuelo, y abuela soy yo.

Dice esto porque han de entrar tan mansamente como las ovejas, y como si no tuvieran otro dueño, sino el; y así les dice, que es su padre, madre, abuelo, y abuela. Ofrecen la carne del venado a la diosa Mixcoatl, porque era, a quien hacían fiesta el 14.º mes del calendario 1.º sangrándose primero los que iban a cazar venados, a honra de esta diosa; y si no, los penaban los sacerdotes del templo, historia que aquí toca, invocándola y ofreciéndole la carne del venado. Prosigue:

En ninguna manera suceda, que vayan por otra parte: ya, los veo venir por aquí; vengan por aquí, y pasen por aquí: aquí hallarán su cobertor de rojas, y su collar de ellas, su único guión, y gobernador Dios del la tierra, aquí se lo vestirán, y pondrán mis hermanad las diosas dignas de estima, que están en guarda de este camino real, y pasajero, que nunca se acaba, y nunca le cubre el polvo, donde andan de noche, y de día.

Todas estas ceremonias hace señalándoles por donde han de entrar, y llama metafóricamente al collar de rosas las ramas con que cubren el lazo, diciendo del lazo ser su guión, y que se lo pondrán al cuello las redes, con que se ha de enlazar, y le han de estorbar, que pueda huir por otra parte, por lo cual dice, están en guarda del camino, el cual para decir está muy trillado, dice, que no lo cubre el polvo. Prosigue hablando con el cordel, y dícele:

> Y tú mi hermana culebra, hermana, que haces oficio de mujer, ¿qué hacías antes de esto? Aquí estarás muy de asiento como en nuestra casa, y habitación, que esclavos somos, y trabajamos para otros. Aquí te holgarás, aquí tendrás placer, que presto te revolverás, y una con otra, como quien se abraza te enredarás con el palo, y ramos, que ya yo te puse, y te di ser, y te acabé muy perfectamente.

Dice esto último cuando arma los lazos, palos, y ramas; y le asegura, que presto vendrá la caza: el decir, que él y el cordel son esclavos, es por la ofrenda, que se ha de hacer de la sangre, y cabeza del venado al fuego. Conjura también los dedos, con que puso los cordeles, diciendo:

> Ayúdame tú también mi hermana, y los cinco solares (la mano);y los dioses, o, diosas menores asistid a esta obra, que no durará, ni se dilatará mucho; que ya vine el espiritado, o extranjero, el que habita la tierra de los dioses; luego ahí le encontrareis, y os levantareis, o echareis a su encuentro, y le echareis encima esa vestidura de cintas delgadas, o encantadas, o vuestra vestidura de fiesta; porque cuando aquí llegue no traerá vista, y vendrá desatinado; aquí será vuestro gusto, y contento.

Todas estas metáforas usa en el conjuro de los cordeles y redes, y después de haber conjurado la mano, y los dedos vuelve su plática al cordel diciéndole, que levantándose le echara la red encima a la caza: llámala vestidura de fiesta, por el tejido, que tiene de ordinario, de varios colores, con que después de haber hecho estos conjuros en su casa, y fuera de ella en el monte, les enseñó el Demonio, autor de todas estas supersticiones, que luego con grandes bramidos como fieras diesen grandes voces por las cuatro partes del mundo, hacia los cuatro vientos, Norte, Sur, Oriente, y Poniente. Todos los cuales conjuros hechos, entran los que hacen a los venados en la manera siguiente:

> Espiritado, o extranjero el de las siete rosas, habitador de los montes, concluso está vuestro pleito: de repente os cogió la noche. El de las siete rosas, ¿qué se ha hecho?, ¿corrió, o padeció adversa fortuna? he, he, he, cogiéronle en la red, y con eso está concluso su pleito.

Todo esto es una metáfora para dar a entender, que no se puede escapar, y que ya se llegó la noche de su muerte, y la ejecución de la sentencia; y así hace escarnio, y burla de que a caído en la red, y vuelve a dar voces como de antes, y si le parece, que se tarda la caza, y que no puede pasar con la dilación, vuelve a repetir su conjuro, como epilogando todo lo dicho:

> Está alerta, mi hermana, culebra hembra, la que trabajas como mujer: no te diviertas, que ya te y formado, ya te he acabado perfectamente. Aquí serán tus contentos, aquí tus gozos, aquí tus alegrías, aquí con cuidado atenderás a la entrada, portada, y camino real del que ya viene, y ha de entrar por aquí: el espiritado de las siete rosas, habitador de la tierra de los dioses; aquí

ha de ponerse, y vestirse su vestidura rozagante, y su collar de rosas, el espiritado vividor de los montes: o la hermana culebra hembra, que trabajas como mujer, no se te haga de mal, ni eches a perder, o malogres esta obra por impaciencia.

Tampoco te suceda errar por espanto; y para eso no atiendas a la cara y cabeza del espiritado habitador de los montes, cuya carne gorda ahíta a la diosa culebra, que tiene cara de León. dioses, que habitáis en las cuatro partes del mundo, con vuestro gusto, y consentimiento vine, y llegué a este puesto, yo que soy uno de los dioses, y huérfano.

Ya he andado, y pasado mi sementera de regadío, y mis fértiles montes llenos de ajorcas; por sus laderas vine poco a poco con mucho trabajo, con ser yo uno de los dioses, y hechura suya. Ea, venid en mi ayuda, mi madre, y mi padre, la tierra, y el agua, y el cielo estrellado; mi padre el de los rayos; Dios, que eras antes asqueroso, y pareces producido de esmeraldas.

Hermana la torcida a un lado, y los árboles, guardadme todos secreto; nadie lo haga saber, ni se lo diga el espiritado de las siete rosas, que vive en los montes: ya viene, ya llegará aquí, con eso os holgareis, y tendréis contento; aquí es donde los habéis de tener, y cogerlo.

Con esto comienza a dar voces, como y dicho, por las cuatro partes, del Oriente, Poniente, Norte, y Sur, pronunciando esta voz Tahui cuatro veces, con que el Demonio les ha dado a entender, que con ella vendrán luego los venados sin resistencia, y se entrarán por las redes para que ellos los cojan, sin que puedan resistirse.

2. Caza del venado, con flechas

Cuando han de cazar los venados, no con lazos, sí con flechas, hechas todas las ceremonias caseras, menos las del cordel y redes, en todo lo demás obran como está dicho: añaden solo este conjuro a las flechas.

Yo me parto, yo el hermano del un Dios, y llevo el arca, y la flecha, lo cual hizo, y compuso mi madre la diosa Tonacacihuatl y la llamada Xochiquetzatl, y en la flecha va encajada, ajustada una punta de pedernal ancha, que también lo y de llevar, y con esto vengo a coger a mi padre el de las siete rosas señor, que lo y de llevar; que lo está esperando mi madre la diosa Xochiquetzatl; a buscarlo vengo donde quiera que esté, hora sea en las quebradas, hora en las laderas, hora donde en las lomas: al noble, y principal de las siete rosas y venido a buscar; y no menos a él que es carne sabrosa, y encantada, para la diosa culebra lo y de llevar.

Y si con este conjuro no viene, les ordenan, que griten mucho, como cuando echan las redes, y que vendrán a manadas, y que no errarán el tiro: y que diciendo Intahui, Intahui, no solo vendrán, sino que los harán parar, para hacer el tiro; y siendo cierva a la que se ofrece tirar mudan el Tahui, y le dicen Mixcoacihuatl, que quiere decir mujer descaminada: esto dicen para llamarla; y para que se pare, y vuelva le dicen Xohualmilacatzo, que es decir vuélvete a mí. El decir, que la diosa Toonacacihuatl hizo, y compuso las flechas, es metáfora de la necesidad de la comida, que les obligó a hacerlas porque esta diosa es diosa de los panes como decir la diosa Ceres; y en compañía de Xochiquetzatl es de su mujer, que le ayudó a la fábrica de las flechas.

3. Cacería del jabalí y otros animales

Para cazar otros animales como son jabalíes, o conejos, u otro género, no tienen tantos conjuros, aunque tienen los más importantes. Uno hay, que sirve para todo, mudados los colores de los animales, para el cual se previenen de fuego, copal, y agua; todo lo cual conjuran primero con los instrumentos, con que han de cazar, hasta las manos, diciendo:

> Yo mismo en persona, el Guerrero, el que vengo enviado de los dioses a buscar a mis tíos los espiritados entintados por los montes, a los cuales luego, al momento los he de hallar, que no se ha de dilatar para mañana, mi para el día siguiente: aquí traigo a mi espejo encantado, cuya tez humea, y también traigo los cinco solares, que miran hacia una parte; que han de atajar, e impedir la huida a mis tíos los espiritados entintados.

Llama espiritados entintados a los jabalíes, o a otros animales, que se les parecen; y conforme el color del animal, que busca, dice amarillo, o pardo espiritado. El agua no es dudable la lleven para echar en ella algunas suertes, la cual con el fuego, copal, y demás instrumentos antes de salir de casa es ordinario en ellos conjurarle.

4. La caza de volátiles

Para cazar pájaros, aves del Cielo, o otro cualquier género de animales volátiles, ponen los lazos, y redes en las partes, donde suelen acudir, para allí cogerlos; y para ello conjuran los lazos, y redes: y en el lugar, donde las ponen, entran mostrando su autoridad, e invocando a sus dioses los más poderosos, y en persona de ellos, y por si hablan, diciendo:

> Yo mismo el hijo sin padre (el Dios del 1.º siglo), el solo Dios, el nombrado Quetzalcoatl (su gran ídolo), y venido, a buscar mis tíos los nobles del Cielo. ¿Qué digo? que ya están aquí, ya los veo por aquí tendidos a mis tíos, que se han como destilado, y deslizado al suelo; aquí se ha traído la cara y vestido de mi madre; aquí pondré derecho, un palo y clavándola en la gar-

ganta, en la barriga, en los costados a mi madre la de la saya de piedras preciosas, cuyo signo es ce atl, aquí esperare a mis tíos los espiritados, que se descuelgan, y destilándose se deslizan al suelo.

Llama a todo género de aves nobles tíos por la generosidad de la región; nombran el bajar con la metáfora de destilarse, y deslizarse al suelo; a las redes llama vestido de su madre, porque las ha de tender sobre la tierra, a quien llama la de la saya de piedras preciosas por las flores, que se viste, cuyo signo es Ceatl, que es indiferente para el agua, a quien también llama, la de la saya de esmeraldas, y para la tierra, a quien así también llama, porque se viste de flores, de que también es causa el agua por producirlas con sus humedades: y porque ha de hincar, y clavar el palo para las redes en la tierra, dice, que en sus costados, garganta y vientre, por lo cual se entiende, que encima de lo más alto, a un lado, en las laderas, y en todas partes ha de tender sus redes para su caza.

5. Para sacar la miel de las colmenas hay que evitar el enojo de las abejas

El conjuro, y superstición de coger colmenas, y sacar miel de ellas, es tan supersticioso, y de tantos embelecos como todos los demás; y si para aquellos, que hemos dicho, asientan por principal fundamento del buen suceso, que no han de tener pendencia, ni enojo, o discordia con persona alguna, ni otra alguna dependencia, que estorbe el buen logro de su acción: mucho mejor para buscar colmenas, panales, y miel; porque dicen, que las abejas son unos animales divinos, y que se estiman en mucho, y son muy enemigas de pesadumbres, y enojos; y que fuera de eso labran la cera, que se gasta en servicio de Dios Nuestro Señor, y que así han de ser tratadas con todo respeto, y veneración, y con quietud de ánimo; y aunque todo este respeto a Dios Nuestro Señor en la fábrica de la cera, que sirve a su divino culto, no por eso dejan de usar de supersticiones al buscar la miel, panales, y colmenas con sus perversos conjuros; de manera que para esto se previenen del piciete, Tenexiete, y hacha, con que han de derribarle, y de la red, en que todo esto va, y de su comida: empiezan pues su conjuro así:

Ea, ya venid acá, golpeados en la tierra (N.º 1.º), que hemos de hacer un viaje, y caminar. Ea, venid acá, chichimeco bermejo (N.º 2.º), que hemos de ir, y caminar. Venid acá también vos, espiritado siete veces tigre (N.º 3.º), fruto, y flor de la tierra, y flor del vino: Ea, trae contigo lo que te puso, y guardó dentro de ti el verde espiritado y el verde Demonio (que eso quiere decir Colelectli) (N.º 4.º), que ya te y de llevar a donde todo es monte, y espesura de árboles, y hierba: vamos a buscar a nuestros tíos espiritados (N.º 5.º), que son como dioses, y superiores, que habitan muchos juntos, y son amarillos, y tienen alas amarillas; gente, que habita en jardines, y vive en alto, y en compañía: y tú, deidad, culebra de piedra, o, de palo, qué dispones de mi? Hermana mía retortijada (N.º 6.º), sobre ti y de ir, sobre ti he de caminar: yo soy la misma guerra (N.º 7.º), el guerrero yo, cuyos son los esclavos; el que de todos me burlo: yo mismo y venido, el enemigo, que vengo por mis tíos los superiores entre otros espíritus, y los y de traer de mis jardines, y de mis montes, y arboledas; y es cierto, que no y de ir lejos, ni caminar largo viaje, que cerca de aquí desde mis jardines, y arboledas me y de volver, que no y de hacer más, que llegar, y coger a mis zumbadoras princesas de los espíritus (N.º 8.º), y dioses, que viven en compañía, y habitan los jardines de rosas: para este efecto y traído el chichimeco bermejo. (El hacha para cortar el palo de la colmena), que viene a comer, y beber. Yo mimo el espiritado, o, divino un ídolo culebra.

Todo está tan lleno de metáforas oscuras, que más se han de sacar sus interpretaciones por discurso, que por significación de palabras, por lo antecedente de la razón, y consecuente junto con la acción. En el N.° 1.° llama golpeados en la tierra a los cacles, de que usan para caminar. En el 2.° llama el hacha chichimeco. En el 3.° a la red, bolsa en que todo va: por ser tejida de ordinario de varios colores, llama siete veces tigre, hecha de ichtli, o mecate, que sale de los magueyes, flor y fruto de la tierra, y que da vino: esto se colige por decir, que traiga dentro de sí lo que le echaron, que es el piciete, y el verde colelecti, que es algún idolillo envuelto en un envoltorio infernal.

En el 5.° nombra a las abejas. En el 6.° parece se da a entender por la hermana retortijada, el báculo, o bordón, que de ordinario caminan con él, y siempre es encorvado. El decir, que ¿qué dispone la deidad culebra de piedra, o, de palo de su persona? es por la invocación al ídolo, que lleva, colelectli. Acreditase de valeroso, y fuerte, como que amenaza a las abejas, que las ha de vencer. N.° 9, como piensa, y tiene por cierto, que los dioses habitan en los cerros, y montes las llama Princesas de los espíritus, y dioses, con quienes habitan; y a lo último repite la invocación del ídolo culebra de piedra, o palo, en cuya confianza va a buscar sus abejas, y fíngese ser él aquel ídolo, y que lo manda, como tiene dicho. Y para mejor conseguir su intento conjura los impedimentos, y estorbos, que puede tener, diciendo:

Ea, apartaos, y no me seáis estorbo, arañas blancas, araña Xochua pintada; arañas verdes amarillas; ni vosotras, palomillas blancas, pardas, ni amarillas. No me seáis estorbo, lagartijas blancas, pardas, ni amarillas; no haya cosa, que me encubra o tape a mis tíos los que viven en compañía, y habitan en lo alto.

Con la diversidad de colores manifiestan la diversidad de los animales; y por tener tanta estimación, y veneración a las abejas, les capta la benevolencia, alegan méritos, y discúlpanse al quererles quitar su miel, o llevarlas consigo, diciéndoles:

> Yo que vengo a haceros esta enemistad, vengo compelido de la necesidad, de que soy pobre, y miserable; y así solo vengo a buscar mi sustento, por lo cual nadie se espante mi tenga temor de mi, que solo os llevaré o que veáis a mi hermana la diosa Xochiquetzatl, la llamada precioso ramillete.

Esto último de llamar a la diosa Xochiquetzatl, dice por su mujer, alabando a las abejas la hermosura de ella, por lo cual la llama precioso ramillete, para que no duden las abejas de la colmena el irse con él, y se dejen llevar de buena gana.

Capítulo XXVI. De la industria supersticiosa, que tienen los indios en el modo de pescar

1. La pesca, como la cacería, tiene supersticiones y conjuros

Si en todas sus acciones tienen los indios, como hemos visto, sus invocaciones; mucho más es en estas, que dependen de la contingencia de hallar, o no hallar la caza, que buscan, o en la pesca; y así en el modo de pescar tienen muchas invocaciones para acertar la buena fortuna; por lo cual antes de ir a la pesca se previenen del piciete, y del fuego ofreciéndole, y permitiéndole ofrenda, y algún ídolo de los principales, que ellos tienen al Dios hijo huérfano, Dios, que llaman ellos del primer siglo.

Conjuran los instrumentos, con que han de ir a pescar; barren la casa, y límpianla, y queman las basuras, que es como quitar los estorbos, que pueden tener; y procuran ir con paz de ánimo sin enojo, o pesadumbre; y también ofrecen, y prometen ofrenda a la diosa Xochiquetzatl: de manera, que estando todos los instrumentos para la pesca prevenidos, como es el anzuelo y lo demás, antes de salir de su casa los que han de ir a pescar, conjuran el piciete, y la caña de pescar para evitar el mal suceso, y prevenir el bueno, y hacen el conjuro en esta forma:

Ea, acude a ayudarme, el nueve veces golpeado, el nueve veces aporreado, el hijo de la de la saya estrellada (N.º 1.º), y hechura perfecta suya, que ya me parto yo el huérfano, el un Dios; que ya me envían mi padre, y mi madre la diosa Xochiquetzatl (N.º 2.º), a mí mismo, el huérfano, el un Dios.

Ea, ya venid, dioses menores (N.º 3.º), y aplacad ya cualquier enojo, y pesadumbre.

Ea, venid ya, espiritado amarillo, que ya me parto, el huérfano, el un Dios. Ea, venid ya, dioses como rosas (N.º 4.º): quítense ya de mi casa los estropiezos; escóndanse, quémense, no me causen, que yo corte la tela a alguno. ¿Por dónde tengo de ir? Este es el camino de mi padre; pues bien será, que yo vaya por él.

¿Por dónde tengo de ir? Este es ciertamente el camino de mi padre (N.º 5.º), el camino de mi madre; por él y de ir, que está humeando.

Cuando quiere echar el anzuelo dice:

Ea, ya, tú, espiritado blanco (N.º 6.º), que ya aquí te has de abrazar con el chichimeco bermejo, y advierte, que no llamo solamente un género de peces: o todos llamo, a los nuevos, a los viejos, y a los que habitan en las vueltas del río.

Todo está lleno de supersticiones, y conjuros, y es más necesario, para entenderlo (como en lo demás), el discurso aplicado a la materia presente, que lo literal del mexicano. N.º 1.º Para mostrar más la eficacia, y deidad del piciete, lo hace hijo perfectamente de la vía Láctea, la diosa Citlatlicue. En el N.º 2.º encamina su pesca en nombre del Dios hijo sin padre del primer siglo, y de la diosa Xochiquetzatl. En el N.º 3.º invoca a los dioses menores, y dioses lares, que son los caseros, entiéndense los animalillos de sus casas, Tlaçolteteo; conjura la caña de pescar, a quien llama espiritado amarillo.

En el N.º 4.º usa de metáfora llamando a las escobas, con que se ha de barrer la casa, dioses como rosas, porque ordinariamente son de minas, a quienes dice, le barran, y quiten los inconvenientes, porque, como sale de noche, no encuentre con alguno, que por alguna causa le ocasione alguna desgracia. El quemar las basuras parece sacrificio al fuego. N.º 5.º El camino, que lleva para su pesca, a que le encamina su padre el Dios hijo sin padre, y su madre Xochiquetzatl es el río, a quien a dedicado su obra; y porque de ordinario estas pescas son de noche, o al amanecer, que es cuando de ordinariamente salen Vapores de los ríos, dice, que humea el camino. N.º 6.º A la lombriz, que pone en el anzuelo, llama espiritado blanco, a quien dice, se abrace con el anzuelo; a éste llama chichimeco, porque es de hierro, metáfora, que hemos dicho muchas veces. Usan también otro conjuro con el anzuelo, el cual es como se sigue, supuestas todas las diligencias dichas:

Ea, ven, mi madre la de la saya de piedras preciosas (N.º 1.º), que aquí vengo a buscar a mis tíos espiritados de siete aletas (N.º 2.º); los de los ojos oscuros; los de las barbas como plumero; los que tienen los lomos con pecas.
Ola, que ya andan por aquí los buscados (N.º 3.º) por todo el mundo; adviertan, que vengo enviado de mi hermana la mujer resplandeciente, la diosa Xochiquetzatl, y que traigo para cogerlos todo género de comida (N.º 4.º); con ella vengo a juntar aquí a mis tíos los espiritados, y los y de llevar luego conmigo (N.º 5.º); que ya los está esperando mi hermana la mujer resplandeciente. Ya está hecha de todo punto, y acabada la estera (N.º 6.º) de la hierba de su madre: ea, tíos llegaos allá. Ea, ven ya, nueve veces golpeado (N.º 7.º), hijo de la de la saya estrellada, no te mueva algo a mohína: o no rezongues, y eches en risa estas cosas, porque primero te ofreceré su sangre caliente, sus corazones amarillos.

Lo primero, que hace es invocar al agua con sus frescuras; lo 2.º dice, que viene a buscar los peces más estimados, que

hay, describiéndolos con todas aquellas circunstancias. Lo
3.° finge, que ya están como presos, y dice por la estimación
del pescado, que todos los buscan; y que es enviado de su
hermana la diosa Xochiquetzatl, lo cual se puede entender
porque encomienda, y consagra esta obra a esta diosa, y fa-
moso ídolo; mas yo me inclino, a que lo dice por su mujer, a
quien da todos aquellos epítetos.

N.° 4.° Dice trae todo género de comida, que es, con lo
que ha de cebar el anzuelo. N.° 5.° en con eso ha de pescar
muchos, y llevárselos a su mujer, que ya los está esperando.
N.° 6.° La estera prevenida, es la Ribera de flores, y alfombra, donde ha de sacar la pesca: mándales a los peces, que
vayan luego, y se lleguen allá dejándose coger. N.° 7.° Invoca
al piciete encargándole no se enoje, ni deje de hacer lo que se
le pide; pues a él se ha de consagrar el corazón, y sangre de
los peces; con que se califica la mucha deidad, que le dan, y
la gran superstición, que con él tienen.

2. La pesca con «calabazos floridos» o nasas

Las nasas, con que pescan son como unos cestos, chihuites
grandes hechos de caña de castilla, anchas de abajo, desde
donde van ensangostando hasta la boca, que queda de manera que pueda por ella entrar el pez, mas no pueda salir, y
por la hechura, que tiene, que es como la de un cerdoso, o
cochino (que así se llama) la llaman ellos Pitzotl, que quiere
decir lo propio, o chihuite. Y a la manera que (como hemos
dicho) para todas cosas se previenen de conjuros, no es menos para esta acción por ser de suerte, y fortuna: y así conjuran la caña, con que se hacen las nasas, y manos, con que
la obran, de suerte, que cuando van a cortar la caña, dicen:

Ea, acude presto, verde Demonio (N.° 1.°), que por ti y venido, y para esto traigo los cinco solares, cuyos fines rematan en conchas: son como si no tuviesen sangre ni color.

Ea, obedéceme ya, verde Demonio, que ya doy principio (N.° 2.°), y quiero fabricar el pecho, del hijo huérfano, el un Dios; no lastimes los cinco solares, advierte, que no tienen sangre, ni tienen color.

Lo primero llama a la caña verde Demonio, por no darle alla por sí alguna deidad, porque no es fructífera, y como solo ha de ser arrancada, y no cortada, dice, que lleva los dedos, y las manos tan encantadas, que no les puede hacer daño, porque son como sino tuviesen carne, ni sangre, y fuesen intangibles, y sin color. Lo 2.°, cuando comienza a fabricar la nasa, la ofrece al Dios huérfano, de quien tantas veces se ha hecho mención, y para darle divinidad por la anchura, y concavidad, que tiene, dice, que es el pecho de este Dios; y vuelve a apercibirle, que no dañe sus manos, y dedos encantados. Compuesta, pues, la nasa, puestos los cordeles, y echado el cebo, lo conjuran todo diciendo:

Ea, acude con presteza, la que eres cabellera (N.° 1.°) de mi hermana la diosa Xochiquetzatl. Ea, no seas perezoso, espiritado pecho del hijo del príncipe (N.° 2.°), que ya pongo en ti, y cuelgo de ti la comida (N.° 3.°), de todo género de peces; comida sabrosa como fruta: atiende a todas partes, vengan a entrar por esta puerta de todas cuatro partes, vengan a comer, y con eso se huelguen, y alegren mis tíos los espiritados, los de siete aletas, los que tienen ojos relucientes, los que tienen las barbas como plumeros divididas, los blancos espiritados.

Ola, no rezongues, no sea que por tu rezongar se yerre esta obra (N.° 4.°); acude de tu parte muy bien, que antes que otro te holgarás gozando sus corazones amarillos, y su sangre caliente.

Lo 1.º A las cuerdas, de que cuelgan los calabazos, que tienen la nasa, para que no se vaya a pique, y de donde cuelga el cebo, que le pone, llama cabellera de la diosa Xochiquetzatl, por darles divinidad, y conjuro. Lo 2.º Conjura la nasa, y llámala divino pecho del Dios huérfano. Lo 3.º Pone, y cuelga de ella el cebo encareciéndola con todos aquellos epítetos, y encarecimientos, como que envidia alla, y a que la gocen todos los peces del río. Lo 4.º Encarga esta acción al piciete, que siempre llevan consigo (o a otro ídolo), pero lo más ordinario es al piciete, a quien le ofrece el corazón, y sangre caliente del pez en sacrificio; con lo cual echan al río la nasa con grande algazara, y alegría; y al soltarla como que se despiden de ella, la encargan el buen suceso, diciendo con la algazara:

Mi florido calabazo (N.º 1.º), ya dejándote pasaré el río. A la, la, aa, ee, yo que padezco necesidad, siendo el huérfano, el un Dios. Hermana mía la de hábito mujeril (N.º 2.º), estate aquí de asiento, estate aquí escondida; no te vea yo en otra parte, no te encuentre yo en otra parte. Piedras y palos, estando como borrachos perdidos, a mi voluntad (N.º 3.º), que yo soy el huérfano, el un Dios,&.ª

1.º Al dejar la nasa en el río, y en la parte, donde se ha de hacer la pesca, se despide de ella llamándola florido calabazo, y que ya sale del río con todo gusto, y algazara, representándole su necesidad, haciéndose persona del un Dios tan repetido de ellos, a quien aquí invoca. Lo 2.º Llama a la nasa de hábito mujeril, por la traza, que tiene, encargándole se esté donde la puso, que no se mude de allí, y que se esconda, para hacer mejor su oficio. Lo 3.º Conjura las piedras, y los palos del río, para que no hagan daño, y luego concluye diciendo, que él manda, él que es el Dios Hijo sin Padre, en cuyo nombre, e invocación hizo toda esta fábrica de maldades.

3. Pescadores de corrales y cercas

Cuando pescan con corrales, y cercas, les hacen de cañas, o varas: habiéndolas ya dispuesto, y conjurándolas, como a todas las demás cosas; e instrumentos, se previenen de su común compañero el piciete, y yéndose al río conjuran los peces diciéndoles:

Tíos míos los pintados, y teñidos a manchas; los que tenéis las barbas, los cuernos, y las aletas como plumeros hermosos, o turquesas: venid acá, y daos mucha prisa a venir, que aquí os llamo, aquí os busco, yo en persona, el un Dios.

¿Habéis entendido? aquí os vine a poner, aquí os vine a aderezar una cerca rica, y de diversos colores (N.º 1.º), dentro de la cual os habéis de holgar, y tener muchos placeres; donde con buen logro buscareis todo género de comida, y de ella la más escogida.

Ea, dad os prisa a venir, que no se entiende este mi mandamiento para mañana, ni para el día siguiente: para luego, es que ya viene por vosotros, y os y de llevar, que os está esperando mi hermana la diosa Xochiquetzatl (N.º 2.º); mi hermana la diosa del sustento (N.º 3.º): cuando vine, ya os tenía extendida vuestra alfombra hermosa, y de diversos colores, y vuestro hermoso, y jaspeado asiento, donde os asentéis en llegando; ya está esperando para daros de su preciosa bebida, y las sobras de su comida (N.º 4.º), que las habéis de comer, y beber en su compañía.

¿Por ventura llamo yo a solo uno? (N.º 5.º), ¿por ventura a solo uno voceo? a todos cuantos hay llamo, así a los muy mozos, como a los muy viejos, y a los más señalados: a todos juntos los llamo, yo que soy el huérfano, el uno Dios.

Lo primero, es llamar a la cerca o corral de diversos colores, porque se hace de cañas, y de otras varas, significándola debajo de la metáfora de los miradores, donde pone el cebo encareciéndole con todos aquellos epítetos, para aficionar, y atraer los peces, en cuya conformidad los llama, que es como conjurarlos, para que vengan, y entren en la cerca. Lo segundo: llama a su mujer la diosa Xochiquetzatl en la forma, que en otras ocasiones la nombra, por alabar su hermosura; y luego, N.° 3.°, la llama diosa del sustento por el oficio de disponer la comida, y tratar de ella en su casa.

Es decir, que tiene prevenida alfombra de diversos colores, donde se asienten, como en jaspeado asiento, es metáfora, que usa, de que está el agua prevenida, para los peces, que llevare vivos por lo cual en el número 4.° dice, que les dará de su preciosa bebida, que es el atolatl, atole aguado, y las migajas de lo que le sobrare, con lo cual se sustentarán, y no se morirán; que es muy ordinario en estos por mayor fineza de regalo presentar algunos peces vivos esto es principalmente cuando dentro de estos corrales, y cercas los cogen. En el N.° 5.° entra el conjuro de llamarlos a todos en nombre del hijo único sin padre, que es el mismo Demonio. Puestas, pues, sus cercas, y corrales para estorbar el daño, que otros animales del agua nocivos pueden hacer, les conjuran diciendo:

Tú, mi hermana flor del calor (N.° 1.°), del vestido ceniciento, guarte no vengas aquí, que si aquí te veo, te mataré: ea, todo el mundo se vaya, y se esconda; los dañinos pardos, y los verdes perros de agua no vengan aquí, no parezcan aquí, que hasta las piedras (N.° 2.°) se han de desatinar por obedecerme, que yo soy el huérfano, el un Dios; y aquí llamo, aquí busco a mis tíos los espiritados, los pintados y salpicados de manchas.

Lo primero es desterrar con este conjuro al caimán llamándole flor del calor, porque nace con el calor del Sol en los arenales, donde ponen las hembras los huevos, y de allí salen para el agua. Lo, segundo, conjura todo género de animalejos nocivos con tanto encarecimiento, que ni aun las piedras han de entrar en las cercas; y esto con la autoridad del Demonio hablando en su nombre; y por fin se encomienda al piciete, que lleva consigo, diciendo:

Ea, el nueve veces golpeado, el nueve veces aporreado, acude con diligencia en mi favor, que tú eres la guía, y el dueño de toda esta obra, que y de hacer en el agua, que son mis palacios, para lo cual te llevo conmigo al lado del corazón.

Conque se echa de ver, que no hay acción de ninguna calidad, que sea, donde no entre el piciete, poniendo en él toda confianza.

Capítulo XXVII. De las supersticiones, que los indios tienen en la industria de trajinar, cortar madera, y hacer cal

1. Supersticiones de los leñadores

No es la de menos importancia la industria, que estos naturales tienen del trajino de la leña, vendiéndola por su cuenta, o cortándola para venderla por cuenta de los que en el monte se la compran; donde también, como en todas las demás cosas, se valen de sus conjuros: a este de la leña se pueden reducir todas las industrias, que tienen en la madera; conviene a saber: vigas, tablas, tajamanil, y otras conforme a las tierras, donde viven; de manera, que habiéndose entendido el conjuro del árbol, es fácil alcanzar las supersticiones, que hicieren en los demás géneros, que proceden del.

La primera prevención que tienen para cortar madera, o hacer leña, es la del piciete, encargándole la obra, que van a hacer, y sus personas; para que no les suceda alguna avería, dícenle en esta forma el conjuro:

Ea, ven ya en mi favor, el nueve veces aporreado, hijo de la de la saya estrellada (N.° 1.°), que subes al infierno, y al cielo: ¿en qué piensas ahora? huélgate, que ya finalmente y venido yo, sacerdote príncipe de encantar, y hechizos. Yo que soy el Dios Quetzalcoatl (N.° 2.°), y traigo al Demonio Chichimeco bermejo (N.° 3.°), espejo bermejo, no me codicies, no me hieras Demonio, cuya suerte es un agua (N.° 4.°); ¿en qué piensas ahora? pues ya ha llegado el tiempo, cuando arrojarte y a sus espinillas debajo del lado izquierdo, al ministro, que es el chichimeco colorado.

Conjura al piciete, y hácelo hijo de la diosa Citlatlicueitl por las virtudes, que tiene, y divinidad que le da. Lo segundo, se hace el Dios Quetzalcoatl, invocando a este ídolo y con él al Demonio con ese nombre. 3.º Conjura luego la hacha llamándole como siempre chichimeco, y por lo que reluce le llama espejo, y mándale que no le hiera, ni le haga daño alguno debajo de la metáfora «no me codicies, &c.». Y luego conjura en 4.º lugar al árbol: llámalo hijo de ce atl, que es signo de las aguas, porque en ellas tienen los árboles sus dichas, que es el crecer con ellas (frase de que de ordinario usan); dice lo demás porque ha de cortarle con el hacha, significando la acción del cortar, en que el que corta con la mano derecha en el lado izquierdo del árbol, que se corta; y como es en bajo, lo significa por el lugar de las espinillas.

2. Conjuros al hacer los hornos de cal

Una de las más principales industrias, que los indios tienen, donde no hay montes, es el hacer cal para trajinarla, y aún en esto no están libres de supersticiones; antes sí como en las demás cosas. Lo primero, pues, que hacen es cortar la madera, sobre que se ha de armar el horno de cal, y para cortarla conjuran el hacha diciendo:

A ti digo, chichimeco bermejo, que aquí está el sacerdote para consumir, y quemar este árbol ce atl, que con esto y de dar vida (Por crecer con el agua), o engendrar a mi hermana la mujer blanca (la cal); ¿qué se te alcanza de esto, chichimeco?
Y tú Chichimeco, no has de codiciar (idest, herir) a los sacerdotes, que traigo conmigo (las manos, pies, y dedos), que no tienen sangre ni color; yo soy el que lo mando, el príncipe de los encantos.

Habiendo dicho todo esto, y cortado la madera, todo lo cual está inteligible por lo dicho atrás, pone por fundamento la leña: como se acostumbra, hácele su conjuro, diciendo:

> Ven acá, espiritado, cuya dicha está en las aguas: tiéndete en mí encantado horno de cal, allí te haz de convertir en humo, y niebla, y con eso se engendrará mi hermana la mujer blanca.

Después de puesto el lecho de leña conjuran la Piedra, de que se ha de hacer la cal, y poniéndola, la conjuran así:

> Ven tú, mi hermana la muerte, que aquí as de revivir, y nacer: este efecto harán en ti mis criados, bebiéndote, y comiéndote. Yo lo ordeno así, el príncipe de los encantos.

Llaman a las piedras de que se hace la cal muertes, porque parecen calaveras; donde decir, que sus criados las han de comer, y beber, se por metáfora decir, que los leños las han de quemar. Puesto esto ya en punto, y bien dispuesto, conjuran el fuego encargándole con todo respeto, que haga muy bien su oficio, diciéndole:

> Ven en mi ayuda, tú, mi padre cuatro cañas ardiendo con cabellos rubios; tú que eres la madre, y padre de los dioses, ya puedes venir, que ya traje mi estera de rosas: en ella te haz de sentar, pero no para estar de asiento, que haz de pasar de prisa, y haz de comer, y beber, y te haz de volver presto, para que presto se engendre, y nazca la mujer blanca; para esto te esperan mis criados: no lo manda quien quiera, yo, el príncipe de los encantos.

Todo este conjuro al fuego es muy ordinario, según que lo tienen de costumbre todas las veces, que lo invocan; solo hay en que reparar en el llamar de estera de rosas, en que se ha de sentar, aunque no de asiento; porque entiende en esto la camisa de ramas secas, conque se encienden los hornos de cal; y los criados, que esperan, son leños, que están por asiento de las piedras de la cal. Para que no se ahogue el fuego, y suba a lo alto, y haga buen efecto, quemándose bien sin dañarse, conjuran el aire para que sople el fuego, diciendo:

> Ea, ya ven, mi hermana la verde mujer: ve a dar prisa, para que se dé mucha prisa mi padre las cuatro cañas encendidas (vuelve otra vez).
> Ven ya tú, verde viento; ven a dar prisa a mi padre las cuatro cañas encendidas: en que emperezas: hazle que se dé prisa para que se engendre, y nazca la mujer blanca, y gocemos de su cara.

Mientras se quema el horno de cal, anda listo el pulque, y la borrachera, donde no es dudable, se lo echaran al fuego, y al horno, que lo uno es consecuente de lo otro: llamar al aire verde, no es porque tenga color, sino por el color de las hierbas, que son verdes, y en ellas se manifiesta el aire cuando las mueve, por conocerse en eso hacer aire.

3. La arriería tiene también sus conjuros idolátricos

Otra industria tienen para su trajino, que es el ser arrieros; para lo cual tienen también sus encantos, y conjuros no menos idolátricos, y endemoniados, que todos los demás; y así cuando han de hacer alguna carga, y llevarla, hora sea propia, o ajena, o hora sean muchas: comienzan su conjuro, habiéndose prevenido primero de su piciete, conjurando primero las enfermedades y ofensa de animales; para lo cual dicen así:

No me ofenda algún género de olores (N.º 1.º); embestid y empleaos en las manos, y pies de tus que habitan donde los dioses. Y tú, señor verde golpeado (N.º 2.º), verde aporreado, acude a mi favor que yo soy señalado encantador, y el Dios Quetzalcoatl, que no soy quien quiera.

Ea, Buboso (N.º 3.º), un día ayúdame, para que yo me anticipe a ti, y ande primero el camino, que tú irás después: y andarás después tu camino, porque antes que lo acabes, haya yo pasado los llanos, y barrancas, y quebradas, que yo no hallare.

No me ha de dañar la desigualdad del suelo (N.º 4.º), de la tierra, y su rostro fofo, que verdaderamente no es tierra fofa, porque yo y de ir por encima del mismo cielo.

Primeramente conjura aquí los males, y los echa a los animales que habitan los montes, en quienes pueden empezar, y no en él. Lo segundo invoca el piciete e invoca al Dios Quetzalcoatl, teniéndose por él para manifestar su poder; lo tercero invoca al Sol, según la fábula, llamándolo Buboso, y dícele le encamine su viaje antes, que llegue la noche, porque haya pasado todos los peligros del camino: lo cuarto pide favor, para que las barrancas y demás riesgos del camino no le dañen, que ha de ir tan seguro como si caminara para el cielo. Encamina luego su conjuro a la carga, y dícele alzándola en peso:

Ea, mi carga, quierote probar, quiero alzarte para ver que tal eres. ¿Eres pesada?

Vuelve a hablar luego con el piciete diciéndole:

Ea, Pues, ayúdame señor verde aporreado (N.º 1.º), que ya, yo y venido. Yo el sacerdote, o el Dios Quetzalcoatl; el Dios culebra de plumeros, príncipe de los encantos, que quiero ya cargar esta carguilla, que para eso van aquí 400 sacerdotes del hijo de los dioses, que la han de cargar y llevarla por el camino a esta carguilla: advierte que soy como si no tuviera carne, ni sangre, ni color: Pero yo ni tengo carne, ni sangre, ni color, porque soy sacerdote, soy el Dios Quetzalcoatl, que no soy quien quiera: soy príncipe de encantos, que quiero ya cargar este cerro aparente, o encantado (N.º 2.º). ¿Quién lo forjó, o quién lo hizo? ¿quién, sino yo? (N.º 3.º). Ven acá tú, el de las hojas como alas, que ya y venido, que se me ha llegado la hora de caminar, y llevar a los que tienen cabezas, y corazón de carne (N.º 4.º).

Y tú, señora tierra, cari golpeada (N.º 5.º), no me ofendas, no me lastimes, ya que eres un conejo boca arriba, que aquí se quebrantan, aquí se abren de los pechos: conejo boca arriba.

Lo primero es aquí invocar al piciete, y decir, que le ayude, que es el Dios Quetzalcoatl, que es un Demonio encantador, y que tiene 400 demonios, que son los sacerdotes encantados, criados suyos, que le han de ayudar a llevar su carga; y que él es tan encantado y tan divino, y endiosado como si no tuviera carne ni sangre, ni color alguno, con que acredita sus fuerzas, y la confianza que tiene en el ídolo.

Lo 2.º llama a la carga cerro encantado, que él lo hizo, y lo formó debajo de esa metáfora. 3.º Nu.º Torna otra vez a invocar el piciete con nuevos epítetos; y lo cuarto hace mención de los animales, que han de cargar, mulares, o caballares, con decir, que tienen cabezas, y corazones.

Lo último es invocar a la tierra, llamándola cari golpeada, porque la pisan, y llamándola como siempre conejo boca arriba: pídele, pues, que no se abra de los pechos cargando, que es el último riesgo que puede padecer; y con esto va su camino con su carga, muy contento, con su conjuro, como todos los demás labradores y pescadores con los suyos, que todos se reducen a estas tres cabezas, con la industria que tienen en ser labradores, pescadores, y trajineros.

A los mercaderes no les faltan sus embustes, que aunque no y hallado conjuro en particular para eso, es muy cierto, que en sus mercancías entran idolillos, a quienes invocan para el buen suceso de su compra, y venta; los cuales usan las indias ponérselos en las fajas, y también entre los géneros, que venden.

4. El pulque y los volantines y «temazcalli»

Todo esto es tan ordinario, que está hoy en la ciudad sucediendo, que es donde menos se repara, y donde más a su salvo obran estos ministros de Satanás sus embustes; como me consta, que cuando hay fiestas de voladores, les echan pulque a los palos antes de comenzar a volar; sin reparar los que ven esta acción en las palabras, que les dirán. Lo mismo hacen en los baños nuevos, que llaman Temazcalli, que quiere decir casa de baños: en que para más disimular las bellaquerías, que usan para estrenarlo, se valen de algún ministro de su pérfida doctrina lo bendiga, con que acreditan su piedad y disimulan su idolatría, después de lo cual entra el echarle el pulque, y ofrecérselo al fuego: hánme certificado todo esto personas de toda satisfacción.

Sucedió también en esta ciudad el año, de 1647, siendo provisor, y vicario general de los indios el doctor don Juan de Pareja, canónigo de esta santa Iglesia, castigar un indio del pueblo, y doctrina de Nuestra Señora de Guadalupe, extramuros de esta ciudad, al cual, teniendo trato de pulquero, conque estorbaba a que los indios fuesen a la Iglesia a misa, y acudiesen a la doctrina, se le hallaron en su casa unos idolillos, mucho peyote, y una cabeza de mico; y aunque en cuanto a los idolillos procuró vanamente disculparse con ocasión, de que cavando en un cerro los había hallado, no pudo tener legitima excusa, porque los acompañaba con una hierba, o semilla tan sospechosa como el peyote, y con que tienen tanta cuenta para sus curas y adivinaciones; teniendo asimismo la cabeza de Mico, de cuyos pelos echaba en el pulque, para que se le vendiese; y yo la vi tan pelada, que se manifestaba, que había mucho, que se usaba de ella.

Y tengo por cierto para mayor lástima, y confusión nuestra, que todos dentro, y fuera de la ciudad, y en todo el reino están apestados pasiva, y activamente: unos porque usan todos los conjuros, embustes, y supersticiones, que y referido; y otros pasivamente, consintiendo, que hagan, y usen de ellos, principalmente en sus curas; siendo esto con tanta confianza en sus conjuros, y sortilegios que aunque sin ellos tuvieran mejores efectos a veces de los que tienen con sus abusos (que muchas veces son muy malos), no quedaran satisfechos, de que podría sucederles bien, sin usarles; y con tan poca fe del favor, y auxilio de Nuestro Señor, que no temen su divina justicia, y el castigo, que hacerles puede; temiendo solo lo quede las causas naturales les puede venir, por reconocerlas con deidad: por lo cual temen su castigo, y no hay cosa que no conjuren, y en que no invoquen sus falsos dioses.

Y como no viven con la seguridad, y simplicidad que los verdaderos cristianos, que fiados en Dios no temen más que a su poder y divina voluntad; les sucede lo que dijo Plutarco en sus morales. No teme el mar quien no navega; no teme la guerra quien no pelea; no teme salteadores quien se está en su casa; no teme calumnias el pobre, &c. At superstisiosus omnio timet, terram, mare; aerem, coelum; tenebras, lumen; strepitum, silentium somnium, de todo tienen miedo, y todo lo conjuran, y en todo tienen sus invocaciones como hemos visto ya en tanta diversidad de cosas, y conjuros que arriba tengo propuestos.

5. Cuidado y desvelo para aclarar y entender las
supersticiones de los indios

Todo esto es muy cierto, que no son mentiras, ni fábulas lo repetido y contado, aunque las cosas en sí sean mentiras y fabulosas, y quimeras del Demonio, conque los tiene engañados; porque todos son sucesos averiguados, y probados, e inquiridos por ministros tan cuidadosos, y vigilantes como el licenciado don Pedro Ponce de León, y el licenciado don Fernando Ruiz de Alarcón, y otros de los Primitivos padres; de cuyos papeles así de unos, como de otros me y valido: y aunque estoy muy ufano, y muy agradecido a Nuestro Señor de haberse servido de darme licencia para que con mi trabajo (que no ha sido pequeño) haya juntado, y concertado todas estas materias, que ha sido muy difícil el hacerlo, porque en muchas declaraciones de ellas ha sido menester mucho cuidado y desvelo, y consulta así para entenderlas, como para digerirlas, y aclararlas para que se entiendan.

Hubiérame consolado mucho yo, si estos autores, tan graves ministros, y santos, y otros que han faltado, las hubieran escrito; porque lo hubieran hecho con más inteligencia, y con conocido aprovechamiento de los ministros: pues en estos veinticinco años, que han pasado, pudieran haber destroncado y arrancado tan perjudicial cizaña, como a cundido y está hoy en día cundiendo por todo el reino; porque se hubiera adelantado este tiempo, y remediado lo dañado, y estorbado juntamente lo que en su intermedio se ha inficionado.

Mas el favor de Dios Nuestro Señor, en cuyo nombre se ha de obrar, en todo tiempo ha de ayudar, por ser en defensa de su honra, exaltación de su santa ley, y fe católica; y remedio de una gente, a quien de justicia debemos el favor, y ayuda espiritual, para que se salven como cristianos, que son bautizados, y redimidos con la sangre de Jesu Cristo Nuestro Señor; y por lo mucho que sirven, y son de importancia al servicio de nuestro católico monarca Filipo IV el Grande en sus repúblicas sirviendo a sus republicanos, y a nosotros todos, a quienes incumbe el procurar, que sirvan a Dios Nuestro Señor, y con pureza crean y guarden su santa fe católica.

Capítulo XXVIII. Del remedio breve, que todas estas materias piden; y lo mucho que le incumbe a nuestro rey, a sus virreyes y ministros el procurarlo

1. La bondad fingida es malicia

El angélico doctor santo Tomas 2.° 2ae q. 92, artículo décimo, dice, que la superstición est vitium religioni oppositum secumdum excessum. Es un vicio opuesto a la religión con exceso; no porque dé más veneración de lo que enséñala verdadera religión, sino porque da esta veneración, o a quien no se debe, o no con el modo, que se debe.

Todas las materias que hemos tratado de los indios, no solo son supersticiosas porque se oponen a la verdadera religión y católica fe, dando veneración, y culto divino, a quien no se debe, sino también por ser con modos indebidos, e ilícitos, conque es formal y verdadera idolatría, oponiéndose tan de veras a la veneración, y culto divino, que a Dios Nuestro Señor se debe, que quitándolo de su divina, y soberana majestad, lo ponen en los palos, en las piedras, y en falsos y fingidos dioses.

La idolatría, que el día de hoy cometen estos indios, está tan envuelta en hipocresía, que se puede muy bien decir de ellos, lo que dijo san Gregorio en el libro 1.° de sus morales: Ve peccatori ingredienti duabus vijs. Desdichado de aquel que quiere entrar por dos caminos, y por dos caminos andar, que es obrar uno, y conocer otro: así estos miserables indios en el estado, que hoy están, quieren parecer cristianos siendo idólatras, pareciéndoles, que lo uno, y lo otro pueden estar junto; afectan mucho las cosas de nuestra santa fe, mostrando allas gran veneración; mas no se olvidan de sus antiguas mañas; de quienes podemos decir lo que dijo san

Agustín sobre el salmo 23: *Simulata aequitas non est aequitas, sed duplex iniquitas.*

Una fingida bondad no solo no es bondad, sino que es doblada malicia; quieren estos parecer cristianos, siendo idólatras; usan del traje de corderos, siendo lobos; quieren parecerse a los verdaderos cristianos, siendo verdaderos idólatras, queriendo las más veces en sus conjuros, curas, y supersticiones imitar los ministros de la Iglesia, y usurparles sus oficios, imitando en esto a Satanás, que quiso usurpar a Dios Nuestro Señor su gloria, y honra, e imitar sus acciones: expresamente habla en ellos el apóstol de las gentes san Pablo en la Carta 21 a los de Corinto, capítulo 11: *Nam ejusmodi pseudo apostoli, sunt operarij subdoli, transfigurantes se in Apostolos christi. Et non mirum: ipse enim Satanas transfigurat se in Angelum lucis: non est ergo magnum, si ministri ejus transfigurentur velut ministri iustitiae: quorum finis erit secumdum opera eorum.*

No hizo Dios Nuestro Señor cosa con su pueblo en la ley escrita para fundar la ley de gracia, que el Demonio no quisiese remedar en estos miserables, para que cuando llegase a su noticia la ley de gracia, tuviese él conque divertirlos de manera, que habiéndola recibido por medio de la predicación del Evangelio, y las aguas del santo bautismo, tuviese traza, conque pareciesen cristianos, sin olvidarse de sus antiguos ritos, y ceremonias, haciéndoles entender, que lo uno y lo otro se podía observar, y que pareciendo lo que no son, fuesen lo que no parecen; pues pareciendo verdaderos cristianos, no lo son, y siendo idólatras formales se ocultan de manera, que son verdaderos hipócritas pretendiendo engañar sus ministros.

Por eso dice Dios por Sofonías en el capítulo 1.°, n.° 8.°: Visitabo super omnes, qui induti sunt veste peregrina. Ha de hacer Dios una visita, y pesquisa, para castigar a los que están vestidos con vestidura de muchas colores, contra aquellos, a quienes dan en rostro las vestiduras propias de su misma patria, y nacimiento, use van a vestir de los trajes, y vestidos de los extranjeros: a aquellos, de quienes dice el doctor máximo de las Escrituras san Jerónimo (cuyas son todas las siguientes palabras): que no contentos con el hábito puro, y limpio de las virtudes, imitan los ritos, y ceremonias de las gentes extranjeras, y gentiles. *Qui patriam, et auitam religionem non curant, inanes, et peregrinas superstitiones prosecuuntur.*

Dejan la religión, y culto de su patria y de sus antepasados, por imitar las supersticiones de los extranjeros; aquellos que dejando la pureza de la fe, degeneran de quien son con la multiplicidad de sus quebrantamientos: *et in uno corpore plures personas agere, in uno homine plures mentiri homines videntur.*

Bien podemos entender esto destos indios, pues tienen tanta diversidad de pareceres, y son de ánimo tan flacos, que fácilmente lo convierten ya a una superstición, y ya a otra: ya se fingen unas veces en sus mentiras, y conjuros uno de los dioses de su gentilidad, ya otras veces otro, para hablar en persona de ellos invocándolos. Y lo más peligroso en ellos es, que en estas materias, apostatando de las leyes divinas, y ceremonias de la Iglesia, en que fueron reengendrados, siguen los cultos, y ceremonias de sus antepasados; inclinación, que está embebida en su misma sangre para la propensión a la idolatría, y superstición; y esto con tanto fingimiento, y simulación, que no solo son supersticiosos, y formalmente idólatras, sino hipócritas, vistiéndose estas vestiduras de color peregrino: *Induti sunt veste peregrina.*

Y dijo Ruperto: *Quam, qui sibi induit, unus esse desinit, multiplex constituitur.* Apostatando de nuestra santa fe, y dejando de ser verdaderos cristianos, se transforman en tantos géneros de maldades, cuantas supersticiones, y embustes hacen, y hacen hacer a otros.

2. Las congregaciones no enmiendan las costumbres
de los indios

Y si todas estas materias dieron tanto cuidado ahora setenta años, cuando por ellas se motivaron las congregaciones,
pensando todos, que sería el universal remedio para estorbar semejantes idolatrías, y abusos de los indios, a que tan
celosa y santamente arrimó el hombro la católica majestad
del Salomón de las Españas, el rey Filipo II, Nuestro Señor:
hoy que han pasado tantos años, como son más de setenta,
y que no a habido enmienda, ni le reconoce haber sido remedio el de las congregaciones, sino que antes, si cometían
estos delitos, parece que era retirándose a los montes, y no
como hoy los cometen en los montes, en los pueblos, entre
nosotros, y aun a vista de los ministros, porque procuran
paliarlo todo, y disimularlo como hipócritas idólatras; qué
remedio no pide?

Y va cundiendo de manera, que apenas hay pueblo, ni
doctrina donde unas, o otras cosas no se cometan. Dijo san
Bernardo: Serpit hodie putrida tabes hypocresis per omne
corpus Ecclesiae, et quo tolerantius, co desperatius, eoque
periculosius, quo communius. Esta enfermedad ética, o tí-
sica de tanta corrupción, y tan mortal como es esta simulación de estos indios va cundiendo de manera, que mientras
más se tolerare, menos esperanzas ha de haber de remedio,
y mientras más se comunicare, será más peligrosa. El remedio de ser luego, no se ha de dilatar; porque si en las enfermedades corporales, donde solo se pierde el cuerpo, que ha
de resucitar, y de mejor calidad, que cuando murió, como
lo dice la fe, son necesarios los remedios luego, y eficaces

para oponerse a la muerte natural, conque amenazan los accidentes de las enfermedades: cómo se han de dilatar los remedios que curan el alma para preservarla de que muera eternamente; pues aún para la salud corporal es más provechosa la medicina cuando comienza la enfermedad, que no en los fines, donde los remedios son más dificultosos, como dijo Ovidio: *Sero medicina paratur, Cum mala per longas invaleure moras.*

Y un adagio latino dice: *Haud facile dediscuntur a senibus vitia, quae pueri didicerint, et in omnem inhaeserint vitam.* Muy difícil es de desarraigar un vicio en la vejez, que se comenzó en la mocedad, y toda la vida se ha usado. Por eso dijo san Isidoro, libro 1.º, solloquiorum: *Dificile est peccati consuetudinem vincere, pravus usus aboletur, assidua consuetudo vitium in naturam convertit, animus sceleribus astrictus vix ab eis develli potest.*

Todos los males destos miserables indios son males en la vejez adquiridos en la mocedad; pues habiendo pasado 136 años después de la publicación del santo Evangelio, se quedaron con aquellos resabios de su gentilidad, habiéndolos usado por tantos tiempos antes de las congregaciones, conque después acá ha sido la idolatría en ellos costumbre, y mal uso, y no solo convertido en naturaleza, sino también demanado de su misma naturaleza, en que es más dificultoso el remedio.

Todo esto he traído para de aquí sacar la necesidad, que tienen estas materias de remedio, el cual se debe poner luego; porque si la regla del gran doctor de las Escrituras, san Jerónimo, en la epístola 7, cerca de las cosas de la religión dice: *Nos sunt contemnenda, quasi parva, sinequibus magna constare non possunt;* que se ha de reparar en menudencias de las cosas pertenecientes al culto divino, y pureza de la religión cristiana, porque de ellas dependen las cosas grandes de la misma religión.

Cómo puede padecer dilación alguna el remedio, no de menudencias en lo ceremonial (de que habló san Jerónimo), sino de cosas esenciales en la sustancia, y fundamento de la fe y creencia, que estos miserables tienen obligación de tener; y de que verdaderamente, y con efecto apostatan tan a cada paso como hemos visto, y nos enseña la experiencia, que nos avisa, y amonesta, que no puede dilatarse más el remedio.

3. Auxilios eficaces para destruir idolatrías y supersticiones

Este ha de dar la católica, y cesárea majestad de nuestro católico monarca Filipo IV el Grande, rey de las Españas, y emperador de las Indias; pues son suyas, y donde el brazo de su invicto bisabuelo el emperador Carlos V de felice recordación, plantó la fe, y con su poder trajo, el Evangelio, y de su mano entró en la Iglesia a estos indios, y ajustándolos a la ley de Dios, y del Evangelio les dio leyes políticas, conque viviesen, y así pues corren por su cuenta: es menester, para la pureza de la religión cristiana, que con todas demostraciones, y por todos caminos, con auxilios muy eficaces, y muy vivas demostraciones mande remediar tantos daños, para que de una vez se atajen, y destruyan estas supersticiones, y no cunda cada día más el cáncer de la idolatría.

El águila de la Iglesia, san Agustín, en la epístola 50, dice, que los reyes sirven a la religión católica, con diferencia, que los demás vasallos, y personas inferiores a su grandeza: porque éstos sirven a Dios, a su religión, y fe católica con las costumbres; mas los reyes con las costumbres, con el poder, y fuerza real de su imperio, ensalzado la gloria, y honra de

Dios, defendiéndola de quien la puede manchar, y, de hecho la mancha.

En ningún rey católico del universo mundo se hallarán dos cosas tan necesarias, y tan heroicas, como se hallan en nuestro católico monarca cuarto el grande, que Dios guarde: que defiende con el poder, y obliga con las costumbres a la pureza de la religión con tantas demostraciones de cristianísimo, catoliquísimo, y piadosísimo, como hace cada día, principalmente en este nuevo mundo, toda a fin de que esta gente, por su mano, y la de sus progenitores recibió la fe, se conserve en ella, y nunca falte a la obligación que tiene.

Aquel blasón que el profético evangelista Isaías dio a la Iglesia en general en el capítulo 60, parece que dijo muy en particular por la congregación de los fieles indios en este nuevo mundo. *Erunt Reges nutritij tuj: et mantilla regum lactaberis*. Dice, que los reyes habían de ser los que la habían de criar, como el padre, y la madre a sus hijos; porque en hecho de verdad nuestro católico rey es padre y madre destos indios según vemos el cuidado, que de ellos siempre tiene, y lo mucho, que los encarga a sus excelentísimos virreyes, y príncipes eclesiásticos; y la mucha hacienda que le cuesta a su majestad el sustentarlos en justicia, y doctrina; y así muy bien puede decirse, que *mamilla Regum lactaberis*; pues los setenta leen, Diuitias Regum comedes.

Tantos salarios como paga a ministros seculares, y eclesiásticos; tantas limosnas como hace a las religiones, de cera, vino y aceite; todo a fin de que todos enseñen la ley de Dios a estos naturales, y sean conservados en justicia: acción que no puede padecer calumnia alguna de enemigos extranjeros, de que digan no ser ésta fineza, cuando por otra parte, son tan grandes los emolumentos; pues vemos con la fineza, que este piadosísimo monarca obra en las islas Filipinas, y en las tierras de bárbaros chichimecos, donde hay sobrados y grandes gastos, y emolumentos ningunos: con que no hay calumnia, que valga, ni argumento, que no se desate, porque solo pretende la honra de Dios, y exaltación de su santa fe, como el gran patriarca Abraham, de quien se dice en la divina Escritura, Génesis, capítulo 21 n.º 33.º *Abraham plantavit nemus in Bersabee*, que plantó, o hizo un jardín, o bosque de recreación.

El hebreo, en lugar de nemus, vuelve arborem, y en plural árboles frutales para regalar a los huéspedes, que llegasen a su casa; y dicen los hebreos en su Targo Hierosolimitamo, que este huerto, o jardín le plantó Abraham de lindas, y exquisitas frutas, y que a los huéspedes, y peregrinos que llegaban a su casa, los regalaba con ellas, dándoselas de balde, y de gracia. *Nihil aliud exigens pro pretio, nisi vt conditorem, Rectoremque coeli, et terrae agnoscerent, et colerent, cuiuis nempe donum esset quidquid comedissent, et bibissent.*

Cuántos reinos, cuántas provincias sustentan los reyes de España sin interés alguno a expensas de su real patrimonio, y hacienda, plantando en ellas el jardín de la fe, sin otro fin, ni interés, que el celo santo de Abraham, de que conozcan a Dios criador de cielo y tierra, y a su unigénito, hijo, Cristo Señor Nuestro, solo para que se salven, y gocen de vida eterna, como dice san Juan, capítulo 17, n.º 3.º *Haec autem est vita aeterna, ut cognoscant te solum Deum verum, et quem misisti Iesum Christum.*

4. Precisa un alto grado de virtudes en favor, ayuda y enseñanza de los indios

Es de tanta importancia el que nuestros monarcas, y reyes de España tengan este celo de la religión cristiana, y el deseo, de que las bárbaras naciones conozcan a Dios, y a su unigénito, hijo Cristo Señor Nuestro, y lo recibe su divina majestad tan agradablemente, que no solo obran sus acciones cuando en esto se ocupan, sino la relación de sus virtudes, y actos religiosos de piedad, y de verdaderos católicos.

El padre fray Juan Márquez, en su gobernador cristiano, libro 2.°, capítulo 16, p. 2.°, cuenta que los padres fray Bernardo de Gracia, y fray Sebastián de santa Mónica de la religión de san Agustín, en la india oriental convirtieron tres reyes poderosísimos a nuestra santa fe; y que el primero, que era rey de dos muy poderosos reinos el uno llamado Pomba, y el otro Pate, habiéndole hecho relación de las virtudes heroicas del rey nuestro señor y santo Filipo III cerca de su piedad, celo, y obediencia a la santa sede apostólica, se encendió de manera, que deseó imitar las virtudes de tal rey; y fue de manera su deseo, que luego se bautizó nombrándose Filipo por nuestro rey; y fue de modo su conversión, que llevó con grandísima paciencia los trabajos, que se le siguieron, perdiendo sus reinos, solo por ser cristiano; porque sus vasallos se le revelaron, y negaron la obediencia.

Pues si esto hace sola la relación de las acciones de un rey de España en partes tan remotas, qué efectos no harán sus obras en esta Nueva España, en que ya no obra personalmente *inmediatione suppositi*, como dice el filósofo, obra *immediatione virtutis*. Obra por medio de su poder, como el Sol, que en lo más íntimo de las entrañas de la tierra produce el oro y piedras preciosas con su calor; por medio de sus excelentísimos virreyes obra las maravillas, que vemos de su piedad, de su religión, y culto divino, y más con la eficacia de la devoción de un excelentísimo señor duque de Alburquerque, que por tantos caminos a sabido ejecutar la piedad, y devoción de los reyes de España, y de nuestro católico monarca Filipo IV el Grande, y mostrar la suya, como la experiencia lo enseña, y lo publica la fama.

Cuando murió el rey Antioco en Babilonia, rey de los asirios, Lisias, su capitán general y ayo y tutor de su hijo Antioco, cuya crianza estuvo a su cargo, luego que murió Antioco el rey, entregó el reino a su hijo. *Ex cognouit Lysias quoniam mortuus est Rex, constituit regnare Antiochum filium ejus, quem nutriuit adolescentem: et vocauit nomen ejus Eupatorem.* Machabacrum. 1, capítulo 6, n. 17.

Entregole el reino a su hijo Antiocho, y llámolo Eupator, et vocauit nomen ejus Eupatorem, porque era costumbre entre los babilonios, y asirios, que los que entraban de nuevo en el imperio, usasen de vestiduras reales nuevas, y se pusiesen nuevos nombres, como lo dijo Serario, libro I, Josué, capítulo 2.°, q. 4, y así se puso Antiocho el nombre de Eupator, que quiere decir *Bonus Pater, vel Patris amator, buen padre o imitador de su padre*; con lo cual Lisias dio a entender, que daba a los asirios un rey como dijo Apiano: dichoso por las virtudes de su padre, y que había de ser buen padre para su reino.

¿Con cuánta mayor razón le viene a nuestro católico monarca Filipo IV el Grande el nombre de Eupator? pues tiene que imitar las heroicas virtudes del invicto emperador Carlos V, su bisabuelo. No las acciones de Antiocho en Jerusalén, agravios, y males, que hizo (cuya memoria le costó la vida), sino el haber castigado los herejes, exaltando entre ellos nuestra santa fe católica, y plantando en este nuevo mundo el Evangelio a los señores reyes católicos Filipo II abuelo, y Filipo III padre de nuestro monarca, que con tanto cuidado procuraron el aumento, y preparación de la fe entre estos neófitos nuevamente convertidos, estorbando las idolatrías, y supersticiones, que les habían quedado de su gentilidad; con las congregaciones, que tanto cuidado y hacienda costaron.

Con que le viene muy bien el llamarse Eupator hijo de tales padres, y padre de su reino; teniéndole, como le tiene, a su cargo, para de veras serlo, y para que se conserven en nuestro católico monarca en heroico grado las virtudes heroicas de sus antepasados en el favor, ayuda, y cuidado de la doctrina, y enseñanza de estos indios; y así de veras se llame el rey grande, pues le ha reservado Dios Nuestro Señor, el poner con su gobierno y auxilio remedio a estas idolatrías, y supersticiones, remediándolas con su poderoso brazo: efecto con que se verifica el título de Grande, como dijo la Escritura del santo rey Ezequías, 4. Reg, 18. c. *Non fuit ei Rex similis in ijs, qui praecesserunt, nec in ijs, qui secuti sunt.*

No tuvo semejante Ezequías, ni en los reyes, que habían pasado, ni lo había de tener en los que le habían de suceder; y dice el Abulense sobre este lugar: *Quia primus destruxit excelsa, et omnem idolalatriam,* fue el primero que destruyó la idolatría, y derribó los ídolos: con que ya que nuestro rey y monarca no sea el primero que haya tratado de estas materias para destruirlas, porque siempre dio cuidado a los invictos monarcas sus antepasados, será el primero, y sin segundo concluyendo con ellas, para que totalmente se remedien.

Y si Antiocho se llamó Eupator para añadir gloria a la de sus antepasados: llámese nuestro rey, y católico monarca, el Grande, siendo más glorioso que sus antepasados en tan heroica acción. Para remedio, pues, de los daños que se reconocen en estar idolatrías, y supersticiones de los indios, que tan necesario es, no solo es menester el auxilio, que su majestad da para la ejecución en estas materias, sino el que los excelentísimos señores virreyes en su nombre conceden con tanta piedad, y celo cristiano, como hemos experimentado en las ocasiones, que se han ofrecido en otros obispados, y el excelentísimo señor duque de Alburquerque, lo a concedido, y encargádolo a los ministros de su majestad asistentes en los pueblos y provincias de los indios.

Es, pues, de tanta importancia el auxilio, que han de dar los alcaldes mayores para esto, y la unión, y concordia, con que han de obrar en compañía de los ministros de doctrina, que no se remediarán tantos daños como hay, menos que con este remedio, porque a veces el enemigo del género humano, como interesado en el aumento de estos daños, se valdrá de medios de discordia entre unos, y otros ministros, para que no se remedie; conque es precisamente necesario, que el auxilio y favor real, que se deriva de la fuente y manantial del poder de nuestro rey, y deposita, y reside en sus excelentísimos virreyes, de su mano a la de sus ministros de justicia vaya tan encargado, y recomendado, que no se dude del buen suceso con la acertada, y prudente ejecución, con la doctrina de san Isidoro, libro 3.º *sententiarum* capítulo 51, donde dice, que como la Iglesia profesa humildad *Pusillus grex humilitate vult crescere*. Beda, libro 4, capítulo 54, in Lucam capítulo 12.

Es forzoso el auxilio, y favor, y defensa de los príncipes, y ministros suyos para la autoridad y defensa de la religión, y mal cuando tan necesario es todo en estas materias; porque fuera de lo que toca a lo religioso, y culto divino, es también procurar con esto los buenos, y felices sucesos del reino, de las repúblicas, y de los pueblos; porque si en castigo de lo que estos hacen, es muy creíble, y se puede temer, que los trabajos generales destos reinos nacen de ello, como dije arriba, capítulo 2, p. 2, si no se remedia, podemos cada día temerlos mayores; y a la contra, remediándose, fuera de la felicidad, que se conseguirá de encaminar al cielo gente, que tanto nos sirve, en cuya compañía vivimos, y de cuyas manos con el trabajo nos sustentamos, y de la honra, y gloria, que a Dios daremos, será generalmente felicidad para la república, como dijo Cugouino: *Ubi plus est pietatis, ac Religionis, ibi plus est felicitatis, ac beatitudinis*: mientras más se sirve a Dios, más se gozará de felicidad y bienaventuranza.

Capítulo XXIX. Del cuidado grande, que estas materias deben dar a los ilustrísimos señores arzobispos, y obispos, y de cómo deben procurar el remedio

1. Fuerte arraigo de costumbres

Todas propiedades, que en lo moral tienen estos indios supersticiosos; son de tan varios colores, cuantos son los vientecillos de los embustes, en que los consultan, y hacen creer a otros todas sus acciones se encaminan a supersticiones; hácense señores de las nubes, de los aires, y de la tierra, procurando con sus conjuros, o estorbar los efectos naturales, o adelantarlos de manera, que todos entiendan, que sus efectos naturales obrados por la virtud, que Dios dio a las causas naturales, son efectos de sus conjuros, y que provienen de su ciencia: y lo que más es de llorar es, que tienen los corazones, como camaleones, al revés, tan asidos a todas estas cosas, que son como dice el profeta David. *Cor eorum non erat rectum cun eo: nec fideles habiti sunt in testamento ejus.* salmo 77. Tienen tan pegado el corazón, y los sentidos a todos sus embustes, que es muy de temer, que darán la vida primero, que dejarlos; si no fuere a fuerza de mucha diligencia, porque tan asidos como esto están a sus falsas doctrinas, y supersticiosos embustes.

2. Más que el duro castigo es necesaria la enseñanza para poner remedio al mal

En los principios cuando se ganó esta tierra, y antes de las congregaciones no era muy dificultoso el reparo de las idolatrías, y supersticiones de los indios; porque entonces se sembraba la fe, y con cual, o cual enseñanza, o con cual castigo se reparaban los daños, que podía haber, para que no se derrumbase el edificio de la fe; mas el día de hoy cuanto tanto tiempo ha pasado, y cuando tanto cunden estas supersticiones, que de tantas partes deste reino hay cada día relaciones, que avisan de particulares sucesos idolátricos; y cada día experimentamos en esta ciudad, más cuidado es necesario, porque es menester levantar el edificio, que está ya casi por el suelo, y repararlo con la prevención de Matatías: para que no se acabe de caer muy necesarios son los castigos, que los ilustrísimos señores arzobispos, y obispos han de hacer en estos delitos: pero muy necesarias han de ser las oraciones, y suplicas, que han de anteceder, para que nuestro señor abra el camino más conveniente, y, suave el remedio de tan grave darlo, y calamidad general.

Capítulo XXX. En que se trata ser el principal remedio, y más necesario la continua predicación de los párrocos contra estos delitos de supersticiones

1. Tan necesaria es la refutación de las idolatrías
como necesario es su conocimiento para refutarlas

El principal remedio de estas idolatrías, y supersticiones, y del que más continuamente se ha de usar, para que los demás, que se intentaren, y ejecutaren tengan efecto, es la predicación de los ministros evangélicos, encaminando en ella su doctrina a desengañar estos miserables ilusos, dándoles a entender, y conocer la pureza de nuestra santa fe, que no admite mezcla de otros dioses, ni mezcla de errores, y supersticiones contra sus católicas verdades: porque todas estas cosas no se pueden dar a conocer, si no es por medio de la palabra divina. *Fides ex auditu: auditus autem per verbum Christi*, dice san Pablo a los Romanos, c. 10, y así si no es con la fuerza de la palabra divina es por demás pensar, que se ha de desarraigar la idolatría, y purgar estos abusos, pues, como dice el mismo san Pablo: *Quomodo, invocabunt, in quem non crediderunt. Aut quomodo credent ei, quem non audierunt? Quomodo autem, audient sino praedicante?* (Ibidem).

De manera que por el oído de la fe les ha de entrar la doctrina para hacer concepto del Dios verdadero, en quien han de creer, y a quien han de invocar en sus necesidades, lo cual ha de ser por medio de la predicación de los ministros Evangélicos; porque si no, cómo han de acudir a reconocer a quien no conocen, y cómo han de creer a quien no han oído por la predicación del: causa es esta, que suelen dar por principal los reos comprendidos en estas materias diciendo, que nunca les han enseñado lo contrario, de lo que ellos usan, y que han andado ciegos sin la luz de la verdad, y vendados los ojos; y aún ha habido algunos, que han explicado esta ceguera, poniéndose un lienzo en los ojos, lo cual no es porque los ministros doctrineros no les predican, sino porque en los sermones, que les hacen, no encaminan su doctrina a desengañarlos de lo que hacen, haciéndoles se guarden de hacer lo que sus antepasados hicieron, y guardaron.

Porque si algunos predicadores se determinan a tratarles destas materias en sus sermones es tan sobre peine, y con tanto recelo, que piensan, que les enseñan la idolatría, y que les abren los ojos a los que duermen; lo cual es una de las astucias, por donde el Demonio asienta su doctrina, que bien sabe, que ha de haber predicadores, y que les han de enseñar la ley evangélica, mas con estas opiniones, y recelos pretende intimidarlos, para que no prediquen de manera, que los desengañen, y que refuten muy en particular cualquiera materia de las que usan; y la experiencia nos enseña, que no hay que temer sino clara y abiertamente predicarles contra lo que hacen en sus idolatrías; pues ellos las tienen también sabidas, que no necesitan para deprenderlas de oírlas predicar: antes sí ellos piensan, que los ministros ignoran lo que ellos tienen tan sabido, y embebido en sus entrañas; que algunos ha habido, y hay, que digan, que por eso no les reprehenden en los pulpitos sus supersticiones, porque los predicadores no las saben. Este fue el principal motivo, que tuve para este manual, deseando sea advertencia de todas estas materias para que los predicadores prediquen contra ellas, refutándolas muy en particular, y para el fuero penitencial, y examen de los reos en el fuero judicial.

Y cierto, que por esta traza del Demonio de intimidar los predicadores en estas materias de idolatrías con ocasión, de que no sea que se las enseñen, cuando él se las tiene tan bien enseñadas, y por tantos años: temo mucho no use de sus astucias, y trazas para que no se impriman, motivando el mismo recelo. Mas Dios sobre todo; que si es necesaria la enseñanza de los ministros; y si es necesaria la enseñanza, es necesario el conocimiento de ellas, de las cuales, menos que imprimiéndose, no se pueden hacer capaces los ministros; de lo cual no se sigue, que los dogmatistas las deprenderán, supuesto que como tan maestros destas falsas doctrinas no solo las tienen muy bien sabidas, sino que fuera de tener muchas almas inficionadas con ellas, usan de ellas tan libremente entre nosotros, que a cada paso nos hacen sabedores de estas, y de otras barbaridades y malicias suyas.

Ocúpanse, pues, los predicadores en las materias morales, que les parece, son más necesarias (aunque no es de poca importancia cuando se hace), mas según los tiempos presentes es menester aplicar la doctrina más en particular a estas supersticiones. Y como el gran doctor de la Iglesia, san Gregorio, en sus morales aconseja, libro 18, el modo, con que los predicadores se han de prevenir para el buen modo de predicar, que es: *Qui ad verae praedicationis verba se praeparat, necesse est vt causarum origines a sacris paginis summat vt omne, quod loquitur, ad divinae authoritatis fundamentum revocet, atque in eo edificium locutionis firmet.*

Es muy necesario, que el que se previene, para predicar la palabra divina, procure conocer el origen de las materias, que ha de predicar, y que éstas las funde en las doctrinas sagradas de las Escrituras, y santos padres: ¿y no será menos útil, y fructuoso a ese fundamento de la predicación añadir el estudio, y conocimiento de los delitos, que cometen contra la fe siguiendo las doctrinas de sus antepasados; para hacerse el edificio de su enseñanza en materia, que tanto importa, cómo puede excusarse la imprenta para la enseñanza general?

2. Predicación para enseñar a guardar y observar la verdad

No basta que una vez en el año se les predique a los indios, sino muchas veces, porque sus inclinaciones son tan prontas a la malicia de sus idolatrías, que fácilmente se crían en sus corazones unos herbazales como unos árboles de grandes raíces, que si la continuación de la predicación, y enseñanza de los ministros no los desarraiga, siempre ha de ser muy dificultoso el quitarlos; y si esto es en los vicios ordinarios de nuestra fragilidad humana, que necesita desta continuación de doctrina, ¿qué será en la materia, que tratamos, que con la ocasión de no advertirles sus idolatrías, se ha dejado el predicarles acerca de ellas refutándoselas? que por esto está hoy tan extendido este daño, y necesita de tanto remedio, y tanto trabajo como si de nuevo se hiciese su conversión, y de nuevo se trabajase en ella: y así es necesario con grande fervor, y espíritu, que se ha de pedir a Nuestro Señor, predicarles en esta materia, y enseñarles a que guarden y observen la verdad, y depongan los engaños, en que viven, que no va menos en esto, que la honra de Dios Nuestro Señor, y la salvación de tantas almas como se condenarán, si no gozan de esta enseñanza, y beneficio de la predicación.

Es de notar, porque no sirva de desconsuelo a los ministros temerosos de Dios, y deseosos de descargar su consciencia, que estos sermones, y pláticas, que se les han de hacer a estos indios en orden a estas materias no han de ser unos sermones largos, ni muy compuestos, y exornados de lugares, que a veces son más penosos, y cuestan más trabajo, que causan utilidad, porque son como las aguas de los arroyos impetuosos, como dijo el gran Nacianceno: *Quae terram dissolvunt, ac distrahunt, et forte Agricolam mulc-*

tant, desfloran la tierra, y la roban privando al labrador del fruto, que esperaban coger.

Han de ser unos sermones, y pláticas breves y fructuosas, que harán mucho provecho siendo unos bocaditos bien sazonados, como los que se dan a los enfermos, para disponerles la gana de comer, y sustentarlos sin empacharles, diciéndoles poco, pero a menudo, que más vale una palabra bien explicada, y a propósito de lo que necesita el auditorio, que muchas sin utilidad de los oyentes: no solo una palabra, pero una sílaba (ponderó Nacianceno citado) o pocas letras dichas con buen espíritu y fervor son de tanta importancia, que crían en los corazones de los oyentes unas dieses abundantes de virtudes: *Frugem ingentem paucis syllabis gignunt, et dilatatum os spiritu implent.*

No es ponderable lo que aprovechan estos bocaditos a estos indios dichos como en conversación, y lo mucho que importa, y gran fruto, que hacen estas enseñanzas a menudo en sus corazones, y quam provechosas son. De creer es, que para todo lo dicho se necesita de que los ministros sepan suficientemente la lengua corriente de su doctrina; pues Cristo, Señor Nuestro para enviar a predicar a sus apóstoles, les infundió las lenguas de las gentes, a quienes predicaron; de donde juzgo que no se puede llegar a presumir, que haya alguno, no digo, que se encargue de doctrina de indios sin saber lengua, pero que lo intente, ni menos habrá prelado, que tal consienta; y más cuando vemos las exactas diligencias, y medios con que se procuran dar los mejores, y más idóneos ministros a los naturales, y lo mucho, que se les encarga la buena, y fructuosa educación y enseñanza de los feligreses.

3. La continua enseñanza destruye poco a poco las malas costumbres

Siendo así, que la continuación desta predicación es de tanta importancia, porque es el ordinario sustento, y alimento de las almas de los que la oyen, a quienes sustenta y alimenta, consumiendo poco a poco las malas costumbres de los pecados con la continua enseñanza, comer dijo el poeta Ovidio: *Gutta cavat lapidem, consumitur anidus usu.*

Parece, que las cosas que son inusitadas causan admiración; y así el ir operarios generalmente por todas partes yendo confutándoles sus idolatrías les causará admiración, y harán más reparo en ello, que en lo que sus propios párrocos les dijeren de presente. Necesita la tierra inculta de sus almas de unos aguaceros impetuosos, que la rieguen, para que embebiendo en sí la humedad y riego de la confutación de sus idolatrías, fácilmente se arranquen raíces de tan mala semilla.

4. Política necesaria de unidad para la conversión de los indios

Bien puede esta iglesia mexicana, metrópoli de este reino, y las demás iglesias de él, representar todas estas razones tan piadosas como verdaderas en nombre de tantas iglesias y doctrinas de indios, para encender el celo de sus piadosos párrocos, y motivar el de los ilustrísimos señores prelados a ayudarles en la necesidad, que al presente padecen sus ovejas con el favor y ayuda de los operarios, con cuya doctrina, y autoridad se comiencen a remediar, y medicinar en la enfermedad que les sobrevino a la salud, que les dieron las aguas del santo bautismo; recaídas de las antiguas enfermedades, y malos humores de sus idolatrías.

Bien claro está, que este trabajo de sanarlos es muy dificultoso, y tan considerable, que me causa duda si fue mayor el enseñarles al principio todos los misterios de nuestra santa fe; ¿o lo será mayor el reducir allos a los que han apostatado de su verdad? no negándola alla, ni a sus principios, sino mezclando con ella la mentira de sus supersticiones.

Quítale el Demonio el principal, y derecho ojo de la fe, para que se condenen; y déjales el otro, para que parezcan cristianos, y no sean conocidos: con que para haber de restituirles el conocimiento verdadero de Dios, que el Demonio les ha quitado en el ojo derecho de la fe, no puede ser menos, que a fuerza de mucho trabajo, y predicación; pues han de obrar por su medio, y mediante la gracia de Dios, en lo moral, lo que la naturaleza no puede en lo natural, que es restituir los ojos perdidos, aunque se los dio al hombre fácilmente cuando lo engendró.

Y como quiera que todo este trabajo de estos ministros, y predicadores no puede ser de pasada, sino muy despacio, y con mucho trabajo; será una política muy necesaria, que sean estos tales operarios evangélicos, conforme las doctrinas son, yendo para este efecto religiosos dominicos a las doctrinas de santo Domingo; franciscanos a las de san Francisco; agustinos a las de san Agustín; y para el clero, clérigos, o religiosos operarios de la Compañía de Jesús: porque aunque es verdad que según la santa obediencia y cortesía, que los ministros regulares tienen a los ilustrísimos prelados, no se puede dudar, que benigna, y amorosamente recibirán a cualesquiera ministros operarios, que fueren servidos de enviar.

Parece que es más conveniencia de unos, y otros, que sean de las mismas religiones, así porque serán más bien recibidos, y hospedados, como porque obrarán más de espacio en el ministerio que van a ejercitar: pues estando comer en sus casas, alargarán, o acortarán su asistencia, como lo pidiere la necesidad de la obra, que llevan a su cargo, sin que haya cosa que se lo impida.

Capítulo XXXI. De la necesidad que hay de inquirir generalmente estos delitos de idolatría, y de castigarlos, para que se enmienden, y acaben

1. Castigo a unos para escarmiento de otros

Supuesto, pues, el auxilio real, y encendido el celo de la honra de Dios en sus ministros, y habiendo dispuesto los príncipes eclesiásticos los pechos de sus feligreses con la predicación de sus ministros operarios, y predicadores evangélicos, entra el no deberse dilatar el castigo de los delincuentes: pues no puede haber mayor servicio a Nuestro Señor, que reducir el celo de su honra al castigo de los transgresores de su religión; pues con el castigo de unos se enmiendan otros, y se van a la mano en la comisión, y perpetración de tales delitos.

Para decir, y probar quam aborrecible es para Dios el pecado de la idolatría, y que la fuerza deste conocimiento se encendió tanto a Matatías en el celo de la honra de Dios cuando el judío iba a sacrificar en el altar del ídolo, donde arrancando el puñal de la cinta lo mató sobre la misma ara, como se ha dicho; y si antes de la venida de Cristo Señor Nuestro, y su pasión se practicaba este castigo, ¿qué será después de su pasión?, ¿qué será después de su promulgación del Evangelio en estas partes?, ¿qué será contra aquellos, que recibieron la fe, y el santo bautismo y han apostatado, y convertidose a sus antiguos engaños, y más fingiendo ser verdaderos cristianos?, ¿qué castigos no merecen, y qué diligencias no se deben hacer para castigarlos? y más a aquellos, que quieren dar a entender que sirven a Dios, sirviendo juntamente a sus falsos dioses, como se cuenta en el 4.º de los Reyes, capítulo 17, de los de Samaria, y reino de Israel, a quienes castigó Dios más gravemente que a los de Jerusalén y reino de Judá; siendo así, que el pecado de Judá fue mayor, que el de Samaria: la razón es porque los de Samaria, *Cum Deum colerent, Dijs quoque suis serviebant*, querían servir a Dios, y a los ídolos, que es lo que Dios no lleva a bien.

Todo lo cual enseña, que han de ser éstos castigados, para que con el castigo, de unos escarmienten otros: *Pestilente flagelato, estultus sapientior erit.* (Proverb. 19, n.º 25.) Tenemos muchos ejemplos en el Testamento viejo de castigos, que Dios Nuestro Señor mandó hacer en profetas falsos, y ministros de dañadas doctrinas, como lo hizo Ieú con todos los sacerdotes de Baal, que no le quedó piante ni mamante de la generación Achab, como se refiere en el 4. de los Reyes, capítulo 10, n.º 23.

2. La consulta y el consejo deben preceder a la ejecución del castigo

Célebre, y digno de referir es en esta ocasión el consejo de Salustio *in proemio in Catilinam*, que para obras, y cosas grandes anteceda la consulta a la ejecución: *Antequam incipias, consulito, ubi consulueris mature, facto opus est.* Antes de comenzar a desenvolver una materia, para practicarla es muy necesario el Consejo, y la consulta, y así para la ejecución en la inquisición destas materias, y castigos, que se deben hacer para estorbarlas, y consumirlas, es muy necesario que preceda la consulta, que de todo hacer pueden los señores ilustrísimos prelados de indios con ministros antiguos, y experimentados de doctrinas; así regulares, como seculares para obrar con todo acuerdo, y en utilidad destos naturales, así de los delincuentes, como de los que no lo son, para que no se les pegue el contagio.

Y así consultada la materia: *Ubi consulueris nature facto opus est.* Luego se ha de ejecutar sin dilación alguna: y generalmente la consulta ha de ser despacio; pero la ejecución acelerada, como dijo santo Tomás, 22, q. 47, arti. 9, definiendo la solicitud, y presteza en la ejecución de las materias, que convienen: *Velox executio, tarde consiliatorum.* El Consejo de espacio, y la ejecución de prisa: siempre será muy necesario según la naturaleza destos indios, que los medios, que se intentaren, para descubrir, y castigar este género de idolatrías, y supersticiosos, sean más ruidosos, que criminosos; para espantarlos, y corregirlos con el rigor, y castigo, con que se les debe amenazar más, que con él, que en ellos se ha de ejecutar.

Para todo lo cual parece, que será muy conveniente, y fructuoso en un día generalmente con toda solemnidad, y asistencia de los jueces seculares representando su autoridad real, y patronazgo de su majestad, que autorizándolos, y asistiendo allos, se celebren estos edictos generales, en que a los indios se dé a entender la gravedad destos delitos por sus cláusulas, principalmente los de los Titzitles, o médicos, prohibiéndoles, que ellos, ni otros embusteros, sortílegos, hechiceros, Nahuales, parteras, o conjuradores de cualquiera de las declaradas materias en los antecedentes capítulos de este escrito, lo usen, ni los consulten, ni llamen a otros para hacerlo.

Mandándoles asimismo, que los descubran, y manifiesten los que de ellos supieren; y ya que a los indios no se les pueden intimar censuras, intimáranse para la manifestación destos delitos a los que de ellas son capaces muy agravadas; conviene a saber a los españoles, mestizos, negros, mulatos, zambaigos hijos de indios, y negras; o negros, e indias: siendo esto generalmente en un mismo día en todo el Arzobispado, o en otra cualquiera Diócesis a hora de misa mayor; para lo cual se requiere juntar todos los pueblos de una doctrina en la principal Iglesia, y cabecera de ella; diligencia es esta, que siendo en un mismo día, y en todas partes generalmente, es la principal, y más fructuosa acción, que parece puede haber para el remedio de estas idolatrías, y supersticiones, según lo prueban las razones siguientes.

3. Conminaciones generales para que haya enmienda

La primera razón es, porque la malicia de los médicos (de que vamos tratando) en particular es tan grande, que siempre procuran libertad de consciencia, y si son perseguidos en un pueblo, se irán a otro a obrar, y usar de sus maldades, así por obrar las sin que haya quien se lo impida, como por no ser descubiertos.

La 2.ª es, porque remediarse estas cosas en unos pueblos, y no en otros, o no generalmente en todas las doctrinas, las será motivo, para llegar a aprehender, que no debe de ser pecado tan detestable, como lo es la idolatría; pues en todas partes no se castiga generalmente, y que solo allí, donde se castiga, lo tienen por malo, y así les es fácil pasarse a otra parte.

La 3.ª es, que conciben estos tales aborrecimiento, y odio contra los ministros, que cuidan de este remedio, y tienen a los ministros circunvecinos por mejores ministros; y la imposibilidad, que han tenido en castigar estos delitos, e inquirirlos (que quiera Dios, que no haya sido omisión), la convierten en utilidad suya, o para irse a vivir en aquella doctrina, o para calumniar a su propio ministro.

Y la 4.º razón, que de esto se sigue, son las polvaredas de capítulos, y persecuciones contra sus ministros; pues el buscarlos, castigarlos, y medicinarlos no califican, que es por la obligación del oficio parroquial, ni por cuidado de su salvación, sino que lo atribuyen a odio, y mala voluntad, que dicen, les tienen: y así los capitulan, con los artificios, que ellos saben tener; y es esto de tal manera, que cuando no hay materia para ello (aunque nunca les falta un testimonio, que levantar) dicen, que lo que el ministro obra, es contra los tributos reales, porque se huyen los indios, y se atemorizan; y así se valen de las justicias en esto para salir con la suya; de esta misma traza se valen los indios de encomiendas para con sus encomenderos.

Y los españoles, a quienes sirven los defienden, porque no se les vayan, y les falte su servicio, estimando en más la utilidad temporal, que de ellos tienen, que la espiritual, que ellos pierden por no corregirlos; y nunca le faltan al Demonio otras muchas trazas para estorbarles el remedio, y quitarle a Dios Nuestro Señor el culto, y veneración, que se le debe; para que se lo den a él, que no se le debe, queriendo para si el que él a su divina majestad usurpa.

Todo lo cual es tanta verdad, que no habrá ministro, así de los seculares, como regulares, que no lo tenga muy bien experimentado; para cuyo remedio es muy necesario, que los edictos, y conminaciones sean generales, y tanto, que requieren ser en un mismo día (como se ha dicho) amaneciendo el día señalado todos generalmente:

Como los egipcios con la última diligencia, que Dios con ellos usó, que fue la muerte de los primogénitos suyos, sin que el ángel exceptuase alguno desde el heredero de faraón hasta el hijo de la más vil esclava, que moría de hambre, sin que hubiese casa, en que no se hallase muerto, excepto las casas de los hebreos, que estaban señaladas con la sangre del cordero: así ha de ser generalmente en todo un Arzobispado, y Diócesis esta diligencia de edictos conminatorios, y pesquisas para hallar en especial, y particular los médicos, y falsos dogmatistas de estos indios.

No habiendo pueblo, ni doctrina, ni lugar, donde no se halle hecha esta diligencia, será como los muertos de los

egipcios; con que les causará miedo, y confusión diligencia
tan exacta, y general, y cesarán todos los inconvenientes,
que se siguen de obrar en unas partes, y no en otras esta
diligencia, y remedio (que fue motivo; que tuve cuando visité
el Arzobispado, para no desenvolver algunos de los casos,
que se me ofrecieron, porque no podían quedar ni bien examinados los delincuentes, ni castigados como convenía), y
así con obrar generalmente no tendrán donde irse los médicos, y dogmatistas a obrar a su salvo; pues donde quiera
han de hallar la misma diligencia, y amenaza, de que huyen,
saliéndose de sus propios pueblos; y acabarán de entender,
que en todas partes es malo, y pecado grave lo que obran;
sin concebir ni hacer conceptos de unos ministros, y no de
otros, con que no se podrán valer de sus mañas, y astucias
en perseguirlos, y calumniarlos, como generalmente lo han
hecho con unos, o con otros:

Cesarán los colores, que dan, de que se huyen los indios,
y los tributos reales se defraudan; y lo de los encomenderos:
pues el ausentarse de unos pueblos a otros, no es más, que
por buscar la libertad de consciencia: conque perseguidos, y
buscados en todas partes, ha de ser un eficacísimo remedio,
para que se estorbe, y ataje la mayor parte deste contagio, y
para autorizar todas estas materias.

Y para que se vea el cuidado, que siempre han causado, y
lo mucho, que se requiere, y es necesario su remedio, pondré aquí a la letra las palabras del santo Concilio mexicano,
libro 5.º, titu. 4.º de haereticis, párrafo 1.º, donde aquellos
santos padres ponderaron tanto las materias de las idolatrías, y con conocimiento del tiempo pasado provinieron lo
futuro, que ahora gozamos presente.

Las palabras son como se siguen:

Perpendens haec Synodus quam grave peccatum, sit, eos a Fide Catholica deficere, qui, divina favente misericordiae, e tenebris idolatriae, et gentilitatis ad lucem Evangelij eruti, Fidem Christianam in Sacro Baptismate professi sunt, quae a Fide defectio, in his praesertim gravior culpa est, qui aliorum duces, et Magistri cum sint, eos pervertunt, et a veri Dej cultu ad Idola adoranda, et Daemones colendos seducunt: graviter, molesteque ferens, et eam, quae nostrae Fidej irrogatur, injuriam, et tot aminarum. jacturam; necnon intimis visceribus cupiens, nativis Indis, tamquam novellis in Ecclesia plantis, ut in Fide roborentur, afferre remedium: attendens praeterea nimiam Episcoporum indulgentiam, quae paterna pietate canonum rigorem temperantes, hactenus blanditijs, potius quam severitate, ad viam salutis trahendos Indos existimarunt, non solum Indis inutulem fuisse, immo eis occasionem praebuisse, ut projecta quadam audacia ad suos errores, et antiquas superstitiones (quod prelisque in partibus hujus Provinciae experientia docet) redirent: timens denique quam grave damnum conversioni, et conservationi Indorum in Fide Christiana proueniret, si haec poenis impositis non reprimeretar audacia, statuit, ac praecipit Praelatis omnibus hujus Provinciae, vt diligentissime inquirant, ac sciscitentur de hujusmodi Idololatris, praesertim dogmatistis, et errores inter alios disseminantibus. Quod si, postquam eos pie monuerint, et corripuerint, nihilominus in suis perseverare erroribus comperiantur, rigide contra eos procedant, easque poenas applicent quas magis convenire judicaverint, et ad horum emendationem, et ad aliorum remedium. Paternae autem Episcoporum providentiae haed Synodus committit arbitrium qualitatis poenarum, momens eos, ne poenas pecuniarias imponant, quae nec gravitati delicti, nec: Indorum paupertati respondent, sed eos corporalibus poenis coherceant, quibus solum eorum saluti consultum videatur. Necnon vehementer Episcopis eorum cura

commendatur, cum in die tremendi Iudicij, de animabus sibi
commissis, Omnipotenti Deo rationem sint reddituri.

Bien consta la autoridad deste santo concilio, haber sido con
la apostólica, y cédulas reales, y haberse celebrado el año de
1585, y que reconociendo los inconvenientes, que había de
no imprimirse, para que todos lo guardasen, y observasen,
la majestad del rey Filipo III, de gloriosa recordación, fue
servido por cedula suya de 9 de febrero de 1621, mandar, se
imprimiese; y nuestro católico monarca su hijo, Filipo IIII,
el Grande, que Dios guarde, en 9 de abril del mismo año fue
servido, que la cédula de su padre, y santo rey Filipo III, se
guardase, y observase, y de nuevo mandó se imprimiese por
la utilidad grande, que de ello se sigue; pues, como vemos en
este sacro canon, bien se colige el conocimiento, que todos
aquellos santos padres tenían de los naturales frágiles destos
indios, y bien temieron sus caídas, y recaídas en materias
de sus idolatrías; pues en todo miraron estos tiempos, y tan
ajustadamente hablaron para lo presente, encargando mucho el remedio, de que hoy tanto, vemos se necesita en esta
materia.

Capítulo XXXII. En que se trata de la conveniencia, grande, que parece que hay, en que estas penas se ejecuten por los mismos ministros, y párrocos de los indios

1. Equidad y justicia en la imposición de castigos

Las ejecuciones de estos castigos en los indios idólatras, y supersticiosos nunca diré yo, ni me pasará por el pensamiento, que los ilustrísimos señores prelados no las encarguen, y cometan a particulares jueces, pues cualquiera persona, que sean servidos de enviar llevará consigo la definición del buen juez, que dio Claudio Canciucuela de oficio Iudicis libro 9. Iudex est (dice) *vir bonus iurisdicendi, et aequitatis peritus ad id muneris publica authoritati vocatas.*

A de ser el juez (así lo serán los que los señores prelados enviaren) un varón bueno, y en quien se halle una junta de potestad, y señorío con equidad, un saber ser juez por su jurisdicción, y padre por su mansedumbre; y que será muy a propósito para este ministerio, de que tratamos, cualquiera, a quien se le encargare: Mas, parece, que hay más conveniencia en que se ejecute por medio de sus mismos párrocos, que lo inquieran todo para castigarlo; así porque dice el santo concilio mexicano en el canon citado, donde dice, queden al arbitrio de los señores obispos las penas, que se han de imponer a los indios: *Monens eos, ne poenas pecuniarias imponant, quae uec gravitati delicti, nec Indorum, panpertati respondent.* Encargándoles mucho, que las penas, que pusieren, no sean pecuniarias por la pobreza, y miseria de los indios.

Y así si para punirlos, y castigarlos se halla por conveniente el excusarles gastos; cómo podrán pagar los que se pueden causar en las averiguaciones, yendo un juez de comisión, que ha de llevar salarios, y sus ministros, los cuales, aunque estén muchos días no pueden ser bastantes para hacer fructuosa la averiguación, y provechoso el castigo; y fuera de eso por pocos, que los días sean, serán más de los que las fuerzas de los pueblos puedan llevar.

De más de que si volvemos los ojos atrás, ya se saben los muchos gastos, que hicieron los jueces que fueron a las congregaciones, como lo refiere el padre fray Juan de Torquemada en su Monarquía indiana, tom. 1, libro 5, capítulo 43; y después de haber costado mucho, y aprovechado poco, se halló por experiencia, que si se hubieran encargado a los alcaldes mayores, y ministros de doctrina, se hubiera acertado lo que se reconoció haberse errado; y fuera de estos inconvenientes, la misma materia, parece, que está pidiendo, que los mismos ministros de doctrina la tengan a su cargo, y la manejen.

2. Las faltas deben ser probadas y no juzgadas por presunción

Lo primero, porque las diligencias, y averiguaciones se han de hacer con mucho espacio es, porque la prisa no cause algún engaño, y más entre estos naturales, que como están tan mezclados unos con otros, y sus acciones son tan iguales generalmente, puede haber ocasión, en que el delincuente quede sin castigo, y el inocente pague lo que no debe; o que por odio, o mala voluntad, y vanas presunciones se levanten algunos testimonios; que todo esto significó muy bien Cristo Nuestro Señor en la parábola de la cizaña.

Para que no se obre mal, ni juzguemos solo por presunciones sin muy exactas probanzas, demás de esto, como muchos destos miserables indios son rudísimos, e ignorantes, muchas veces es menester, que la piedad del juez los excuse: Excusa intentionem, si opus non potes, puta ignorantiam, puta subrreptionem, puta casum. San Bernardo, sermo. 40, in cantica. Son los consejos como suyos, si la obra, y acciones de estos no pueden excusarse, es muy necesario examinarles la intención, su ignorancia, el engaño, que maliciosamente les pueden haber hecho otros sumamente maliciosos; y todas las circunstancias del caso se deben examinar, y prevenir, porque cosa ninguna destas se puede obrar de pasada, sino muy de asiento, y muy despacio, y con muchos días de término, y no en el de los pocos, que necesariamente ha de estar un juez de comisión.

3. Primero que castigar es conocer el delito

Lo segundo, porque no parece, que pueden ser útiles, y provechosos para el fin, que se pretende, porque no pueden ir estos jueces tan en silencio, ni tan solos, que no sea muy público, y que aun antes de salir desta ciudad lo han de saber todos los de las cordilleras, por donde han de ir, conque es espantar la caza, y hacer, se escondan los delincuentes, y reos.

Es muy necesario para el remedio destos pobrecitos usar de muchas mañas, y aunque es forzoso el castigo para corregirlos, y enmendarlos, es primero el descubrirlos; porque si se ocultan, y entran en las quebradas, y barrancas de sus pueblos, cómo han de ser medicinados los que no son habidos, y hallados; y así primero es hallarlos, que castigarlos.

Primero, pues, es conocer los delitos, que castigarlos; y así lo más importante es buscar los reos, y obrar de manera, que no se escondan, conque es muy necesario el excusar jueces, que causen ruido, y alboroten la caza; que por eso decía el apóstol san Pablo en la 1.ª a los de Corinto, capítulo 9, como quien tan bien supo esta materia de buscar almas, y remediarlas; que cuando convenía, disimulaba su potestad, porque no se le fuese la caza de las manos, y se le ocultasen los pecadores. *Sed non usi sumus hac potestate, sed omnia substinemus, ne quod offendiculum, demus Evangelio Christi.*

De donde sacamos, que los propios ministros son los más útiles, y necesarios para todas estas materias, y su remedio; porque a pie quedo, y sin embarazos de ruidos, y gastos buscan, y descubren estos delitos como cazadores del Evangelio, que los puso Dios en su Iglesia, y les dio el régimen de aquellas doctrinas para cazar las almas, y medicinarlas.

Como dice Jeremías, 16, que sin duda habló a la letra, si en general, de todos los ministros de la Iglesia, muy en particular de los de los indios: *Ecce ego mittant eis venatores multos, et benabuntur eos de omni monte, et de omni colle, et de cavernis petrarum.*

Esto es lo que hacen, y deben hacer los ministros de doctrina, buscar estas almas para curarlas en los montes, en los valles, y en los escondidijos de las cuevas, y quebradas, donde se ocultan, y el Demonio los lleva, para que no sean remediadas, y medicinadas.

4. Penas y sacrificios para encontrar al delincuente

Lo tercero, porque los jueces de Comisión no pueden hacer lo que los ministros de doctrina han de hacer, y hacen para remediar estos pecados por razón de su oficio parroquial sin interés alguno, y a costa de grandes trabajos; porque se contentan con el ordinario sustento, que sus feligreses les dan, que las más veces, y aún todas, las lleva más el celo de la honra de Dios, que sus propias conveniencias, estimando más servirle en cosa de tanta importancia, que cuantos intereses puede haber, como dijo Casiodoro: *Triumfa, jura,*

publica, largire justitiam, et exfortiori parte imitari prevales
quem nominis proximitate contingis.

¿Qué hambre, qué sed, y qué trabajos no sufren los cazadores solo por hacer una presa? y ¡cuando han de llegar a comer, y beber, qué malas, y pocas comidas, que tienen! y ¡qué mal agua que beben!, ¡qué calores, qué fríos, qué peligros de lagunas, y ríos! qué despeñaderos de cerros, y montes! y qué riesgos manifiestos de la vida! Todo lo cual es suave, y apetecible con la ansia, y codicia de hacer una buena presa en su caza.

Todo esto, y mucho más es fuerza, que pasen los ministros Evangélicos llevados del celo de la honra de Dios, y por buscar un pobre idólatra, que se les esconderá en una quebrada, o por no ser castigado, o porque el Demonio le persuade, a que se esté allí, para no ser desengañado, y enseñado todas estas cosas, es muy cierto, y muy factible, que a cada paso sucedan, cuyas diligencias para remedio desto ni pueden hacerlas los jueces de comisión, ni sus ministros, ni tienen lugar para ello.

5. Represión con rigor y amor

Lo cuarto es, porque todas estas ejecuciones no requieren tanto el estruendo, y ruido de los jueces, cuanto la maña de los ministros, porque muchas veces es tan necesario el amor como el rigor, y como obra el castigo, también obra el amor; y a veces quedan más bien enmendados, y corregidos los que son llevados por amor, y suavidad del ministro, que los que castiga el rigor del juez. Como dijo el águila de la Iglesia Agustín, Epist. 50, ad Bonifacium: *Sicut meliores sunt quos dirigit amor, ita plures sunt quos corrigit timor.*

Unos se corrigen de una manera, y otros de otra; y como el ministro es fuerza, que tenga más conocimiento de sus feligreses, que los comunica, y vive con ellos, que no el juez, que no está cada día con ellos, sino de paso: así tiene más lugar la buena maña del ministro, que el castigo del juez; y más cuando es forzoso, que el juez tenga salarios, que el ministro excusa, con que los reos, que son de la calidad, que tenemos experimentada, no tendrán lugar en su mal concepto de no advertir, que es necesario, y forzoso pagar al juez, aunque sea todo muy moderado, sino que piensan, o persuadidos del Demonio, o porque otros reos de su calidad se lo ponen en los corazones, que no es el fin castigarlos, sino quitarles sus haciendas, las cuales son tan pocas, que muchas juntas de muchos no pueden hacer suficiente recompensa al trabajo de un juez de comisión, y ministros suyos.

Y así si la maña, e industria de los hombres es suficiente a amansar las fieras, y enseñar los animales, pareciendo los unos, que nunca fueron bravos, y los otros, que enseñados nacieron; cuánto mejor en el servicio de Dios Nuestro Señor, y bien de estos pobrecitos, ilusos del Demonio, la continua asistencia de sus ministros con la enseñanza cuotidiana, y predicación del Evangelio; pues, viendo enseñar a unos, predicarles, y corregirlos, los más rebeldes se convertirán.

Así, pues, el castigar, y corregir los muchachos de una doctrina, por enseñársela, o porque no falten alla, hará que tiemble un embustero de estos; y haréle el castigo, y corrección en cosas pequeñas, caer en la cuenta de las mayores, y más habiendo de acompañar a todas estas acciones la continua predicación del Evangelio, la enseñanza de las buenas costumbres, y refutación de estos errores, que esto es lo principal; este pan de doctrina es el sustento de la fe, y el que da fuerza para crecer y echar raíces en los corazones de los que la oyen.

Esta, pues, ha de ser la maña, que los ministros han de tener, y la principal de que han de usar, porque es la industria para remediar todos estos daños, y la que muda todas estas malas costumbres, y supersticiones.

¡Es un predicador un hechicero, que encanta a los hechiceros con la sabiduría de su doctrina; es un predicador para que pueda sanar de todas estas enfermedades con su doctrina, y enseñanza; o lo que importa para todo esto, ministros doctos en ciencia, y grandes predicadores en las lenguas! y más en tiempos de tantas enfermedades, y dolencias de supersticiones, e idolatrías.

Capítulo XXXIII. De lo que han de hacer los ministros en el examen de estos delitos, y cuenta que de todo han de dar a los prelados

1. Para las conversiones es necesaria la prudencia

Supuesto, y determinado por más conveniente, que las averiguaciones de estos delitos, e inquisición de los reos haya de ser por medio de los ministros propios de doctrina, así por evitar gastos, como por ser estos delitos de calidad, que requieren mucho espacio para inquirirse, y averiguarse: es muy necesario, que el ministro conozca cual es su oficio, y de qué calidad son los delitos, que se han de inquirir para castigar, y la calidad, y natural de los reos, que los cometen. Para que el ministro vea cual es su oficio, no hemos de dejar la metáfora del cazador para explicarlo, pues como tal no se ha de contentar con no espantar la caza, sino ponerse, y representarse con tal traje, que la atraiga a sí para ganarla.

Haciéndose todo a todos el ministro, y acomodándose con estos idólatras supersticiosos, no con ficciones mentirosas, sino con verdaderas compasiones de sus delitos; no con disimulos astutos, y engañosos, sino con afectos verdaderos de compasión, y deseos de ganarlos, para enmendarlos, y enseñarlos, como san Pablo, que fue todo para todos.

Y supuesto, que estos indios en sus transmutaciones, y principales signos de sus idolatrías tenían, la serpiente, Cypactli, como hemos dicho, y los principales de sus dioses figurados en culebras, y serpientes, parece muy a propósito lo que Cristo Señor Nuestro, dijo a sus apóstoles por san Mateo en el capítulo 10: *Estote ergo prudentes sicut serpentes, et simplices sicut columbae.* Que sean prudentes como las serpientes en la conversión de las gentes; y si para todos los gentiles es muy acomodado, por seguir todos la primera idolatría del paraíso, que la serpiente inventó, queriendo introducir multiplicidad de dioses, como tengo dicho en otra parte, aquí parece, y es sin duda este mandato muy acomodado, por los gentiles de nuestro hemisferio, que adoran serpientes, y lo son ellos; con que los ministros, que los han de cazar para convertirlos, y enseñarlos, han de ser como serpientes.

Han de ser como serpientes, para descubrir sus fraudes, y engaños, y entenderlos, y conocerlos con tanta prudencia, y astucia cristiana, que afectando ser muy de su parte en aquellos delitos, non mentiendo, sed compatiendo, sea solo a fin de atraerlos, para que sin negar cosa confiesen su culpa; y mirar luego sus delitos con la simplicidad de la paloma, y con tan buenos ojos, que siempre estén llenos de la leche, y suavidad de la misericordia, en que estén bañados de tal manera, que no sean serpientes para atemorizarlos, sino palomas, que en sus pechos se entren, para anidar en ellos y moverlos a penitencia con la suavidad de su doctrina; ni tampoco, han de ser tan palomas, y tan suaves, que se les ocasione con esto a menosprecio en lo que deben obrar, y queden enlazados en pecados ajenos para pagarlos por no remediarlos como deben, no habiéndolos cometido; ha de haber de suavidad y severidad.

2. Demostración de curiosidad e interés para conocer
los instrumentos de curación

Es muy necesaria la maña con estos indios, así por sus naturales tan flexibles, y variables, como por el secreto grande, que se guardan unos a otros; y porque como no están sujetos a censuras, ni saben por la mayor parte lo que son, ni hay, que fiar de los juramentos que hacen; en no cociéndolos con la obra en las manos, todo lo niegan, y esconden todos los instrumentos, con que obran; con que para que confiesen, y manifiesten sus idolillos, el ololiuhqui, el Peyote, y otros instrumentos, que hemos visto, es muy necesaria la gracia del Espíritu santo, que encamine la prudencia, y acciones de los ministros.

Así es muy necesario con estos, para descubrirlos, y hacerles manifestar sus idolillos, y los instrumentos, con que curan, el afectar los ministros curiosidad en quererlo ver todo, y saber las palabras, y modo de sus idolatrías, para asegurarlos, y hacerles que confiesen; que después entra el castigo, asegurándolos primero (como hizo Aod con Eglon, a quien envasó el cuchillo de dos filos hasta las cachas, de manera que se lo escondió en el vientre): obrará el cuchillo de dos filos de la palabra divina, y enseñanza, que les penetre las entrañas y se conviertan; que como ha de ser la predicación continua, medicamento ordinario, y el sánalo todo destas materias, es muy cierto, que lo uno llamará a lo otro, y todo aprovechará: que si por cuenta de aquellos primitivos padres, y varones apostólicos de la sagrada religión de san Francisco, y de los otros doce de la fama del gran padre, y doctor de la Iglesia Agustíno, que unos a otros se siguieron, y de cuyas vidas hay maravillas escritas, como plantar la fe, y palabra de Dios en este reino.

Ahora corre por cuenta de los ministros, que hay, regarle con los continuos riegos de su continua predicación; corriendo por la de Dios Nuestro Señor, que den fruto estas plantas de estos nuevamente convertidos, y que desechen lo marchito de las idolatrías cobrando una frescura, y verdor en sus hojas, y obras, que aficionen, no lastimen, y enternezcan a los que ven lo que hoy obran:

Haciendo nosotros los ministros de nuestra parte con estos miserables indios lo que nos toca para la buena en-

señanza, predicándoles continuamente, enseñándolos bus-
cándolos, y descubriéndolos, Dios Nuestro Señor dará el
fruto deste trabajo, y les hablará al corazón por medio de
la palabra divina, para que se enmienden, abran los ojos, y
conozcan los errores, en que están; con que, deponiéndolos,
buscarán a su divina majestad con la verdad, y pureza de su
fe; que no hay duda, sino que han de aprovechar remedios
tan eficaces, y con ellos enmendarse si no todos, la mayor
parte... y así como por una parte están experimentando los
indios el celo del culto divino, el cuidado en la doctrina,
la gravedad, y seriedad de los ministros (que si siempre es
necesario, y siempre se obra así por la misericordia de Dios,
nunca con más cuidado se debe hacer, que cuando buscan
a estos delincuentes para castigarlos), y por otra parte la
continuación de la predicación, el desinterés, con que los corrigen, se enmendarán, si no todos juntos, la mayor parte de
ellos; asimismo la continuación del tiempo, y duración de
este cuidado los ha de sanar, y enmendar a todos, y más con
el que los ministros han de tener de dar cuenta de todos los
casos tocantes a estas materias, a los ilustrísimos señores arzobispos y prelados, remitiéndoles los escritos, por pequeños
y leves, que sean los delitos: y con la calificación, que les dieren, y orden, que como padres enviaren acerca del castigo, se
disporná todo, y sazonará sin embarazo, ni ahogo.

Con que cuando su S.ª ilustrísima, del señor arzobispo,
fuere servido de recorrer su Arzobispado, se hallará con lo
más de su visita hecho, y reconocerá brevemente la ejecución
de sus mandatos: en que ni le pueden estorbar estas materias
al gobierno, y remedio de otras, ni los reos se ausentarán,
sabiendo, que va a visitar, como lo hacen otros, que tienen
otros delitos aun de inferior gravedad, que éstos.

3. Los consejos deben darse cuando se piden y las
respuestas deben estar ajustadas a las preguntas

En llegando, que llegué a este último párrafo me encontré
con un dicho de Tertuliano, libro 4, contra Marcionem, capítulo 28, que me hizo salir las colores al rostro, porque
metiendo la mano, en mi pecho me hallé sorprendido, y
confuso; dice, pues, el gran Tertuliano: *Iusta et digna praes-
criptio est in omni quaestione ad propositunt interrogationis
pertinere debere sensum responsionis.*

Muy bien recibidos son en cualquiera materia los consejos, y advertencias, cuando son ajustadas a las consultas, y a
las preguntas; Caeterum aliud consulenti, aliud respondere
dementis est; pero cuando la respuesta no está ajustada a la
pregunta, y el consejo se da cuando no se pide, muy justa es
la sentencia de Tertuliano, y merece bien nombre de necio el
que así obra.

Ya yo comencé esta materia, y tratado; todo ha ido dirigi-
do a mi prelado (y tal prelado, que parece, que como a tan
docto, y experimentado en todas materias, le ha reservado
Dios el conocimiento destas, para que les dé el asiento, y
remedio, que conviene a su santo servicio, y bien espiritual
destos pequeñuelos), helo de proseguir, aunque me halle
indigno de tanta, y tan grave acción. Dice, pues, san Crisóstomo en nombre de Abraham: *Ne putes, o Domine, me
ignorare me ipsum, et transgredj menssuram, tantaque uti
fiducia; scio enim, quod terra sum, et cinis.*

No quiero, Señor, que penséis, que ignoro, quien soy yo,
y que en hablar con tanta confianza paso los límites de mi
propio conocimiento, pues soy tierra, y ceniza; pero al paso
que esto conozco, también conozco vuestra misericordia,
vuestra grandeza, y que sois rico, y poderoso de bondades.

Et quod vis omnes homines salvos facere: nam quos ex nihilo creasti, quomodo factos perderes? ¿Queréis, Señor, que todos se salven; pues habiéndolos criado de la nada, no habéis de querer, que hechos ya se pierdan?

Bien conozco, que para hablar con mi prelado soy polvo, y ceniza, y que no soy digno, no digo yo, de darle consejos, pero ni aun de imaginarlo; más cuando llego a considerar su obligación pastoral, y el deseo, de que se salven aquestos pobres, que Dios por su misericordia en este hemisferio sacó de la nada, y de las tinieblas de la idolatría, para que fuesen hombres reengendrados con las aguas del santo bautismo, siendo su celo, que ya criados con la vida de la fe, no se pierdan con la muerte de la idolatría; y así no es mi intento, que todas mis razones, y propuestas pasen plaza de consejos, que fuera en mí más que en otro una muy liviana temeridad sino unas relaciones ajustadas a las experiencias de estos tiempos, para que sobre todo la prudencia, y celo santo de un prelado, que como deseoso de remediar el daño, desea saber el mejor modo de consultarlo.

Siempre el buen gobierno de la República, sea secular, o Eclesiástica, se ha de acomodar al estado de las causas, y materias, en que se halla, y darles el remedio, que convenga; gobernarlas como pide la ocasión, y disponen las circunstancias de los tiempos: y aquel será buen consejero, que no movido de odio, ni de gracia da su parecer; movido sí solo del bien común, y con los ejemplos, y sucesos de los tiempos pasados previene el remedio a los presentes, para asegurar los futuros daños, que pueden suceder.

Desde el primer paso, que di en este mi tratado, y manual de ministros, lo encaminé al ilustrísimo señor arzobispo de esta santa Iglesia; y al paso que puse todas mis acciones a la sombra de su protección, y amparo, pido ahora su santa bendición para su conclusión. Y si mi desgracia, o la poca sustancia de la obra ocasionare, a que la calumnia me quiera constituir consejero, y que doy consejos a quien no me los pide, no paso por ello; pues no es todo esto más que una relación encaminada al bien común, sin que tenga resabio de odio, ni quiera calumniar en general, o en particular a nadie: menos ha sido por amor propio, que allo me haya obligado; pues todo no ha sido otra cosa, que una relación del estado, en que se halla este pedazo de rebaño de los indios, sacando por los sucesos pasados el estado presente, para que se remedie, y haya una precaución para lo futuro, que puede suceder: y mal puede haber amor propio, cuando todas las cosas, que aquí y puesto, son recogidas de escritos de Varones insignes, no siendo mías las telas de tan importantes advertencias en las observaciones idolátricas, que estos tenían, y hoy observan:

Las tramas sí, con que estas se han tejido, son debidas a mi disposición, y excesivo trabajo; pues fuera de las no pulidas letras, con que todo está escrito, muchas declaraciones, que hay en las metáforas de los conjuros, que necesitaban de explicación me han costado mucho cuidado, y desvelo para el ajuste de ellas; y sobre todo y hecho muchas consultas a todos aquellos, que me han podido enseñar muchas cosas, que yo ignoraba, de quienes deprendido las y, para escribirlas; siendo uno de los principales, a quienes y consultado, el licenciado Luis Becerra Tanco, beneficiado antiguo de este Arzobispado, gran predicador de lengua mexicana, y de mucha noticia de ella.

Y como quiera que no es otro mi intento, que la gloria, y honra de Dios, nunca me pesará, haya muchos, que añadan, y quiten a lo escrito; pues facilius est inventis addere, y, mientras más se ajustare todo a la mejor, y más segura enseñanza de los indios, será más servicio de Nuestro Señor; y en lo que yo he trabajado, inquirido, y juntado de varias partes, y relaciones, siempre viviré satisfecho, de que la piedad, y benevolencia de mi prelado lo mirará propiciamente, y si hubiere materia, que tildar, con clemencia la perdonará, pues la experiencia enseñará, que (como la comisión de estos pecados de idolatrías y supersticiones, según y dicho arriba, es fundamento para atribuir los malos sucesos a este reino, y las calamidades, que generalmente está padeciendo la monarquía), el castigo, corrección, y enmienda de ellas, ha de ser para felicidad general de todo este reino, y monarquía de nuestro católico monarca Filipo IV el Grande, que Dios prospere, muy fundada en Isaías 30, n.° 22: *Catominabis laminas sculptilium argenti tui, et vestimentum conflatilis, auri tui, et disperges ea sicut immunditiam menstruatae. Et panis frugum terrae erit vberrimus, et pinguis*, n.° 23.

No habrá cosa, que más haga volver los tiempos a felicidad, que el no dejar rastro de idolatría, ni memoria de ella; y sobre las diligencias, que siempre se han hecho en destruir ídolos, buscar los que hubiere, y borrar de todo punto memorias tan perniciosas; que en eso (dice san Cirilo sobre este lugar: cuando *idola substuleris, tunc fertilitati spirituali abundabis*), entonces habrá fertilidad de virtudes en esta Iglesia mexicana, cuando no haya idolatrías; y en castigando los maestros, y dogmatistas, que las enseñan, entonces se pueden todos prometer felices sucesos, como cuando el profeta Elías prendió, y quitó la vida a los profetas del ídolo Baal, según lo notó el padre de las Escrituras san Jerónimo sobre este lugar: *Postquam interfecti sunt ab Elia pseudo Prophetae, datus est panis Salvatoris uberrimus, et pinguis; nisi enim vitia recesserint, virtutes non subeunt.*

En quitando que quitó la vida Elías a los falsos profetas de Baal, luego le aseguró los buenos sucesos al rey Acab. Y así, si el gran doctor da por consecuencia de la destrucción de la idolatría, y muerte de sus falsos dogmatistas, la abundancia de virtudes, y buenos sucesos figurados, todos en el plan del Salvador, que es su cuerpo sacramentado, bien podemos entender (y es muy cierto) que todas se han de acabar, y consumir, destruir, y castigar maestros tan perniciosos, cuando antecede en este reino, y en particular en esta ciudad la continua devoción del santísimo sacramento (que esta se debe a la del excelentísimo señor duque de Alburquerque, virrey desta Nueva España, que Dios guarde con próspera y larga sucesión), que está encendiendo los corazones de todos, para que todo esto se inquiera, y castigue; pronosticando felices sucesos por esto a nuestro rey, a toda su monarquía; a este reino felicidad, buenos sucesos espirituales, y temporales, feliz acierto, y próspero gobierno a sus virreyes; consuelo a sus príncipes eclesiásticos; premio a los ministros de las doctrinas; y a los indios seguridad en sus consciencias, y verdadero conocimiento de Dios, y de su santa ley, para salvarse: y de todo gloria, y honra a Dios Nuestro Señor, y a su santísima madre la Virgen santísima concebida sin mancha de pecado original por todos los siglos de los siglos. Amen.

OMNIA HUMILIME SUBJICIO SANTAE MATRIS
ECCLESIAE ROMANAE CORRECTIONI,
EJUSQUE PIJS, & CATHOLICIS
DOCTORIBUS.

Libros a la carta

A la carta es un servicio especializado para
empresas,
librerías,
bibliotecas,
editoriales
y centros de enseñanza;
y permite confeccionar libros que, por su formato y concepción, sirven a los propósitos más específicos de estas instituciones.

Las empresas nos encargan ediciones personalizadas para marketing editorial o para regalos institucionales. Y los interesados solicitan, a título personal, ediciones antiguas, o no disponibles en el mercado; y las acompañan con notas y comentarios críticos.

Las ediciones tienen como apoyo un libro de estilo con todo tipo de referencias sobre los criterios de tratamiento tipográfico aplicados a nuestros libros que puede ser consultado en Linkgua-ediciones.com.

Linkgua edita por encargo diferentes versiones de una misma obra con distintos tratamientos ortotipográficos (actualizaciones de carácter divulgativo de un clásico, o versiones estrictamente fieles a la edición original de referencia).

Este servicio de ediciones a la carta le permitirá, si usted se dedica a la enseñanza, tener una forma de hacer pública su interpretación de un texto y, sobre una versión digitalizada «base», usted podrá introducir interpretaciones del texto fuente. Es un tópico que los profesores denuncien en clase los desmanes de una edición, o vayan comentando errores de interpretación de un texto y esta es una solución útil a esa necesidad del mundo académico.

Asimismo publicamos de manera sistemática, en un mismo catálogo, tesis doctorales y actas de congresos académicos, que son distribuidas a través de nuestra Web.

El servicio de «libros a la carta» funciona de dos formas.

1. Tenemos un fondo de libros digitalizados que usted puede personalizar en tiradas de al menos cinco ejemplares. Estas personalizaciones pueden ser de todo tipo: añadir notas de clase para uso de un grupo de estudiantes, introducir logos corporativos para uso con fines de marketing empresarial, etc. etc.

2. Buscamos libros descatalogados de otras editoriales y los reeditamos en tiradas cortas a petición de un cliente.

www.ingramcontent.com/pod-product-compliance
Lightning Source LLC
Chambersburg PA
CBHW021026130626
46552CB00005B/1709